Waltraut Hartmann
Martina Stoll

unter Mitarbeit von
Michaela Hajszan und Gerda Mühlegger

Mehr Qualität für Kinder

Qualitätsstandards und Zukunftsperspektiven für den Kindergarten

Charlotte Bühler-Institut

Band 1 der Schriftenreihe
des Charlotte Bühler-Instituts

Verlag Hölder-Pichler-Tempsky GmbH & Co. KG, Wien
www.verlaghpt.at

Mit Bescheid des Bundesministeriums für Unterricht und kulturelle Angelegenheiten vom 16. Juni 1999, Zl. 43.548/1-III/D/13/99, als für den Unterrichtsgebrauch an Bildungsanstalten für Kindergartenpädagogik für die 2. bis 5. Klasse und an Kollegs für Kindergartenpädagogik für das 1. bis 4. Semester im Unterrichtsgegenstand Didaktik geeignet erklärt.

Schulbuchnummer: **2904**

Liebe Schülerin, lieber Schüler!
Sie bekommen dieses Schulbuch von der Republik Österreich für ihre Ausbildung.
Bücher helfen nicht nur beim Lernen, sondern sind auch Freunde fürs Leben.

Bildnachweis:
Seite 46: Abb. 1: MA 13, Landesbildstelle Wien; Abb. 2, 3: Apostel-Waschel, Unsere Kinder
Seite 47: Abb. 4, 5: Apostel-Waschel, Unsere Kinder; Abb. 6: Schatzl, Unsere Kinder
Seite 50: Abb. 1: Palka; Abb. 2, 3: MA 13, Landesbildstelle Wien
Seite 51: Abb. 4-6: Waschel, Unsere Kinder; Abb. 7: Apostel-Waschel, Unsere Kinder
Seite 64: Abb. 1: MA 13, Landesbildstelle Wien Abb. 2: Waschel, Unsere Kinder
Seite 65: Abb. 3: Waschel, Unsere Kinder; Abb. 4: Grinzinger, Unsere Kinder; Abb. 5: Schatzl, Unsere Kinder
Seite 66: Abb. 1, 2.1: MA 13, Landesbildstelle Wien; Abb. 2.2: Jahn, Unsere Kinder
Seite 67: Abb. 3: Puch, Unsere Kinder; Abb. 4: Waschl, Unsere Kinder
Seite 114: Abb. 1,3: MA 13, Landesbildstelle Wien; Abb. 2: Palka
Seite 115: Abb. 4, 56: Sündhofer; Abb. 6: Jahn, Unsere Kinder

1. Auflage, Nachdruck 2010 (1,05)

Satz: Tau Type, Bad Sauerbrunn
Druck und Bindung: Brüder Glöckler GmbH & Co. KG, Wöllersdorf
ISBN 978-3-230-02551-7

Inhaltsverzeichnis

Vorwort

Umbrüche in Wirtschaft und Technik, Politik und Wissenschaft verändern das gesellschaftliche Lebensbild. Synchron dazu verläuft die Umordnung unseres Alltagslebens. Männer, Frauen und Kinder sind davon ebenso betroffen wie die Gemeinschaften, in denen sich das Zusammenleben organisiert. In diesem Wandlungsprozess ist dem Ideenspiel, das Fortschritte bei der Lebensgestaltung ersinnt, breiter Raum gegeben, die Anstrengung aller ist vonnöten, damit neue Ideen angemessen umgesetzt werden können.

Die Forderung nach einer besseren Kleinkindbetreuung zur Entlastung von Frauen und Familien wird im öffentlichen Raum häufig mit einem vermehrten Angebot an Kindergartenplätzen gleichgesetzt. Wie die internationale Diskussion und der europäische Vergleich zeigen, bezieht sich der Begriff „besser“ aber vor allem auf Empfehlungen zur Anhebung der Qualität der pädagogischen Arbeit mit Kleinkindern. Nur wenn die qualitative Grundlinie für Erziehungsleistungen gesichert ist, kann ein Lebensklima entstehen, in dem sich Kinder wohl fühlen und entwickeln können.

Wenn das vorliegende Buch den Titel „Mehr Qualität für Kinder“ trägt, kommt darin die schöpferische Unzufriedenheit mit den erreichten Zuständen zum Ausdruck. Auf der Ebene einer besonnenen Vorschau werden Schritte aufgezeigt, die zu einer Annäherung an optimale Vorstellungen vom Lebensraum Kindergarten führen können.

Ich wünsche mir viele Ideenträger, die zur Verwirklichung beitragen!

Charlotte Niederle
Vorsitzende des Charlotte Bühler-Instituts

Die diesem Buch zugrunde liegende wissenschaftliche Studie wurde vom Bundesministerium für Umwelt, Jugend und Familie und von den Landesregierungen der Bundesländer Steiermark, Salzburg, Oberösterreich, Niederösterreich und Kärnten unterstützt.

1 Kindheit in Europa

Der Zusammenschluss der europäischen Staaten bringt Veränderungen in allen Lebensbereichen mit sich. Das Interesse gilt nicht nur der gemeinsamen Wirtschaftspolitik, sondern auch der Verbesserung der Lebensqualität für Kinder in Europa.

Obwohl es den Kindern in Europa in materieller Hinsicht besser geht als den Kindern in anderen Erdteilen, ist die Qualität ihrer Lebensbedingungen durch folgende Entwicklungen gefährdet: Die gesellschaftlichen Strukturen sind zumeist kinderfeindlich, Kinder sind aus dem Leben der Erwachsenen vielfach ausgeschlossen, sie sind mit Veränderungen der Familienstruktur, wie Scheidungen, Stieffamilien und Einelternfamilien, konfrontiert. Auch die elektronischen Medien verändern die Lebensgewohnheiten der Kinder.

Kinder brauchen eine geeignete Lobby: Ihre Bedürfnisse nach mehr Zuwendung, Raum und Zeit müssen gesellschaftspolitisch besser vertreten werden.

Zur Diskussion über die Qualität von Kindheit gehört auch die Auseinandersetzung mit verschiedenen Formen der Kinderbetreuung. Wie müssen qualitiativ hochwertige Einrichtungen gestaltet werden, damit sie den Lebensbedürfnissen der Kinder gerecht werden? Überlegungen und Aktivitäten dazu wurden vom Europäischen Kinderbetreuungsnetzwerk bereits in die Wege geleitet.

1.1 Das Kinderbetreuungsnetzwerk der Europäischen Kommission

Das Kinderbetreuungsnetzwerk der Europäischen Kommission befasst sich seit 1986 mit Fragen der Vereinbarkeit von Beruf und Familie und der Chancengleichheit von Frauen. Auch die öffentlichen Betreuungsangebote für Kinder, die Rechte berufstätiger Eltern und die Beteiligung von Männern an der Kinderbetreuung werden miteinbezogen. Das Netzwerk setzt sich einerseits für die Gleichbehandlung von Frauen am Arbeitsplatz, andererseits für die Berücksichtigung der Bedürfnisse und Interessen von Kindern ein. Ziel ist es, diese beiden Anliegen zu vereinen. Es reicht nicht aus, nur Institutionen zu schaffen, in denen sich Kinder aufhalten können, während die Eltern ihrer beruflichen Tätigkeit nachgehen, sondern es hängt von der Qualität der Kinderbetreuungseinrichtungen ab, ob Frauen ohne schlechtes Gewissen erwerbstätig sein können. (Kinderbetreuungsnetzwerk der Europäischen Kommission, 1990)

Kinderbetreuung in einem sicheren und anregungsreichen Lernumfeld hat nicht nur einen positiven Einfluss auf die kindliche Entwicklung, sondern fördert auch das Wohlbefinden der Mütter. Aus diesem Grund ist Qualität in der außerhäuslichen Kinderbetreuung auch eine Voraussetzung bzw. eine Forderung zur besseren Durchsetzung der Gleichberechtigung der Frau. (Vgl. Balageur, Mestres & Penn, 1992)

1.2

Forschungsbedarf

In der internationalen pädagogischen und psychologischen Forschung ist die Erarbeitung von Qualitätskriterien für die außerhäusliche Kleinkindbetreuung in den letzten Jahren zu einem vorherrschenden Thema geworden. In den USA wurde bereits eine Reihe von Beurteilungskriterien für die Qualität frühkindlicher Erziehungs- und Betreuungsumwelten entwickelt. (Vgl. Roßbach, 1993)

Auch in Europa hat eine wissenschaftliche Auseinandersetzung mit der Professionalisierung der pädagogischen Praxis durch Qualitätsdefinition, Qualitätskontrolle und Qualitätssicherung begonnen.

Die jährlich stattfindende Europäische Konferenz zur Qualität der frühkindlichen Erziehung und Betreuung (veranstaltet von der „European Early Childhood Education Research Association“) stellt ein Forum für den Austausch und die Verbreitung von Forschungsergebnissen über die Qualität frühkindlicher Betreuung dar.

Das Kinderbetreuungsnetzwerk der Europäischen Kommission sieht eine wichtige Aufgabe in der Entwicklung von Qualitätskonzepten, die der Wertevielfalt pluralistischer Gesellschaften und der Vielfalt der Einrichtungen entsprechen. Es wird gefordert, dass in allen Mitgliedsstaaten ein Aktionsprogramm für die Erarbeitung von Qualitätsdefinitionen und von Maßnahmen zur Qualitätssicherung und -optimierung in Gang kommen muss. (Kinderbetreuungsnetzwerk der Europäischen Kommission, 1990)

Die europäische Kleinkindpädagogik hat es „bisher versäumt, grundlegende Kriterien zu entwickeln, nach denen ein Kindergartenplatz als qualitativ gut oder (im Sinne von Minimalanforderungen) als wenigstens zureichend eingestuft werden könnte“ (Tietze, 1994, S. 27).

Entsprechende wissenschaftliche Untersuchungen fehlen in Deutschland wie in Österreich. Durch die Kindergartengesetze der österrreichischen Bundesländer wurden zwar gesetzliche Grundlagen geschaffen, ohne deren Einhaltung keine Kindergartengruppe kommissioniert wird (vgl. Übersicht im Kapitel 3.11, Hinweise auf die entsprechenden gesetzlichen Bestimmungen sind dem Literaturverzeichnis zu entnehmen), die Auswirkungen der pädagogischen Arbeit auf die Entwicklung der Kinder blieben jedoch bis vor wenigen Jahren weitgehend unerforscht.

Die Untersuchung des Charlotte Bühler-Instituts, die in den Jahren 1993 bis 1995 als Standortbestimmung des österreichischen Kindergartens durchgeführt wurde, ergibt eine Reihe von Forderungen für die Qualitätssicherung der pädagogischen Arbeit, wie z. B.:

- Reduktion der Gruppengröße, insbesondere für Kinder, die den ganzen Tag im Kindergarten verbringen
- Veränderung des Raumkonzepts zugunsten von mehr Bewegungsmöglichkeiten, Schlaf-, Ruhe- und Essplätzen
- Abstimmung des Tagesablaufes auf die individuellen Zeitrhythmen der Kinder
- Befriedigung von individuellen Bedürfnissen der Kinder, wie z. B. mehr Möglichkeiten zum Ausruhen und Zurückziehen
- Entwicklungsgerechte Betreuung der Dreijährigen
- Verbesserungen der Personalstruktur
- Mehr Zeit für die Vorbereitung der pädagogischen Arbeit

Eine breit angelegte Diskussion über diese Ergebnisse sollte zu einem Konsens über grundlegende und unverzichtbare Qualitätsdimensionen bzw. -kriterien führen. Eine solche Verständigung über Qualität ist für Österreich – als neuem Mitgliedsland der Europäischen Union – unerlässlich, um den Anschluss an den Diskussionsprozess, der auf europäischer Ebene längst begonnen hat,

nicht zu verpassen (vgl. Balageur, Mestres & Penn, 1992).
Ein Handlungsbedarf für Österreich lässt sich auch aus folgenden Aussagen der Europäischen Kommission (1995) ableiten:

> *Abschließend kann gesagt werden, dass das vorschulische Erziehungsangebot für Kinder zwischen 3 und 6 Jahren heute in der Mehrzahl der Mitgliedsstaaten darauf ausgerichtet wird, das erzieherische Wirken zunehmend auf die Bedürfnisse der kleinen Kinder einzustellen, und dass der Entwicklung geeigneter Erziehungsprogramme wachsende Bedeutung beigemessen wird. Es sollte an dieser Stelle auch noch einmal darauf hingewiesen werden, dass die Mehrzahl der Mitgliedsstaaten sich eingehend mit der Bestimmung von Mindestanforderungen für die institutionelle Betreuung von kleinen Kindern befasst, um ein pädagogisch wertvolles Angebot garantieren zu können. (Europäische Kommission, 1995, S. 66)*

Mindeststandards für Qualität markieren nach Tietze (1994) jene Schwelle, deren Unterschreitung negative Konsequenzen für die Entwicklung der Kinder hat.
Fachlich begründete Mindeststandards liefern Orientierungshilfen für die pädagogische Praxis und sind als Argumentationshilfe in der politischen Auseinandersetzung um finanzielle Kürzungen im Erziehungs- und Bildungsbereich unerlässlich.
Sie können auf jeden Fall einen ersten Schritt zur Verbesserung der Qualität darstellen, sollten jedoch nicht über die Komplexität des Bedingungsgefüges, das eine gute Qualität ausmacht, hinwegtäuschen. Mindeststandards dienen der Qualitätssicherung und sind der Ausgangspunkt für die Weiterentwicklung und Optimierung von Qualität.
Penn (1994) meint jedoch, dass jedes Modell, das nur auf Mindeststandards beruht, die Gefahr in sich birgt, dass – vor allem private, gewinnorientierte – Träger das bloße Einhalten dieser Standards mit der Bereitstellung eines qualitativ hochwertigen Angebots gleichsetzen. Eine Definition von Qualität, die nur Mindeststandards berücksichtigt, ist damit anspruchslos und ohne Zukunftsperspektive.
In den folgenden Kapiteln wird zunächst ein kurzer Überblick über den aktuellen Stand der Qualitätsforschung gegeben. Weiters wird versucht, den Standort Österreichs im internationalen Vergleich zu bestimmen. Über die Mindestanforderungen hinaus werden auch Empfehlungen zur Qualitätssicherung und zur Qualitätsoptimierung gegeben.

2 Der Qualitätsbegriff in der internationalen Forschung

2.1

Definition von Qualität

Derzeit steht der quantitative Ausbau von Kinderbetreuungseinrichtungen im Mittelpunkt der öffentlichen Diskussion. Das Interesse der Expert/innen gilt jedoch mehr der Qualitätsverbesserung im Kindergarten.
Allgemein lässt sich der Begriff „Qualität" mit Eigenschaften und Güte einer Sache umschreiben. Unter Qualität in der Kinderbetreuung versteht man jene Merkmale, die für bestimmte Erziehungs- und Betreuungsumwelten charakteristisch sind und Zusammenhänge mit der Entwicklung von Kindern aufweisen (Roßbach, 1993).

2.2

Der historische Wandel des Qualitätsbegriffs

Die Veränderbarkeit des Qualitätsbegriffes zeigt sich in seinem historischen Wandel in den letzten Jahrzehnten (vgl. Harms, 1991; Roßbach 1993):
In den Fünfzigerjahren wurde der Qualitätsbegriff sehr stark durch die Studien von Bowlby und Spitz zur Deprivation und zum Hospitalismus sowie durch das Stufenkonzept der sozial-emotionalen Entwicklung von Erikson beeinflusst: An eine hochwertige außerhäusliche Betreuung wurde vor allem die Anforderung gestellt, die Wärme und Pflege der Mutter zu ersetzen (Spitz, 1945, 1946; Bowlby, 1951).

Als Auswirkung des Bildungsbooms im Vorschulalter in den Sechziger- und Siebzigerjahren lag der Schwerpunkt von qualitativ hochwertigen Einrichtungen auf der Förderung der kognitiven Entwicklung.
In den letzten 15 Jahren entwickelte sich ein umfassender Qualitätsbegriff, der sich auf das „ganze" Kind richtet: Qualität bezieht sich heute neben der kognitiven Stimulierung auch auf die soziale und emotionale Unterstützung des Kindes, auf Gesundheits- und Sicherheitsaspekte sowie auf Aspekte der Lebensqualität (Roßbach, 1993).

2.3

Qualität in Abhängigkeit von den Zielen und Funktionen der Kinderbetreuungseinrichtungen

Qualitätskriterien hängen eng mit den Zielen und Funktionen der Kinderbetreuungseinrichtungen zusammen. Diese können von unterschiedlichen Erziehungskonzepten und kulturellen Entwicklungen geprägt sein. Folgende Erwartungen an Kinderbetreuungseinrichtungen beeinflussen die Vorstellungen über Qualität:

- Die Einrichtung wird als Unternehmer betrachtet, der den Kunden – also den Eltern – eine Dienstleistung liefert. In diesem Fall beziehen sich die Qualitätskriterien auf die Befriedigung der Konsumenteninteressen und die Erfüllung der angekündigten Leistung.

- Den Kinderbetreuungseinrichtungen wird die Funktion zugeschrieben, staatliche Programme bzw. Interventionen durchzuführen. Qualität wird daran gemessen, wie effizient die Verwirklichung dieser Programme ist.
- Wenn man primär das Ziel verfolgt, Müttern die Berufstätigkeit zu garantieren, besteht die Qualität in der quantitativen Ausweitung der Kinderbetreuungsplätze.
- Qualität aus der Erziehungs- und Bildungsperspektive ist dann gegeben, wenn die Funktion einer Kinderbetreuungseinrichtung primär in der Förderung der Gesamtpersönlichkeit des Kindes gesehen wird und die Unterstützung der Eltern in ihrer Elternrolle ein wichtiges Kriterium ist.

2.4 Zwei Richtungen der Qualitätsforschung

In der gegenwärtigen Qualitätsforschung zeichnen sich zwei Richtungen ab:

- Die Erstellung von Qualitätskriterien auf Grund der Einschätzungen von Expert/innen bzw. auf Grund von Forschungsergebnissen
- Die Qualitätsentwicklung als fortlaufender Prozess und als gemeinsame Aufgabe für alle Interessengruppen, die an der Kinderbetreuung beteiligt sind

2.4.1 Die Erstellung von Qualitätskriterien auf Grund von Forschungsergebnissen und Expertenaussagen

Auf Grund von Expertenmeinungen und Forschungsergebnissen wurden Fragenkataloge und Einschätzskalen zur Erfassung der Qualitätsmerkmale frühkindlicher Lern- und Erziehungsumwelten entwickelt. Diese stellen Sammlungen von Qualitätsmerkmalen dar. Sie sollten jedoch nicht als allgemein gültige Normen verstanden werden, sondern geben das wieder, was die jeweiligen Autor/innen unter guter Qualität verstehen.

Diese Fragenkataloge und Skalen dienen als vergleichende Forschungsinstrumente, mit denen man Untersuchungen zu verschiedenen Zeitpunkten und in verschiedenen Institutionen durchführen kann. Auf diese Weise können Veränderungen bzw. Unterschiede festgestellt werden.

Moss (1995) nennt diese Vorgangsweise den „ausschließenden Ansatz", weil an der Erstellung von Qualitätskriterien vor allem Wissenschaftler/innen, Expert/innen und professionelle Erzieher/innen beteiligt sind.

2.4.2 Qualitätsentwicklung als fortlaufender Prozess

In einem zweiten Ansatz, der vom Kinderbetreuungsnetzwerk der Europäischen Kommission vertreten wird, ist die Bestimmung von Qualität und der Ausbau von qualitativ guten Einrichtungen „ein Langzeitprozess, wobei der Prozess selbst von Bedeutung ist" (Kinderbetreuungsnetzwerk der Europäischen Kommission, 1990, S. 5). Die verschiedenen Interessengruppen, wie Eltern, Kinder, Kinderbetreuungspersonal, Erhalter und Fachleute, haben die Möglichkeit, Gedanken und Meinungen auszutauschen, ihre Standpunkte darzulegen und neue Einsichten zu gewinnen.

Dieser „einschließende Ansatz" basiert auf der Beteiligung einer Vielzahl von Interessengruppen unter Berücksichtigung ihrer Werthaltungen und Überzeugungen. Die Suche nach Qualität wird so zum Austausch von Qualitätsperspektiven. Der einschließende Ansatz ist flexibler und führt zu einer zeit- und

raumabhängigen Definition von Qualität, die je nach Bedarf veränderbar ist.
Betont werden der subjektive Charakter und die Veränderbarkeit von Qualität:

- Qualität ist keine objektive, sondern eine subjektive Realität.
- Qualität ist ein dynamisches Konzept, das sich mit der Zeit entwickelt und Veränderungen unterworfen ist.
- Qualität beruht auf Wertvorstellungen, die sich in einer pluralistischen Gesellschaft ständig weiterentwickeln.
- Qualität basiert auf den Werten, Meinungen, Bedürfnissen und Interessen jener, die an Kinderbetreuungseinrichtungen Interesse haben bzw. darin involviert sind.
- Der Prozess der Definition von Qualität bietet die Möglichkeit, Werte, Zielsetzungen und Prioritäten zu ergründen und zu erörtern.

Die Diskussion über Qualität stellt daher eine Diskussion über Werte, Überzeugungen und Meinungen dar.

2.5 Strukturqualität und Prozessqualität

Qualität zeigt sich einerseits in strukturellen Aspekten und andererseits in prozessualen und interaktiven Aspekten.
Zu den strukturellen Aspekten gehören Rahmenbedingungen, wie Ausstattung, Raumgröße, Gruppengröße, Erzieher-Kind-Relation, Häufigkeit des Personalwechsels und Ausbildung der Betreuungspersonen.
Die Prozessqualität des pädagogischen Geschehens zeigt sich in der sozialen Interaktion zwischen den einzelnen Kindern, zwischen der Kindergartenpädagogin und der Kindergruppe sowie in den angebotenen Aktivitäten, im Curriculum und im Tagesablauf.
Während strukturelle Qualitätsmerkmale politisch-administrativ geplante und veränderbare Rahmenbedingungen darstellen, liegt der Schwerpunkt der prozessualen Qualitätsaspekte auf den Interaktionen der Kinder untereinander und auf den Beziehungen zwischen den Kindern und ihren Erzieherinnen.
Die Überprüfung von Qualität muss sich daher sowohl auf die Strukturqualität als auch auf die Prozessqualität beziehen (vgl. Roßbach, Schuster & Tietze, 1995).
Strukturfaktoren allein sagen nur wenig über die täglichen Erfahrungen der Kinder in den Einrichtungen aus. Der Prozess des Erziehungsgeschehens kann allerdings nur mittels Beobachtungen gemessen werden.
Struktur- und Prozesselemente sind stark miteinander verwoben. Strukturfaktoren allein können keine optimalen Interaktionsmuster garantieren, sie können jedoch die Wahrscheinlichkeit von anregungsreichen und entwicklungsfördernden Interaktionen erhöhen – z. B. ermöglicht ein sicherer, geordneter, anregender Gruppenraum mit klar strukturierten Raumteilen den Kindern eine größere Unabhängigkeit in ihren Aktivitäten.

2.6 Perspektiven der Qualitätsbeurteilung

2.6.1 Die Perspektiven des Europäischen Kinderbetreuungsnetzwerkes

Qualität ist nach Tietze (1994) ein vielschichtiges Gebilde, je nachdem wer der Betrachter bzw. Beurteiler ist und von welcher Perspektive aus die Beurteilung erfolgt.
Das Europäische Kinderbetreuungsnetzwerk berücksichtigt drei Perspektiven, und zwar:

- Lebensqualität für die Kinder
- Qualität der Betreuung aus der Sicht der Eltern
- Standpunkte der Fachleute (Balageur, Mestres & Penn, 1992)

Die Perspektive der Kinder

Hochwertige Kinderbetreuungseinrichtungen sollten dazu beitragen, den Kindern folgende Grundrechte zu ermöglichen:

- ein gesundes Leben
- spontane Meinungsäußerung
- Respektierung der eigenen Persönlichkeit
- Würde und Selbständigkeit
- Selbstvertrauen und Begeisterung beim Lernen
- ein ausgeglichenes Lern- und Betreuungsumfeld
- Geselligkeit, Freundschaft und Zusammenarbeit mit anderen
- kulturelle Unterschiede und Vielfalt
- Zugehörigkeit zu einer Familie
- Glück (Balageur, Mestres & Penn, 1992)

Das bedeutet nach Tietze (1994) eine Ausrichtung der pädagogischen Angebote an den gegenwartsbezogenen Bedürfnissen der Kinder unter Berücksichtigung ihrer zukünftigen Entwicklung. Die Förderung der Kinder sollte sich nicht nur auf den Augenblick und das unmittelbare Wohlergehen beziehen, sondern auch Auswirkungen auf ihre mittel- und langfristigen Entwicklungsbedürfnisse haben.

Normalerweise werden die Bedürfnisse der Kinder von Erwachsenen vertreten. Ein origineller dänischer Forschungsansatz zeigt, dass es möglich ist, Qualität aus der Sicht der Kinder zu erheben: Im Rahmen eines Forschungsprojekts über Kindheit, Gesellschaft und Entwicklung in den nordischen Ländern wurden vier- bis fünfjährige Kinder – als Expert/innen für Kindheit und ihre eigene Lebenssituation – über ihr Leben in der Familie und in der Tagesstätte interviewt. Da die meisten skandinavischen Kinder auf Grund der Berufstätigkeit ihrer Eltern schon in sehr jungem Alter einen Großteil des Tages in einer Kinderbetreuungsinstitution verbringen, lernen sie früh, mit zwei unterschiedlichen Bezugssystemen gleichzeitig zu leben. Die Qualität einer Einrichtung besteht – nach den Ergebnissen dieses Forschungsprojekts – in den Augen der Kinder hauptsächlich in der Anwesenheit anderer Kinder. (Langsted, 1994)

Auch die Untersuchungen anderer Forscher/innen aus den nordischen Ländern zeigen, dass die Einbeziehung der Perspektive der Kinder zu einem erweiterten Verständnis von Qualität führen kann (Broström, Hännikäinen, de Jong, Rubinstein-Reich & Thyssen, 1995).

Die Perspektive der Eltern

Eltern gehen bei der Beurteilung von Kinderbetreuungseinrichtungen von sehr heterogenen Standpunkten aus: von ihrer Lebenssituation, von der Vereinbarkeit von Familie und Beruf, von der Sicherung des Familieneinkommens durch Erwerbstätigkeit, von der Kostenfrage des Betreuungsarrangements, von unterschiedlichen Erziehungseinstellungen, vom Wunsch nach bestmöglicher Förderung ihrer Kinder in Eliteeinrichtungen etc.

In der realen Lebenssituation sind jedoch das Vorhandensein von Plätzen und die Frage der Vereinbarkeit der Öffnungszeiten mit der eigenen Arbeitszeit für Eltern wichtige, oft ausschlaggebende Qualitätskriterien für die Wahl einer bestimmten Betreuungsform (vgl. Tietze, 1994).

Die Perspektive der Fachleute

Unter Fachleuten besteht ein bestimmter Grundkonsens hinsichtlich der Betrachtungsweise von Kindern und ihrer Bedürfnisse. Es herrscht Einvernehmen darüber, dass Kinder das Gefühl haben müssen, dass man sie liebt, respektiert und ihnen

zuhört. Sie schätzen die Gesellschaft ihrer nächsten Angehörigen, anderer Kinder und Erwachsener, sie sind auf die Zuwendung, den Umgang mit Menschen und eine anregende Umgebung angewiesen. Sie entwickeln in den ersten sechs Lebensjahren ein breites Spektrum an Fähigkeiten und Fertigkeiten. Voraussetzung dafür ist ihr körperliches Wohlbefinden. (Balageur, Mestres & Penn, 1992)
Aus der Sicht der Kindergartenpädagog/innen sind neben ihrem professionellen Interesse an der Förderung der kindlichen Entwicklung und der Qualität der frühkindlichen Lernumwelt noch weitere Kriterien wichtig: die eigene berufliche Situation, die Berufszufriedenheit und die Qualität ihres Arbeitsplatzes (vgl. Keppelmüller, 1994; Tietze, 1994; Charlotte Bühler-Institut, 1994, 1995).

2.6.2 Die Perspektiven aus der Forschung von Katz

Die bekanntesten 5 Perspektiven zur Qualität frühkindlicher Erziehungs- und Betreuungsprogramme stammen von Katz (1993).

Die Top-down-Perspektive

Meist werden die Rahmenbedingungen von Betreuungseinrichtungen aus der Sicht der Erwachsenen betrachtet. Katz (1993) nennt diesen Ansatz die „Sichtweise von oben herab“. Folgende Merkmale werden dabei berücksichtigt:

- der Betreuer/in-Kind-Schlüssel
- die Qualifikation der Betreuungspersonen und die Kontinuität ihrer Anwesenheit
- das Raumangebot
- die Qualität und Quantität der Ausstattung
- die Gesundheits- und Sicherheitsvorschriften
- die Erwachsenen-Kind-Interaktionen
- der Erziehungsstil

Eine Reihe von Forschungsergebnissen zeigt, dass anhand dieser Qualitätsmerkmale die Auswirkungen vorschulischer Betreuung vorausgesagt werden können (McCartney, 1984; Elkind, 1987; Phillips, McCartney & Scarr, 1987; Scarr, 1990; Clarke-Stewart, 1991; Howes, Phillips & Whitebook, 1992).

Die Bottom-up-Perspektive

Die Auswirkungen der außerhäuslichen Betreuung hängen aber auch davon ab, wie diese von den betroffenen Kindern erlebt und empfunden wird. Katz (1993) schlägt deshalb einen zweiten Zugang zur Qualitätsbewertung vor: die Bottom-up-Perspektive, also die Sichtweise von unten hinauf. Aus dieser Perspektive wird die tatsächliche Wirkung eines Erziehungs-, Bildungs- und Betreuungsprogramms in der „Lebensqualität“ gesehen, wie sie von jedem einzelnen Kind über einen längeren Zeitraum hinweg erfahren wird.

Die Qualität aus der Perspektive des Kindes bezieht sich z. B. auf Fragen, wie:

- Fühle ich mich willkommen?
- Werde ich von den Erwachsenen angenommen und verstanden oder werde ich übersehen und missachtet?
- Werde ich ernsthaft und respektvoll als Person angesprochen?
- Werde ich von den anderen Kindern akzeptiert oder bin ich isoliert?
- Sind die meisten Spiel- und Lernaktivitäten für mich interessant oder langweilig?
- Sind die Spiel- und Lernangebote sinnvoll, oder sind sie banal und geistlos?
- Bin ich gerne hier, oder warte ich nur aufs Heimgehen?

Um die Qualität aus der Bottom-up-Perspektive festzustellen, muss man Kinder genau beobachten. Ihr Spiel, ihre Zeichnungen und

Werkarbeiten, ihr tägliches Verhalten sowie ihr emotionaler Ausdruck geben Aufschluss über ihr Wohlbefinden in der Gruppe.

Die Outside-inside-Perspektive

In dieser Perspektive wird auch die Kommunikation mit den Eltern miteinbezogen. Eltern und Kindergartenpädagog/innen sollten sich fragen:

- Sind unsere gegenseitigen Beziehungen respektvoll, oder sind sie herablassend und kontrollierend?
- Sind unsere Beziehungen untereinander offen, akzeptierend und tolerant oder sind sie voreingenommen, vorurteilsbelastet und abweisend?
- Haben wir fortlaufend oder nur selten miteinander Kontakt?

Eine gute Beziehung zwischen Kindergärtnerin und Eltern gelingt relativ leicht, wenn beide denselben kulturellen Hintergrund haben, wenn sie gemeinsame Ziele und Werte für die Kinder vertreten und wenn sie einander sympathisch finden. Der Aufbau einer positiven und respektvollen Beziehung zwischen Betreuungspersonal und Eltern mit unterschiedlichem kulturellen Hintergrund hingegen erfordert eine Professionalität, die sich auf die Ausbildung, die Erfahrung und die Persönlichkeitsmerkmale der Kindergärtnerin stützt.

Für Eltern ist es um so leichter, eine positive Beziehung zu den Erzieherinnen ihrer Kinder aufzubauen, je besser sie deren Arbeit und die Arbeitsbedingungen kennen.

Die Inside-Perspektive

Als vierte Perspektive nennt Katz die „Sichtweise von innen heraus". Eine gute Qualität bei der Vermittlung des Bildungs- und Erziehungsprogramms kann nur dann erreicht werden, wenn die Beziehungen des Personals untereinander gut sind. Dieser Qualitätsaspekt kann beispielsweise durch folgende Fragen überprüft werden:

- Sind unsere Beziehungen untereinander unterstützend oder streitsüchtig?
- Sind unsere Beziehungen kooperativ oder rivalisierend?
- Sind unsere Beziehungen vertrauensvoll oder misstrauisch?
- Sind unsere Beziehungen respektvoll oder kontrollierend?
- Motivieren mich die Arbeitsbedingungen, mein Wissen, meine Fähigkeiten und meine Professionalität zu verbessern?

Katz (1993) betont, dass die Umgebung nicht nur für Kinder, sondern auch für das Kindergartenpersonal optimal sein sollte.

Die gesellschaftliche Perspektive

Die fünfte Sichtweise bezieht sich darauf, wie gut die Gesellschaft und die künftige Generation durch vorschulische Betreuungseinrichtungen versorgt werden können.

Jede/r Bürger/in und vor allem jede/r politische Entscheidungsträger/in sollte fragen:

- Werden die Ressourcen der Gesellschaft angemessen verteilt, um den Schutz, die Betreuung, die Bildung und Erziehung unserer Kinder zu gewährleisten?
- Sind Kinderbetreuungseinrichtungen mit hoher Qualität für alle Familien, die sie benötigen, erreichbar und erschwinglich?

Es kann durchaus passieren, dass ein Kindergarten z. B. aus der Top-down-Perspektive alle Kriterien bezüglich Raum, Ausstattung und Gruppengrösse erfüllt und dennoch nicht in der Lage ist, Kinder und Eltern zufriedenzustellen. Andererseits kann ein Bildungs- und Erziehungskonzept, das aus der Top-down-Perspektive nicht die erforderlichen Qualitätsmerkmale erfüllt, dennoch von den betroffenen Kindern als sehr befriedigend erlebt werden.

2.7

Übersicht über bisher entwickelte Qualitätskriterien

Die folgenden Beispiele von bisher entwickelten Qualitätskriterien spiegeln den Entwicklungsstand auf dem Gebiet der Qualitätsforschung wider und zeigen auf, welche Qualitätsdimensionen auf internationaler Ebene für wichtig befunden werden.

2.7.1

Qualitätskriterien der National Association for the Education of Young Children

Kinderbetreuungseinrichtungen in den USA müssen seit Beginn der Achtzigerjahre bestimmte Qualitätskriterien erfüllen, um eine staatliche Anerkennung (Akkreditierung) zu erhalten. Diese Qualitätskriterien wurden von der National Association for the Education of Young Children (NAEYC) entwickelt und 1991 revidiert.
Insgesamt werden 91 Kriterien überprüft, die sich auf folgende 10 Bereiche beziehen:

- die Interaktion zwischen Erzieher/innen und Kindern
- das Curriculum
- die Interaktion zwischen Erzieher/innen und Eltern
- die Qualifikation und Fortbildung des Personals
- die Verwaltung
- die personelle Besetzung
- die Umgebung
- die Gesundheits- und Sicherheitsvorkehrungen
- die Ernährung
- die Überprüfung (Evaluation)

Die Überprüfung dieser Qualitätskriterien erfolgt teilweise durch externe Gutachter/innen und teilweise durch Fragebögen an die Leiterinnen, Kindergartenpädagog/innen und Eltern. Der Akkreditierungsprozess muss alle drei Jahre wiederholt werden.

2.7.2

Qualitätskriterien des Kinderbetreuungsnetzwerkes der Europäischen Kommission

Das Kinderbetreuungsnetzwerk der Europäischen Kommission sieht von der Festlegung von Mindestnormen für alle Mitgliedsstaaten ab und schlägt stattdessen eine gemeinsame Wertebasis vor, die die Grundlage für die Qualitätsdiskussion bildet (Balageur, Mestres & Penn, 1992). Auf diese Weise ist es bereits gelungen, eine Reihe von Qualitätsindikatoren zu erarbeiten. Diese sind in Form von Fragen formuliert und beziehen sich auf folgende Bereiche:

- Zugangsmöglichkeiten:
  Die Fragen beziehen sich auf den Prozess des Zugangs zu den Kinderbetreuungseinrichtungen und auf deren Anpassungsmöglichkeiten an familiäre Bedürfnisse.
- Umfeld:
  Das Umfeld bezieht sich unter anderem auf Gesundheit und Sicherheit, auf die Mahlzeiten, auf die Räumlichkeiten und auf die ästhetische Qualität der Kinderbetreuungseinrichtungen.
- Lernaktivitäten:
  Damit sind die Angebote gemeint, die die kognitive und soziale Entwicklung der Kinder fördern und unterstützen.
- Beziehungen:
  Die Fragen betreffen Beziehungen auf verschiedenen Ebenen: zwischen Erwachsenen und Kindern, Kindern untereinander und Erwachsenen untereinander.

- Elternbeteiligung:
  Thematisiert wird die Zusammenarbeit zwischen Eltern und Kindergarten.
- Integration ins Gemeinwesen:
  Zu fragen ist, inwieweit der Kindergarten in die Aktivitäten der Gemeinde oder des Stadtteils eingebunden ist.
- Wertunterschiede:
  Diese Reihe von Fragen bezieht sich auf den Umgang mit individuellen Unterschieden, Rasse, Geschlecht und Behinderung.
- Einschätzung der Kinder und entsprechende Maßnahmen:
  Die Beobachtung der Entwicklung der einzelnen Kinder und die Individualisierung der Förderung werden angesprochen.
- Kosten-Leistungs-Verhältnis:
  Hier geht es um Fragen der Finanzierung und der wirtschaftlichen Rentabilität.
- Ethos:
  Die Verwirklichung der oben genannten Kriterien gewährleistet einen hohen Qualitätsstandard.

Ausgehend von den oben genannten Qualitätsindikatoren können konkretere Kriterien und Checklisten entwickelt werden, die auf die spezifischen Gegebenheiten einzelner Länder und Institutionen abgestimmt sind.
Um Qualität in der Kinderbetreuung zu gewährleisten, ist ein fortlaufender Prozess auf verschiedenen Ebenen, wie der Planung, Verwaltung, Überwachung, Ausbildung und Beratung, notwendig. Dazu meint das Kinderbetreuungsnetzwerk der Europäischen Kommission:

> *(Die Qualitätssicherung) ist eine äußerst weitreichende Aufgabe. Die dabei auftretenden Probleme sind auf ihre Art genauso komplex wie in der Hochtechnologie und müssen mit dem gleichen Ressourcenaufwand und genauso schwerpunktmäßig gelöst werden. ... Die Qualität ist ein Thema, das nicht nur bei den einzelnen Kinderbetreuungseinrichtungen, sondern im System der Kinderbetreuung insgesamt eine Rolle spielt. (1988, zitiert nach Kinderbetreuungsnetzwerk der Europäischen Kommission, 1990, S. 1)*

2.7.3
Dimensionen der Qualität nach Pascal

In einem englischen Forschungsprojekt zur Praxisverbesserung von Erziehungs- und Betreuungseinrichtungen wurden in enger Zusammenarbeit zwischen Wissenschaftler/innen und Praktiker/innen zehn Dimensionen von Qualität entwickelt (Pascal, 1993).
Die zehn Dimensionen von Qualität beziehen sich auf:
- die Ziele der Einrichtung
- das Curriculum
- die Lernformen
- die Planung und Überprüfung der Bildungsarbeit
- die Personalstruktur
- die räumlich-materiale Umgebung
- Beziehungen und Interaktionen
- Chancengleichheit
- Elternarbeit und Elternbeteiligung
- Evaluation

2.8
Kindergarten-Skala, revidierte Fassung (KES-R)

Die Grundlage der heutigen Form der Kindergarten-Skala ist die im Jahr 1980 in den USA entwickelte Early Childhood Environment Rating Scale (ECERS) von Harms und Clifford. Die ECERS ist ein wissenschaftlich abgesichertes Beobachtungsverfahren und international das meist benutzte Messinstrument zur pädagogischen Qualität in Kinderbetreuungseinrichtungen.

Die deutsche Fassung der ECERS wurde 1997 erstmals unter der Bezeichnung Kindergarten-Einschätz-Skala (KES) publiziert. Im Jahr 2001 – nach einer Revision der Original-Skala ECERS – erschien auch die revidierte Fassung der deutschen Skala, die Kindergarten-Skala (KES-R).

Neben den Anpassungen der ECERS im deutschsprachigen Raum liegen Studien unter anderen für Australien, Chile, Großbritannien, Israel, Japan, Portugal, Schweden und Spanien vor.

Die KES-R gibt einen umfangreichen Überblick über die pädagogische Qualität der Prozesse, die in einer Kindergartengruppe ablaufen. Damit rückt die KES-R das Interesse der Kinder in den Mittelpunkt und macht dieses zum Maßstab für die Qualität eines Kindergartens. Nach der Definition der KES-R ist in einer pädagogischen Umwelt dann eine hohe Qualität gegeben, wenn das körperliche, emotionale und intellektuelle Wohlbefinden und die Entwicklung der Kinder gefördert wird.

Zusätzlich werden auch andere Aspekte der Qualität, etwa räumlich-materielle Ressourcen oder Fragen der Qualität der Arbeitsumwelt für die Erzieher/innen berücksichtigt.

Der KES-R liegt folgendes pädagogische Konzept zugrunde:

1. „Kinder sind aktiv Lernende; sie lernen durch ihre Aktivitäten, durch das, was sie tun, hören, erfahren und sehen.
2. Kinder lernen durch die Interaktionen mit ihren Eltern, Erzieherinnen und anderen Erwachsenen wie auch durch die Interaktionen mit anderen Kindern. Sprachliche und nicht-sprachliche Interaktionen mit Erwachsenen sind wichtig zur Anregung kindlicher Lernprozesse.
3. Eine räumlich-materiale Umwelt, die so organisiert ist, dass Kinder maximal unabhängig und erfolgreich sein können, gibt den Kindern mehr Gelegenheit für produktive Interaktionen, Diskussionen und Freude.
4. Kinder benötigen emotionale Wärme und Geborgenheit und räumliche Möglichkeiten, die diesen Bedürfnissen entgegenkommen, sowie vorhersagbare Routinen, um sich sicher und geschützt zu fühlen.
5. Eine ‚gute' Umwelt für Kinder sollte auch den Bedürfnissen der Erwachsenen, die in ihr arbeiten, gerecht werden." (Tietze, Schuster, Grenner & Roßbach, 2001, S. 7)

Insgesamt besteht die KES-R aus 43 Merkmalen, die zu folgenden 7 Bereichen zusammengefasst werden:

I. Platz und Ausstattung
II. Begrüßung und Pflege der Kinder
III. Sprachliche und kognitive Anregungen
IV. Aktivitäten
V. Interaktionen
VI. Strukturierung der pädagogischen Arbeit
VII. Eltern und ErzieherInnen

Eingeschätzt werden nicht einzelne Erwachsene oder einzelne Kinder, sondern die Gesamtumgebung einer Gruppe oder Einheit. Die Beurteilung erfolgt in 7 Stufen und reicht von „unzureichend" über „minimal" und „gut" bis zu „ausgezeichnet".

„Die KES-R ist nicht auf ein bestimmtes pädagogisches Konzept bezogen. Was in der KES-R als gute oder unzureichende pädagogische Qualität betrachtet wird, basiert auf einer Vielzahl von empirischen Untersuchungen zu frühkindlichen Erziehungs- und Betreuungsumwelten und reflektiert die Qualitätsstandards, die Expert/innen, Forscher/innen und Berufsorganisationen weltweit über kulturspezifische und konzeptbezogene Kriterien hinaus in einem weitgehenden Konsens als bedeutsam erachten." (Tietze, Schuster, Grenner & Roßbach, 2001, S. 7)

Die praktische Bedeutung der KES-R liegt darin, dass sie eine Diskussionsgrundlage über gute Qualität eröffnet und Anstöße zu Veränderungsprozessen in der Praxis geben kann und soll.

Die notwendigen Einschulungskurse in die Anwendung dieses Verfahrens werden von den Autoren am Institut für Sozial- und Kleinkindpädagogik der Freien Universität Berlin sowie vom Charlotte Bühler-Institut in Wien angeboten.

2.9

Ergebnisse der internationalen Qualitätsforschung

Ein Überblick über die internationale Qualitätsforschung zeigt, dass vor allem einer kleinen Gruppengröße und einer professionellen Ausbildung der Betreuungspersonen eine entwicklungsfördernde Bedeutung zukommt (Ruopp, Travers, Glantz & Colen, 1979). Diese Qualitätskriterien sind Voraussetzung für eine positive und anregungsreiche Interaktion.

Phillips (1988) spricht vom „eisernen Dreieck“: Die Gruppengröße, die zahlenmäßige Erzieher-Kind-Relation und die Qualifikation der Erzieherin stellen – so ihre Forschungsergebnisse – den Schlüssel zu einer guten Qualität dar.

Andere Studien unterstreichen zusätzlich die Bedeutung einer adäquaten Bezahlung der Betreuungspersonen. Die Bezahlung beeinflusst nicht nur den Verbleib im Beruf, sondern auch die Erzieher-Kind-Interaktion. Neben den Kosten des Kinderbetreuungsarrangements werden auch die Berufszufriedenheit der Erzieher/innen und die Personalfluktuation in die Qualitätsmessung miteinbezogen. Die Arbeitsbedingungen der Kindergartenpädagog/innen stellen wichtige Determinanten für die Qualität einer frühkindlichen Erziehungs- und Lernumwelt dar. (Whitebook, Howes & Phillips, 1989)

Hayes, Palmer & Zaslow (1990) betonen auch die Bedeutung einer stabilen, länger andauernden Beziehung zwischen Betreuungspersonen und Kindern. Weitere Qualitätsmerkmale sind die Strukturierung des Tagesablaufes und die Angemessenheit der Spiel- und Lernumgebung.

Die Kombination von guten Materialien, genügend Platz und der Responsivität der Betreuungspersonen wirkt sich nach Clarke-Stewart (1982) positiv auf die Kinder aus.

3 Grundlagen der Kindergartenpädagogik in Österreich

Die Profilierung einer eigenständigen österreichischen Kindergartenpädagogik und ihr hoher Standard zeigen sich in einer Reihe von Entwicklungen, die in diesem und im folgenden Kapitel näher beleuchtet werden. Die Bestandsaufnahme der bisherigen Situation umfasst unter anderem folgende Schwerpunkte:

- *Orientierung am Rahmenplan „Bildung und Erziehung im Kindergarten" von Niederle, Michelic und Lenzeder (1987)*
- *Entwicklung einer eigenständigen Kindergartendidaktik (Niederle, 1995a, 1995c)*
- *die Verwirklichung von frühkindlichen Lernformen (Niederle, 1995b)*
- *Modelle und Methoden zur umweltoffenen Gestaltung der Bildungsarbeit (Feiner, Niederle & Michelic, 1985, Niederle, 1995f)*
- *Beispiele einer eigenen Kindergarten-Architektur („gebaute Pädagogik") (Slavetinsky, 1995a)*
- *Weiterentwicklung des „Raumteilverfahrens", das in Österreich in Zusammenarbeit von Wissenschaft und Praxis für die Gestaltung von Kindergartenräumen entwickelt wurde (Bayr-Klimpfinger, 1957; Schmaus & Schörl, 1964; Soukup, 1995c)*
- *Bewegungsräume als kompensatorisches Angebot für die Bewegungsdefizite heutiger Kinder (Gräsel, 1995)*
- *Etablierung einer Spiel- und Buchkultur (Bodingbauer, 1995; Gauster, 1995; Hartmann, 1995a, 1995b; Hartmann & Stern, 1995; Haumer, 1995; Haumer, Jahn & Kasper, 1995; Holler & Niederle, 1995; Michelic, 1995; Nykrin, 1995; Pöckl & Hartmann, 1995; Rumpl, 1995; Soukup, 1995f; Soukup & Strausky, 1995; Steyrl, Kreuzer & Michelic, 1995)*
- *Bestimmungen über die Rahmenbedingungen, wie sie derzeit in den Kindergartengesetzen der einzelnen Bundesländer festgelegt sind*

3.1 Österreichische Bildungskonzepte für den Kindergarten

Im deutschen Sprachraum lassen sich seit den Siebzigerjahren Bemühungen feststellen, für den Kindergarten Erziehungs- und Bildungsziele zu formulieren. Hierbei haben sich vor allem Konzepte, die als offene Curricula zu bezeichnen sind, als günstig erwiesen. „Solche Bildungspläne stecken den Rahmen der Erziehungs- und Bildungsarbeit im Kindergarten ab, vermeiden aber ein hierarchisch übergeordnetes System von Lernschritten. Sie geben über den Umfang der Bildungsarbeit Aufschluss, gewähren dem Erzieher aber den Freiraum, den er für die Differenzierung seiner Erziehungsmaßnahmen braucht." (Niederle, Michelic & Lenzeder, 1987, S. 3)

Der österreichische Rahmenplan für Bildung und Erziehung im Kindergarten

Auch der österreichische Kindergartenbildungsplan „Bildung und Erziehung im Kindergarten" (Niederle, Michelic & Lenzeder, 1975, 1. Auflage) wurde als offenes Curricu-

lum gestaltet. 1987 erfolgte auf Grund geänderter gesellschaftlicher Bedingungen und neuer wissenschaftlicher Erkenntnisse eine Neubearbeitung und teilweise Modifikation des Bildungsplanes.
Grundlage des Bildungsplanes sind die Ziele und Aufgaben der Kindergartenerziehung, wie sie in den Kindergartengesetzen der österreichischen Bundesländer formuliert sind. Dem Kindergarten wird im Rahmen des gesamtösterreichischen Bildungskonzepts ein eigenständiger Bildungsauftrag zugesprochen.

Bildung und Erziehung im Kindergarten betreffen die gesamte Persönlichkeit des Kindes und sollen eine ganzheitliche Förderung des Kindes durch vielfältige und umfassende Angebote des Spielens, des Arbeitens, des Gestaltens und des sozialen Lernens zum Inhalt haben.
Ausgehend von diesen Ansprüchen ist der österreichische Bildungsplan in elf Bildungs- und Erziehungsbereiche gegliedert, die vielfach miteinander in Beziehung stehen:

- Emotionale Erziehung
- Sozialverhalten
- Sexualerziehung
- Wertverhalten
- Religiös-christliche Erziehung
- Kreativität
- Denkförderung
- Sprachbildung
- Bewegungserziehung
- Lern- und Leistungsverhalten
- Umweltbewältigung

Jeder dieser Bereiche ist in Grob- und Feinziele gegliedert und beinhaltet zahlreiche methodische Hinweise, erläuternde Beispiele und praktische Anregungen. Die Grundlinien des Bildungsplanes stellen Orientierungshilfen und Anregungen für die Arbeit der Kindergartenpädagogin dar. Sie sind nicht als starre Erziehungsrezepte zu verstehen, sondern erfordern Flexibilität und Anpassung an die jeweils herrschenden äußeren und inneren Bedingungen des pädagogischen Feldes.
Nicht zuletzt weisen die Autorinnen des Bildungsplanes auf die besondere Bedeutung der Spontaneität in der Bildungs- und Erziehungsarbeit hin: „Eine verplante und dadurch eingeengte Erziehung, in der kreative Ideen keinen Platz haben, wird der Aufgabe der Kindergartenpädagogik ebenso wenig gerecht wie eine konzeptlose, nur auf momentane Effekte aufgebaute Bildungsarbeit. Das Erziehungsgeschehen wird sich daher immer im Spannungsfeld zwischen Planung und Spontaneität vollziehen." (Niederle, Michelic & Lenzeder, 1987, S. 7)
In der Folge werden die elf im Bildungsplan enthaltenen Erziehungs- und Bildungsbereiche in ihren wesentlichen Inhalten kurz dargestellt.

<u>Emotionale Erziehung</u>
Die Erfüllung der emotionalen Grundbedürfnisse nach Geborgenheit und liebevollem Kontakt stellt die Voraussetzung für eine positive Persönlichkeitsentwicklung, für die Entwicklung von Beziehungsfähigkeit und für das Interesse des Kindes an seiner Umwelt dar. Den individuellen Bedürfnissen der einzelnen Kinder mit Einfühlungsvermögen und Verständnis zu begegnen gehört ebenso zur emotionalen Erziehung wie die Gestaltung einer harmonischen Atmosphäre im Kindergarten.

<u>Sozialverhalten</u>
Die Kindergruppe bietet gute Voraussetzungen zum Erlernen sozialer Verhaltensweisen. Während früher eher Anpassung und Gehorsam als erstrebenswerte Ziele galten, wird heute ein partnerschaftliches, demokratisches Verhältnis zwischen Kindergartenpädagogin und Kind propagiert. Dadurch sind auch die Kinder bereit, ihre Wünsche zugunsten anderer zurückzustellen, wenn es dafür einsichtige Begründungen gibt, und verhalten sich in der Gruppe konstruktiv, kompromissbereit und demokratisch. Zugleich lernen sie, ihre Ansprüche zu vertreten und durchzusetzen.

Sexualerziehung
Die schon früh auftretenden Fragen der Kinder zu verschiedenen Bereichen der Sexualität verlangen ebenso wie jeder andere Fragenbereich nach einer kindgemäßen und sachlichen Beantwortung. Vor allem bei der Ausformung des weiblichen bzw. männlichen Rollenverhaltens kommt dem Kindergarten der Auftrag zu, den Kindern eine partnerschaftliche Rollenauffassung zu vermitteln.

Wertverhalten
Durch den Kindergarteneintritt werden die Kinder erstmals mit unterschiedlichen Wertvorstellungen konfrontiert. Die Erziehung im Kindergarten muss das Kind darauf vorbereiten, sich in einer von pluralistischen Wertvorstellungen bestimmten Gesellschaft zurechtzufinden. Grundlegend in der Erziehung zum Wertverhalten ist die Orientierung an den Menschenrechten.

Religiös-christliche Erziehung
Christlicher Glaube wird in der neuen Religionspädagogik als eine allgemeine Fähigkeit der Ansprechbarkeit für die religiösen Dimensionen und der Suche nach dem Sinn des Lebens verstanden.

Kreativität
Kreativität wird als die Fähigkeit des Menschen zum schöpferischen Denken und Tun verstanden. Kreatives Tun kann zur Entspannung und zur Entfaltung der Individualität beitragen. „Im Kindergarten werden die kreativen Fähigkeiten vor allem dadurch gefördert, dass dem Kind in einer gelösten Atmosphäre viel Freiheitsraum und ein ausreichendes Angebot an Materialien, die zur Äußerung und Ausführung eigener Ideen herausfordern, zur Verfügung stehen" (Niederle, Michelic & Lenzeder, 1987, S. 68).

Denkförderung
Denkförderung im Kindergarten findet vor allem durch vielfältige Anreize und Impulse der Umgebung statt. Vor allem in der spielerischen Auseinandersetzung mit unterschiedlichen Problemsituationen können Kinder auf lustvolle und spannungsfreie Art zu kreativen und sachgerechten Lösungsmöglichkeiten finden. Wahrnehmungsdifferenzierung, Merkfähigkeit und die Förderung spezieller Begabungen sind nur einige Aspekte der kognitiven Förderung im Kindergarten.

Sprachbildung
Die Sprache – wichtigstes Medium des Sozialkontakts – nimmt eine wichtige Rolle in der intellektuellen Entwicklung eines Kindes ein. Sprache und Denken hängen eng zusammen. Die Sprachförderung im Kindergarten hilft deshalb mit, das Selbstbewusstsein sowie die Sozial- und Sachkompetenz des Kindes zu stärken.

Bewegungserziehung
Die Freude an körperlicher Bewegung und die geistige Entwicklung stehen in einer Wechselbeziehung zueinander. Bewegungsförderung im Kindergarten wirkt sich deshalb positiv auf die gesamte Persönlichkeit des Kindes aus. Der Abbau von Spannungen und Überdruck sowie die Befriedigung des natürlichen Bewegungsdranges von Kindern sind angesichts des Mangels an natürlichen Spielflächen in der häuslichen Umgebung vieler Kinder ein nicht zu vernachlässigender Bestandteil der Kindergartenerziehung.

Lern- und Leistungsverhalten
„Das Alter zwischen drei und sechs Jahren stellt für die Entfaltung der Lernfreude eine entscheidende Periode dar. Die Lernerfahrungen, die ein Kind in diesen Jahren erwirbt, haben einen lang andauernden und bestimmenden Einfluss darauf, ob ein Kind geistige Interessen entwickelt, ob es mit Freude lernt und die damit verbundenen Anstrengungen auf sich nimmt." (Niederle, Michelic & Lenzeder, 1987, S. 120) Wie auch im Zusammenhang mit der Denkförderung ist die spielerische Annäherung an Leistungsverhalten im Kindergarten grundlegend. Wichtig sind die Vermei-

dung von Unter- oder Überforderung und die positive Wirkung von Erfolgserlebnissen.

Umweltbewältigung
Vielfältige Erfahrungen, das dadurch erworbene Wissen und die eigene Auseinandersetzung mit der Umwelt befähigen Kinder zunehmend zur sicheren Umweltbewältigung. Kinder, deren Eltern ganztags berufstätig sind, sind jedoch vielfach in der Umwelterfahrung eingeschränkt. Deshalb sollte jeder mögliche Realkontakt der Kinder mit Ereignissen und Personen der Umwelt in die Kindergartenarbeit einbezogen werden.

Auf Grund der Veränderungen in der Gesellschaft und infolge der Auswirkungen des Wertewandels (vgl. Kapitel 4.2) erschien es notwendig, den bisher verwendeten Bildungsplan neu zu konzipieren und an die heutigen Ansprüche der Kindergartenpädagogik anzupassen. Der Bildungsplan wurde auch von der Schulbuchkommission des Bundesministeriums für Unterricht und kulturelle Angelegenheiten nicht mehr als Lehrbehelf für die Unterrichtsgegenstände Didaktik und Kindergartenpraxis approbiert, sondern dringend zur Überarbeitung empfohlen.

Bildungsqualität im Kindergarten – das neue Bildungskonzept
Aus diesem Grund wurde vom Charlotte Bühler-Institut im Jahr 2000 das neue Bildungskonzept für den österreichischen Kindergarten veröffentlicht. (Hartmann, Stoll, Chisté & Hajszan, 2000)

Dieses innovative Konzept wurde auf der Grundlage aktueller wissenschaftlicher Erkenntnisse erarbeitet. Es trägt den veränderten gesellschaftlichen Bedingungen, unter denen Kleinkinder heute aufwachsen, ebenso Rechnung wie den Erfordernissen in der erzieherischen Praxis.

Das Bild vom Kind im Spiegel der Zeit
Im ersten Teil des Bildungskonzepts wird den Wurzeln und der Entwicklung der Kleinkinderziehung bzw. dem Bild vom Kind nachgegangen, um zu einem besseren Verständnis der heutigen Erwartungen an das Kind zu gelangen. Dabei wird deutlich, dass bedeutende Pädagog/innen der vergangenen Jahrhunderte immer Achtung vor der Eigenständigkeit der kindlichen Persönlichkeit gezeigt haben.
Auf Grund politischer und gesellschaftlicher Bedingungen, die von den heute herrschenden völlig verschieden sind, konnten sich die Ideen einer „Pädagogik vom Kinde aus“ jedoch bis weit ins 20. Jahrhundert hinein kaum durchsetzen.

Die neuere psychologische Forschung
Im zweiten Teil des Bildungskonzepts geht es um die aktuellen Erkenntnisse in der psychologischen Forschung, die schon dem sehr jungen Kind ein hohes Maß an Kompetenz und Selbststeuerung zuschreiben. Im Mittelpunkt der wissenschaftlichen Erkenntnisse steht die Auseinandersetzung des Kindes mit seiner Umwelt. Der Begriff der Transaktion umschreibt die Austausch- und Wechselwirkungsprozesse, die bei dieser Auseinandersetzung ablaufen. Nicht nur die Umwelt beeinflusst das Kind, auch das Kind verändert durch seine Handlungen und kognitiven Prozesse beständig seine Umwelt. (Oerter, 1995; Wolf, 1995)
Diese aktive Teilhabe des Kindes am Kulturgeschehen hat wichtige Konsequenzen für die Bildung und Erziehung im Kindergarten.

Der Transaktionsansatz im Kindergarten
Als Kernstück des neuen Bildungskonzepts wird der Transaktionsansatz im Kindergarten dargestellt. Mit Hilfe dieses wissenschaftlichen Ansatzes gelingt es, die komplexen Wechselbeziehungen zwischen Kind, Kindergartenpädagogin und Lebenswelt Kindergarten durchschaubar zu machen. Transaktion

meint die ständige wechselseitige und ineinander verflochtene Anpassung zwischen Mensch und Umwelt, die auch mit einem Reißverschlussprinzip verglichen werden kann.

Die transaktionalen Austauschprozesse lassen sich mit den Begriffspaaren des Objektivierens und Subjektivierens bzw. des Aneignens und Vergegenständlichens beschreiben:

- Objektivieren bedeutet, sich an der Realität zu orientieren. Das Kind macht Erfahrungen mit den Eigengesetzlichkeiten der Welt, wie etwa mit Materialgegebenheiten beim Bauen oder auch mit Regeln im Kindergarten.
- Subjektivieren bezieht sich auf die Anpassung der Umwelt an die persönlichen Ideen und Bedürfnisse des Kindes, wie z. B. im Rollenspiel.
- Aneignen meint das Wahrnehmen und Lernen, wie es bei Kindern vor allem durch Exploration stattfindet.
- Vergegenständlichen bezieht sich auf das Mitgestalten, Mitbeteiligen und das Schaffen von Produkten, wie z. B. beim kreativen Gestalten. Kinder verändern dabei ihre Umwelt durch ihre Handlungen.

Diese vier transaktionalen Austauschprozesse hängen eng miteinander zusammen und bilden bei jeder Handlung ein integriertes Ganzes. (vgl. Oerter, 1995)

Weiters wird die Qualität der Bildungsprozesse im Kindergarten aus verschiedenen Perspektiven beleuchtet: aus der Perspektive des Kindes, der Kindergartenpädagogin und aus der Perspektive eines umfassenden Bildungsverständnisses.

Das Kind wird als gleichberechtigter und kompetenter Entwicklungspartner gesehen. Selbständigkeit, Einfallsreichtum, Handlungsfähigkeit und Kompetenz prägen seine Auseinandersetzung mit der Umwelt. Die Kindergartenpädagogin unterstützt die Eigeninitiative der Kinder und begleitet sie in einer prozessorientierten Arbeit. Sie stellt Zeit, Raum und vielfältige Entwicklungsanregungen als Rahmen zur Verfügung, in dem sich das aktive und selbstbestimmte Lernen der Kinder vollziehen kann.

Hinweise auf Qualitätsstandards und konkrete, detaillierte methodisch-didaktische Überlegungen sollen Schüler/innen der Bildungsanstalten für Kindergartenpädagogik und Kindergartenpädagog/innen die Planung und Reflexion der pädagogischen Arbeit erleichtern. Bei der Auswahl der Bildungsinhalte sollte in erster Linie die Erfahrungswelt der Kinder berücksichtigt werden. Die Bildungsarbeit nach transaktionalen Kriterien erfordert vor allem viel Zeit und Raum, damit Austauschprozesse in Gang kommen können.

Eine besondere Bedeutung im transaktionalen Bildungskonzept kommt der Reflexion der pädagogischen Arbeit zu: Sie wird als rückblickende Analyse der Bildungsarbeit verstanden, aus der sich neue Impulse für die Planung ergeben können. Mit Hilfe des Transaktionsansatzes kann die Kindergartenpädagogin überprüfen, ob in der Bildungsarbeit eine Balance der transaktionalen Prozesse erreicht wurde und ob es zu wechselseitigen Beeinflussungen und Veränderungen bei den Kindern, der Kindergartenpädagogin oder der Umwelt (z. B. auch den Eltern) gekommen ist.

Durch die vernetzte Sichtweise der Bildungsarbeit und die Analyse pädagogischer Prozesse trägt der Transaktionsansatz zur Optimierung der Bildungsqualität im Kindergarten bei und eröffnet innovative Erfahrungs-, Handlungs- und Gestaltungsmöglichkeiten für die pädagogische Praxis.

Der Bezug zur Kindergartenpraxis

Um die Austauschprozesse zwischen Kindern und ihrer Umwelt anhand konkreter Bildungssituationen aus dem Kindergarten sichtbar zu machen, enthält das neue Bildungskonzept eine Reihe ausgewählter Praxisberichte, etwa zur multikulturellen Bildungsarbeit, zu Rauf- und Kraftspielen oder zur Sexualerziehung. Diese werden anhand eines Kriterienkatalogs aus transaktionaler Sicht analysiert. Die exemplarischen Analysen sollen verdeutlichen, wie eine optimale Entwicklungsförderung im Kindergarten aussehen kann. Den Kindergartenpädagog/innen wird damit ein Instrument angeboten, anhand dessen sie die Austauschprozesse zwischen Kind, Eltern, Kindergartenpädagogin und Umwelt analysieren können.

3.2

Didaktik und Prinzipien der Kindergartenarbeit

„Didaktik ist die Wissenschaft vom Lehren und Lernen auf allen Stufen der geistigen Entfaltung und in allen Situationen des Lebens“ (Niederle, 1995c, S. 7).

Diese umfassende Definition des Begriffes „Didaktik“ ist auch auf die Kindergartenarbeit anwendbar. Prozesse des Lehrens und Lernens im Kindergarten zeichnen sich durch ihre wechselseitige Anregung aus, wobei Selbsterfahrung des Kindes und Information durch die Kindergärtnerin, Selbsttätigkeit und die Gewährung von Lernhilfen einander durchdringen. Aufgabe der Didaktik in der Kindergartenarbeit ist die Analyse und Strukturierung des Bildungsgeschehens und die Formulierung von Prinzipien, die für die Erziehungs- und Bildungsarbeit im Kindergarten kennzeichnend sind.
Als geeignetes Modell für die Kindergartendidaktik bezeichnet Niederle (1995c) die Strukturanalyse des pädagogischen Feldes von Heimann (1962). Heimann differenziert sechs Strukturmomente des pädagogischen Geschehens, die er in Entscheidungs- und Bedingungsfelder ordnet.

3.2.1

Entscheidungsfelder in der Kindergartenarbeit

Bei der Planung von Bildungsprozessen im Kindergarten muss entschieden werden, „welche Absichten an welchen Inhalten unter Verwendung welcher Medien verwirklicht werden sollen (= Planung) oder verwirklicht worden sind (= Analyse)“ (Heimann, 1962, zitiert nach Niederle, 1995c, S. 8).

■ Bildungsziele:
Seit den Siebzigerjahren wird versucht, Erziehungs- und Bildungsziele für den Kindergarten zu formulieren, wobei sich offene Curricula am besten bewährt haben. Diese Curricula geben den Rahmen der Erziehungs- und Bildungsarbeit im Kindergarten vor, ohne von differenzierten, hierarchisch geordneten Lernschritten auszugehen und ohne den erzieherischen Freiraum der Kindergartenpädagog/innen zu stark einzuschränken. Infolge gesellschaftlicher Veränderungen und neuer wissenschaftlicher Erkenntnisse sollten die Bildungsziele im Kindergarten einer beständigen Überprüfung und Adaptierung an geänderte Erfordernisse unterliegen.

■ Bildungsinhalte:
Situatives Lernen – das heißt Berücksichtigung der Lebensnähe der Bildungsangebote im Kindergarten und Orientierung an den kindlichen Bedürfnissen – ist eines der wesentlichen Prinzipien der österreichischen Kindergartenpädagogik. Inhalte, die am Erlebnishintergrund der Kinder anknüpfen, können einen Prozess der Auseinandersetzung in Gang bringen, der einen Lerngewinn für das Kind ermöglicht.

■ Methoden:
Rombach (1977) bezeichnet eine Methode ganz allgemein als „eine Vorgangsweise, die sich im Hinblick auf ein bestimmtes Ziel als wählbarer Weg, als Möglichkeit unter mehreren Möglichkeiten bestimmt" (S. 280). Es gibt somit meist nicht die Methode schlechthin, sondern eine Vielfalt an Methoden, aus denen die Erzieherin die am besten geeignete auswählen muss. Wichtig ist, dass die gewählten Methoden so lustbetont und anregend sind, dass die Kinder einen Arbeits- oder Spielprozess nicht nur beginnen, sondern auch ausdauernd zu Ende führen können. Weiters müssen Methoden echt sein, das heißt, sie müssen der Sachstruktur des jeweiligen Inhalts entsprechen.

■ Medien:
Medien sind im Bildungsprozess vor allem nach dem Prinzip der Selbsttätigkeit sowie nach der Vielfalt an Lernmöglichkeiten, die sie bieten, auszuwählen. Medien, die viele Möglichkeiten eröffnen, regen das Kind zu intensiven Spielprozessen sowie zum Erkunden, Experimentieren und Entdecken an. Neben der Vielseitigkeit ist die Sachrichtigkeit der Medien ein wesentliches Kriterium ihrer Eignung für den Kindergarten.

3.2.2 Bedingungsfelder in der Kindergartenerziehung

Bei der Planung und während der Durchführung von Bildungsprozessen müssen die Bedingungen, unter denen die pädagogische Arbeit ausgeübt wird, beachtet und mitberücksichtigt werden.

■ Anthropologisch-psychologische Determinanten:
Diese Determinanten bezeichnet Heimann (1962) als Faktoren der Entwicklung. Dazu zählen die Individuallage des Kindes (Lernbiografie, Fähigkeitsstand, Interessen und Begabungen, Lernfähigkeit), Interaktionsprozesse (Einflüsse der Erzieherinnenpersönlichkeit, soziale Beziehungen der Kinder untereinander, Gruppenzusammensetzung) und entwicklungsbedingte Schwerpunkte für das Kindergartenalter (Bewegungserziehung, Wahrnehmungsdifferenzierung, Sprachförderung, Förderung von Autonomie und sozialer Anpassung, Förderung von Kreativität).

■ Soziokulturelle Determinanten:
Heimann (1962) versteht darunter Faktoren der Lebensumwelt. Diese beziehen sich unter anderem auf das häusliche Milieu (Familienstruktur, Berufstätigkeit der Eltern, sozioökonomische Situation der Familie, Wohnumgebung),

die Situation des Kindergartens (Träger und Erhalter, Größe und Ausstattung, Öffnungszeiten) sowie gesellschaftliche und kulturelle Faktoren (Stellenwert des Kindergartens und Integration in die Gemeinde, Kontakte zu anderen Bildungseinrichtungen, Mitarbeit und pädagogische Vorstellungen der Eltern und der Öffentlichkeit).

3.2.3

Didaktische Prinzipien

Niederle (1995a) definiert didaktische Prinzipien als „Grundsätze, die das Erziehungs- und Bildungsgeschehen auf einem bestimmten pädagogischen Feld ... kennzeichnen. Solche Grundsätze sind von bestimmten Erziehungsvorstellungen in der jeweiligen Gesellschaft und vom Selbstverständnis der Bildungsinstitution ebenso abhängig wie von den wissenschaftlichen Erkenntnissen und Erfahrungen aus der erzieherischen Praxis.“ (S. 14)
In der Folge werden die didaktischen Prinzipien der Kindergartenarbeit nach der Einteilung und näheren Erläuterung von Niederle (1995a) in ihren Grundzügen dargestellt.

- Prinzipien für die Gestaltung der Erziehungs- und Bildungsarbeit in der Institution Kindergarten

Das pädagogische Geschehen in der Kindergartengruppe muss sich an der Lebenssituation und der Entwicklungsphase der Kinder orientieren und ihren individuellen Bedürfnissen und Interessen gerecht werden. Das Zusammenleben und Lernen in der Kindergruppe ist ebenso wichtig wie das Einbeziehen der Eltern in die Kindergartenarbeit, z. B. durch Elternabende, Ausflüge, gemeinsames Werken. Der Erziehungsstil der Kleinkindpädagogin sollte demokratisch und partnerschaftlich sein, um der Persönlichkeitsentwicklung des Kindes größtmöglichen Freiraum zu geben. Ein ganzheitliches Bildungskonzept, welches das Spiel als die dominante Lernform betrachtet und der Kreativität viel Raum gibt, entspricht den Bedürfnissen des Vorschulkindes am besten. Alle angewendeten Methoden der Erziehungs- und Bildungsarbeit sollten sachrichtig und einfach durchschaubar sein, um den Anforderungen einer umweltoffenen Gestaltung der Bildungsarbeit (vgl. Kapitel 3.4) zu entsprechen.

- Prinzipien für Art und Verlauf von frühkindlichen Lernprozessen

Lebensnahes Lernen und eine umweltoffene Bildungsarbeit, die durch situative Nähe Motivation und Betroffenheit des Kindes hervorrufen, sind vorrangige Prinzipien für die Art und den Verlauf von Lernprozessen im Kleinkindalter. Die Lernformen Spielen, Arbeiten und Forschen sollten einander ebenso abwechseln und ergänzen wie die Handlungsebenen der Realität und des Spiels. Wesentlich ist das Erlernen von Grundstrukturen, die exemplarisch für eine Fülle anderer Situationen sind und sich gut auf diese übertragen lassen. Als günstig in der Kindergartenpädagogik haben sich langfristige Lern- und Bildungsprozesse erwiesen, die das Bildungsgeschehen für längere Zeit bestimmen und dem Kind eine umfassende und zunehmend differenzierte Einsicht in einzelne Themengebiete geben. Ein wesentliches Ziel der umweltoffenen Gestaltung der Bildungsarbeit ist die Verhaltensänderung durch Sacheinsichten: Die Selbsterfahrung tritt an die Stelle der Belehrung.

- Prinzipien für die Aktivierung des Kindes

Die Gestaltung einer anregenden Umwelt mit vielfältigen, den Bedürfnissen der jeweiligen Kindergruppe entsprechenden Materialangeboten ist eine Grundlage der Kindergartenpädagogik. Die Auswahl der Lern- und Bildungsprojekte sollte sich an den Wünschen der Kinder orientieren und flexibel und situationsorientiert sein. Die Kinder haben zur Förderung ihrer sozialen Kompetenz die Möglichkeit, in unterschiedlichen

Sozialformen zu agieren. Selbsttätigkeit und die Gewährung von Lernhilfen sollten einander je nach Situation abwechseln. Anzustreben ist die Freiheit des kindlichen Lernens von Zeit- und Leistungsdruck. Dadurch wird der Entfaltung von kreativen Problemlösungsmöglichkeiten und originellen Einfällen ausreichend Raum gewährt. Wichtig ist die Förderung von Einzelinteressen und speziellen Begabungen, weil diese das gesamte Gruppengeschehen anregen und bereichern können.

- Prinzipien für die Ausbildung und Anwendung erfolgreicher Lern- und Problemlösungsstrategien

Nach dem Prinzip der Passung (Heckhausen, 1971) sollten Kinder mit Aufgaben konfrontiert werden, die ihrem Leistungsniveau entsprechen, also weder eine Unter- noch Überforderung darstellen. Nur so kann das Kind Erfahrungen über seine eigene Leistungsfähigkeit gewinnen. Der Aufbau von Lernvorgängen muss zunehmend differenziert sein, also vom Anschaulichen zum Abstrakten, vom Einfachen zum Komplexen gehen. Um die Übertragbarkeit auf ähnliche Lerninhalte zu erleichtern, müssen die dem Kind nahe gebrachten Vorgangsweisen sachrichtig und zielführend sein. Im Laufe des Lern- und Bildungsprozesses benötigt das Kind Möglichkeiten zur Selbstkontrolle und Selbstkorrektur: Im Anschluss an den Lernvorgang sollte das Gelernte durch Wiederholung und praktische Anwendungsmöglichkeiten gesichert werden. Zuletzt nennt Niederle (1995a) das Prinzip der sachbezogenen Verstärkung: Das Selbstwertgefühl und das Vertrauen des Kindes in die eigene Leistungsfähigkeit werden vor allem durch Erfolgserlebnisse gestärkt. Aus diesem Grund sollte die Erzieherin mit Interesse für den Herstellungsprozess kindlicher Produkte, weniger mit überschwänglichem Lob reagieren.

3.3

Frühkindliche Lernformen

Lernen auf Grund von Erfahrungen, die Verhaltensänderungen nach sich ziehen, findet während des ganzen Lebens statt. Ziel des Lernens ist es, immer mehr Selbstbestimmungsfähigkeit in der sozialen Lebenswelt und immer mehr Sachkompetenz zur Gestaltung der Umwelt zu erlangen.

Der Kindergarten kann dazu beitragen, dem Kind möglichst positive Lernerfahrungen zu ermöglichen. Lustvolle Lernsituationen, die den Einsatz bisherigen Wissens gestatten und durch neue Lernanreize erweitern und verändern, tragen zu einer Zunahme an Ich-Identität bei. Anzustreben ist die Erfassung von Grundstrukturen, auf denen späteres Lernen aufbauen kann. Die Sachrichtigkeit der Lernvorgänge ermöglicht den Erwerb von Grunderfahrungen und Grundeinsichten, die später auf andere Lern- und Erfahrungssituationen transferiert werden können.

Lernanlässe müssen situativ bedingt sein, das heißt sie müssen eine Nähe zum kindlichen Erleben aufweisen. Es liegt dabei an der Kindergartenpädagogin, bildungswirksame Situationen zu erkennen und die kindliche Neugierde und Motivation durch unmittelbare Betroffenheit für einen Bildungsprozess zu nutzen. Oft entsteht zwar der Lernanlass aus der Erlebnisumwelt der Kinder, die Auseinandersetzung damit muss aber auf die Spielebene ausweichen, weil die Handlungsmöglichkeiten der Kinder in der Realität oft beschränkt sind. Wenn die Spielsituation aber attraktiv gestaltet ist und geeignete Spielmaterialien vorhanden sind, die das Nachgestalten der Wirklichkeit erlauben, können die Kinder ihr Wissen verinnerlichen. Eine umweltoffene Gestaltung der Bildungsarbeit im Kindergarten ist daher anzustreben. (Vgl. Kapitel 3.4)

Lernvorgänge im Kleinkindalter müssen sich an der dem Vorschulkind entsprechenden

Weise des Lernens orientieren, nämlich am Spiel. Kindliche Verhaltensweisen sind zumeist nicht reproduktiv, sondern in hohem Maß kreativ: Niederle (1995b) nennt als Beispiele das Erforschen und Entdecken, das Nach- und Neugestalten, das Produzieren und Umsetzen von originellen Einfällen, mit dem Vorschulkinder nahezu ununterbrochen beschäftigt sind. Bildungsprozesse im Kleinkindalter müssen dem Kind daher ermöglichen, aktiv und tätig zu sein. Wissen wird nicht durch Belehrung, sondern durch Selbsttätigkeit erworben.

Folgende Merkmale des Spiels sind nach Hartmann (1995a) wesentlich:

- Selbstbestimmung des Spiels durch das Kind
- Lernen durch den handelnden Umgang mit den Dingen
- Äußerung von Gefühlen und Wünschen im Spiel und dadurch psychische Entlastung und Entspannung
- Erlernen von Konfliktlösungsmöglichkeiten, Vermeidung von Leistungsdruck und Angst
- Soziales Lernen und Möglichkeit der Kontaktaufnahme
- Förderung der sprachlichen Kompetenz
- Spaß und lustvolles Lernen durch das Spiel

Niederle (1995b) führt folgende wesentliche Lernformen im Kleinkindalter an:

- Spielen

Das Spiel ist die Lernform, die dem Kind am meisten Autonomie und Selbstbestimmung einräumt. Im Spiel kann all jenes dargestellt und ausprobiert werden, was dem Kind interessant erscheint. Das Spiel weist auch eine wichtige soziale Komponente auf: Für viele Spiele müssen Mitspieler/innen gesucht werden, mit denen es sich zu verständigen und zu einigen gilt. Rollen und Regeln müssen eingehalten und Konflikte ausgetragen werden. In vielen Bereichen des kindlichen Lernens kommt es zu einer Verknüpfung von Realität und Spiel, wenn die Erfahrungen in der Realität durch äußere Umstände eingeschränkt sind.

Nach Hartmann (1995a) kann man Spielmittel auf Grund ihres Aufforderungscharakters, der Spielidee, die sie in sich tragen, ihrer Struktur und Ausstattung für die Stimulierung und die Durchführung des Spiels und der damit verbundenen Lernprozesse als Bildungsmittel bezeichnen. Sie tragen dazu bei, Lernvorgänge anzuregen und die Persönlichkeit des Kindes zu fördern.

- Arbeiten

Überall, wo Kinder Erwachsene bei der Arbeit beobachten, möchten sie dabei helfen, nachahmen und Fragen stellen. Dieses Streben nach Selbständigkeit ist für die Entfaltung des Selbstwertgefühls von Kindern von unschätzbarer Bedeutung. Vor allem bei Kindern, die täglich eine lange Zeit im Kindergarten verbringen und wenig Anteil an der Alltagsarbeit ihrer Eltern haben, kommt dem Kindergarten zunehmend die Aufgabe zu, dem Kind durch die wiederholte Beteiligung an Arbeitsvorgängen Arbeitsroutine zu vermitteln. Wichtig für die Lernform „Arbeiten" sind – wie Niederle (1995b) betont – unter anderem die Entwicklung von Durchhaltevermögen und Verantwortungsbewusstsein.

- Forschen

Das natürliche Neugierverhalten kleiner Kinder trägt wesentlich zur Förderung der Lernform „Forschen" bei. Niederle (1995b) fordert die Nutzung dieses Entdeckerwillens, statt ihn, wie es vielfach durch den Erwachsenen geschieht, zurückzudrängen. Auch sachrichtige Vorgangsweisen sind anzuwenden, wenn bei kindgemäßen Forschungsprojekten Sacheinsichten gefunden werden sollen.

- Erfinden

Erfindungen sind oft dann möglich, wenn das Kind aus einer gegebenen Problemsituation heraus Lösungsmöglichkeiten und alternative Vorgehensweisen sucht. Da oft

Fehler der Anlass für eine Erfindung sind, sollte das Fehlermachen nicht von vornherein als etwas Negatives angesehen werden, sondern als notwendiges Durchgangsstadium auf dem Weg des Lernens. Im Kindergarten sollte das Versuch-Irrtum-Lernen, also die experimentierende Vorgangsweise, unterstützt werden. Wichtig ist, dass die Kindergartenpädagogin den Erfindungs- und Problemlösungsprozess nicht durch vorschnelles Eingreifen und Ratschläge-Geben verkürzt, sondern dem Kind viel Zeit und Raum für die kreative Entwicklung von Ideen lässt.

■ Gestalten

Im Kindergarten gilt es, die Kreativität und Originalität von Kindern zu fördern. Erscheinungsformen der Kreativität sind nach Becker-Textor (1988) unter anderem Problemsensitivität, Flexibilität, Sensibilität, Assoziationsfähigkeit, Fantasie und die Fähigkeit zu Analyse und Synthese. Niederle (1995b) betont die Sinnkomponente des gestalterischen und kreativen Tuns: Kinder müssen im Erlernen einer bestimmten Technik einen Sinn und ein Ziel sehen. Ist das nicht der Fall, werden sie kaum bereit sein, dafür Kräfte zu mobilisieren und Schwierigkeiten zu überwinden.

Zur Gestaltung einer kreativitätsfördernden Umwelt gibt Becker-Textor (1988) folgende Anregungen:

- Sie sollte getragen werden vom Prinzip der Freiheit: Freiheit in der Auswahl des Raumes, in der Auswahl des Materials, in der Auswahl der notwendigen technischen Hilfsmittel, in der Wahl der Aktivitäten überhaupt.
- Einschränkung von Ge- und Verboten, Bereitstellung einer Vielfalt von Materialien und entsprechendem Handwerkszeug. Es muss eine kindgemäße Umwelt geschaffen werden, die an den Bedürfnissen des Kindes orientiert und keine kleine Erwachsenenwelt ist.
- Alle Materialien, die dem Kind zur Verfügung stehen, sollen anregend sein, Möglichkeiten offen lassen, veränderbar sein; sie sollten vom Kind zweckentfremdet werden dürfen (aus der Sicht des Erwachsenen), sie sollten schöpferischen Charakter haben, frei zur Verfügung stehen.
- Alles, was vom Kind neu geschaffen wird, muss in seiner Umwelt Platz und Anerkennung finden (S. 45).

Niederle (1995b) nennt als weitere Aufgabe der Kindergartenpädagogin, das Kind mit zahlreichen Fertigkeiten und interessanten Techniken vertraut zu machen, um seinen Handlungsspielraum möglichst zu erweitern.

3.4 Umweltoffene Gestaltung der Bildungsarbeit

Durch die Trennung von Wohn- und Arbeitsbereich und die außerhäusliche Berufstätigkeit beider Elternteile verlieren Kinder zunehmend die Möglichkeit, mit Erwachsenen und deren Arbeitswelt in Kontakt zu kommen.

> *Wenn wir auf diesem Hintergrund die Situation des Kindes in unserer Gegenwartsgesellschaft betrachten, so müssen wir feststellen, dass es gelungen ist, neben der Erwachsenenwelt eine nahezu perfekte Kinderwelt aufzubauen: Kinderzimmer, Kindergärten, Kinderspielplätze und ein umfangreicher Markt voller Kinderkulturwaren, die zum Wohle des Kindes produziert werden, kennzeichnen diese Spiel- und Kinderwelt, die in zunehmendem Maße eine Isolierung des Kinder von der realen Umwelt bedeutet. Diese Entwicklung stellt insbesondere für das Kleinkind eine Bedrohung dar, weil die Identifikation des jungen Kindes mit dem Erwachsenen und seiner Welt für die Ausbildung der kindlichen Persönlichkeit unerlässlich ist. (Niederle, 1995f, S. 53)*

In diesem Bereich kommt dem Kindergarten die wesentliche Aufgabe zu, sich zu öffnen und dem Kind eine Fülle an Kontakten mit der Umwelt und der Erwachsenenwelt zu ermöglichen. Feiner, Niederle & Michelic (1985) nennen folgende Möglichkeiten der intensiven Auseinandersetzung mit Sachverhalten:

- Wenn die Kinder den Erwachsenen bei der Arbeit zuschauen können;
- wenn sie von den Erwachsenen als Mitarbeiter/innen akzeptiert werden;
- wenn sie mit Gegenständen aus der Erwachsenenwelt umgehen dürfen;
- wenn sie Arbeitsvorgänge in der Realität nachvollziehen können;
- wenn sie die Erwachsenen als Expert/innen erleben und fachkundige Auskunft erhalten.

Wann immer Kinder verschiedene Vorgänge in der Realität beobachten, entwickeln sie das Bedürfnis, das Beobachtete im Spiel nachzuvollziehen. Zu einer umweltoffenen Gestaltung der Bildungsarbeit im Kindergarten gehört also auch die Unterstützung und Förderung der kindlichen Rollenspiele, in denen das Wissen über die Umwelt internalisiert wird. Wichtig ist das Bereitstellen verschiedenster Materialien, Arbeitsgeräte und berufsspezifischer Utensilien. Durch die selbständige und kreative Durchführung verschiedener Arbeitsvorgänge werden die Zuversicht des Kindes in seine eigene Leistungsfähigkeit und die Freude am Tun gestärkt. Neben dem Erwerb praktischer Fertigkeiten können durch realitätsnahe Aktivitäten Durchhaltevermögen, Teamgeist und Kreativität gefördert werden.

Feiner, Niederle und Michelic (1985) betonen, dass Kinder für die Erforschung der Umwelt sachrichtige Methoden benötigen, deren Anwendung zu gültigen Erkenntnissen und zu Einsichten in Sachgesetzlichkeiten führt. Günstig sind daher Arbeiten mit gut durchschaubaren einzelnen Arbeitsschritten (z. B. Kochen einfacher Speisen, Verpacken eines Geschenkes, Waschen und Bügeln von Puppenkleidern). Wichtig sind die Notwendigkeit, die Konkretheit und die sachliche Richtigkeit einzelner Arbeitsvorgänge. Durch zu viel Wissensstoff werden Kinder überfordert, durch mangelnde Anschaulichkeit und Notwendigkeit geht der Sinn der Tätigkeit und damit der unmittelbare Bezug zur Realität verloren.

Bildungsgewinn durch Umweltbegegnung

Niederle (1995f) betont, dass die umweltoffene Gestaltung der Bildungsarbeit vollkommen dem Bildungsauftrag des Kindergartens entspricht und wesentlich zur Persönlichkeitsentwicklung des Kindes beiträgt. Das Erleben des eigenen Könnens schafft wichtige Grundlagen der Identität und erhöht die Handlungsfähigkeit des Kindes. Auch die Begabungsförderung ist ein Teilaspekt der umweltoffenen Bildungsarbeit. Die Leistungen einzelner Kinder, die sich eventuell als Spezialist/innen bei bestimmten Tätigkeiten erweisen, können das Spiel- und Lerngeschehen der ganzen Gruppe bereichern.

Neben dem Erwerb praktischer Fertigkeiten kann die Umweltbegegnung eine Fülle an Entwicklungs- und Lernprozessen auslösen: Durch die intensive Beschäftigung und anschauliche Begegnung mit speziellen Themenbereichen bilden Kinder eine Fülle neuer Begriffe aus und erfahren somit eine Erweiterung ihres Sprachschatzes. Die Beschäftigung mit der Natur und ihrer Bedeutung für unser Leben kann zu einer größeren Achtung vor der Natur und wertschätzendem Verhalten führen. Gerade Kinder erweisen sich immer wieder als besonders kritisch und umweltbewusst und können dadurch auch Erwachsene zur Änderung ihres Verhaltens anregen.

Wichtig ist die Ganzheitlichkeit des Bildungsgeschehens, um den Kindern Einsicht in größere Sachzusammenhänge zu vermitteln. Feiner, Niederle und Michelic (1985) beschreiben unter anderem folgende Verhaltensänderungen durch Sacheinsichten:

- Die Qualität der Fragen und Gespräche nimmt mit dem Erwerb von Sachwissen zu.
- Erfahrungen mit einem bestimmten Umweltausschnitt befähigen die Kinder zu differenzierten Spielhandlungen und lösen das Verlangen nach realitätsgerechtem und funktionstüchtigem Spielmaterial aus.
- Die intensive Auseinandersetzung mit einem Sachgebiet macht die Kinder innerlich ruhig und fähig, sich zu konzentrieren, für lange Zeit bei einer Beschäftigung zu verweilen, mit Hingabe ein Werk zu vollenden und sich darüber zu freuen, neue Gedanken zu fassen und Pläne zu schmieden.
- Das Kind kommt über Sacheinsicht zum Staunen und zur Achtung vor den Dingen und der Natur, was sich im Abbau von falschen Verhaltensweisen und im Aufbau von wertschätzendem Verhalten äußert.

Die Rolle der Kindergartenpädagogin in der umweltoffenen Bildungsarbeit

Neben der Rolle als Expertin, die Anregungen und Informationen gibt, kann die Kindergartenpädagogin auch die Rolle einer Partnerin im Experimentier- und Forschungsprozess einnehmen. Gemeinsam mit den Kindern durchläuft sie den gesamten Problemlösungsprozess, sodass der Lernvorgang nicht durch vorschnelle Hilfen und Informationen durch die Kindergärtnerin verkürzt wird und die Kinder ihre Autonomie nicht verlieren. Im Zuge dessen muss sich die Erzieherin aber die nötigen Sachkenntnisse zum jeweiligen Thema erwerben, um flexibel auf Anregungen und Wünsche der Kinder eingehen und ihnen bei der Überwindung von Schwierigkeiten helfen zu können.

Umweltoffene Bildungsarbeit muss von der unmittelbaren Lebenswirklichkeit der Kinder ausgehen, also situationsorientiert sein. Hier kommt der Kindergartenpädagogin die Aufgabe zu, hellhörig und flexibel aktuelle Interessen der Kinder und interessante Gegebenheiten der Umwelt aufzugreifen und einen Bildungsprozess in Gang zu bringen.

Niederle (1995f) nennt drei Kriterien, die für die Auswahl geeigneter Umweltausschnitte wesentlich sind:

- Das Kriterium der Nähe: Wichtig ist die unmittelbare Erlebnisnähe der jeweiligen Umweltgegebenheiten, um sie für Kinder relevant zu machen.
- Das Kriterium der Fassbarkeit: Die ausgewählten Umweltausschnitte sollten gut durchschaubar und übersichtlich sein, um den Kindern Einsicht in die entsprechenden Sachzusammenhänge zu ermöglichen.
- Das Kriterium der Echtheit: Echte Begegnungsmöglichkeiten mit der Realität sind anzustreben, da Pseudoprojekte („So tun als ob") den Ansprüchen der umweltoffenen Bildungsarbeit nicht entsprechen können.

Beispiele für eine umweltoffene Gestaltung der Bildungsarbeit im Kindergarten

Als häufig zu beobachtende Beispiele für eine umweltoffene Bildungsarbeit im Kindergarten gelten unter anderem folgende:

- Exkursionen

  Exkursionen schaffen vielfältige Möglichkeiten der realen Umweltbegegnung. Besucht werden können Ausflugsziele in der Natur, öffentliche Einrichtungen und verschiedene Berufsgruppen an ihrer Arbeitsstelle. Exkursionen werden meist durch die vorangestellte Auseinandersetzung mit dem jeweiligen Bildungsinhalt vorbereitet sowie durch die nachfolgenden Besprechungen und Vertiefungen der Erlebnisse und Erfahrungen in der Bildungs- und Erziehungsarbeit vertieft. Exkursionen bieten eine ideale Möglichkeit der Zusammenarbeit mit den Eltern, die für die Begleitung der Kindergartengruppe gewonnen werden oder an ihrem Arbeitsplatz besucht werden können.

- Begegnungen mit der Natur
  Gerade in der städtischen Umgebung verlieren viele Kinder zunehmend den realen Kontakt zur Natur. Hier kommt dem Kindergarten eine wesentliche kompensatorische Funktion zu. Naturbeobachtungen und Arbeiten in der Natur können sowohl im Rahmen von Exkursionen als auch im eigenen Garten des Kindergartens durchgeführt werden. In der Begegnung mit der Natur können Kinder Zusammenhänge kennen lernen, den Weg vom Samenkorn zur Pflanze verfolgen, aber auch zu einem verantwortungsbewussten Umgang mit der Natur motiviert werden. Auch dieser Bildungsschwerpunkt bietet vielfältige Möglichkeiten der Nachbearbeitung und Vertiefung im Kindergarten (Zeichnen, Verarbeitung von gesammelten oder selbst kultivierten Naturmaterialien etc.).
- Haushaltsarbeiten
  Haushaltsarbeiten, wie Nähen, Waschen, Bügeln oder Kochen, bieten sich im Rahmen einer umweltoffenen Bildungsarbeit durch ihre unmittelbare Nähe zum täglichen Erfahrungshintergrund der Kinder an. Außerdem sind dies Vorgänge, die auch schon für Kinder gut durchschaubar und nachvollziehbar sind. Beim Einkaufen können den Kindern der Umgang mit Geld und die Notwendigkeit einer umweltbewussten Auswahl der Produkte nahe gebracht werden. Ein wesentlicher Aspekt ist die geschlechtsspezifische Sozialisation der Kinder: Im Kindergarten können Mädchen und Buben mit Haushaltsarbeiten konfrontiert werden, dabei Spaß haben und Kompetenzen erwerben. Dies kann als wesentlicher Beitrag des Kindergartens auf dem Weg zu einer partnerschaftlichen Gestaltung der Geschlechtsrollen bewertet werden.
- Technische Experimente
  In einer Zeit des rasanten technischen Fortschritts erobern technische Geräte zunehmend auch die Lebenswelt von Kindern. Haushaltsgeräte, Fernseh- und Videogerät sowie Computer und Computerspiele sind heute schon Kleinkindern vertraut. Es ist unerlässlich, mit diesen Geräten umgehen zu lernen. Deshalb muss das Erlernen einfacher technischer Zusammenhänge als neuer Schwerpunkt in der Bildungs- und Erziehungsarbeit des Kindergartens bezeichnet werden. Ebenso wie für die Hausarbeit gilt auch für die Auseinandersetzung mit technischen Geräten, diese Mädchen und Buben vertraut zu machen, um geschlechtsspezifische Fixierungen zu vermeiden. Technische Zusammenhänge können zum Beispiel durch Exkursionen, Beobachtungen der Arbeit von Handwerkern im Kindergarten oder durch eigene einfache Experimente der Kinder erlernt werden.

3.5 Raumstruktur

3.5.1 Grundlagen der Raumgestaltung

Eine optimale Raumgestaltung und -ausstattung im Kindergarten kann nur gelingen, wenn die Erkenntnisse und Erfahrungen verschiedener Einfluss nehmender Disziplinen und Wissenschaften berücksichtigt werden. Raumausstattung ist nicht nur eine bauliche Angelegenheit, sondern fußt auf soziologischen und entwicklungspsychologischen Forschungsergebnissen sowie auf Erkenntnissen aus der vergleichenden Verhaltensforschung. Für den Kindergarten gilt die architektonische Gestaltung erst dann als zufriedenstellend, wenn sie das Erreichen pädagogischer Zielsetzungen und Handlungen unterstützt und der speziellen Gruppendynamik Rechnung trägt. Demnach erscheint es unerlässlich, beeinflussende Faktoren im Folgenden näher zu beleuchten.

Raumsoziologische Erkenntnisse

Die Wechselwirkung zwischen Raumform und soziologischer Konstellation gilt als gesicherte Erkenntnis, deren Bedeutung für den Lebensraum Kindergarten keinesfalls außer Acht gelassen werden kann. Die Raumgestaltung kann soziale Prozesse, wie Gruppenbildung und Kommunikation, entscheidend beeinflussen.

Auch erfordern Aktivitäten in unterschiedlichen Gemeinschaftsformen, Kommunikation und Informationsaustausch sowie Bewegungsprozesse adäquate Raumverhältnisse (Groh, 1995). So ergeben sich für das Einzelspiel ganz andere Voraussetzungen als für das Agieren in Kleingruppen oder das Zusammentreffen der Gesamtgruppe. Die Gruppengröße, die Art der Tätigkeit und die individuellen Bedürfnisse der Raumbenützer/innen sind maßgebliche Faktoren für räumliche Erfordernisse.

Eine optimale Raumgestaltung im Kindergarten verlangt das Wissen um die spezifische Lebens- und Erlebensweise von Kindern. Groh (1995) beschreibt sehr anschaulich elementare Verhaltensweisen und Bedürfnisse im Zusammenhang mit unterschiedlichen Raumstrukturen:

- Geschlossene oder rechtwinkelige Figurationen sowie Mulden, Gruben und Höhlen vermitteln ein hohes Maß an Geborgenheit und Behaglichkeit. Außerdem bieten sie eine konzentrationsfördernde Atmosphäre, die besonders für die intensive Auseinandersetzung in der Einzelbeschäftigung unterstützend wirkt. Für die Gestaltung des Gruppenraumes im Kindergarten lässt sich daraus ableiten, dass abgeschlossene Raumteile wie Ecken, Nischen, Höhlen, Erker etc. ganz wesentliche Rückzugsmöglichkeiten darstellen, die dem natürlichen Bedürfnis des Kindes, sich auch einmal von der Gruppe zu distanzieren, Rechnung tragen. (Soukup, 1995c)
- Die richtige Situierung von fixen Raumteilen im Gruppenraum, wie z. B. Puppen- und Wohnbereich oder Hauswirtschaftsbereich, bedarf besonderer Überlegungen, sodass sich sinnvolle Bezugsfelder zwischen Spielprozessen und Raumanordnung ergeben. Es erscheint zum Beispiel eher ungünstig, unmittelbar neben dem Wohn- und Familienspielbereich oder neben dem Baubereich, die ein höheres Maß an Bewegung und Lärm mit sich bringen, Konzentrations- und Ruhezonen zu platzieren. (Groh, 1995)
- Es ist darauf Bedacht zu nehmen, dass manche Aktivitätsräume von einer Spielgruppe oft gleichzeitig benutzt werden, wie z. B. der Bereich für Wohn- und Familienspiele und der Hauswirtschaftsbereich oder der Kaufmannsladen. Plant man diese Plätze in unmittelbarer Nähe, so kann sich eine sinnvolle Fluktuation zwischen den Raumteilen ergeben, ohne die übrige Gruppe zu sehr zu stören. Generell darf bei der Gruppenraumgestaltung nicht verabsäumt werden, für Zirkulationen genügend Freiflächen zwischen den einzelnen Spielbereichen einzuplanen, um zwangsläufige Konflikte infolge der räumlichen Enge zu vermeiden.

Soukup (1995c) sieht in der Vermeidung der Übermöblierung und der Verwendung mobiler Einrichtungsgegenstände wesentliche Voraussetzungen für Fluktuations- und Improvisationsmöglichkeiten im Gruppenraum. Auch die Verlagerung mancher Tätigkeitsbereiche in Nebenräume (z. B. das großflächige Malen im Bewegungsraum oder Tonen im Waschraum) kann bei zu engen Raumverhältnissen Abhilfe schaffen.

Eine angenehme Spielatmosphäre verlangt nach Ausgewogenheit zwischen Stabilität und Veränderung. Die Strukturierung des Gruppenraumes in unterschiedliche Spiel- und Tätigkeitsfelder trägt einerseits wesentlich zur Orientierung in einer stabilen Umgebung bei. Andererseits muss vor einer zu rigorosen Anwendung dieses Gestaltungsprinzips gewarnt werden, zumal eine starre Bindung des Spiels und der Tätigkeiten an bestimmte Plätze die Aktionslust und Fantasie der Kinder einengen kann. (Soukup, 1995c)

- Neben der Gruppengröße und der Art der Sozialform bedürfen auch unterschiedliche Kommunikationsprozesse bestimmter räumlicher Voraussetzungen. Für das Versammeln und Beisammensein in der Gesamtgruppe eignen sich besonders kreisförmige Figurationen, die neben ihrem funktionellen Wert gleichzeitig symbolischen Aufforderungscharakter besitzen. Plätze und Sitzordnungen vermögen unterschiedliche soziale Positionen auszudrücken. Während ein geschlossener Sesselkreis die Gleichwertigkeit der Personen symbolisiert, vermitteln anders gereihte Sitzordnungen hierarchische Gruppenstrukturen.
  Für das Spielen und Betätigen in der Gesamtgruppe wäre es im Kindergarten vorteilhaft, einen freien, multifunktionalen Bereich zur Verfügung zu haben, der ein Zusammentreffen ohne vorheriges Tische- und Sesselrücken ermöglicht (Soukup, 1995c). Dieser Mehrzweckbereich begünstigt die Variabilität der Gruppierung, indem er neben der gemeinschaftsbildenden Funktion auch individuelle Spielinteressen der Kinder (z. B. nach Platz für großräumiges Gestalten und Schutz für entstandene Werke) wahrt.

Das Wissen um die Wirkungsweise verschiedener Raumgestalten erhöht die Möglichkeit des gezielten Einsatzes der Architektur zur Unterstützung der pädagogischen Arbeit in unterschiedlichen Spielformen. In diesem Zusammenhang spricht Niegl (1980) von „gebauter Pädagogik“ und weist auf die Notwendigkeit einer gut durchdachten Bauplanung durch die Architekt/innen sowie auf die optimale Nutzung und Feinstrukturierung des vorhandenen Raumes durch die Kindergartenpädagogin hin.

Ergebnisse der vergleichenden Verhaltensforschung

Einen wesentlichen Beitrag zum besseren Verständnis der Bedeutung von Lebensräumen für Menschen leistet neben soziologischen Untersuchungen auch die vergleichende Verhaltensforschung. Vor allem Bayr-Klimpfinger (1957) versuchte, durch ihre Arbeit die biologischen Gesetzmäßigkeiten der Lebensraumgestaltung aufzuzeigen und die gewonnenen Erkenntnisse auf die Welt des Kindergartens anzuwenden. Dabei stützte sie sich auf Tierbeobachtungen der Verhaltensforscher Heinrich Hedinger und Monika Meyer-Holzapfel. Auch wenn der Übertragung wissenschaftlicher Ergebnisse von Tieruntersuchungen auf den Menschen Grenzen gesetzt sind, lassen sich Parallelen in der Nutzung von Lebensräumen und deren Bedeutung für das Wohlbefinden nicht leugnen.

Im Mittelpunkt der Lebensraumforschung stand das Verhalten von Wildtieren in Gefangenschaft bzw. anderen Gefahrensituationen. Sehr deutlich zeigte sich, dass Tiere bei Bedrohung so rasch wie möglich in ihre Wohnhöhle, in ihr Nest oder ihren Bau flüchten und sich dort völlig beruhigen.

Hedinger bezeichnete diese individuellen Wohnplätze als „Heime I. Ordnung“, da sie maximalen Schutz und Geborgenheit bieten. Neben der Funktion als wichtigste Zufluchtsstätte sind dies auch jene Orte, an denen Tiere gebären, ihren Nachwuchs aufziehen und von welchen aus sie die Welt erkunden. Doch nicht immer gelingt es, das „Heim I. Ordnung“ rechtzeitig zu erreichen. Dann können auch andere Plätze Unterschlupf gewähren, jedoch nicht jene Sicherheit und Geborgenheit vermitteln wie der Hauptwohnort. Das langsamere und nicht vollständige Abklingen von Aufregungszuständen nach der Konfrontation mit Gefahren gilt als Indiz dafür. Deshalb werden sie nur als „Heime II. Ordnung“ bezeichnet.

Neben diesen bestehen auch so genannte Heime III. Ordnung, die zwar vorübergehende Deckung im Sinne eines Notquartiers geben, jedoch in noch geringerem Maße zu völligem Wohlbefinden der beobachteten Tiere beitragen. Das unruhige, angespannte Verhalten sowie der rasche Aufbruch zur Suche des „Heimes I. Ordnung“ verdeutlichen die geringere Bedeutung dieser Orte. Sie sind zwar in größerer Anzahl präsent als das nur einmalig vorhandene „Heim I. Ordnung“, besitzen aber nicht deren Anziehungskraft. (Bayr-Klimpfinger, 1957)

Das vergleichbare Bedürfnis der Menschen nach Schutz, Geborgenheit und Orientierung macht für Bayr-Klimpfinger (1957) deutlich, dass auch Menschen „Heime I. Ordnung“ brauchen, die in ihrem Leben ganz ähnliche Funktionen innehaben wie für die Tierwelt beschrieben.

In welchem Zusammenhang stehen aber nun diese Überlegungen mit dem Kindergarten? Wenn man bedenkt, dass viele Kinder einen Großteil des Tages im Kindergarten verbringen, wird deutlich, dass diesem und im Besonderen dem Gruppenraum die Bedeutung eines „Heimes I. Ordnung“ zukommt. Soll dieser primäre Lebens- und Erfahrungsraum für Kinder seinen hohen Anforderungen – nämlich Geborgenheit, Schutz, Orientierungs- und gleichzeitig Erkundungsmöglichkeiten zu bieten – gerecht werden, bedarf es spezieller Überlegungen zur Raumgestaltung. Aus der Verhaltensforschung lässt sich ableiten, dass Menschen besonders in Ecken, Höhlen, Mulden und Nischen Sicherheit und Geborgenheit empfinden (Groh, 1995). Überdies erleichtern Räume, die in Teilbereiche strukturiert sind, die Orientierung und Übersicht.

Genau diesen Anforderungen wird das Raumteilverfahren im Kindergarten gerecht: Es sieht die Kennzeichnung bestimmter Tätigkeitsfelder und Territorien vor und plant Rückzugsmöglichkeiten ein (vgl. Kapitel 3.5.2). Andererseits muss ein kindgemäßer Lebensraum, will er sich als „Heim I. Ordnung“ bezeichnen, auch dem Verlangen nach Bewegung und Spontaneität Rechnung tragen. Großflächige, flexibel gestaltbare Räumlichkeiten sind Bedingung dafür. Die Vielschichtigkeit der Bedürfnisse von Kindern verlangt nach Integration unterschiedlicher und zum Teil widersprüchlicher räumlicher Gegebenheiten. Erst die gemeinsame Verwirklichung von Vorstrukturiertheit und Variabilität lässt einen befriedigenden Lebensraum im Kindergarten entstehen. (Soukup, 1995c)

Soziokulturelle Aspekte

Der Anspruch auf Lebensraum findet sich als lebensnotwendiges und daher zu schützendes Grundbedürfnis in der „Konvention über die Rechte des Kindes“, die 1989 von der UNO-Vollversammlung verabschiedet wurde. Nicht die Ausgrenzung der Kinder wird gefordert, sondern das Recht auf Teilnahme am kulturellen Leben, das Recht auf Spiel, auf altersgemäße Bedingungen für Freizeit und Erholung (§31). Die Erkenntnis, dass unsere jüngsten Gesellschaftsmitglieder einen natürlichen, überschaubaren Lebensraum, den sie selbsttätig erobern können, brauchen, erscheint selbstverständlich (Petrik, 1992).

Doch die Realität ist eine andere: Kinder finden eine in Spezialräume und monofunktionale Zweckräume (Spielplatz, Parkplatz, Sportplatz etc.) zergliederte Umwelt vor, in der Arbeiten, Lernen, Spiel und Freizeit zusammenhanglos stattfinden und für sie unüberschaubar werden. Zeiher (1995) spricht von einer Verinselung des Lebensraumes, welche die natürlichen Tätigkeitsmöglichkeiten und die Spontaneität hemmt. Zusätzlich sind in der Umgebung der Kinder zahlreiche

Gefahrenquellen, wie etwa der Straßenverkehr, zu finden. Dadurch wird ihr ohnehin schon beengter Lebens- und Erfahrungsraum weiter geschmälert.
Das Leben von Kindern spielt sich weitgehend in Verbotsräumen ab, meint Petrik (1992) und verweist auf die zahlreichen Ver- und Gebotsschilder, die einerseits zum Schutze der Kinder dienen sollen, andererseits aber ihren Aktionsradius und ihren Bewegungsraum erheblich einschränken. Die kinderfeindliche Gestaltung der Umwelt zeigt sich in den meist beengten und anregungslosen Stadtwohnbauten ebenso wie im Fehlen multifunktionaler Naturräume. (Petrik, 1992; Holley, 1992)
Deutlicher als früher ergeht daher der Appell an den Kindergarten, Ersatz für den Verlust von kindlichen Lebensräumen zu bieten. Ihm kommt die schwierige Aufgabe zu, Erfahrungsdefizite, die aus den gesellschaftlichen Veränderungen hervorgehen, auszugleichen. Für viele Kinder ist der Kindergarten der wichtigste Ort geworden, Gleichaltrige zu treffen und noch Zeit und Raum für selbständiges Tun und Bewegung vorzufinden. (Colberg-Schrader, 1993) Umso dringlicher erscheint die Gestaltung räumlicher Gegebenheiten, die Kindern das gemeinsame Tun, vor allem in Kleingruppen, ermöglichen, die ihrem Drang nach Selbsttätigkeit und ausreichender Bewegung Rechnung tragen und zu differenzierten Sinnes- und Umwelterfahrungen motivieren.
Eine großzügige Raumgestaltung und -nutzung sowie klare, überschaubare Strukturen sollen helfen, dem Mangel an Orientierung und an Aktivitäts- und Bewegungsmöglichkeiten entgegenzuwirken. Die Gestaltung von Spielbereichen, in welchen Kinder Arbeitsvorgänge selbst vollziehen (wie z. B. der Werk- und Hauswirtschaftsbereich) oder Naturereignisse beobachten und erforschen können (z. B. der Garten), erlangen vorrangige Bedeutung, zumal die für Kinder oft undurchsichtige Erwachsenenwelt dazu kaum Gelegenheit und Raum bietet.

Die organisatorische und räumliche Anpassung an die neuen Gegebenheiten stellt hohe Anforderungen an den Kindergarten: Es gilt diese in Angriff zu nehmen, wenn man den Kindern Lebens- und Erfahrungsräume sichern will. Gleichzeitig ist zu hoffen, dass dieses Bemühen Vorbildwirkung für die Gesellschaft hat und zur Reintegration und größeren Beachtung der Kinder in ihrer natürlichen Umgebung anregt.

Entwicklungspsychologische Grundlagen

Ein Schlüsselbegriff des Erziehungsgeschehens im Kindergarten ist die „Gestaltung der Pädagogik vom Kinde aus“. Rautenstrauch (1988, S. 20) konkretisiert diese grundsätzliche Forderung folgendermaßen: „Die Wahrnehmung dessen, was Kinder heute in ihrer frühen Lebenswelt beeinflusst, ihre Bedürfnisse weckt, ihre Wünsche stimuliert und damit ihr emotionales ‚Zumutesein‘ ausmacht, führt zu den entscheidenden Fragen, denen sich Erzieher stellen und an denen sie ihre Erziehungskonzepte entwickeln müssen.“ Das Wissen um das spezielle Erleben des Kindes sowie um seine individuelle Bedürfnis- und Entwicklungslage gilt als unverzichtbare Voraussetzung für eine effiziente Kindergartenarbeit.
Organisation, Gestaltung und Zielsetzungen der Institution sind darauf abzustimmen, um einen förderlichen Rahmen für die Bildung und Erziehung zu schaffen und optimal auf die Bedürfnisse der Kinder einzugehen. Ramstorfer (1992) beschreibt diese wie folgt:

- Bedürfnis nach Bindung und sozialen Kontakten

Der Kindergarteneintritt bedeutet für das Kind ein Stück Loslösung von den primären Bezugspersonen (zumeist von den Eltern) und gleichzeitig einen Schritt in eine neue, fremde Umwelt, die den Kontakt zu anderen Erwachsenen und zu anderen Kindern ermöglicht. Um diese soziale Umstellung verkraften zu

können, braucht jedes Kind anfänglich Hilfe durch die Eltern, die es in die neue Welt einführen und vorübergehend begleiten. Neue Bindungen werden erst dann eingegangen, wenn das Kind Vertrauen in die neue Erfahrungswelt fassen konnte.
Die freundliche, zum Spiel einladende Raumgestaltung spielt dabei eine große Rolle. Fühlt sich das Kind im Gruppenraum wohl und geborgen, wird es auch die Trennung von den Eltern besser überwinden. Überschaubare Spiel- und Tätigkeitsbereiche motivieren Neuankömmlinge zur Aktivität und fördern die rasche Integration in Spielgemeinschaften. Räumlichkeiten, die einen schonenden Übergang von der Familie in die Kindergartenwelt ermöglichen, sind nicht nur beim Kindergarteneintritt, sondern auch für das tägliche Abschiednehmen und Abgeholtwerden erforderlich.
Diese wichtige Funktion kommt vor allem dem Eingangsbereich und der Garderobe zu (Sprey-Wessing, 1992). Als Platz für Begegnung und Kommunikation soll ihre Größe so bemessen sein, dass übermäßiger Lärm und Gedränge vermieden werden. Eine einladende Gestaltung mit Kinderwerken, überschaubaren Informationstafeln und eine gemütliche Sitzgelegenheit tragen dazu bei, einen positiven ersten Eindruck vom Kindergarten zu gewinnen (Soukup, 1995c). Sprey-Wessing (1992) spricht von Eingangsbereichen als „Psychotope“, die für Erwachsene und Kinder sowohl Ruhe- als auch Kommunikationsorte darstellen. Im Kindergartenalltag kommt ihnen häufig entlastende Funktion zu, da sie sich für Tätigkeiten, wie großflächiges Malen, Werken etc., und für soziale Spiele, wie Theater- und Rollenspiele, eignen, die das Fassungsvermögen des Gruppenraumes sprengen würden.

- Bedürfnis nach Unabhängigkeit und Selbsttätigkeit

„Hilf mir, es selbst zu tun“ lautet ein pädagogischer Hauptgedanke Montessoris (1928), der nur allzu deutlich das Grundbedürfnis der Kinder nach Selbständigkeit kundtut. Wenn man Kinder zu mündigen und unabhängigen Menschen erziehen will, müssen auch die Voraussetzungen zur Erreichung dieses Ziels geschaffen werden.
Das Kind sollte nicht ständig im Zentrum der Aufmerksamkeit und unter der Kontrolle der Kindergartenpädagogin stehen, bekräftigt Soukup (1992). Das Spiel als wichtigste und vorrangigste Beschäftigungsform bietet vielerlei Möglichkeiten zur Selbstbestimmung. Dabei kommt der Raumgestaltung wiederum eine unterstützende Funktion zu (Ramstorfer, 1992):
Die freie Wahl der Tätigkeit wird durch die überschaubare Anordnung der Raumteile sowie durch offene Regale und Schränke begünstigt, in welchen das Kind unterschiedliche Materialien und Spielgegenstände geordnet vorfindet. Abgesehen von einigen wenigen Fixbereichen steht dem Kind die freie Ortswahl für seine Aktivitäten zu. Niederle (1995e) fordert eine Dezentralisierung der Spielorte und meint damit die Ausgliederung von einzelnen Spiel- und Tätigkeitsbereichen aus dem Gruppenraum, um dort das Geschehen zu entlasten. Die Benützung von Nebenräumen und die Gestaltung multifunktionaler Bereiche vergrößern die Selbständigkeit und Freiheit des Kindes in seiner Spielorganisation und -durchführung. Zudem schaffen diese zusätzlichen Räume jene Rückzugsmöglichkeiten von der Gesamtgruppe, die besonders für Ganztagskinder notwendig sind. (Ramstorfer, 1992)
Auch zeitliche Freiräume werden den Kindern geboten: Sie können die Dauer ihrer Beschäftigungen weitgehend selbst bestimmen. Dies bedingt, dass Spiele nicht unnötig unterbrochen werden und Kindern die Zeit zum Verweilen und Wiederholen von Abläufen zugestanden wird. Wenn die Kindergartenpädagogin Tätigkeiten auf Grund von Fixpunkten im Tagesablauf (z. B. Jause, Feier) doch einmal unterbrechen muss, können Bereiche, in

welchen das Abbauen der entstandenen Werke nicht unbedingt erforderlich ist, dennoch ein großes Maß an Spielkontinuität wahren.
Der Drang nach Selbständigkeit und Unabhängigkeit betrifft vor allem auch den Bereich der Befriedigung körperlicher Grundbedürfnisse:

- Kinder haben das Verlangen, dann zu essen und zu trinken, wenn sie das Bedürfnis danach verspüren. Eine Alternative zur Kollektivjause bieten die gleitende Jausenzeit und die Buffetjause. Die Kinder übernehmen dabei die Zubereitung sowie die Reinigung des Jausenplatzes. Als günstig erweist sich dafür dessen Nähe zum Haushaltsbereich.
- Für Mittagsbetriebe wäre ein eigener Speiseraum wünschenswert, der durch seine gemütliche Ausgestaltung und schön gedeckte Tische die Esskultur fördert und zum größeren Wohlbefinden der Kinder beiträgt (Soukup, 1995c).
- Das Ruhe- und Schlafbedürfnis der Kinder ist individuell verschieden und vor allem altersabhängig. Während jüngere Kinder meistens mehr Erholung und Schlaf im Tagesverlauf benötigen, verzichten viele der älteren auf den Mittagsschlaf. In vielen Fällen dient der Bewegungsraum gleichzeitig als Ruheplatz. Gelegentlich stehen auch eigens dafür vorgesehene Zimmer zur Verfügung, in welchen die Betten nicht weggeräumt werden müssen und das gesamte Ambiente (Vorhänge, ruhige Wandgestaltung) das Ruhigwerden der Kinder unterstützt (Soukup, 1995c).
- Für alle Kinder bedarf es auch außerhalb der Ruhezeit Orte, wo sie sich während des Tages zurückziehen und ausrasten können. Gemütliche Kuschelecken, Nischen und Höhlen sind dafür bestens geeignet.
- Die selbständige Benützung von Sanitäranlagen, die dem Körpermaß der Kinder entsprechen und in ausreichender Zahl vorhanden sind, wahrt die Intimsphäre, auf welche bereits Kleinkinder ein Recht haben. Brauchen die Dreijährigen noch gelegentlich Hilfe, so kann man den älteren Kindern zutrauen, die Toilette eigenständig zu benützen. Als strittig gilt nach wie vor das Anbringen von Fenstern zwischen Gruppenraum und Sanitärbereich, die zwar ein gewisses Maß an Kontrolle für die Kindergartenpädagogin bieten, jedoch vielfach auch als unnötige Überwachungsvorrichtung kritisiert werden (Ramstorfer, 1992; Soukup, 1995c).

Die Erziehung zur Selbständigkeit setzt die genaue Kenntnis des Entwicklungsstandes jedes einzelnen Kindes voraus. Hilfen zur Selbsthilfe sind in diesem Prozess das vorwiegende pädagogische Instrument. Anstelle von „gelenkten Betätigungen" gilt es zusehends, der Vorbereitung einer zur Selbsttätigkeit anregenden Umwelt mehr Bedeutung beizumessen. (Niederle, 1992)

- Bedürfnis nach Aktivität, Exploration und Bewegung

Kinder lernen und erkunden die Umwelt durch aktives Tun. Ihre Neugier, Dinge zu entdecken und Einsicht in Lebensabläufe zu gewinnen, ist der Motor für Lernprozesse. Diese wichtige entwicklungspsychologische Erkenntnis muss in pädagogischen Handlungen wie auch in der Umweltgestaltung berücksichtigt werden, wenn man den Kindern Hilfen zu ihrer Persönlichkeitsentfaltung geben will.
Besonders im Kindergarten sollten Kinder unterschiedlichste Erfahrungsräume mit vielfältigen Spiel- und Beschäftigungsmaterialien vorfinden, die alle ihre Sinne anregen und ihre gesamte Entwicklung fördern (Ramstorfer, 1992). Nach Soukup (1995c) sollten die Kindergartenräume die Basis für eine breite Erlebnisskala bilden. Helle und dunkle Bereiche, Emporen, eine bequeme Sitzecke sowie funktionsgerechte Arbeitsplätze ermöglichen spezifische Raumerfahrungen.
Schon beim Kindergartenbau und der Raumausstattung ist darauf zu achten, dass verschie-

dene Grundstrukturen durch das Einplanen von runden Erkern, von rechteckigen und quadratischen Zimmern mit unterschiedlicher Raumhöhe, von Säulen und Gewölben etc. für Kinder erfahrbar werden. Auch die Verwendung einer breiten Palette von Materialien zur Ausgestaltung der Räume kann das Raumerleben bereichern und trägt überdies wesentlich zur Förderung der taktilen Wahrnehmungsfähigkeit bei. Beton, Glas, Kunststoff und verschiedene Metalle als eher kühle Gestaltungsmittel bilden einen interessanten Kontrast zu Holz, Kork, Papier und Textilien. Obwohl beide Materialgruppen ihre Berechtigung in der Raumausstattung haben, sollten Wärme und Geborgenheit vermittelnde Details überwiegen, um den wohnlichen Charakter des Gruppenraums zu unterstützen. (Kuhn & Kuhn, 1978; Feuerstein, 1993; Luger, 1993)

Verschiedene Raumstrukturen und -bereiche mit spezieller Spielmaterialausstattung fordern die Kinder zur Aktivität in unterschiedlichen Sozialformen heraus. Während der Platz zum Bauen und Konstruieren sowie jener für Rollenspiele ein breites Tätigkeits- und Explorationsfeld für die Kleingruppenarbeit bieten, begünstigt der Zeichen-, Mal- und Werkbereich die intensive Auseinandersetzung in der Einzelbeschäftigung.

Soukup (1995c) verweist auf die Bedeutung einer vorbereiteten Umgebung mit variablen und vielfältigen Spielangeboten, die dem Entwicklungsstand der Kinder entsprechen. Vor allem multifunktionale Räume, deren Gestaltung die Kinder selbst vornehmen oder zum Großteil mitbestimmen können, und das Bereitstellen unterschiedlich einsetzbarer, auch unkonventioneller Gegenstände, wie Naturmaterialien, Decken, Rollen etc., werden der Forderung nach mehr Beschäftigungsmöglichkeiten mit größerem Innovationsspielraum im Kindergarten gerecht (Niederle, 1995e).

Den größten Aufforderungscharakter für die Kinder enthält nicht eine Überfülle an Materialien, sondern ein überschaubares Repertoire an Spieldingen, die der Fantasie und der Gestaltungslust Freiräume lassen. Ein Überangebot bewirkt Orientierungslosigkeit und hemmt die konzentrierte Auseinandersetzung der Kinder mit ihrer Umwelt (Niederle, 1995e). Um der Gefahr der Ziel- und Rastlosigkeit entgegenzuwirken, bedarf es auch einer überlegten Darbietung und Aufbewahrung des Spielangebotes im Gruppenraum. Übersichtlich angeordnete Materialien in offenen Regalen oder Rollkästen, die für die Kinder jederzeit gut erreichbar sind, erleichtern die Entscheidung für eine bestimmte Tätigkeit (Groh, 1995). Die freie, selbständige Wahlmöglichkeit garantiert eher das Zustandekommen eines intensiven Spieles als die Bevormundung und Lenkung durch die Kindergärtnerin.

Jede noch so einfallsreiche Spielidee ist jedoch zum Scheitern verurteilt, wenn die Kinder nicht ausreichend Platz zu ihrer Verwirklichung finden. Improvisationen vermögen zwar gewisse Defizite auszugleichen, können jedoch nicht eine generelle Raumnot beseitigen. Wenn die räumliche Enge der Fantasie und Schaffenslust der Kinder Schranken setzt, können geniale Baupläne ebenso wenig in die Realität umgesetzt werden wie Rollenspiele oder Theaterszenen.

Besonders negativ wirkt sich die unzureichende Raumgröße auf den natürlichen Bewegungsdrang der Kinder aus. Es ist mit erheblichen Folgen zu rechnen, wenn selbst der Kindergarten keinen Ausgleich zur bewegungsfeindlichen Umwelt bieten kann (Rautenstrauch, 1988; Zimmer, 1992). Das Ansteigen von Entwicklungsdefiziten und Verhaltensauffälligkeiten weist einen engen Zusammenhang mit der Bewegungseinschränkung und -armut der Kinder auf. Der negative Einfluss des „Sich-Verhalten-Müssens" als Resultat mangelnder Bewegungsmöglichkeiten beschränkt sich nicht auf die motorische Entwicklung, sondern zeigt sich ebenso im kognitiven, sozialen und emotionalen Verhalten (Slavetinsky, 1995a).

Umso dringlicher erscheint die Forderung, dem elementaren Bewegungsbedürfnis der Kinder Rechnung zu tragen. Im Kindergarten kann dies einerseits durch räumliche Großzügigkeit in den einzelnen Tätigkeitsbereichen sowie durch die Mitbenützung von Nebenräumen geschehen, andererseits durch eigene Bewegungsräume und Spielplätze im Freien, die ganz speziell zur Förderung motorischer Aktivitäten bereitstehen (Slavetinsky, 1995a; Soukup, 1995c).

- Bedürfnis nach Geborgenheit, Stabilität und Orientierung

Kindergartenkinder brauchen emotionale Geborgenheit und Sicherheit, um die Auseinandersetzung mit der Welt zu wagen (Kuhn & Kuhn, 1988). Neben der Verlässlichkeit stabiler Beziehungen und der Kontinuität im Tagesablauf trägt auch die Raumgestaltung zur Befriedigung der genannten Grundbedürfnisse im Kindergarten bei (Ramstorfer, 1992).

Grundsätzlich zu beachten ist, dass die „Aneignung des Gruppenraumes" nur schrittweise erfolgt und die klare Strukturierung in Teilbereiche dabei besonders für Kindergartenneulinge eine wesentliche Hilfe darstellt (Rautenstrauch, 1988). Während ältere Kinder zu ihrem Wohlbefinden ein deutlich geringeres Maß an Überschaubarkeit und Ordnung benötigen – ja sogar Gegenteiliges als Herausforderung schätzen –, würden sich jüngere Kinder ohne diese Stützmaßnahmen orientierungslos und verloren fühlen (Slavetinsky, 1995a). Der Gruppenraum in seiner Gliederung in bestimmte Spiel- und Tätigkeitsfelder wird allmählich zur „sozial-emotionalen Konstante" (Rautenstrauch, 1988).

Die Beheimatung in einer Gruppe stärkt das Zugehörigkeitsgefühl und schafft die Voraussetzung, sich freudig Aktivitäten zuzuwenden und angstfrei Kontakte zu anderen Kindern zu knüpfen (Soukup, 1992). Individuelle Symbole kennzeichnen im Kindergarten Plätze für ein bestimmtes Kind (Garderobe, Eigentumslade etc.) und vermitteln ihm Sicherheit (Ramstorfer, 1992).

Im Bereich der Raumgestaltung gibt es jedoch noch andere Möglichkeiten, den Kindergarten als Ort der Geborgenheit erfahrbar zu machen. Eine wesentliche Grundlage dafür bieten Nischen, Kuschelecken und Höhlen, in denen sich die Kinder während des Tages zurückziehen können. Fehlen diese „Geborgenheitswinkel", so beeinträchtigt dies das Wohlbefinden der Kinder ganz entscheidend. In diesem Zusammenhang muss auch auf die Bedeutung vertrauter Schlafplätze und gemütlicher Essbereiche hingewiesen werden, die vor allem für Kinder mit langer Aufenthaltsdauer wesentlich erscheinen.

Das Bemühen um eine wohnliche Gestaltung im Gruppenraum und im gesamten Kindergartengebäude vergrößert die emotionale Behaglichkeit. Warme Materialien, wie Holz und Textilien, sowie eine differenzierte Ausleuchtung von Raumteilen und harmonische Farben erfüllen nicht nur ästhetische Ansprüche, sondern vermitteln auch Geborgenheit. Das Gleiche gilt für die maßvolle Dekoration des Raumes mit Zimmerpflanzen und Gemälden, wobei es für Kinder besonders erfreulich ist, wenn sie gelegentlich selbst gemachte Werke als Raumschmuck wiederfinden. (Ramstorfer, 1992; Feuerstein, 1993; Luger, 1993)

„Ohne ein Mindestmaß an günstigen äußeren Bedingungen wird aus keiner Einrichtung ein ‚Lebensraum', der ‚emotionale Annahme' ermöglicht." Diese wichtige Erkenntnis Rautenstrauchs (1988, S. 22) bedarf besonderer Beachtung, wenn der Kindergarten ein Ort sein will, der die Bedürfnisse der Kinder ernst nimmt.

Alle soeben dargestellten Grundlagen der Raumgestaltung und die daraus abzuleitenden Konsequenzen für den Kindergarten haben zur Entwicklung einer neuen Strukturierungsform, des Raumteilverfahrens, beigetragen.

Kindergarten als Lebensraum

Nach den Notquartieren der Nachkriegszeit entstand in Österreich eine eigenständige Kindergartenarchitektur. Das Zusammenwirken von pädagogischen Konzepten und architektonischer Umsetzung schafft Rahmenbedingungen, damit sich Kinder im Kindergarten wohl fühlen und entwickeln können. „Gebaute Pädagogik" ermöglicht ein vielseitiges Spiel- und Beschäftigungsangebot, das den individuellen Bedürfnissen der Kinder entgegenkommt. Eine kreativitätsfördernde Atmosphäre und eine hohe ästhetische Qualität lassen den Kindergarten zum Lebensraum werden. Bauen für Kinder stellt daher eine verantwortungsvolle Aufgabe für Architekt/innen und Planungsverantwortliche dar.

1

2

3

4

5

6

1 Eine schulähnliche Gestaltung der Räume, verschlossene Kästen und eine viel zu große Kinderanzahl, wie sie früher üblich waren, hemmen die individuelle Entfaltung der Kinder. Autoritäre Massenlenkung ist eine Folge der fehlenden Strukturierung des Raumes.

2 Eine zweite Ebene teilt hohe Räume, schafft zusätzlichen Platz und ermöglicht den Kindern vielfältige Raumerlebnisse.

3 Vertiefungen, Erker und Podeste bieten spezifische Raumqualitäten, begünstigen die Bildung von Kleingruppen und fördern die konzentrierte Beschäftigung.

4 Lichtkuppeln bewirken eine großzügige Beleuchtung des Gruppenraumes und lassen eine warme Atmosphäre entstehen.

5 Ein multifunktionaler Raumteil ist ein idealer Platz zum Versammeln, Musizieren und Erzählen.

6 Die Eingangshalle bildet eine Brücke zwischen drinnen und draußen. Im Bildbeispiel vermittelt die ovale Form Geborgenheit und lädt Kinder und Erwachsene zum Verweilen ein.

3.5.2

Das Raumteilverfahren – eine Gestaltungsform im Kindergarten mit langer Tradition

Das Raumteilverfahren ist jene Strukturierungsform im Kindergarten, die die pädagogische Arbeit und das Gruppengeschehen schon seit vielen Jahrzehnten prägt.
Bayr-Klimpfinger (1957) und Schörl (Schmaus & Schörl, 1964) entwickelten dieses Verfahren nach dem Zweiten Weltkrieg mit der Absicht, durch die Gliederung des Gruppenraums in verschiedene Spielbereiche die Selbsttätigkeit und Beschäftigung der Kinder in unterschiedlichen Sozialformen anzuregen (vgl. auch Walter, 1993). Spezielle Plätze für das Bauen und Konstruieren, für Rollenspiele, hauswirtschaftliche Tätigkeiten sowie Werk-, Mal- und Zeichentische sind bis heute unverzichtbare Bereiche der Gruppenraumgestaltung.
Im Vordergrund der Entwicklung des Raumteilverfahrens stand die Überwindung von Massenlenkung und verschulter Methoden im Kindergarten sowie die Motivation der Kinder zur vielschichtigen Auseinandersetzung mit ihrer Umwelt. Demnach sollten die Teilung der Gruppe und die Hinwendung zu Aktivitäten nicht hauptsächlich durch die Kindergartenpädagogin vorgenommen werden, sondern durch die Kinder selbst aus ihrem persönlichen und sachlichen Interesse heraus entstehen, damit sich ein soziales Gefüge mit innerem Zusammenhang entwickelt.
Der Vorteil des Raumteilverfahrens als sozialpädagogische Methode der Spielführung liegt also darin, das direkt lenkende Eingreifen der Kindergärtnerin durch die indirekt wirkende Maßnahme der Gruppenraumgestaltung wesentlich zu verringern. Nach Schmaus und Schörl (1964) gibt man den Kindern alleine durch die Bereitstellung bestimmter Spielmaterialien sowie durch die Planung der räumlichen und zeitlichen Struktur Ziele und weist ihnen bestimmte Wege, die aber nicht vorschreibend wirken, sondern die Freiheit der Spielwahl und -weise beinhalten. Die vorbereitete Umwelt trägt Angebote an das Kind heran, zwingt es jedoch nicht zu bestimmten Aktivitäten.
Der wesentliche Beitrag des Raumteilverfahrens zum sozialen Lernen besteht darin, dass Kinder die Möglichkeit erhalten, sich selbst in unterschiedlichen Gruppierungsformen zu erleben. Sowohl die Einzelbeschäftigung als auch das Spiel in der Klein-, Mittel- und Großgruppe erlangen hier grundlegende Bedeutung. Kinder lernen, sich konzentriert allein zu beschäftigen, sich von der Gruppe etwas zurückzuziehen oder mit anderen Kindern gemeinsam zu planen, Spielentwürfe in Zusammenarbeit durchzuführen und dabei Verantwortung zu übernehmen (Schmaus & Schörl, 1964). Die unterschiedlichen Sozialformen ermöglichen es auch, sich in verschiedenen Rollen innerhalb der Gemeinschaft zu erfahren. Die Fähigkeit, eine leitende Position einzunehmen, erscheint für das spätere Leben ebenso wichtig wie zu lernen, sich in eine Gruppe einzufügen und sich gelegentlich auch unterzuordnen.
Schmaus und Schörl (1964, S. 72) fassen die Bedeutung des Raumteilverfahrens als unentbehrliche Methode der Kindergartengestaltung folgendermaßen zusammen: „Außerhalb des Kindergartens fehlt es heute meist an wertvollen Anreizen und Entfaltungsmöglichkeiten für das geistige Leben des Kindes, darum muss der Kindergarten ... auch hier ergänzend wirken. Nicht zuletzt befähigt die Möglichkeit des Planens, des Auf- und Ausbaues das Kind zum Widerstand gegen allzu viel Anpassung und Angleichung."

3.6

Ausstattung mit Spiel-, Lern- und Arbeitsmaterial

Die vorhandenen Spiel- und Lernmaterialien in einer Kindergartengruppe und die Art ihrer Verwendung beeinflussen die gesamte Erziehungs- und Bildungsarbeit. Sorgfältige Überlegungen für die Auswahl von Bildungsmitteln, aber auch die kritische Überprüfung ihrer Wirkung sind daher (nach Haumer, 1995) wichtige Bestandteile bei der Planung der Kindergartenarbeit.

Erläuterungen zum Spiel als Bildungsmittel sowie die wesentlichen Merkmale des Spiels sind im Kapitel 3.3 (Frühkindliche Lernformen) zu finden. Das Spiel kann als die dominante Lernform des Kleinkindalters bezeichnet werden. Aus diesem Grund müssen die verschiedensten Spielmittel und -materialien im Kindergarten in ausreichender Zahl vorhanden sein.

Hartmann (1995a) schlägt folgende Unterteilung von Spielen und Spielmitteln vor:

- Symbol- und Rollenspiel
- Experimentier-, Bau- und Konstruktionsspiel
- Regelgebundenes Spiel
- Bewegungsspiel

Im Allgemeinen kann man feststellen, „dass Kinder, denen genügend Spielmöglichkeiten und Spielmittel für diese vier Spielformen zur Verfügung stehen, wichtige Spielerfahrungen – und damit auch Lernerfahrungen – in allen Bereichen ihrer Entwicklung machen können“ (Hartmann, 1995a, S. 116).

Die verschiedenen Interessen und Bedürfnisse der Kinder einer Gruppe müssen im breiten Sortiment der Spielmittel ebenso Berücksichtigung finden wie der Anspruch vielfältiger Entwicklungs- und Beschäftigungsmöglichkeiten. Freie Zugänglichkeit des Spielzeugs, das Vorhandensein von strukturiertem und unstrukturiertem Material sowie der Einsatz von Experimentiermaterial sind nur einige Punkte einer breiten Palette an Anforderungen, die Haumer (1995) an die Materialausstattung eines Kindergartens stellt. Unter unstrukturiertem Material versteht man Material, das nicht zur Verwendung als Spielzeug hergestellt wurde, sondern in der Natur vorkommt (Steine, Sand, Wasser etc.) oder seinem ursprünglichen Zweck entfremdet wurde (Schachteln, Fellreste, Schnüre, Schaumstoffteile etc.). Seit den Siebzigerjahren finden auch immer mehr didaktische Spiele, Materialien zur Mengen- und Begriffsbildung, zur Wahrnehmungsdifferenzierung und Arbeitsblätter Eingang in die Kindergartenpädagogik.

Zur Grundausstattung einer Kindergartengruppe gehören nach Haumer (1995, S. 104) folgende Materialien:

- Lege-, Bau- und Konstruktionsmaterial
- Material für Malen und Zeichnen
- Werkzeuge und Materialangebote für Werken
- Spieldinge und -behelfe für die verschiedenen Formen des Rollenspiels
- Bilderbücher als Grundbestand einer Kinderbibliothek
- Instrumente und Objekte zum Beobachten und Experimentieren
- Objekte zum Ausstellen und Betrachten (Platz für Schönes und Interessantes)
- Geduld- und Trödelspiele (phänomenale Spielsachen)
- Didaktische Spiele, Arbeitsblätter, Gesellschaftsspiele
- Geräte und Behelfe für Turnen und Bewegungsspiele
- Instrumente und Behelfe für Musik und Rhythmik
- Arbeitsgeräte für hauswirtschaftliche Tätigkeiten
- Möglichkeiten für audiovisuelle Erlebnisse

Zu berücksichtigen sind bei der Auswahl der Spielmittel die unterschiedlichen Entwicklungsstufen und die speziellen Interessen der Kinder sowie Faktoren der Lebensumwelt, aus der die Kinder kommen.

SPIEL- UND BESCHÄFTIGUNGS-BEREICHE

Die Entwicklung des Raumteilverfahrens gilt als wichtiger historischer Schritt in der österreichischen Kindergartenpädagogik. Die Strukturierung des Gruppenraumes in verschiedene Aktivitätsbereiche regt die Kinder zur Selbsttätigkeit an und begünstigt soziale Kontakte. Neben den traditionellen Bereichen, wie den Bereichen für Bauen und Konstruieren, für Malen und Zeichnen und der Puppenwohnung, werden zunehmend unkonventionelle und improvisierte Tätigkeitsbereiche im Kindergarten angeboten. Dazu zählen etwa eine Kreativwerkstätte, ein Holzplatz oder eine Bewegungsbaustelle.

4

5

6

7

Die pädagogische Erfindung
1 des Raumteilverfahrens bestand darin, dass der Gruppenraum in kleine Einheiten unterteilt wurde. Diesen Raumteilen wurden verschiedene Spiel- und Beschäftigungsarten zugeordnet.

Ein gut ausgestatteter Bauplatz
2 gehört auch heute noch unverzichtbar zu jedem Gruppenraum. Bereits in den Fünfzigerjahren gab es Bestrebungen, eine vertikale Strukturierung hoher Räume vorzunehmen.

Eine detailreiche und liebevoll
3 ausgewählte Einrichtung des Wohn- und Familienspielbereichs fordert die Kinder heraus, eigene Erlebnisse nachzuspielen und soziale Zusammenhänge kennen zu lernen.

Im Rollenspiel werden Erfahrun-
4 gen aus der Umwelt verarbeitet. Dafür eignen sich Raumteile, die variabel gestaltet werden können. Je nach dem aktuellen Interesse der Kinder werden ein Postamt, ein Supermarkt, eine Arztpraxis und Ähnliches eingerichtet.

Die Auseinandersetzung mit Bil-
5 derbüchern bereichert die Erlebniswelt des Kindes und ist für die Entwicklung einer Medienkultur grundlegend. Ein gemütlich eingerichteter Bilderbuchplatz oder eine Kinderbibliothek laden die Kinder zum Verweilen und zum vertieften Betrachten ein.

Dem bildnerischen und kreati-
6 ven Gestalten wird im Kindergarten ein hoher Stellenwert eingeräumt. Dafür bietet beispielsweise ein Malatelier einen großzügigen Rahmen.

Die „echte" Arbeit, wie sie bei
7 Erwachsenen beobachtet wird, hat für Kinder eine große Anziehungskraft und hilft ihnen, Geschicklichkeit und Vertrauen in das eigene Können zu entwickeln.

Die Kindergartenpädagogin sollte den Kindern größtmögliche Freiheit im Umgang mit dem Material zugestehen. Anfangen kann dies durch die Akzeptanz einer kindlichen Ordnung bei der Materialaufbewahrung, die gemeinsam ausgemacht werden kann, auch wenn sie nicht den Vorstellungen der Kindergartenpädagogin entspricht. Die Kinder sollten die Möglichkeit haben, Spielszenen auch über mehrere Tage stehen zu lassen, wenn deren Aufbau mit großem Aufwand verbunden war. Die multifunktionale Verwendung von Spielmitteln im Sinne einer kreativitätsfördernden Wirkung sollte nicht nur zugelassen, sondern sogar gefördert werden. Um den Kindern neue Impulse zu vermitteln, müssen die Spielmittel im Lauf der Zeit ausgetauscht, ergänzt oder angereichert werden.

3.7

Spiel- und Beschäftigungsbereiche

Im Folgenden sollen die Raum- und Ausstattungserfordernisse der wesentlichen Spiel- und Beschäftigungsbereiche im Kindergarten in einer Übersicht dargestellt werden.

Raumerfordernisse	Ausstattung
Bau- und Konstruktionsbereich (Michelic, 1995; Hartmann & Stern, 1995)	
fixer, abgegrenzter Raumteil (eventuell Baumulde), umgeben von offenen Regalen mit Rückwand zum Einsortieren verschiedener Baumaterialien ausreichende Spielfläche (7–10m^2), neutraler Teppich als optische Raumbegrenzung, gegen Bodenkälte sowie als Lärmschutz, Distanz zu Konzentrations- und Ruhezonen, Ausweichmöglichkeiten in Nebenräume, wie Garderobe, Bewegungsraum etc., für großflächiges Bauen und Konstruieren begehbarer Objekte ruhige Zone (z. B. Fenstertisch od. -bank) zum Bauen mit Kleinbausteinen und Konstruktionsmaterialien; günstig zum Konstruieren: besonders große (100x100 cm, 120x80 cm) und niedrige Tische, damit mehrere Kinder knieend oder auf dem Boden sitzend miteinander arbeiten können Fußboden mit einem nicht zu weichen Teppich günstig bei besonders großen Bauwerken	*Bauen mit Kleinbausteinen:* viele kleine, gleich große Bausteine in 2 – 3 verschiedenen Längen, z. B. Uhl-Baukasten, Fröbel-Baukasten, genormte splitterfreie Holzabfälle, transportierbare Kisten mit Griffvorrichtung, eventuell flexible Bauteppiche, Ergänzungsmaterial: Lego-Elemente, Dysima-Aufstellfiguren *Bauen mit Großbausteinen am Bauplatz:* großer Baukasten aus Hartholz mit ca. 500 Bauteilen in unterschiedlichen, proportionsabgestimmten Formen (Würfel, Quader, Elemente für Halbkreise, Ellipsen und Kurven), z. B. Baukasten der Firmen Wehrfritz, Schendl oder Wienerwald; Erweiterung: Leismann-Baukasten, großer Würfelbausatz (von Wehrfritz), Flaschenzug, ev. Motor mit Batterieantrieb, Behälter zum Aufbewahren der Bau- und Zusatzelemente *Zusatzelemente aus dem Fachhandel:* Menschen (Kegelpuppen, Playmobil-Figuren), Häuser, Kirche, Tiere, Bäume, versch. Fahrzeuge u. Fortbewegungsmittel: PKW, LKW, Zug, Traktor, Bagger, Schiffe, Flugzeuge; Eisenbahnbauelemente (z. B. von Brio): Schienen, Weichen, Tunnel, Bahnhof; Verkehrszeichen, Tankstelle, Garage *gesammelte u. selbst angefertigte Zusatzmaterialien*: Sperrholz-, Resopal- u. Kartonplatten, Musterkollektionen von Teppichböden, Fliesen etc., Teppichrollen, Spulen, Drechslerabfälle, Schrauben, Rundhölzer, Korkstoppel, diverse Naturmaterialien: Kastanien, Kieselsteine, Holzabfälle etc., Behelfe zum Fixieren: Schnüre, Klebebänder, Pfeifenputzer etc. *Bauen v. begehbaren Objekten:* Vielzweckwürfel, Matten, Matratzen, Autoreifen, Kartonrollen, leere Kisten, Schachteln, Bretter, Bänke, Tische, Decken, Zelte etc. *Konstruktionsmaterialien:* Nopper, Poly M, Duplo, Lego, Sonos, Mobilo, Matador, Fischertechnik; wichtig: vor allem genügend Grundelemente und eine überschaubare Anzahl von Spezialteilen, damit mehrere Kinder miteinander spielen können, spezielle Teile eher erst auf Verlangen der Kinder bei entsprechenden Problemstellungen dazugeben

Raumerfordernisse	Ausstattung
Wohn- und Familienspiel (Pöckl & Hartmann, 1995)	
fixer Raumteil mit Wohnungscharakter, Größe der Spielwohnung 7–10 m², abgegrenzter, bedingt einsehbarer Intimbereich mit quadratischer oder leicht rechteckiger Grundfläche, eventuell Nische bzw. Raumgerüst mit zweiter Spielebene (Mindestgröße 2,5x3 m, Mindesthöhe 3,2 m) Untergliederung in Wohn-, Schlaf- u. Haushaltsbereich sowie in variable Tätigkeitsfelder (Wasch-, Babypflegebereich etc.) räumliche Nähe zu Umweltspielbereichen wie Post, Kaufmannsladen, Haushalts-, Verkleidungs- sowie zum Bilderbuchbereich	*Allgemeines*: Möbelausstattung mit Ensemblewirkung, Abstimmung der Proportionen, Muster, Farben und Materialien, Verwendung schmückender Details (Bilder, Teppiche, Pölster, Vasen) sowie gängiger Gebrauchsgegenstände (Telefon, Radio, TV, Staubsauger), Vorrichtungen zur übersichtlichen Aufbewahrung der Gegenstände (Schränke, Regale, Kästchen etc.) *Ausstattung für den Wohnbereich:* 1 Tisch (ca. 55 cm hoch, Durchmesser 50 cm, 2 - 4 Stühle (ca. 30 cm hoch), 1 Couch, 1 Bank oder Liege mit variablen Polsterelementen und Decken, 1 kleines Wandregal, eventuell 1 Schaukelstuhl, 1 Hocker, 1 Stehlampe, alltägliche Gebrauchsgegenstände (Telefon, Uhr, Radio etc.), schmückende Details (Vasen, Bilder etc.) *Ausstattung für den Küchenbereich:* 1 Herd mit Backrohr zum „Als-ob-Kochen“ (improvisierbar), 1 Kühlschrank (improvisierbar), 1 Geschirrschrank bzw. Hängekästchen, 1 Mehrzwecktisch, Geschirr (Kaffee- u. Speiseservice) aus Glas oder Porzellan, Trinkgläser, Krug, Schüsserl, Kochtöpfe, Pfanne, Besteck, Kochlöffel, Babyflascherl, Tischtücher, Servietten, Blumenvase, diverse Haushaltsgeräte wie Besen, Schaufel, Staubsauger, Wäschekorb, Bügelbrett, Bügeleisen etc., Einkaufstasche, Dinge zum Kochen: Schüttmaterial, Kerne, Papiermachéobst etc. *Ausstattung des Schlafbereichs:* Puppenbett (Gitterbett, Wiege, Stockbett), Puppenkasten mit Fächern und Hängestange für Kleider, Bettwäsche, Dinge zur Körperpflege: Handtuch, Waschlappen, Frisierzeug, Schmuck, Spiegel, Schachteln zum Aufbewahren der Gegenstände, ev. Reisekoffer u. Verkleidungskiste *Puppenausstattung:* Puppen in geringer Anzahl mit natürlichem Ausdruck, 1 – 2 Babypuppen (auch zum Baden), 2 Stehpuppen als Repräsentanten für Kindergarten- und Schulkinder mit beweglichen Gliedmaßen und kämmbaren Haaren, 1 fremdländische Puppe, 1 Teddy (Stofftiere in geringer Anzahl) *Puppengarderobe*: reichhaltige Ausstattung für jede Jahreszeit und verschiedene Anlässe (festliche Feier, Sport etc.), pflegeleichtes Gewand mit guter Passform und verschiedenen Verschlüssen

Raumerfordernisse	Ausstattung
Umweltspiele (Soukup & Strausky, 1995)	
keine fixen Einrichtungen nötig, Entstehung auf Grund aktueller Bedürfnisse der Kinder, günstig in der Nähe des Wohn- und Familienspielbereichs, günstig ist mobiles und multifunktionales Mobiliar	liebevolle, detailreiche Ausstattung wichtig, z. B.: *Kaufgeschäft*: Waage, Messbecher, Einkaufskörbe, Verpackungsmaterial, Körbchen, Steigen, Gläser für die Waren, Kassa und Spielgeld, Rechnungsblock, Schreibzeug, entsprechende Verkaufsware (aus Papiermaché, Salzteig, leere Verpackungen, Papierblumen, Wolle, Knöpfe, Papierwaren etc.) *Weitere bewährte Spielprojekte*: Arztpraxis, Post, Friseur, Bibliothek, Büros, Spezialgeschäfte aller Art etc.
Kleine-Welt-Spiele (Holler & Niederle, 1995)	
ruhige, reservierte Spielzonen günstig, die Aufbewahrung ermöglichen: eigener Spieltisch, offene Regale, mit Fachbrettern verbaute Nischen, Vielzweckmöbel, Begrenzungsmöglichkeiten: Puppenhaus, Schachtel- oder Kistendeckel, Tabletts, Umzäunungen, Tischparavents aus Holz oder Karton	*Material aus dem Fachhandel*: Puppenzimmer oder -haus mit Miniaturmöbeln, Puppen aus verschiedenen Materialien, in verschiedenen Formen und Größen, verschiedene Tiere, verschiedene Behausungen für Menschen und Tiere, Aufstelldinge zur Gestaltung der Umwelt (Häuser, Bäume, Fahrzeuge, Schienen etc.) *Selbst hergestelltes Material*: verschiedene Gegenstände für die Puppenwohnung, Accessoires der Puppen, Material zum Verkaufsspiel, Material zum Ausspielen von Erlebnissen (Sportgeräte, Krankenhausinventar etc.), Material zum Ausspielen von Bilderbuchgeschichten und Erzählungen *Aufbewahrung*: in offenen Stellagen mit hohem Aufforderungscharakter, möglichst strukturierte Aufbewahrung in unterteilten Holzkästen, Körbchen, kleinen Koffern, durchsichtigen Plastikbehältern etc.
Verkleidungsspiele (Soukup, 1995f)	
Platzwahl abhängig vom Spielinhalt, Möglichkeiten: Sesselburg in der Garderobe, Zelt im Garten oder Bewegungsraum, Szenerien für verschiedene Spiele im Foyer, Schachtelhaus, Bereiche des Gartens	Schrank mit Kleiderstange (Höhe ca. 1,30 m) oder stabiler Kleiderständer, großer Spiegel, Regal für Toiletteartikel und Schmuckgegenstände, Truhen, Korbkoffer, große Schachteln, Schmuckkassetten, verschiedene Kleider, Hüte, Schuhe, Taschen, Perücken, Tücher, Felle, einfache Tiermasken, Kämme, Lockenwickler, Schminkutensilien, Sicherheitsnadeln, Bänder, Steckenpferd, verschiedene Attrappen (Funkgerät, Telefon etc.)

Raumerfordernisse	Ausstattung
Zeichnen, Malen und Werken (Haumer, Jahn & Kasper, 1995)	
Zeichnen: variable Plätze mit gutem Lichteinfall und griffbereiten Zeichenmaterialien	*Zeichenmaterial*: abwaschbare Unterlage, Zeichenpapier: Packpapier, Zeichenblätter, Schulzeichenpapier, Pergament-, Transparent- und Computerpapier, Papierreste etc. in verschiedenen Formaten und Farben, Stifte (ungiftig): Bleistifte, Farbstifte in den Grundfarben und verschiedenen Schattierungen, Faserstifte, Wachsmalkreiden mit Schutzhülsen, Tafelkreiden etc., Spitzer runde und spitze Kinderscheren (auch für Linkshänder/innen), Behälter zum Aufbewahren der Zeichenutensilien
Malen: fixer Bereich mit geordnetem Materialangebot, großflächige Tisch-, Wand- oder Fußbodenfläche (mindestens 100x140 cm/Kind), Malwand aus Weichfaserplatte mit Abstellbord, transportable Staffelei bzw. Tafel, Benützung freier Wand- und Bodenflächen in Nebenräumen (Wasch-, Bewegungsraum, Gang, Terrasse) gute Beleuchtung (Scheinwerfer) Servier- od. Haushaltswagen bzw. tragbare Werkzeug- oder Schuhputzkisten zum Transportieren der Materialien Regale, Grafikerwiege und andere Behälter für das Bereitstellen verschiedener Papierformate Präsentationsplätze für Mal- und Zeichenarbeiten in und außerhalb des Gruppenraumes in Augenhöhe der Kinder: überzogene Weichholzfaserplatten, Korkflächen, Klemmleisten, Magnettafeln, Posterspanner, Passepartouts, Architektenstecknadeln, Spiegelklebebänder, Montagebänder etc. zum Befestigen der Werke Präsentationsmappen mit Klarsichtfolien	*Malmaterial:* Borsten- und Haarpinsel in verschiedenen Stärken, Stempel (z. B. Korken) flüssige Farben (abwaschbar und ungiftig): Pulver-, Deck-, Dispersionsfarben, Knopffarbkasten, Fingerfarben, verschließbare Behälter für die flüssigen Farben standfeste Wasserbecher, Pinselhalter, festes, saugfähiges Malpapier in verschiedenen Größen, Formen und Farbnuancen (Pack-, Naturpapier, Karton, Pappe, Zeichenmakulatur) Malerkittel (z. B. alte Herrenhemden)
Werken und Handarbeiten: variabler Bereich auch außerhalb des Gruppenraumes (Garderobe, Terrasse etc.), Distanz zu Konzentrations- und Ruhezonen, gute Beleuchtung und Belüftung	*Werkmaterial:* ausreichend große Werktische mit strapazierfähiger Hartholzplatte, 2 – 4 Kinderhocker, transportabler Werkzeugkasten mit jeweils 2 Hämmern, Beißzangen, Handbohrern, Laubsägen, Fuchsschwänzen, Holzraspeln, Schraubenziehern, Schraubstöcken, verschiedenen Nägeln und Schrauben etc., Klebstoffe, Scheren, Weichholzabfälle, Baumrinden, Karton, Kork, Metallzahnräder, Styropor, Textilien, Schnüre, diverse Naturmaterialien (Kastanien, Zapfen, Holz etc.), defekte Gebrauchsgegenstände (Wecker, Uhren, Radios, TV etc.) *Handarbeitsmaterial*: Webrahmen, Sticknadeln, Stricknadeln, Strickliesel, Häkelnadel, Woll- und Stoffreste, Kindernähmaschine

Raumerfordernisse	Ausstattung
Hauswirtschaftsbereich (Steyrl, Kreuzer & Michelic, 1995)	
fixer Raumteil auf Grund der Wasser- und Elektroanschlüsse, Raumgröße von mindestens 4–6 m^2 , bei Kombination mit dem Essplatz entsprechend größer kindgerechte Einrichtungsgröße des Küchenverbaus (ca. 65 cm hoch): Niederschränke, Kinderabwasch mit Abtropfplatz und Arbeitsfläche, 1 geschlossener Hochschrank für die Haushaltsgeräte, Kästchen mit Ladenelementen für Besteck, Tischschmuck- und -wäsche, mobiler Kindertisch als Ess- und Arbeitsplatz, eventuell Kinderherd mit entsprechenden Sicherheitsvorschriften (sonst Benützung des Herdes in der Teeküche). Improvisiermöglichkeiten: Einbau transportabler Wasserbecken (Lavoir) bei fehlendem Wasseranschluss im Gruppenraum, Verwendung kindgerechter Tische, Stockerln, Sessel und Wasserschafferln bei fehlendem Küchenverbau, Verlegen der Arbeit in die Teeküche bei Überlastung des Gruppenraumes (Podeste zum Erreichen der Arbeitsfläche)	*Geschirr für die Kindergartenjause*: pro Kind 1 Dessertteller aus Glas bzw. Porzellan, 1 hitzebeständiges Trinkglas, pro Tisch ein Abfallteller, 1 Obstmesser, Löfferl *Geschirr zum Kochen*: 1 Kasserolle, 2 Töpfe, 1 Stielpfanne, mehrere Schneidbretter in verschiedenen Größen, 4 abgerundete Gemüsemesser mit kurzer Klinge, Glasschüsserl, 3 Rührlöffel, 2 Quirle, 1 Schneebesen, 1 standfester Rührtopf, 1 Nudelbrett mit Walker und Keksformen, 2 Reibeisen, 1 Nussknacker, 2 Trichter, 1 Küchenmaß, 1 Zitronenpresse, 1 Teesieb, 1 Schöpflöffel, verschraubbare Gläser, Einkochgläser, Flaschen, Flaschenöffner, Topflappen, Abfalleimer, eventuell 1 Waage mit Gewichtesatz *Tischgeschirr*: jeweils 4 – 6 Suppenteller, Fleischteller, Essbesteckgarnituren, Kompottschüsseln, Teetassen mit Untersatz, 1 Suppentopf, 2 Beilagenplatten bzw. Schüsseln, 1 Teekanne, 1 Milchkännchen, 1 Obstkorb, 1 Brotkorb, 1 Servierbrett etc. *Tischwäsche*: für verschiedene Anlässe in farblicher Abstimmung, Tischtücher, Sets, Servietten, Serviettenringe, Tischschmuck, Kerzen, Tischkärtchen *Putzgeräte u. Wirtschaftswäsche:* Besen, Bartwisch und Schaufel, Mop, Staubsauger, Staub- und Geschirrtücher, Arbeitsschürzen, Spül- und Putzmittel, Schwämme und Tücher *Geräte zum Waschen und Bügeln:* Lavoirs, Wäschekorb, Wäscheleine bzw. -ständer, Kluppen, Bügelbrett, Bügeleisen, Waschbrett, Waschmittel etc. *Utensilien für die Blumenpflege:* Vasen, Schalen, Gießkannen, Blumentöpfe mit Untersetzer, Behälter für Samen, Blumenzwiebeln, Stecklinge, Blumenstäbe, Blumenschere, Erdschaufel, Symbolkärtchen für die richtige Blumenpflege, Fachbücher etc.

Raumerfordernisse	Ausstattung
Bereich zum Musizieren (Nykrin, 1995)	
variabel wählbare Plätze im und außerhalb des Gruppenraumes; besondere Eignung abgegrenzter Bereiche, wie z. B. die Bilderbuchecke, der Bewegungsraum Sammelplätze für die Gesamtgruppe, wie z. B. eine Eckbank, bequeme Polstergarnitur im Kuschelbereich, Distanz zu Ruhezonen	*Musikinstrumente aus dem Fachhandel*: Rahmentrommel, Schellentrommel, Becken, Klanghölzer, Triangel, Schellenbänder, Rasseln, Zimbeln, Holzblocktrommel, Glockenspiel, Xylofon, Metallofon, Mundharmonika, Gitarre, Blockflöte etc. *selbst gemachte, improvisierte Musikinstrumente*: Kokosschalen-Zimbeln, Knopfrassel, Rasselbüchsen, Muschelketten, Dosenrasseln, Waschbrett, Trommeln aus Verpackungsbehältern, Kamm und Seidenpapier, Weidenpfeife etc.
Kinderbibliothek (Hartmann, 1995b)	
ruhig gelegener, durch Regale, Paravents od. Kästen (Mindesthöhe 1,3 m) abgeschirmter Raumteil, besondere Eignung von Nischen, Erkern und ruhigen Nebenräumen, gemütliches Ambiente mit Kinderfauteuil, Couch, Schaukelstuhl, Schaumstoffmatratze und Pölstern sowie einem kleinen Lesetisch, Pflanzen, Bildern, Trödelspielen, Kassettenrekorder etc. gute Beleuchtung (eventuell zusätzliche Stehlampe, Wandleuchte) gut erreichbare Bilderbuchregale bzw. Fächer in ausreichender Größe räumliche Nähe zum Lupen- bzw. Sammelplatz für interessante Dinge Einrichten einer Leihbibliothek mit Bibliothekskarten, Datumsstempel, Entlehnheft etc.	*reiches Sortiment an Bilderbüchern* zu verschiedenen Themen und Bildungszielen: Sachbilderbücher, Lexika, Umweltbilderbücher, fantastische Bilderbücher, Märchen- u. Fabelbücher, religiöse Bilderbücher, bebilderte Reime und Gedichte, Sprachspiele, selbst gemachte Bilderbücher, Fotoalben etc. *überlegte Auswahl der Bilderbücher* nach künstlerisch hochwertiger Bild- und Textgestaltung, sachlicher Richtigkeit und Verständlichkeit des Inhaltes, Kongruenz zwischen Bilderbuchart und Gestaltung (realistische Darstellung in Sachbüchern, fantasiehafte Gestaltung in Märchenbüchern) sowie nach Interesse und Entwicklungsstand der Kinder Anbieten unterschiedlich ausgestalteter Bilderbücher: gebundene, broschierte Bilderbücher, Klapp- und Aufstellbilderbücher, Tastbilderbücher, Riesen- und Minibilderbücher

Raumerfordernisse	Ausstattung
Multifunktionaler Bereich (Rumpl, 1995)	
Größe abhängig von der Größe des Gruppenraumes und der Anzahl der Kinder (bei ca. 65 m^2 und 28 Kindern genügen etwa 9 m^2 für den multifunktionalen Bereich), günstig ruhige Ecke des Raumes, Erker oder große Raumnische, Fenster, Wand mit Filz-, Tapeten- oder Korkbespannung, kleine Schränkchen zum Aufbewahren schöner Dinge und zur Raumteilung, Verbindung vor allem zum Bilderbuchbereich und zur Puppenecke günstig gepolsterte Sitzbank, die einen Halbkreis oder ein Halbviereck bildet, Teppichboden, kleiner verstellbarer Tisch, Fauteuil oder Schaukelstuhl	Schränkchen oder Regale zum Ausstellen schöner Dinge, in offenen Regalen verschiedene Utensilien zum Betrachten, Horchen und Experimentieren (z. B. Lupe, Fernrohr), wenige Bilderbücher, nach thematischen Schwerpunkten ausgewählt, wenige symbolische Gegenstände, Kassettenrekorder mit ausgewählten Kassetten, einige Instrumente Für alle weiteren Beschäftigungen: vorübergehendes Hereinholen der erforderlichen Bildungsmittel und vorübergehendes Verändern des Bereiches (z. B. Kasperltheater, Kuschelzone)
Handpuppen- und Figurenspiele (Bodingbauer, 1995)	
Einrichtung eines Bühnen- und Zuschauerraumes im Gruppenraum bei aktuellem Anlass	*Selbst gemachte Figuren* aus Papier, Textilien *Figuren für das Kasperltheater* (Hand- oder Stockpuppen): Kasperl, Krokodil, Hexe, Zauberer, Räuber, Großmutter, Seppl, Gretl, Polizist, Hund, König, Prinzessin, Diener, Teufel *Figuren ohne festgelegte Typologie* für Alltagsszenen und Fantasiegeschichten: Klappmaul-, Handschuh-, Stock-, Schlenkerpuppen, Marionetten etc.
Spielplatz im Freien (Fachberatungsstelle für Allgemeine Kindergärten und Horte im Amt der steirischen Landesregierung, 1994, 1995)	
Sandspielplatz 4x4 m mit Abdeckung; Wasserspielplatz mit Fließwasser und Auffangbehälter; Spielhaus, Tische und Sitzgelegenheiten für alle Kinder	Gerät zum Klettern, Steigen, Kriechen und Springen; Grundgerüst, auf das verschiedene Elemente eingehängt werden können (Schaukel, Ringe, Seile, Leiter, Hängematte etc.); Rutsche Fahrzeuge (Dreirad, Roller), Leiterwagen, Scheibtruhe, Nachzieh- und Schiebedinge, Schläger und Bälle (z. B. Federball), Wurfspiele, Wurfscheiben, Geschicklichkeitsspiele (Diabolo, Jonglierspiele etc.), Bälle, Hupfball, Stelzen, Pedalo, verschiedene Schnüre und Gurte, Hängematte, Großspiele (z. B. Riesenmikado, Kegeln), div. Sandspielzeug

Raumerfordernisse	Ausstattung
Platz für Schönes und Interessantes (Gauster, 1995)	
Wesentlich sind die Geborgenheit des Platzes, Ruhe und Störungsfreiheit, einladende Sitzgelegenheiten, helle, verstellbare Lampen Aktionsflächen, um Gegenstände von allen Seiten betrachten und mit ihnen hantieren zu können, Stellflächen zum Ausstellen der Gegenstände: Regale, Wandbretter, Setzkästen, Kisten, zweckmäßige Unterlagen, die die Ausstellungsobjekte optimal zur Geltung bringen (Stoffe, Jute, Glas, Spiegel, Folien etc.), Steckwände für Bilder Platz für Schönes und Interessantes oft in Verbindung mit anderen Bereichen, z. B. Kinderbibliothek; bei Platzmangel gute Eignung von Foyer oder Büro	*Naturobjekte* (Steine, Muscheln, Früchte, Blätter, Rinde, Gräser und Blumen, Blumenzwiebeln, Bienenwaben, Schlangenhaut etc.), *Tiere* (in Aquarien, Terrarien etc.) *Alltags- und Schmuckgegenstände* (Flaschen, Gläser, Dosen, Körbe, Knöpfe, Bänder, Maschen, interessante Stoffreste, Perlen, Glassteine, Schmuckgegenstände, Ziergegenstände, Briefmarken, Münzen, Ansichtskarten, Parfumflaschen, Duftpolster etc.) *alte Gegenstände und Raritäten* (Hufeisen, Tintenfass und Feder, Laternen, altes Geschirr, Brillen, Schlüssel, Fächer, Uhren, Nähmaschine, Fernrohr, Spinnrad, altes Spielzeug und alte Bilderbücher etc.) *Kunstgegenstände und Kunsthandwerk* (verschiedene Bilder, Fotos, Masken, Kleinplastiken, Mitbringsel von Fernreisen etc.) *Spiele zum Trödeln* (Stehauf- und Purzelmännchen, Kletterfiguren, Kreisel, Murmeln, Geschicklichkeits- und Geduldspiele, Fadenspiele etc.) *optische Spiele* (Prismen, Kaleidoskop, Linsen, färbige Gläser, Taschenlampen, Schattenspiele, Fotonegative etc.) *Klangspielzeug* (Spieldosen, Spieluhren, Glocken, Schellen, Pfeifen, Rasseln, Klangmobile etc.)
Bewegungsraum (Gräsel, 1995)	
Bewegungsraum mit ca. 60 m^2, Mindesthöhe 3 m, rutschfester Schwingboden, geschützte Deckenbeleuchtung, in der Decke eventuell Schienen für Taue und Strickleitern, nägelfreie Wände, Türe mit spezieller Öffnungsvorrichtung (Schiebetür, keine Türschnallen), bruchsichere Fenster (Belüftungsmöglichkeit), verbaute Heizkörper, Gartenbenützung in der warmen Jahreszeit	Sprossenwand bzw. Klettergerüst, 3 – 4 Langbänke, 4 Matten, Weichbodenmatte, Sprungkasten, kleine Leiter zum Einhängen, Gymnastikreifen, Gymnastikbälle, Seile, Keulen, Rhythmiktücher, 1 – 2 Medizinbälle, Tennisbälle, Springschnüre, Fallschirmtuch; Behelfsgeräte wie Bierdeckel, Papierrollen, Bohnensäckchen, Zeitungen etc. Regelmäßige Wartung der Turngeräte Turnkleidung aus saugfähigem, atmungsaktivem Material, rutschfeste Gymnastikschuhe

(Erstellt unter Mitarbeit von C. Eicher)

3.8

Tagesablauf im Kindergarten

Das Leben der Kinder wird heute durch vielfältige zeitliche Regelungen, Termine und Tempi beeinflusst. Die Tagesgestaltung im Kindergarten sollte daher zeitliche Freiräume erhalten, wenngleich Kinder auch eine gewisse Regelmässigkeit im Tagesablauf als Hilfe für ihre zeitliche Orientierung benötigen. Selbstverständlich ist die Gestaltung des Tagesablaufes der speziellen Situation des jeweiligen Kindergartens anzupassen. Als beeinflussende Faktoren gelten unter anderem die Verweildauer der einzelnen Kinder, die Raumgegebenheiten und die personelle Situation des Kindergartens.

3.8.1

Phasen im Tagesablauf

Das Tagesgeschehen im Kindergarten stellt einen dynamischen Prozess dar, der sich in einzelne charakteristische Phasen unterteilt. Der Übergang zwischen diesen Phasen ist fließend. Ihre Dauer ist nicht zeitlich festgelegt, sondern abhängig von einer Reihe von Einflussfaktoren, z. B. von der Konzentrationsfähigkeit der Kinder, von ihrer Gestimmtheit und vom jeweiligen Interesse am aktuellen Geschehen. Die Kindergartenpädagogin muss flexibel auf diese Faktoren reagieren und danach die weitere Gestaltung des Tagesablaufes ausrichten.
In der Folge werden die einzelnen Phasen innerhalb des Tagesablaufes nach einer Beschreibung von Soukup (1995e) kurz vorgestellt:

■ Orientierungsphase
Wenn die Kinder in der Früh in den Kindergarten kommen, benötigen sie meist einige Zeit, um sich zurechtzufinden. Die Orientierungsphase dient der Umstellung vom Familien- auf das Kindergartengeschehen. Wichtig ist also, dass die Eltern genügend Zeit zur Verabschiedung haben und die Kindergartenpädagogin neu ankommende Kinder in Ruhe begrüßt. Die Kinder orientieren sich, indem sie sich einen Überblick über die anwesenden Spielkamerad/innen und das vorhandene Spielangebot verschaffen. Sie beobachten, überlegen, was sie tun könnten, oder schauen anderen Kindern zu. Es bilden sich verschiedene Spielgruppen, die sich durch neu ankommende Kinder ständig verändern. Schließlich wenden sich die Kinder verschiedenen Angeboten zu, wobei oft die Auseinandersetzung mit bereits Bekanntem dominiert.

■ Konzentrationsphasen
Soukup (1995e) beschreibt Konzentrationsphasen als Zeiten intensiver Tätigkeit. Die Kinder richten ihre Aufmerksamkeit gespannt auf eine Sache und sind sehr konzentriert. In der Konzentrationsphase sind die Kinder fähig, sich mit Neuem auseinander zu setzen und Neues zu lernen. Deshalb bieten Konzentrationsphasen der Kindergartenpädagogin Gelegenheit, Angebote für die ganze Gruppe zu machen. Sie kann sich aber auch längere Zeit in Ruhe mit einer kleinen Kindergruppe oder auch mit einzelnen Kindern beschäftigen.

■ Erholungsphasen
Nach Zeiten erhöhter Konzentration und Aufmerksamkeit benötigen die Kinder Phasen der Entspannung und Erholung. Entspannend wirken zum Beispiel die Jause oder die Möglichkeit zu ungelenkter Bewegung, etwa im Freien. Viele Kinder ziehen sich auch mit einer Freundin oder einem Freund in die Kuschelecke zurück oder spielen gut bekannte Spiele, die wenig Aufmerksamkeit benötigen.

■ Ausklangsphase
So wie die Kinder Zeit brauchen, sich morgens an die Kindergartenatmosphäre zu gewöhnen, sollte auch der Übergang vom Kindergarten in die private Sphäre harmonisch und ohne Hektik verlaufen: Die Kinder been-

den zeitgerecht ihre Spiele und Arbeiten, räumen auf und planen den nächsten Tag. Die Erzieherin widmet sich jeweils dem Kind am meisten, das gerade abgeholt wird, kann sich also nicht ungestört den anderen Kindern zuwenden.

3.8.2

Mahlzeiten im Kindergarten

Das Mittagessen und die verschiedenen Zwischenmahlzeiten strukturieren den Tagesablauf im Kindergarten auf natürliche Weise. Neben der Befriedigung primärer Bedürfnisse stellen sie zugleich soziale Lernsituationen dar: Der Erwerb von Essmanieren durch Nachahmung und die Auswahl geeigneten Geschirrs, ein verantwortungsvoller Umgang mit Nahrungsmitteln, umweltbewusstes Einkaufen und Verpacken der Nahrungsmittel sind wichtige Erziehungsziele im Kindergarten. Slavetinsky (1995b) empfiehlt zur Förderung von Selbständigkeit und Gemeinschaftsbewusstsein, von Freude und ästhetischem Empfinden kleine Rituale, wie etwa das Tischgebet, das Händereichen oder das Entzünden einer Kerze zum festlichen Anlass.

Die Gestaltung der Jausenzeit

Ein Fixpunkt im Verlauf des Vormittags im Kindergarten ist die Jausenzeit. Sie trägt zur Strukturierung des Tagesablaufs bei. Wenn die Jause in angenehmer, entspannter Atmosphäre abläuft und die Kindergartenpädagogin auch selbst daran teilnimmt, verstärkt dies den gemeinschaftsbildenden Effekt der Mahlzeit. Größtmögliche Selbständigkeit der Kinder sollte angestrebt werden, denn gerade im Rahmen der Jause finden sich viele Möglichkeiten für die Vermittlung von Fertigkeiten des täglichen Lebens. Soukup (1995b) nennt in diesem Zusammenhang z. B. Tischdecken, Schneiden und Schälen von Obst, Anrichten der Speisen, Eingießen der Getränke, Abräumen des Tisches, Abwaschen des Geschirrs.

Um optimal auf die Bedürfnisse der Kinder einer Gruppe eingehen zu können, werden verschiedene Formen der Jausengestaltung praktiziert. Neben der gemeinsamen Jause sei die gleitende Jausenzeit erwähnt. Die einzelnen Kinder können – meist innerhalb eines fixierten Zeitraumes – dann essen, wenn sie Hunger verspüren. Krückl (1995) nennt folgende Vorteile dieser Regelung: Die gleitende Jausenzeit gewährt sowohl den Kindern als auch der Erzieherin mehr Freiheit; die Kinder werden nicht unnötig beim Spiel unterbrochen und können den Vormittag nach ihrem eigenen Rhythmus gestalten; die Kinder können die Dauer der Jause selbst bestimmen und entscheiden, ob sie allein oder mit Freund/innen essen wollen; jedes Kind kann essen, so lange es will. Die gleitende Jausenregelung erfordert allerdings auch ein gewisses Maß an Selbständigkeit der Kinder und an Organisation durch die Erzieherin. Kinder, die besonders ins Spiel vertieft sind, vergessen manchmal auf das Essen.

Die Gestaltung der Mittagszeit

Die Mittagszeit sollte auch für die Kinder, die über Mittag im Kindergarten bleiben, eine angenehme Unterbrechung des Tagesablaufs ermöglichen. Soukup (1995b) weist auf die Bedeutung der Gestaltung des Mittagstisches hin. Bewährt hat sich ein eigener Essraum, um den Kindern, die den Großteil des Tages im Gruppenraum verbringen, einen Raumwechsel zu ermöglichen. Beim Mittagessen gibt es viele Möglichkeiten, die Selbständigkeit der Kinder zu fördern: Die Kinder können den Tisch selbst decken, sich die Speisen selbst nehmen, den Tisch abräumen und eventuell in der Küche beim Abwaschen helfen. Selbstverständlich sollte die Kindergartenpädagogin darauf achten, dass die Kinder ausgewogene, gesunde Nahrung zu sich nehmen.

3.8.3

Ruhezeit im Kindergarten

Nach dem Mittagessen gibt es in den meisten ganztägig geführten Kindergärten eine Ruhezeit. In dieser Zeit sollen sich alle Kinder ausruhen können, aber nicht unbedingt schlafen müssen.
Wichtig ist das flexible Eingehen auf die gerade in der Ruhezeit recht unterschiedlichen Bedürfnisse der Kinder. Im Allgemeinen benötigen Drei- und Vierjährige eher einen Mittagsschlaf als Vorschulkinder. Die Konstitution des Kindes, seine Gewohnheiten, die Zeit des Schlafengehens und Aufstehens zu Hause sind weitere Faktoren, die das Schlafbedürfnis ganz unterschiedlich beeinflussen. Kinder, die schlafen möchten, dürfen von den anderen Kindern nicht gestört werden. Für die wach bleibenden Kinder haben sich Bücher, Geduldspiele, Web- und Stickarbeiten und Ähnliches als günstig erwiesen. Während der Ruhezeit sollte kein Kind abgeholt werden, um die anderen nicht zu stören.
Die liebevolle und gemütliche Ausgestaltung des Ruheraumes schafft eine geeignete Atmosphäre zur Entspannung der Kinder. Wichtige Details, die die Ruhezeit auszeichnen können, beschreibt Soukup (1995b): Ein eigenes Kuscheltier hilft vielen Kindern, die schwer einschlafen und vielleicht ein wenig Heimweh haben. Eine Geschichte, die von der Kindergartenpädagogin vorgelesen wird, kann helfen, zur Ruhe zu kommen. Von der Kindergartenpädagogin zugedeckt zu werden vermittelt dem Kind Geborgenheit.
Zusammenfassend meinen die Leiterinnen der kirchlichen Kindergärten in Wien, dass im Kindergarten flexibel und sensibel auf die sehr individuellen Bedürfnisse der Kinder nach Ausruhen und Schlafen eingegangen werden muss (Interessengemeinschaft der Erhalter kirchlicher Kindertagesheime in der Erzdiözese Wien, 1995).

3.8.4

Der Kindergarten am Nachmittag

Die Nachmittagsgestaltung ist in den einzelnen Kindergärten sehr unterschiedlich: Halbtagskindergärten sind am Nachmittag geschlossen. Einige Kindergärten sperren nach einer Mittagsschließung am Nachmittag wieder auf. Ganztägige Kindergärten haben durchgehend auch über Mittag geöffnet.
Für die ganztags betreuten Kinder gestaltet sich der Nachmittag meist doch recht anders als der Vormittag, wenn viel mehr Kinder anwesend sind. In vielen Kindergärten werden alle verbliebenen Kinder am Nachmittag zu einer „Mischgruppe“ zusammengefasst. Diese Regelung hat Vor- und Nachteile. Viele Kinder freuen sich darauf, den Nachmittag mit anderen Kindern und eventuell auch einer anderen Kindergartenpädagogin zu verbringen: Sie können neue soziale Kontakte knüpfen und in neuen Räumen mit anderem Spielzeug spielen. Für manche – vor allem jüngere – Kinder ist die Gewöhnung an ein neues Sozialgefüge jedoch überfordernd. Deshalb sollte die Mischgruppe nicht zu groß und der Rhythmus des Raum- und Kindergartenpädagoginnenwechsels für die Kinder durchschaubar sein. Vor allem wenn die Kinder nach dem Mittagsschlaf aufwachen, muss eine vertraute Person da sein.
Die Gestaltung des Nachmittags bietet vielfältige Möglichkeiten und Chancen für die Kinder. Wenn am Nachmittag weniger Kinder anwesend sind, steht dem einzelnen Kind mehr Frei- und Spielraum als am Vormittag zur Verfügung, die Auswahl an Spielmitteln und Spielbereichen ist größer. Die kleinere Gruppe bringt eine gewisse Entspannung mit sich, die Kindergartenpädagogin kann sich einzelnen Kindern mehr widmen und auf deren – am Nachmittag vielleicht größeres – Bedürfnis nach Nähe und Zuwendung eingehen. Durch die kleinere Gruppe

Essen im Kindergarten

In Ganztagskindergärten mit Mittagsbetrieb soll das Essen über die reine Nahrungsaufnahme und Bedürfnisbefriedigung hinaus zu einer sozialen Lernsituation werden. Viele Kinder sind in der Mittagszeit müde und gereizt. Eine gemütliche Atmosphäre, in der sich die Kinder wohl fühlen, miteinander Spaß haben und das Essen nach dem langen Vormittag genießen, braucht bestimmte Rahmenbedingungen.

1

2

1 Essen gegen den Hunger - dieser Anspruch stand vor allem in den Nachkriegsjahren im Vordergrund.

2 Eine kleine Tischgemeinschaft und ein gemütliches Ambiente regen zum Tischgespräch, zum Plaudern und zum Genießen an. Das Mittagessen kann so zu einem Ruhepunkt im Tagesablauf werden.

3 Kinder, die den ganzen Tag im Kindergarten verbringen, sind vielfach von Alltagserfahrungen, wie Einkaufen und Kochen, ausgeschlossen. Es macht den Kindern Spaß, an der Zubereitung der Jause oder des Mittagessens beteiligt zu sein.

4 Kinder wollen mitarbeiten. Sie übernehmen die Verantwortung für einen schön gedeckten Tisch.

5 Für eine möglichst angenehme Gestaltung der Mittagszeit ist ein Raumwechsel von Vorteil. In manchen Kindergärten wird bereits besonderer Wert auf die Gestaltung des Essraumes gelegt. Die restaurantähnliche Atmosphäre fördert die Tischkultur und die Freude am Essen.

Ruhemöglichkeit statt Schlafzwang

Für Kinder, die sehr lange im Kindergarten bleiben, spielt der individuelle Tagesrhythmus eine große Rolle.
Zeiten der Aktivität und Konzentration wechseln mit Phasen der Ruhe und Entspannung.
In einem gemütlich eingerichteten Ruheraum können sich die Kinder auch während des Tages vom Gruppengeschehen zurückziehen und ausrasten.

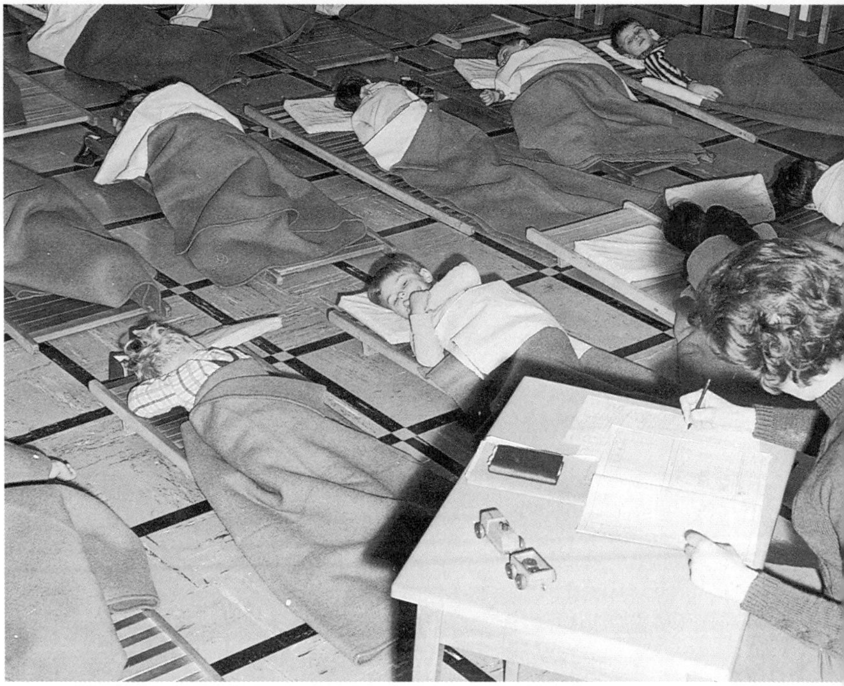

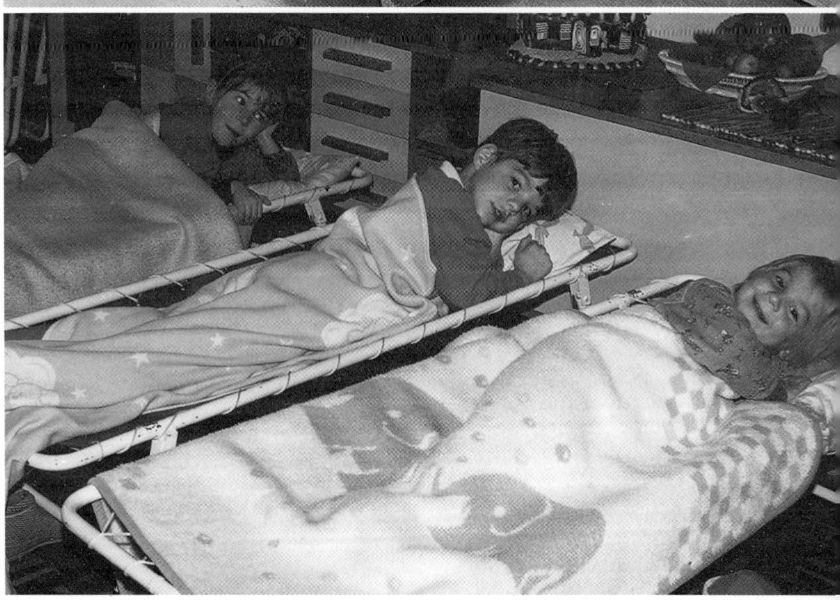

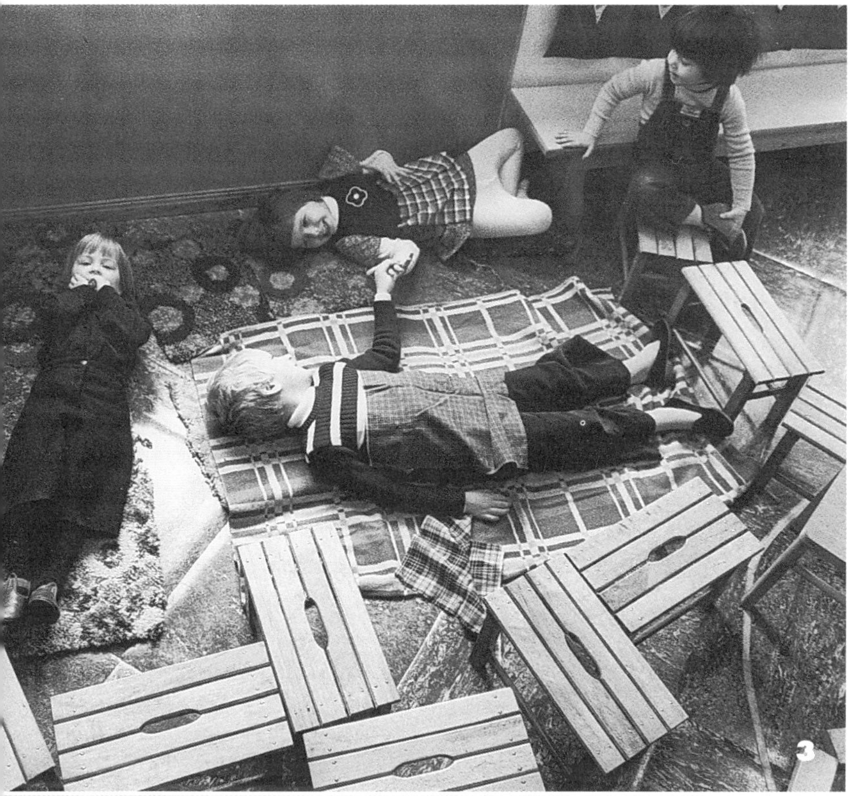

Viele Erwachsene assoziieren
1 mit dem Kindergarten das unangenehme Erlebnis des Schlafen-Müssens. Heute wird kollektives Schlafen unter Zwang und Aufsicht allgemein abgelehnt.

In vielen Ganztagskindergärten
2 wird nach dem Mittagessen eine Schlaf- und Ruhezeit eingehalten. Eine Decke von daheim gibt Geborgenheit und hilft beim Entspannen. Das eigene Kuscheltier ist besonders für Kindergartenneulinge unverzichtbar.

Kinder, die morgens schon früh
3 in den Kindergarten gebracht werden, wollen oft noch nachschlafen oder müssen erst richtig wach werden. Ein eigens dafür hergerichteter Platz kann den Kindern helfen, sich auf den Kindergartentag einzustimmen.

Ein Tag im Kindergarten ist lang:
4 Kinder brauchen Plätze zum Alleinsein, Kuscheln, Träumen, Trödeln und Tratschen.

herrscht eine entspanntere Atmosphäre, in der auch hilflose, ungeschickte und ängstliche Kinder Sicherheit gewinnen und Kontakte knüpfen können. (Hundertmarck, 1988) Deshalb eignet sich die Nachmittagssituation auch zur Eingewöhnung für neue Kinder und zur Überbrückung schwieriger Zeiten (Siebenmorgen, 1988).
Pöckl und Soukup (1995) betonen, dass am Nachmittag Aktivitäten durchgeführt werden können, für die am Vormittag zu wenig Zeit ist. Spiel- und Arbeitsbereiche können neu gestaltet werden, Vorbereitungsarbeiten für den nächsten Tag werden getroffen, neue Spiele können kennen gelernt und ausprobiert werden. Manche Kindergärten machen den ganztägig betreuten Kindern auch spezielle Angebote der Nachmittagsgestaltung. Dazu gehören z. B. Schulvorbereitung, sportliche Programme oder das Musizieren mit Orff-Instrumenten.
Nach Pöckl und Soukup (1995) ist die Gestaltung des Nachmittags im Sinne einer umweltoffenen Pädagogik wichtig. Kinder, die den ganzen Tag im Kindergarten verbringen, sollten am Nachmittag im Kindergarten jene Abwechslung finden, die sich für die anderen Kinder durch das Mitleben in der Familie natürlich ergibt. Der Kindergarten sollte vielfältige Aktivitäten anbieten, damit die Kinder der normalen Umwelt nicht entfremdet werden und ihrer Freude am Entdecken nachkommen können. Möglichkeiten dafür wären etwa ein Schaufensterbummel, das Einkaufen von Lebensmitteln zum gemeinsamen Kochen oder verschiedene Ausflüge.

3.9 Kinder mit besonderen Bedürfnissen

In der Early Childhood Environment Rating Scale (ECERS) von Harms und Clifford (1980) wird im Speziellen auf Kinder mit besonderen Bedürfnissen eingegangen. Als Kinder mit besonderen Bedürfnissen gelten all jene, deren körperliche, geistige und emotionale Bedürfnisse durch das normale Geschehen in der Gruppe alleine nicht erfüllt werden.
Eine Aufgabe des Kindergartens ist es, das Zusammenleben von Kindern mit ganz unterschiedlichen Voraussetzungen, Fähigkeiten und Bedürfnissen in einem Rahmen zu ermöglichen, der vielfältiges soziales Lernen garantiert und es ermöglicht, auf jedes Kind ausreichend einzugehen. Um die speziellen Bedürfnisse dieser Kinder berücksichtigen zu können, muss sich die Kindergartenpädagogin in einem dauernden Prozess der Auseinandersetzung mit der Lebenswelt der Kinder, mit ihren Fähigkeiten, Problemen und aktuellen Erlebnissen befinden. Dazu ist es notwendig, dass sie zu jedem Kind eine persönliche Beziehung aufbaut, seine Entwicklung kontinuierlich beobachtet und mit den Eltern Kontakt hält.
Wenn der Kindergarten neben dem Betreuungsauftrag auch seinem Bildungsauftrag ausreichend gerecht werden soll, müssen vor allem Kinder mit besonderen Bedürfnissen zusätzliche Angebote erhalten. Dies gewinnt heute umso mehr an Bedeutung, als immer mehr Kinder täglich eine lange Zeit im Kindergarten verbringen.
Besonders wichtig ist in diesem Zusammenhang die interdisziplinäre Zusammenarbeit verschiedener Berufsgruppen im Kindergarten. Ein interdisziplinäres Team sollte neben Sonderkindergärtnerinnen, Logopäd/innen, Ergotherapeut/innen und Physikotherapeut/-innen auch Kinderärzt/innen, Heilpädagog/in-

nen, Psycholog/innen, Psychotherapeut/innen und Sozialarbeiter/innen umfassen.
Als Kinder mit besonderen Bedürfnissen gelten chronisch kranke Kinder, Kinder mit körperlichen Beeinträchtigungen, mit Beeinträchtigungen des Seh- oder Hörvermögens, der Sprache oder der Intelligenz sowie verhaltensauffällige Kinder. Für die Zukunft ist zu überlegen, ob nicht auch hoch begabte Kinder und ausländische Kinder unter diese Definition fallen.
Da die interindividuellen Unterschiede zwischen den Kindern mit besonderen Bedürfnissen beträchtlich sind, ist eine Zuordnung zu spezifischen Gruppen schwierig. In der Regel erfolgt eine graduelle Unterscheidung nach dem Schweregrad der körperlichen, geistigen oder psychischen Beeinträchtigung. „Entwicklungsgehemmte oder behinderte Kinder, die mangels körperlicher, geistiger oder psychischer Eignung keine Aufnahme in den allgemeinen Kindergarten finden würden, können in einem allgemeinen Kindergarten integriert werden" (NÖ Kindergartengesetz, 1987, S. 3) oder einen heilpädagogischen Kindergarten besuchen.
Im Folgenden werden einige Gruppen von Kindern mit besonderen Bedürfnissen näher beschrieben, die den Regelkindergarten besuchen:

■ Kinder mit Entwicklungsdefiziten
Für die kompensatorische Betreuung von Kindern mit Entwicklungsdefiziten stehen in vielen Fällen mobile Sonderkindergärtnerinnen zur Verfügung. Ihre Aufgabe ist die Betreuung und Förderung einzelner Kinder, die Beobachtung dieser Kinder in der Gruppe und die Beratung von Eltern und Kindergartenpädagog/innen.
Wichtig ist auch die Bereitstellung geeigneter Fördermaterialien für Kinder mit intellektuellen Defiziten.

■ Kinder mit Sprach- und Sprechstörungen
Für die individuelle Förderung von Kindern mit Sprachentwicklungsverzögerung oder anderen sprachlichen Auffälligkeiten, wie Näseln, Stottern, Poltern oder Aphasie, stehen im Kindergarten Logopäd/innen zur Verfügung. Die Aufgabe der Logopäd/innen ist neben der Einzelbetreuung der betroffenen Kinder auch die Beratung der Eltern und der Kindergartenpädagog/innen.
Die sprachliche Förderung von Kindern, deren Muttersprache nicht Deutsch ist und die die deutsche Sprache nicht oder mangelhaft beherrschen, sollte im Kindergarten ebenfalls Platz haben (vgl. Kapitel 4.4).

■ Verhaltensauffälligkeiten
Plötzlich auftretende Verhaltensauffälligkeiten bei Kindern sind häufig durch belastende Erlebnisse bedingt. Länger andauerndes auffälliges Verhalten resultiert hingegen oft aus chronisch belastenden Situationen, wie etwa ungünstigen Familienverhältnissen, einem überprotektiven oder stark leistungsorientierten Erziehungsstil.
Sind Kinder im Kindergarten in ihrem Verhalten auffällig – etwa durch besondere Aggressivität, Isolation oder vermehrte Anhänglichkeit an die Kindergartenpädagogin –, so liegt es an der Erzieherin, das Gespräch mit den Eltern zu suchen. Zu hinterfragen ist vor allem, ob sich in der häuslichen Umwelt des Kindes belastende Ereignisse zugetragen haben, die zu einer Verunsicherung des Kindes und damit zu auffälligem Verhalten geführt haben könnten. Solche belastenden Ereignisse könnten zum Beispiel die Geburt eines Geschwisters sein, häufiger Streit oder schwere Erkrankungen innerhalb der Familie sowie Verlusterlebnisse, etwa die Trennung der Eltern oder der Tod eines Großelternteiles. Nur wenn die Kindergartenpädagogin über die Lebensumstände der Kinder Bescheid weiß, kann sie deren Verhalten verstehen und adäquat darauf eingehen.
Ungünstige familiäre Verhältnisse, wie Arbeitslosigkeit, Delinquenz, Prostitution, Alkohol- oder Drogenmissbrauch der Eltern oder Geschwister, sind weitere mögliche Ursachen für eine länger anhaltende Beeinträchtigung

der emotionalen und intellektuellen Entwicklung der Kinder. Als Folgen können neben körperlicher sowie emotionaler Verwahrlosung und häufigen Erkrankungen vor allem schwere Verhaltensauffälligkeiten auftreten.
Im Fall von Familien, die mit massiven sozialen Problemen zu kämpfen haben, gestaltet sich die Zusammenarbeit mit den Eltern häufig sehr schwierig. Oftmals werden dem Kindergarten zunehmend Familien ersetzende Aufgaben übertragen. Wichtig ist vor allem, ein Vertrauensverhältnis zu den Eltern aufzubauen und diese zur Zusammenarbeit zu motivieren. Weiters kann der Kindergarten mit dem Jugendamt und mit Sozialarbeiter/innen kooperieren und die Hilfe durch psychosoziale Dienste vermitteln.
In einem offenen und vertrauensvollen Klima kann die Kindergartenpädagogin ihre Position als pädagogische Expertin dazu nutzen, mit den Eltern beratende Gespräche zu führen. Wichtig ist dabei, dass den Eltern gegenüber keine Vorwürfe erhoben werden. Vielmehr sollte die Kindergartenpädagogin den Eltern zu verstehen geben, dass sie auch deren Situation versteht und es vor allem darum geht, den Bedürfnissen des Kindes optimal gerecht zu werden. Oft kann es vorkommen, dass das Verhalten der Kinder im Kindergarten und zu Hause unterschiedlich ist. In diesen Fällen ist der gegenseitige Austausch zwischen der Kindergartenpädagogin und den Eltern besonders wichtig und kann sehr zur Klärung der Situation beitragen.
Expert/innen mit psychologischer und psychotherapeutischer Ausbildung müssen dann einbezogen werden, wenn ein beratendes Gespräch mit den Eltern nicht ausreicht, dem Kind zu helfen.

■ Sexueller Missbrauch von Kindern

Professionelle therapeutische Interventionen sind beim Problem des sexuellen Missbrauchs von Kindern unbedingt notwendig. Da nach Braun (1992) jedes dritte bis vierte Mädchen und jeder siebente bis neunte Bub von sexuellem Missbrauch betroffen ist, ist dies ein Problem, das in der Kindergartenerziehung immer wieder auftaucht. Voraussetzungen für das Erkennen der Problematik sind Sensibilität und Offenheit der Erzieherin den Signalen des Kindes gegenüber. „Auch wenn die meisten Mädchen und Jungen nicht wagen, offen über den sexuellen Missbrauch zu sprechen, so teilen sie sich dennoch durch ihr Verhalten mit. Diese versteckten Hinweise sind für Dritte schwer verständlich, zumal die im Folgenden geschilderten Verhaltensmerkmale auch immer andere Ursachen als sexuelle Gewalt haben können“ (Braun, 1995, S. 35).
Die Kindergartenpädagogin ist dazu angehalten, immer wieder den Kontakt mit dem Kind zu suchen und ihm zu vermitteln, dass es ihr vertrauen kann und dass sie auf seiner Seite steht. Sie sollte unbedingt fachliche Unterstützung in einer Beratungsstelle in Anspruch nehmen, mit den – am Missbrauch nicht beteiligten – Familienmitgliedern in Kontakt treten und diese dazu bewegen, professionelle Hilfe anzunehmen. Voraussetzung für eine möglichst kompetente Haltung der Kindergartenpädagogin in dieser schwierigen Situation ist eine umfassende Fortbildung. Diese sollte Informationen über die entsprechenden Gesetze, über Hilfs- und Beratungsangebote sowie vor allem die Vermittlung von adäquaten Strategien zur Bewältigung des sexuellen Missbrauchs umfassen.

3.9.1

Betreuung behinderter Kinder

Im Jahr 1994/95 besuchten in Österreich 19.260 behinderte Kinder den Kindergarten, was einem Anteil von 9,4% an der Gesamtheit der Kindergartenkinder entspricht. Nur 8,2% der behinderten Kinder waren in einem heilpädagogischen Kindergarten eingeschrieben, während 91,8% in einem Regelkindergarten integriert waren. Folgende Behinderungsarten werden in der Kindertagesheimstatistik des Österreichischen Statistischen Zentralamts (1995) unterschieden:

- Schwere Verhaltensauffälligkeit (5,2%)
- Entwicklungsrückstand (14,4%)
- Körperbehinderung (3,3%)
- Blindheit oder Sehbeeinträchtigung (39,2%)
- Taubheit oder Hörbeeinträchtigung (11,4%)
- Stummheit oder Sprachbeeinträchtigung (22,9%)
- Geistige Behinderung (1,4%)
- Mehrfachbehinderung (2,2%)

Integration

Das Thema Integration ist bei Eltern und Erzieher/innen oft sehr emotional besetzt und fordert zu differenzierter Betrachtungsweise heraus.

Hössl (1993) definiert Integration folgendermaßen: „Integration bedeutet im Wesentlichen Verzicht auf eine Selektion von Kindern mit ungleichen Voraussetzungen, wie sie in der traditionellen Schulpädagogik üblich ist. Die Vielfalt von unterschiedlichen Fähigkeiten, Bedürfnissen und Interessen wird zum Anlass einer Differenzierung und Individualisierung von pädagogischen Zielen und Methoden genommen, zugleich aber das ‚Miteinander des Verschiedenen' betont." (S. 368)

In der pädagogischen Praxis sind realistische Erwartungen der Eltern und Erzieher/innen wichtig. Das behinderte Kind kann im Zusammenleben mit nicht behinderten Kindern vieles, aber nicht alles lernen. Es kann oft nicht an allen Angeboten und Aktivitäten der Gruppe teilnehmen und benötigt eine spezielle Einzelförderung. In vielen Fällen ist mit Verhaltensauffälligkeiten zu rechnen.

Trotzdem sind nach Beachtung aller individueller Besonderheiten und Bedürfnisse eines behinderten Kindes Integrationseinrichtungen in vielen Fällen den Sondereinrichtungen für Behinderte vorzuziehen. Nicht behinderte Kinder können den behinderten Kindern vor allem im kreativen Bereich und im Bereich der Sprachentwicklung zahlreiche wichtige Entwicklungsimpulse geben, während diese Anregungen in Sondereinrichtungen meist ausschließlich von den Pädagog/innen ausgehen.

Die Eltern behinderter Kinder haben in Integrationseinrichtungen die Möglichkeit, Eltern nicht behinderter Kinder und Familien aus der unmittelbaren Wohnumgebung kennen zu lernen. Im Gegensatz dazu ist das Einzugsgebiet von Sondereinrichtungen meist sehr groß, sodass es oft zu einer regelrechten Gettoisierung der Familien behinderter Kinder kommt.

Aber nicht nur die behinderten, sondern auch die nicht behinderten Kinder profitieren im Rahmen der integrativen Pädagogik. Das Zusammenleben behinderter und nicht behinderter Kinder bringt ganz besondere Möglichkeiten des sozialen Lernens mit sich, Verständnis und Hilfsbereitschaft für Benachteiligte und Andersartige können geübt werden. Hössl (1993) betont weiters, dass soziales Lernen in einer Integrationseinrichtung neben Annäherung und Gemeinsamkeit auch Abgrenzung und Distanz bedeutet. Im Umgang miteinander müssen die Kinder lernen, zwischen Durchsetzungs- und Kooperationsfähigkeit zu balancieren.

Nach Krennmayr (1995) hat sich in Integrationskindergärten gezeigt, dass Kinder Behinderten gegenüber wesentlich unbefangener reagieren als Erwachsene. Die Kinder erwerben leichter Kompetenz im Umgang mit Behinderten und ein akzeptierendes Verhalten. So kann den von Angst und Unsicherheit gekennzeichneten Reaktionen, die gegenüber Behinderten oft gezeigt werden, bereits im Vorschulalter vorgebeugt und ein natürlicher Umgang mit Behinderten eingeübt werden.

Hössl (1993) weist darauf hin, dass die integrative Arbeit ein erweitertes Aufgabenspektrum mit sich bringt und besonderes Engagement verlangt. Vor allem die Anforderungen

einer vermehrten Kooperation zwischen Regel- und Sonderpädagog/innen sowie therapeutischen Berufsgruppen und einer intensivierten Elternarbeit müssen berücksichtigt werden.
Wesentliche Voraussetzungen für das Gelingen integrativer Bemühungen in der Kindergartenpädagogik sind nach Gratz (1995):

- die Reduzierung der Kinderanzahl in der Gruppe
- der Einsatz einer ständigen Kindergartenassistenz
- das Vorhandensein eines Zusatzraumes zur Gruppenteilung bzw. Einzelarbeit
- die Ausstattung der Gruppe mit speziellen Spiel- und Therapiematerialien
- mehr Zeit für Vor- und Nachbereitung, für Kontakte zu Therapeut/innen und für Besprechungen
- Fortbildungsmöglichkeiten
- die Organisation spezieller Therapien, die nicht im Kindergarten durchgeführt werden können, durch die Eltern
- die Beratung und Betreuung der Kindergartenpädagog/innen durch mobile Sonderkindergärtnerinnen etc.

Formen der gemeinsamen Betreuung behinderter und nicht behinderter Kinder

- Integrations-Kindergarten

In einem Integrations-Kindergarten besuchen behinderte und nicht behinderte Kinder denselben Kindergarten, aber getrennte Gruppen. Trotzdem ergeben sich vielfältige – auch geplante – Kontaktmöglichkeiten zwischen behinderten und nicht behinderten Kindern, zum Beispiel beim Zusammentreffen in der Garderobe, im Garten, bei gemeinsamen Festen oder bei gegenseitigen Besuchen. Laut Gratz (1995) bleibt es aber bei eher oberflächlichen Kontakten zwischen den Kindern. Nicht behinderte Kinder werden zwar mit der Behinderung der anderen Kinder konfrontiert, wodurch sich viele Impulse für das soziale Lernen ergeben. Die behinderten Kinder sind aber überfordert: sowohl durch die große Anzahl von Kindern im Kindergarten als auch durch die kurzfristigen, oft wechselnden Kontakte.

- Integrativ-Gruppe

Eine Integrativ-Gruppe wird von behinderten und nicht behinderten Kinder gemeinsam besucht. Meist sind in einer Integrativ-Gruppe nur 10 bis 12 nicht behinderte und zwei oder drei behinderte Kinder, die von zwei Fachkräften betreut werden. Zusätzlich stehen weitere Expert/innen, wie Psycholog/innen, Kinderfachärzt/innen, Logopäd/innen, Ergotherapeut/innen und Physikotherapeut/innen, zur Betreuung und Beratung zur Verfügung. Die behinderten Kinder haben so auch die Möglichkeit der individuellen Förderung außerhalb des Gruppengeschehens. Grundsätzlich sollte eine Integrativ-Gruppe die von Gratz (1995) genannten Voraussetzungen für die Integrationspädagogik aufweisen.

- Einzelintegration

Im Rahmen der Einzelintegration besucht ein behindertes Kind einen Regelkindergarten in seinem Wohnbezirk. Auch in diesem Fall kann die Integration nur gelingen, wenn die oben genannten Voraussetzungen (Gratz, 1995) erfüllt sind.

- Ambulante Sonderkindergartenpädagoginnen

Ambulante Sonderkindergartenpädagoginnen besuchen regelmäßig einzelne Kindergärten, um das dort angestellte Personal bei der Betreuung behinderter und auffälliger Kinder zu unterstützen. Ihre Aufgaben sind unter anderem folgende:

- Beratung der Kindergartenpädagog/innen und Erhalter bei der Aufnahme von behinderten und auffälligen Kindern bzw. bei Problemen, wenn diese schon die Gruppe besuchen
- Betreuung und Förderung der Kinder im Einzelkontakt oder in Kleingruppen, Beobachtung der Kinder in der Gesamtgruppe
- Anregung und Hilfestellung für die Grup-

pen führende Kindergartenpädagogin, um eine tragbare Form der Integration zu finden bzw. die Förderung im Rahmen der Kindergartenarbeit zu gewährleisten
- Beratung der Eltern

Im Jahr 1994/95 wurden 33,4% aller Kindertagesheime von ambulanten Sonderkindergärtnerinnen besucht. Besonders häufig ist diese Möglichkeit der Unterstützung bei der Integration behinderter Kinder in Niederösterreich (81% der Kindertagesheime) und im Burgenland (62% der Kindertagesheime) zu finden (Österreichisches Statistisches Zentralamt, 1995).

Heilpädagogische Kindergärten

Heilpädagogische Kindergärten (Sonderkindergärten) dienen ausschließlich der Betreuung von geistig und körperlich behinderten Kindern. Sie werden von sonderpädagogischen Ambulanzen unterstützt, die Integrations- und Sozialisationshilfen für behinderte und entwicklungsgefährdete Kinder bieten.
Die gesetzliche Regelung zur Gruppengröße in heilpädagogischen Kindergärten ist je nach Bundesland verschieden (vgl. Kapitel 3.11).
In Salzburg sind 12 Kinder pro Gruppe erlaubt, wenn es sich um schwerstbehinderte Kinder handelt hingegen nur 8. Auch in Wien sind für eine Gruppe im heilpädagogischen Kindergarten maximal 12 Kinder vorgesehen. Niederösterreich, Kärnten und Tirol legen eine Gruppenobergrenze von 10 Kindern im heilpädagogischen Kindergarten fest. In der Steiermark ist eine heilpädagogische Kindergartengruppe mit maximal 6 Kindern, im Burgenland mit maximal 5 Kindern begrenzt.

3.10 Elternarbeit

Die Zusammenarbeit mit den Eltern kann als wesentlicher Bereich in der Kindergartenarbeit bezeichnet werden. Vertrauen der Eltern in die Erzieherin und gegenseitiger Informationsaustausch sind grundlegend für eine gelingende Beziehung zwischen der Kindergartenpädagogin und den Eltern.
Selbstverständlicher Bestandteil der Elternarbeit in fast jedem Kindergarten ist die Veranstaltung der gesetzlich festgelegten Elternabende (vgl. Kapitel 5.12.1).
Die Elternabende sollten nicht hauptsächlich dazu dienen, den Eltern organisatorische Aspekte des Kindergartenalltags mitzuteilen. Vielmehr sollte versucht werden, das Zusammenkommen der Eltern auch für pädagogische Aufklärungsarbeit zu nützen. Die Kindergartenpädagogin kann bei dieser Gelegenheit die Funktionen der Gruppenerziehung erläutern und den Eltern neben dem Betreuungs- vor allem auch den Bildungsauftrag des Kindergartens nahe bringen. Sie sollte die Eltern ermutigen, von häuslichen Ereignissen, die das Kind beschäftigen könnten, zu erzählen, damit sie Verhaltensänderungen des Kindes besser verstehen kann. Die Eltern sollten darin bestärkt werden, sich bei Schwierigkeiten und Problemen an die Kindergartenpädagogin zu wenden und Hilfsangebote anzunehmen.
Neben den Elternabenden gibt es viele weitere Gelegenheiten, die Eltern in den Kindergartenalltag einzubeziehen: Das Feiern gemeinsamer Feste, an denen auch die Geschwister der Kindergartenkinder teilnehmen können, und gemeinsames Werken sind ebenso zu empfehlen wie die Begleitung durch einzelne Eltern bei Ausflügen und Exkursionen der Kindergartengruppe. Weiters können berufstätige Eltern an ihrem Arbeitsplatz besucht werden und somit als Expert/innen für entsprechende Bildungsinhalte fungieren. Die Kinder sollten auch ermutigt werden, die gelernten Sing- und Tanz-

spiele und neue Werktechniken in der eigenen Familie bekannt zu machen.
Eine weitere Möglichkeit der Beteiligung von Eltern an der Kindergartenarbeit ist deren praktische Mithilfe, etwa bei Reparaturarbeiten, bei der Gartengestaltung oder bei den Vorbereitungen für ein Fest.
Wesentliche Voraussetzungen für eine gelingende Elternarbeit sind nach Soukup (1995a) unter anderem folgende: Auf beiden Seiten – Eltern und Kindergarten – muss die Bereitschaft zur Zusammenarbeit vorhanden sein. Meist wird es nötig sein, dass die Kindergartenpädagogin auf die Eltern zugeht und sie einlädt. Wichtig ist laut Soukup (1995a), dass der grundsätzliche Anspruch des Kindergartens auf Zusammenarbeit mit den Eltern klar ausgesprochen wird. Transparenz kann als oberstes Gebot in der Elternarbeit gelten. Neueinführungen oder geplante Veränderungen müssen mit den Eltern abgesprochen und ihnen gegenüber begründet werden. Die Erziehungsziele, die im Kindergarten angestrebt werden, sollten für die Eltern erkennbar gemacht werden.
Bereitschaft zur wechselseitigen Information und zum wechselseitigen Lernen sowie die gegenseitige Achtung und Bestätigung sind weitere wesentliche Bestandteile einer positiven Zusammenarbeit zwischen Eltern und Kindergartenpädagogin.
Soukup (1995a) unterscheidet folgende Stufen des Zusammenwirkens zwischen Eltern und Kindergarten:

■ Information
Die Information in der Kindergartenarbeit muss gegenseitig erfolgen. Die Eltern müssen ebenso über die allgemeinen Aufgaben und die spezifische Arbeit des Kindergartens informiert sein, wie die Kindergartenpädagogin über die Lebenssituation der Kinder ihrer Gruppe Bescheid wissen sollte, um die pädagogische Arbeit adäquat planen zu können.

■ Mitsprache
Unter Mitsprache sind die Meinungsäußerung und der Gedankenaustausch zwischen Eltern und Kindergartenpädagogin zu verstehen. Offene Gespräche sind notwendig, um den Standpunkt anderer kennen zu lernen und – wenn nötig – einen Konsens zu erzielen. In der Kindergartenarbeit kann eine Vielzahl an Themenkreisen auftauchen, bei denen die Kindergartenpädagogin die Meinungen der Eltern kennen sollte. Dazu zählt Soukup (1995a) die Themen Ernährung, Sexualerziehung, Schulvorbereitung, Sinngebung von Festen etc.

■ Mitbestimmung
Mitbestimmung bedeutet das Mitwirken bei der Vorbereitung von Entscheidungen. Die Entstehung von Elterngruppen, die ihre Wünsche und Forderungen an den Kindergarten – z. B. in der Frage der Öffnungszeiten – formulieren, steht eng mit dem Wunsch nach mehr Mitbestimmung der Eltern in Zusammenhang.

■ Mitentscheidung
Bei Mitentscheidung handelt es sich laut Soukup (1995a) um das aktive Mitwirken in Beschluss fassenden Gremien, wie etwa im Vorstand eines Vereinskindergartens. Dies ist die seltenste Form der Elternmitwirkung. Selbstverständlich ist Mitentscheidung untrennbar mit Mitverantwortung verbunden.
Zusätzlich zur Mitwirkung von Eltern im Kindergarten werden die Erziehungsberatung und die Ermöglichung sozialer Kontakte zwischen den Eltern – im Sinne einer Familien unterstützenden Funktion des Kindergartens – zu immer wichtigeren Schwerpunkten in der Elternarbeit (vgl. Kapitel 5.12).

3.11 DIE KINDERGARTENGESETZE DER ÖSTERREICHISCHEN BUNDESLÄNDER

	Wien	Niederösterreich	Burgenland	Oberösterreich	Steiermark	Salzburg	Tirol	Kärnten	Vorarlberg
Höchstkinderanzahl pro Gruppe	Max. 25; in Familiengruppen mit Zwei- bis Sechsjährigen: 20-22 Kinder, mit Kindergarten- und Hortkindern max. 24	Mind. 14, max. 28	Max. 25	Max. 23	Max. 25; geringfügige Überschreitung möglich	Max. 25 (geringfügige Überschreitungen genehmigungspflichtig)	25, mit Sondergenehmigung (jeweils f. 1 Jahr) max. 28	Max. 25, Überschreitung um max. 5 mit Sondergenehmigung	Bei Betreuung durch 1 Kindergartenpädagogin: max. 20, mit 2. Kindergartenpädagogin oder Helferin max. 28; in bes. Fällen Überschreitung um max. 5 mit Sondergenehmigung
Kinderanzahl im heilpädagogischen KG*	Integrations-Gruppe: max. 20, heilpäd. Gruppe: max. 12 Kinder	Im heilpäd.-integrativen KG: max. 15, davon 3-5 behinderte Kinder; in heilpädagog. Gruppen: max. 10 Kinder	In Integrationsgruppen 1-2 behinderte Kinder, im heilpäd. KG: max. 5 Kinder	Integrationsgruppen: mit 1 behinderten Kind max. 20, mit 2-4 behinderten Kindern max. 15	In kooperativen Gruppen: 6 behinderte Kinder; Integrations-Gruppen: 15 Kinder, davon 5 behindert; Integrative Zusatzbetreuung: 21 Kinder, davon 6 Behinderte	In Integrationsgruppen max. 4 behinderte Kinder, diese zählen doppelt bis 3-fach, heilpäd. Gruppen: max. 12 (mit Schwerstbehinderten max. 8)	Integrationsgruppen max. 15, davon max. 3 Behinderte; heilpäd. KG: max. 10	Integrationsgruppen: Reduktion entsprechend Art und Grad der Behinderung; im Sonder-KG: max. 10	Integrationsgruppen: max. 16 Kinder mit 1 bzw. 20 Kinder mit 2 Kindergartenpädagoginnen, davon max. 4 Behinderte, bei bes. schwer Behinderten 16 Kinder mit 2 Pädagoginnen
Gruppenanzahl pro KG		Max. 4 Gruppen			Max. 5 Gruppen		Max. 6 Gruppen		
Personalerfordernis pro Gruppe	1 Fachkraft + 1 halbtags beschäftigte Helferin pro Gruppe; in Familiengruppen 1 Kindergartenpädagogin bzw. Hortpädagogin + 1 Helferin	1 Fachkraft und 1 Helferin pro Gruppe	Mind. 1 Fachkraft; bei mehr als 3 Gruppen: 1 zusätzl. Kindergartenpädagogin oder Helferin; in gemischtsprachigen KG bei Bedarf Assistenzkindergartenpädagogin	1 Kindergartenpädagogin pro Gruppe	Mind. 1 Kindergartenpädagogin + 1 Helferin (Reinigungspersonal vorgeschrieben)	1 Kindergartenpädagogin; ab 15 Kindern in 1-grupp. KG mind. 1 halbtags beschäftigte Helferin, sowie in 2-gruppigen KG mind. 1 Helferin oder zusätzliche Pädagogin	1 Kindergartenpädagogin; pro 2 Gruppen 1 Helferin (nicht bei Gruppen unter 20 Kindern); in 1-grupp. KG mind. 1 Kindergartenpädagogin + 1 Helferin	Mind. 1 Kindergartenpädagogin (bzw. Leiterin), für höchstens 2 Gruppen 1 Helferin (ebenso in 1-grupp. KG)	Mind. 1 Kindergartenpädagogin, ab 16 Kindern 2. Pädagogin oder 1 Helferin in 1-grupp. KG

	Wien	Niederösterreich	Burgenland	Oberösterreich	Steiermark	Salzburg	Tirol	Kärnten	Vorarlberg
Personal im heilpädagogischen bzw. Sonder-KG	Integrations-Gruppe: 1 Sonderkindergartenpädagogin, 1 halbtags beschäftigte Kindergartenpädagogin + 1 Helferin; heilpädagog. Gruppe: 2 Sonderkindergartenpädagoginnen + 1 Helferin	In heilpäd.-integrativen Gruppen Stützkräfte nach Bedarf. Im heilpäd. KG: 1 Kindergartenpädagogin, 1 heilpädagog. Kindergartenpädagogin und 1 Helferin pro Gruppe	In Integrationsgruppen 2 Kindergartenpädagoginnen	Zuschüsse für die Anstellung einer Stützkraft, mobile Sonderkindergartenpädagoginnen zur Beratung	In kooperativen und Integrationsgruppen: 1 Kindergartenpädagogin bzw. Sonderkindergartenpädagogin + 1 Helferin, bei integrativer Zusatzbetreuung: 1 Sonderkindergartenpädagogin + 1 Helferin; ärztl., psycholog. und therapeut. Fachpersonal	Sonderkindergartenpädagogin erforderlich	Sonder-KG: 2 Fachkräfte; Integrationsgruppe: 1 Sonderkindergartenpädagogin und 1 Helferin	Im Sonder-KG pro Gruppe 1 Helferin zusätzlich	1 Kindergartenpädagogin + 1 Sonderkindergartenpädagogin
Aufsichtsorgane	Magistrat	in Städten: Landesregierung, sonst: Bezirksverwaltung; pädagog. Aufsicht: KG-Inspektor/in	Landesregierung; pädagog. Aufsicht: KG-Inspektor/in, Fachberaterin in gemischtsprachigen KG	Landesregierung; pädagog. Aufsicht: KG-Inspektor/in	Landesregierung, Fachberatung und pädagogische Aufsicht durch Fachberater/innen	Landesregierung, pädagog. Aufsicht: KG-Inspektor/in	Landesregierung; pädagog. Aufsicht: KG-Inspektor/in	Fachkräfte der Landesregierung, Landeskindergarteninspektorin	Landesregierung, Bezirkshauptmannschaft, KG-Inspektor/in
Mindestalter der Kinder	3 Jahre	Vollendetes 3. Lebensjahr; im Rahmen eines Versuches auch ab 2,5 Jahren	Vollendetes 3. Lebensjahr	Vollendetes 3. Lebensjahr, im Versuch vollendetes 2. Lebensjahr	Vollendetes 3. Lebensjahr	Vollendetes 3. Lebensjahr	Vollendetes 3. Lebensjahr	Vollendetes 3. Lebensjahr	Vollendetes 4. Lebensjahr (in Ausnahmen vollendetes 3. Lebensjahr)
Erziehungszeiten pro Woche im GanztagsKG	Keine Angaben im Gesetz; in städtischen Kindertagesheimen: 36 Stdn. Kinderdienst, 4 Wochenstdn. und 7 Zusatzurlaubstage f. Vorbereitung	Richtet sich nach den Öffnungszeiten, davon 20 Stdn. Bildungszeit	32 Stdn.; 8 Stdn. Vorbereitung, Koordinationsgespräche, Elternberatung etc.	40 Stdn., davon 7 Stdn. Vorbereitungszeit, im Sonder-KG 8 Stdn. Vorbereitungszeit	40 Stdn. (25-30 Kinderdienststdn., 10-15 Vorbereitungsstdn., davon bis zu 4 Stdn. im KG), Sonderkindergartenpädagoginnen: 15 Stdn. Vorbereitungszeit	Gruppenführende Kindergartenpädagogin ab 80% Beschäftigung: 6 Stdn. Vorbereitung, sonst 5 Stdn., nichtgruppenführende Kindergartenpädagogin 2 bzw. 1 Std. Vorbereitung	30 Stdn. im Ganztags-KG (Mittagsbetriebe auch länger)	40 Stdn. (1 Stunde pro Tag Vorbereitung)	30 Kinderdienststdn. und 10 Vorbereitungsstdn.

	Wien	Niederösterreich	Burgenland	Oberösterreich	Steiermark	Salzburg	Tirol	Kärnten	Vorarlberg
Öffnungszeiten	Keine Angaben im Gesetz; in städtischen Kindertagesheimen: 6.30-17.30 Uhr, bei Bedarf 6.00-18.00 Uhr	Nach Bedarf, meist 7-17 Uhr, Bildungszeit von 8-12 Uhr	Halbtags-KG 16 Stdn.; Ganztags-KG 32 Stdn., kann vom gesetzlichen KG-Erhalter mit mehr als 32 Stdn. festgesetzt werden	Vom Erhalter unter Berücksichtigung der örtlichen Bedürfnisse und der Personaldienstzeiten bestimmt	Max. 12-14 Stdn. tägl. in Ganztags-KG, max. 8-10 Stdn. Aufenthaltsdauer pro Kind, max. 6 Stdn. tägl. in Halbtagsgruppen	Vom Erhalter unter Berücksichtigung der örtlichen Bedürfnisse und der Personaldienstzeiten bestimmt	30 Stdn. Besuchszeit, 20 Stdn. im heilpädagog. KG, für Ganztags-KG darf die Besuchszeit in einem längeren Ausmaß festgesetzt werden	Regelung der Betriebszeiten in der vom Träger erlassenen KG-Ordnung	Festlegung der tägl. Betriebszeiten vom Rechtsträger unter Berücksichtigung örtl. Bedürfnisse
Ferienregelung	Keine Angaben im Gesetz; in städtischen Kindertagesheimen: 2 Sperrtage (24.+31.12.), sonst durchgehender Betrieb, max. 3 Tage für pädagog. Konferenzen in Absprache mit den Eltern	In Anlehnung an Pflichtschulferien; 6 Wochen durchgehende Hauptferien im Sommer, während dieser Zeit kann eine Alternativbetreuung eingerichtet werden	6 Wochen Hauptferien unter Berücksichtigung örtl. Bedürfnisse, in besonderen Fällen eingeschränkter Betrieb von max. 3 Wochen möglich; sonst in Anlehnung an Pflichtschulferien	Mind. 4 Wochen durchgehende Hauptferien, max. 6 Wochen, Ausnahmen möglich; Haupt-, Weihnachts-, Oster- und Pfingstferien generell vom Erhalter nach örtl. Bedürfnissen festgelegt	In Anlehnung an Pflichtschulferien; mind. 3 Wochen durchgehende Sommerferien	Öffentliche KG: Weihnachten, Ostern, Feiertage wie die Schule, sonstige Schließzeiten nach örtlichen Bedürfnissen	Hauptferien beginnen zw. 5. u. 11.Juli, enden am 2. Montag im September, sonstige Ferien wie Volksschule oder nach Genehmigung der Landesregierung auch abweichend	In der Kindergartenordnung festgeschrieben	Den Schulferien angeglichen, nach Bedarf vom Träger festgesetzt
Fortbildung	Keine Angaben im Gesetz; breites Angebot seitens des Dienstgebers für städtische Bedienstete	Angebot von Fortbildungsveranstaltungen seitens der Landesregierung	Verpflichtende Fortbildung an 3 Tagen während der Betriebszeit, zusätzliches Angebot für gemischtsprachige Kindergartenpädagoginnen und Leiterinnen	Förderung der Fortbildung durch päd. Aufsichtsorgane, Land OÖ organisiert Fortbildung, Dienstfreistellung 5 Tage/Jahr für Fortbildung	Bis zu 4 Tage in Hauptferien, bis zu 4 nicht aufeinander folgende Tage während des Betriebsjahres verpflichtend für Kindergartenpädagoginnen und Helferinnen	3 Werktage bzw. 24 Stunden pro Jahr in der Dienstzeit bei Vollbeschäftigung, ansonsten aliquot; Fortbildung nicht verpflichtend	Fortbildung vorgesehen, im Dienst- und Besoldungsrecht geregelt	Fachtagungen der Landesregierung f. Kindergartenpädagoginnen verpflichtend, mehrere Veranstaltungen pro Jahr	Bis zu 4 Tagen pro Jahr (möglichst während der Hauptferien)

	Wien	Niederösterreich	Burgenland	Oberösterreich	Steiermark	Salzburg	Tirol	Kärnten	Vorarlberg
Zusammenarbeit mit Erziehungsberechtigten	Mind. 1 Elternabend pro KG-Jahr, bei schriftlichem Wunsch von mind. 25% der Eltern ein weiterer Elternabend	Mind. 2 Elternabende pro KG-Jahr und individuelle Elterngespräche, auf Verlangen der Eltern: Einrichtung eines beratenden Elternbeirates	Mind. 2 Elternabende pro KG-Jahr; auf Verlangen der Eltern: Wahl eines Elternbeirates	Mind. 1 Elternabend pro KG-Jahr, zusätzlich 1 Elternversammlung durch den Erhalter zur Klärung organisatorischer Fragen, möglichst gemeinsam mit einem Elternabend	Gegenseitige Verpflichtung zur engen Zusammenarbeit, Veranstaltungen für Eltern in regelmäßigen Abständen	Keine Vorschriften hinsichtlich der Anzahl der Elternabende; auf Verlangen der Eltern: Wahl eines Elternbeirates	Mind. 2 Elternversammlungen pro KG-Jahr	Elternforum mind. zweimal pro KG-Jahr für jede Gruppe	3 Elternabende sowie andere geeignete Möglichkeiten der Zusammenarbeit zwischen KG, Eltern und Schule
KG-Beiträge der Erziehungsberechtigten	Vom Träger bestimmt	7-13 Uhr kostenlos, am Nachmittag bis zu 72,67 € (sozial gestaffelt) für Bildungsmittel, Materialien und Mahlzeiten	Höchstens kostendeckende Beiträge, vom Erhalter festgesetzt	Max. kostendeckend, sozial gestaffelte Beiträge oder Ermäßigungen vorgesehen	Vom Erhalter festgesetzt	Mind. 36 € bei halbtägiger Betreuung	Sozial gestaffelte Beiträge	Festlegung der Elternbeiträge in der vom Erhalter erstellten KG-Ordnung	Vom Träger festgesetzt
RAUMERFORDERNISSE									
Raumgröße pro Kind (Gruppe)	Mind. 3 m^2 bespielbare Bodenfläche pro Kind (Gruppen-, Bewegungsraum, sonstige Spielflächen)	1-grupp. KG: 90 m^2 Gruppenraum oder 60 m^2 Gruppenraum und 1 Bewegungsraum; mehrgrupp. KG: mind. 60 m^2 pro Gruppe und 1 Bewegungsraum	Gruppenraum: mind. 2 m^2 pro Kind excl. Möbel; Gesamtgelände: jede Gruppe mind. 600 m^2, max. 30% des Geländes verbaut	Gruppen/Bewegungsraum: mind. 60 m^2	Gruppenraum: mind. 60 m^2 pro Gruppe, im heilpädagog. KG mind. 50 m^2	Gruppenraum: mind. 2 m^2 pro Kind, 50 m^2 bei Gruppen mit über 20 Kindern (sonst 40 m^2 pro Gruppe)	Gruppenraum: mind. 2 m^2 pro Kind	Gruppenraum 65-75 m^2, Spiel- und Bewegungsraum 55-75 m^2, je nach Anzahl der Gruppen	Gruppenraum: mind. 1,5 m^2 freie Bodenfläche pro Kind und ein Ausweichraum für Kleingruppenarbeit
Gruppenraum	1 pro Gruppe, gegliedert in Spiel- und Beschäftigungsbereiche	1 pro Gruppe	1 pro Gruppe	1 pro Gruppe, verschiedene Spiel-, Aktions- und Ruhebereiche, Bodenspielfläche, Haushaltsbereich (Warm- u. Kaltwasser, Abwäsche)	1 pro Gruppe	1 pro Gruppe, gegliedert in Ecken und Nischen	1 pro Gruppe, Größe der Kinderhöchstzahl angemessen, nach Möglichkeit mind. 1 zusätzlicher Raum von 15 m^2	1 Spiel-, Beschäftigungs- und Essraum pro Gruppe und 1 Spiel-, Bewegungs- und Ruheraum für 1-2 Gruppen	1 Gruppeneinheit bestehend aus Gruppenraum, Sanitäranlage und Garderobe

	Wien	Niederösterreich	Burgenland	Oberösterreich	Steiermark	Salzburg	Tirol	Kärnten	Vorarlberg
Garderobe	1 pro Gruppe	1 pro Gruppe, 30 cm pro Kind	1 pro Gruppe	1 pro Gruppe, 30 cm pro Kind	Plätze entsprechend der Kinderanzahl	1 pro Gruppe	1 pro Gruppe, 30 cm pro Kind	1 pro Gruppe	1 pro Gruppe, 35 cm pro Kind
Sanitäre Anlagen	Mind. 2 WC, 2 Waschbecken pro Gruppe, 1 Personal-WC	2 WC, 2 Waschbecken pro Gruppe; Sanitäranlage f. Erwachsene	1 Anlage pro Gruppe; Sanitäranlage f. Erwachsene	Je Gruppe 2 WC u. 2 Waschbecken, 1 behindertengerechte WC-Zelle, Personal-WC	Ausreichende Ausstattung, in jeder Kindersanitäranlage 1 Sitzzelle für allfällige behindertengerechte Ausstattung vorzubereiten, 1 Sanitärraum für Erwachsene	Pro Gruppe 2 WC u. 3 Waschbecken, Sanitäranlage f. Erwachsene	In ausreichender Ausstattung	1 Anlage pro Gruppe mit 3 WC und 4 Waschbecken, Dusche und Sanitäranlage für Erwachsene	Pro 10 Kinder 1 WC und 1 Waschbecken, 1 behindertengerechtes Kinder-WC pro KG
Ruhe- und Bewegungsraum	Möglichst 1 Bewegungsraum	1 Bewegungsraum für mehrgruppige KG (mind. 60 m^2)	1 Bewegungsraum für mehrgruppige KG, ab 5 Gruppen 2 Bewegungsräume	1 Bewegungs- u. Ruheraum 60-70 m^2, je nach Anzahl der Mittagskinder; 2. Bewegungs- u. Ruheraum ab 3 bzw. 5 Gruppen	1 Bewegungsraum für bis zu 3 Gruppen (mind. 60 m^2), ab 4 Gruppen 2. Bewegungsraum	Je 2 Gruppen 1 Bewegungsraum, 1-grupp. KG 60 m^2, 2-grupp. KG 70 m^2, 3- u. 4-grupp. KG 60+50 m^2, 5-grupp. KG 60+50+40 m^2	1 Bewegungsraum	1 Spiel-, Bewegungs- und Ruheraum für 1-2 Gruppen, 55-65 m^2 für 1 Gruppe, 75 m^2 für 2 Gruppen	1 Bewegungsraum pro KG, 1 Ruheraum pro Ganztags-KG mit Mittagessen
Küche	Bei Mittagsselbstversorgung	Bei Mittagsselbstversorgung; Teeküche in allen KG	Bei Neubauten (zumind. Teeküche) empfohlen	Küche und Vorratsraum dem Betriebsumfang angepasst	1 Küche bzw. Teeküche pro KG, bei 1-grupp. KG kombiniert mit Personalraum	Bei Mittagsbetrieb Küche + Vorratsraum + Speiseraum, Teeküche in allen KG	Bei Mittagsselbstversorgung, sonst Kochgelegenheit ausreichend	Küche + Vorratsraum je nach Art des KG	Tee-Küche kann mit Büro und Sprechzimmer gekoppelt sein, bei Ganztagsbetrieb 1 Küche + 1 Essraum

	Wien	Niederösterreich	Burgenland	Oberösterreich	Steiermark	Salzburg	Tirol	Kärnten	Vorarlberg
Sonstige Räume	Diverse Abstellräume, 1 Waschküche, 1 Personalraum, 1 Ärztezimmer	1 Abstellraum pro Gruppe, 1 Geräteabstellraum pro KG; für mehrgruppige KG: Leiterinnenkanzlei	1 Abstellraum pro Gruppe; Raum f. Reinigungsgeräte; für mehrgruppige KG: Leiterinnenkanzlei, Therapieraum, Personalraum	Leiter(innen)zimmer; ab 2 Gruppen: Personalraum, ausreichend Abstellmöglichkeiten, nach Möglichkeit gedeckte windgeschützte und bespielbare Terrasse	Abstellräume für Spielmittel und Außenspielgeräte, Büroraum, in mehrgrupp. KG 1 Personalraum, im heilpädagog. KG ausreichende Zahl von Therapieräumen und Besprechungsraum	1 Abstellraum pro Gruppe, 1 Vorraum, 1 Geräteabstellraum, 1 Büro u. ev. 1 Personal- u. Isolierraum pro KG	Allfällige Nebenräume, pro KG 1 Büro, in mehrgruppigen KG Personal-, Abstell- und Putzraum, bei Bedarf Personalwohnung mit getrenntem Eingang	Entsprechende Anzahl von Abstellräumen, je KG 1 Leiterinnenkanzlei, ab 2 Gruppen 1 Personalraum	Abstellräume, 1 Raum für Außenspielgeräte, Büro / Sprechzimmer, 1 Ärztezimmer
Spielplatz	Nach Möglichkeit eigener Garten, sonst Benützung naher Spiel- u. Sportplätze, andernfalls Benützung des Bewegungsraumes	1 Spielplatz (mind. 480 m^2) pro Gruppe	1 Spielplatz mit 1 Sandkiste pro Gruppe	Mind. 500 m^2 pro Gruppe in unmittelbarer Nähe zum KG-Gebäude, durchgehende Einfriedung und altersgemäße Ausstattung	1 Spielplatz im Freien je KG mit mind. 20 m^2 je Kind	1 Spielplatz pro KG, Größe je nach Bedürfnissen der verschiedenen Altersgruppen	Wenn möglich Platz zum Spielen und Turnen in unmittelbarer Nähe des KG	Für 1 Gruppe 600 m^2 Spielfläche im Freien, für eine 2. Gruppe 600 m^2 zusätzlich, für jede weitere Gruppe 300 m^2 zusätzlich	1 Spielplatz pro KG, pro Gruppe 600 m^2 Außenspielfläche, eingezäunt und absperrbar

Stand: Frühjahr 2004, alle Angaben ohne Gewähr
(Erstellt unter Mitarbeit von C. Eicher)
* KG: Kindergarten

4 Veränderungen der Lebenssituation von Kindern und neue Anforderungen an den Kindergarten

Die Auswirkungen der gesellschaftlichen Veränderungsprozesse auf die Entwicklung und Sozialisation von Kindern sowie die unterschiedlichen Lebensplanungen von Familien haben die Diskussionen um eine Weiterentwicklung der Kindergartenpädagogik neu belebt.
Die Institution Kindergarten steht zurzeit vor neuen Herausforderungen, die Neuorientierungen in der Pädagogik erfordern. Im Folgenden werden Veränderungen in der kindlichen Lebenswelt und ihre Implikationen für die Kindergartenarbeit dargestellt.

4.1 Familie heute

„Die von uns traditionell erlebte Familie mit Mutter, Vater und mindestens einem Kind ist zwar noch die vorherrschende, aber bei weitem nicht mehr die allein gültige Form der privaten Lebensführung der Erwachsenen in den westlichen Industriegesellschaften" (Scheipl, 1995, S. 123). Tief greifende Veränderungen im wirtschaftlichen und soziokulturellen System der modernen Industriegesellschaft in den letzten Jahrzehnten, wie z. B. die Trennung von Arbeitsplatz und Familie, wirken sich auch auf die Rahmenbedingungen für die Gestaltung der Eltern-Kind-Beziehung aus.

4.1.1 Entstehung unterschiedlicher Familienformen

Einkindfamilien nehmen in der modernen Gesellschaft zu: 26,2% der österreichischen Kindergartenkinder im Jahr 1994/95 sind Einzelkinder (Österreichisches Statistisches Zentralamt, 1995). Kettner-Grosbüsch (1992) betont, dass für viele Erwachsene die Ein-Kind-Familie zur einzig realistischen Möglichkeit geworden ist, sowohl den kindlichen als auch den eigenen Bedürfnissen nach beruflicher Verwirklichung gerecht zu werden. Hier kommt dem Kindergarten eine immer wichtigere Rolle als Ort der Begegnung und der sozialen Beziehungen zu.
1990 kam bereits jedes fünfte Kind in Wien unehelich zur Welt. Österreichweit liegt die Scheidungsrate bei 29,5%, jährlich sind rund 16.000 österreichische Kinder und Jugendliche von der Scheidung ihrer Eltern betroffen (Norden & Schulz, 1990). Vor allem der Anteil der Einelternfamilien steigt beständig: Laut Mikrozensus 1993 beträgt er österreichweit 13%, wobei 84,6% der Einelternfamilien Mutter-Kind-Familien sind (Österreichisches Statistisches Zentralamt, 1993).
Die spezifischen Strukturmerkmale der Eineltern- und Stieffamilien werfen eine Fülle von Problemen auf und verlangen nach einer Neudefinition des Begriffes „Familie". So müssen etwa in Stieffamilien neue soziale Rollen gefunden und die Grenzen des Famili-

ensystems abgeklärt werden. Für viele Alleinerzieher/innen wird das Familienleben zu einem „sozialen, organisatorischen und finanziellen Balanceakt“ (Hurrelmann, 1994, S. 133), der nur schwer zu bewältigen ist. Der Kindergarten kann hier mit Familien unterstützenden Maßnahmen und der Vermittlung von Kontakten der Eltern untereinander ein wesentlicher Ort der Information und Beratung werden.
55% der von Textor (1992a) befragten Eltern nannten als eine ihrer Erwartungen an den Kindergarten, dass sie mit anderen Eltern in Kontakt kommen möchten. 45% suchen Antwort auf Erziehungsfragen, 34% möchten im Kindergarten mit anderen Eltern über Erziehungs- und Familienprobleme sprechen. Somit wird der Kindergarten nicht nur als Bildungs- und Betreuungsort für Kinder, sondern auch als Kommunikations-, Elternbildungs- und Beratungszentrum erlebt und seine informationsvermittelnde Funktion hervorgehoben.
Die veränderte Lebenssituation und Lebensplanung von Familien hat neue Anforderungen an die Institution Kindergarten zur Folge, die sich ständig neu an den aktuellen Bedürfnissen und der Pluralität der Familien orientieren muss.

4.1.2 Rollenveränderungen und elterliche Berufstätigkeit

In der zweiten Hälfte unseres Jahrhunderts kam und kommt es auf Grund des steigenden weiblichen Bildungsniveaus, der wachsenden Berufstätigkeit von Frauen und der Arbeit der Frauenbewegung zu einer Annäherung der Geschlechtsrollen. Nicht nur Frauen streben nach Gleichberechtigung und erschließen sich neue Lebensbereiche außerhalb der traditionellen Frauen- und Mutterrolle, auch eine wachsende Zahl von Männern will sich mit der Reduktion ihrer Rolle auf die des Ernährers und Versorgers nicht mehr zufrieden geben und sucht neue Wege der Rollengestaltung. „Eine Gleichgewichtsethik im doppelten Sinne erscheint am Horizont: Harmonie zwischen Erwerbsarbeit und anderen Lebensbereichen und Gleichberechtigung zwischen Mann und Frau“ (Prenzel & Strümpel, 1990, S. 38).
Von beiden Zielen ist unsere Gesellschaft allerdings noch weit entfernt. Die mütterliche Berufstätigkeit ist zwar heute zur Selbstverständlichkeit geworden, denn bereits 47,1% der Kindergartenkinder in Österreich haben eine erwerbstätige Mutter, in Wien sind es sogar 62,1% (Österreichisches Statistisches Zentralamt, 1995). Die Vereinbarkeit von Familie und Beruf bereitet aber vielen Frauen nach wie vor große Schwierigkeiten. Scheipl (1995) betont, dass die große Mehrzahl berufstätiger Frauen mit Kindern – ob allein erziehend oder nicht – zu der am stärksten belasteten und politisch am wenigsten einflussreichen Bevölkerungsgruppe zählt. Daraus leiten sich die Forderungen vieler Mütter nach Schaffung neuer Kindergartenplätze und verlängerten bzw. flexibleren Öffnungszeiten der Kindergärten ab, die im Vordergrund der öffentlichen Diskussion stehen. Aber auch eine familienfreundliche Gestaltung der Arbeitswelt mit mehr Teilzeitarbeitsmöglichkeiten für Väter und flexibleren Arbeitszeiten muss eindringlich eingefordert werden.
Auch was die Gleichberechtigung der Geschlechter betrifft, finden Zulehner und Slama (1994) in ihrer Studie „Unterwegs zum neuen Mann?“ wenig ermutigende Ergebnisse: Nur 13% der – vor allem jüngeren – Männer können als „neue Männer“ bezeichnet werden, während 36% noch deutlich dem traditionellen Männerbild zuzuordnen sind. Hinsichtlich der Beteiligung der Väter an der Erziehungsarbeit berichten sowohl Zulehner und Slama (1994) als auch Findl, Laburda und Münz (1985) Ähnliches: Wenn sich Väter überhaupt mit ihren Kindern beschäftigen, dann bevorzugen sie aktive Tätigkeiten wie Spielen,

Sportbetreiben und Ausflügemachen. Pflegerische Tätigkeiten, die tägliche Versorgung und der Großteil der schulischen Verantwortung bleiben nach wie vor den Müttern vorbehalten.
Dem Kindergarten kommt angesichts der sich ändernden Rollenbilder und der daraus resultierenden Unsicherheit der Eltern über das „richtige" Rollenverhalten eine bedeutsame Rolle beim Abbau der Barrieren zwischen männlicher und weiblicher Welt zu. Als Schwerpunkte für die geschlechtsspezifische Sozialisation im Kindergarten nennt Lenzeder (1990) die Festigung der Geschlechtsidentität des einzelnen Kindes und das Erfahrbarmachen von partnerschaftlichen Geschlechtsrollenbildern als Erweiterung des geschlechtsspezifischen Verhaltensrepertoires.

4.1.3 Verlängerung der Öffnungszeiten als Forderung an den Kindergarten

Die öffentliche Diskussion um den Kindergarten wird derzeit neben der Forderung nach mehr Plätzen von der Frage der Öffnungszeiten bestimmt. Ein Großteil der Eltern fordert eine Flexibilisierung der Öffnungszeiten, die es ihnen ermöglichen soll, Kinder, Haushalt und Beruf zu vereinbaren. Nach Nauck (1989) gehen Bildungsinstitutionen bisher davon aus, dass die Eltern die Organisation ihres Tagesablaufs an die Bedürfnisse des Bildungssystems anpassen. Allerdings sollte im Rahmen der Diskussion nicht vergessen werden, dass auch die Forderung nach einer Flexibilisierung der Arbeitszeiten von Eltern aufzustellen ist.
Die derzeitige Auseinandersetzung um die Öffnungszeiten des Kindergartens berücksichtigt vor allem Fragen der Quantität, weniger der Qualität der Kindergartenerziehung. Die Bedürfnisse des Kindes stehen in diesem Zusammenhang kaum im Mittelpunkt des Interesses.
Viele Psycholog/innen und Pädagog/innen befürchten negative Auswirkungen auf die kindliche Persönlichkeitsentwicklung durch eine überlange Aufenthaltsdauer im Kindergarten. Rautenstrauch (1988) meint dazu:

> *Wenn sich Kinder täglich bis zu 8 oder 9 Stunden – also länger, als heute die normale Arbeitszeit eines Berufstätigen beträgt – in einer Einrichtung aufhalten, dann wird die Kindertagesstätte zu ihrem Haupterlebnisfeld. Nahezu alle wesentlichen Lebensbezüge verlagern sich damit von der Familie in die Einrichtung, das Zuhause verkümmert für viele der betroffenen Kinder zur Schlafstelle, die wenigen Zeitlücken füllen nicht selten Fernseh- und Videogerät. Hier gilt es also einen Lebensraum zu füllen. Das bedarf umfassender Überlegungen didaktisch-methodischer Art, die die gesamte Arbeit des Erziehers durchdringen. Es betrifft ebenso das Organisationskonzept einer Einrichtung. Nicht zuletzt steht der Erzieher selbst vor der Neudefinition seiner Rolle. (S. 21)*

Ein weiteres Problem, das in engem Zusammenhang mit der Verweildauer im Kindergarten zu sehen ist, ist der Wechsel der Bezugspersonen. Ein Kind, das den ganzen Tag im Kindergarten verbringt, erlebt im Laufe des Tages möglicherweise zweimal den Wechsel der Kindergartenpädagogin und die Zusammenlegung seiner Gruppe mit anderen Gruppen. Nicht selten wird das Kind auch von unterschiedlichen Personen in den Kindergarten gebracht und abgeholt. Eine kontinuierliche Beziehung zu einer vertrauten Betreuungsperson und auch zu einer bekannten Kindergruppe ist aber eine wesentliche Voraussetzung für eine gelingende Person- und Identitätsgenese (Sprey-Wessing, 1987). Nach Siebenmorgen (1988) sind durch einen täglich mehrmaligen Wechsel der Bezugsperson, des Lebens- und Erfahrungsraums verhängnisvolle Folgen für die

Persönlichkeitsentwicklung eines Kindes zu befürchten.
Auch die Bedürfnisse der Kindergartenpädagog/innen, die bereits unter den derzeitigen Strukturbedingungen in Österreichs Kindergärten oft an der Grenze ihrer Belastbarkeit arbeiten (vgl. Kapitel 5.11), sollten im Rahmen der gegenwärtigen Diskussionen um eine Ausweitung der Kinderbetreuungsplätze Berücksichtigung finden.

4.2 Wertewandel und Wertepluralismus

Werte als Elemente der gesellschaftlichen Ordnung geben dem Menschen Orientierung. Durch die Bereitstellung von Leitlinien für Einstellungen und Handlungsmöglichkeiten können Werte eine entlastende Funktion für die Mitglieder einer Gesellschaft besitzen.

4.2.1 Wertewandel

Seit den Sechzigerjahren hat in den Wertvorstellungen unserer Gesellschaft ein tief greifender Wandel stattgefunden, sodass traditionelle Werte zunehmend an Bedeutung verlieren.
Hinsichtlich der Erziehungswerte in unserer Gesellschaft ist zu beobachten, dass die Werte Gehorsam und Unterordnung in den letzten 40 Jahren immer weniger wichtig geworden sind (Fend, 1988). Die Werte Selbständigkeit und freier Wille haben hingegen an Bedeutung gewonnen. Damit im Zusammenhang stehend ist auch die zunehmend positivere Bewertung eines verständigungsorientierten Erziehungsstiles zu sehen.
Textor (1988) berichtet eine deutliche Verschiebung der Bedeutung verschiedener Erziehungsziele in Deutschland: Nannten 1951 noch 25% der Befragten „Gehorsam und Unterordnung" als wichtigstes Erziehungsziel, waren es 1986 nur noch 6%. Hingegen hat sich die Zustimmung zum Ziel „Selbständigkeit und freier Wille" von 28% im Jahr 1951 bis zum Jahr 1986 auf 54% beinahe verdoppelt.
Aus Österreich stammt die im März 1995 durchgeführte IMAS-Studie über den „Knick in den Wertvorstellungen": Als wichtigste Erziehungsgrundsätze werden „Auf die Gesundheit achten, gesund leben" (67%) und „Sparsam sein, auf das Geld achten" (62%) genannt. Für 60% der Österreicher/innen sind weiters Umweltbewusstsein und Wissensdurst anzustrebende Erziehungsziele. Immerhin noch 44% der Befragten befürworten „Immer offen seine Meinung sagen", „Versuchen, mit allen Menschen gut auszukommen" und „Ehrgeiz".
Im internationalen Vergleich konnten Wilk und Beham (1990) jedoch beobachten, dass den Österreicher/innen Erziehungswerte, die dem Faktor Disziplin zuzuordnen sind, im Unterschied zu anderen Ländern wichtiger sind als etwa die Toleranz.
Klages (1988, 1993) betont einen Wertewandel von den Pflicht- und Akzeptanzwerten (Pflichterfüllung, Pünktlichkeit, Gehorsam, Anpassung, Fleiß etc.) zu den Werten der Selbstverwirklichung und Flexibilität (Kreativität, Spontaneität, Selbstverwirklichung, Emanzipation, Eigenständigkeit etc.), der sich allmählich auch auf die Erziehungsziele und -vorstellungen in unserer Gesellschaft niederschlägt.
Der Wandel im Bereich der Erziehungsziele bringt allerdings eine große Erziehungsunsicherheit der Eltern mit sich. Traditionelle Werte, die für die eigene Erziehung der Eltern bestimmend waren, treten zwar in den Hintergrund, sind aber noch nicht gänzlich verschwunden. Zunehmend werden sie von neuen, emanzipatorischen Erziehungsvorstellungen abgelöst. Die Gleichzeitigkeit der

Erziehungsstile stellt nach Holley (1992) nicht nur für viele Eltern ein Problem dar, sondern auch für die Kinder selbst: Kinder müssen sich heute schon früh mit einer Vielfalt an Werten und Wertemilieus auseinandersetzen und erleben sich oft irritiert zwischen ordnungs- und freiheitsorientierten Werterwartungen ihrer Mitwelt.

4.2.2 Wertepluralismus

In unserer offenen, pluralistischen Gesellschaft gibt es eine Fülle unterschiedlicher Wertvorstellungen, wodurch – wie bereits ausgeführt – die Erziehungsarbeit deutlich erschwert wird.
Das betrifft natürlich auch den Kindergarten, wo verschiedene gesellschaftliche, gruppenspezifische und individuelle Werteinstellungen wirksam werden. Auf Grund der unterschiedlichen Erwartungs- und Wertmuster, die die einzelnen Kinder mitbringen, entsteht im Kindergarten ein Spiegelbild der pluralistischen Gesellschaft. Die Kindergartengruppe wird dadurch zu einem wichtigen Übungsfeld für die gesellschaftliche Integration des Kindes (Lenzeder, 1995).
Holley (1991) betont das Entdecken gemeinsamer Werte, aber auch das Respektieren anderer Wertewelten (vor allem im Rahmen der interkulturellen Erziehung) als wichtige Erziehungsaufgaben des modernen Kindergartens. Allerdings darf Pluralismus politisch wie pädagogisch nicht als Beliebigkeit ohne Grenzen verstanden werden. Neben den Wahlmöglichkeiten, die eine freie Gesellschaft bietet, ist zugleich auch die Suche nach Übereinkünften, die ein Zusammenleben trotz partieller Wertunterschiede ermöglichen, wichtig. Die Erziehung zum Zusammenleben in einer pluralistischen Gesellschaft darf daher nicht wertneutral, sondern muss bewusst wertorientiert sein.

Lenzeder (1995) nennt zwei Schwerpunkte, auf die sich die Werterziehung im Kindergarten konzentrieren muss:

- Den Werte-Grundkanon unserer Gesellschaft erleb- und erfahrbar machen
  Dieser Werte-Grundkonsens basiert auf dem Grundwert der Freiheit und Würde jedes Menschen, woraus die Menschenrechte abgeleitet sind. Wichtig ist, dass diese allgemein formulierten Werte im Kindergarten konkretisiert und erfahrbar gemacht werden.
- Dem einzelnen Kind beim Aufbau eines individuellen Wertsystems helfen
  Erst in einer konkretisierten, handlungsrelevanten Form können Wertvorstellungen von Kindern integriert werden. Wenn die Kinder erleben, dass ihre Werthaltungen und -einstellungen von der Kindergartenpädagogin und der Gruppe anerkannt werden, dann wächst auch ihre Freude am Werten und Entscheiden (Lenzeder, 1995). So können die Kinder zunehmend den Mut bekommen, nach eigenen Vorstellungen zu entscheiden.

Die Wertübernahme erfolgt im Kleinkindalter vorwiegend über Identifikation und Internalisation, da affektive Prozesse gegenüber den kognitiven überwiegen. Der Kindergartenpädagogin kommt im Wertvermittlungsprozess eine grundlegende Bedeutung zu. Sie sollte aber keinesfalls ihre Macht als Identifikationsfigur missbrauchen und ihre subjektiven Wertvorstellungen absolut setzen. Nach Lenzeder (1995) darf und soll die Kindergartenpädagogin Stellung nehmen und damit natürlich auch Einfluss ausüben, es müssen aber immer Alternativen und andere Interpretationsmöglichkeiten bestehen bleiben.
Bestehen zwischen der Kindergartenpädagogin und den Eltern deutliche Divergenzen hinsichtlich der Wertvermittlung, so sollte es im Interesse der Kinder zu einem klärenden Gespräch kommen und versucht werden, einen Konsens zu finden. Im Kindergartenbildungsplan von Niederle, Michelic und Lenzeder

(1987) wird dem Wertverhalten als Bildungs- und Erziehungsbereich viel Aufmerksamkeit geschenkt (vgl. Kapitel 3.1). Neben den Werten, die für das soziale Zusammenleben und für die Lebensbewältigung wichtig sind, müssen im Kindergarten auch Werthaltungen vermittelt werden, die durch das Zeitgeschehen aktuell werden. In jüngster Zeit etwa rückten in unserer Gesellschaft Werte wie Schutz der Umwelt, gerechte Verteilung der Güter, gewaltfreie Konfliktlösung, Friedensfähigkeit etc. in den Vordergrund. Die Einübung dieser Haltungen sollte schon in der Kindergartenerziehung gefördert werden.

Da aber der Bildungsplan in seinen Grundzügen aus den Siebzigerjahren stammt, ist im Zusammenhang mit dem Wertewandel die Erarbeitung eines neuen Bildungskonzeptes für den Kindergarten notwendig geworden.

Nach Lenzeder (1995) steht Werterziehung in der pluralistischen Gesellschaft immer „im Spannungsfeld von Kontinuität und Wandel der Wertvorstellungen. Um dem Kind inmitten der heutigen Wertunsicherheit Orientierungshilfen geben zu können, bedarf es eines Erziehers, der um die zentrale Bedeutung der Werte weiß und sich selbst immer wieder neu der Wertsuche stellt." (Lenzeder, 1995, S. 172)

4.2.3 Demokratisierungsprozesse in der Kindergartenpädagogik

Das Auseinanderfallen der neuen Ansprüche an den Kindergarten und dessen Strukturen bzw. Rahmenbedingungen löst nach Fuchs (1992) eine allgemeine Krise der Kinderbetreuungseinrichtungen aus. Er bezeichnet die Institution Kindergarten aus mehreren Gründen als nicht mehr zeitgemäß und schlägt eine Reform vor, in der der Individualismus Maßstab und Ausgangspunkt ist.

Im Zusammenhang mit dem Wertewandel ist seit den Sechzigerjahren ein zunehmendes Abrücken von den Werten der Fremdbestimmung hin zu jenen der Selbstbestimmung zu beobachten. In diesem Sinne kritisiert Fuchs (1992) unter anderem, dass Kindergärten oft zentral verwaltet werden und die Informationsübermittlung zwischen den Beteiligten (Gesetzgeber – Erhalter – Kindergartenpädagog/innen – Eltern – Kinder) nur unzureichend funktioniert.

Demokratisierungsbemühungen müssen damit beginnen, Kinder als entscheidungsfähige, vollwertige Partner/innen anzuerkennen. Das beinhaltet, dass sie sowohl in Alltagssituationen (z. B. bei der Wahl der Beschäftigung oder des Mittagessens) als auch bei weiter reichenden Entscheidungen (z. B. Spielplatzplanung, Einkauf des Spielzeugs) im Rahmen ihrer Möglichkeiten mitbestimmen und mitentscheiden können.

Vor allem die im Kindergarten praktizierte Sozialisation in der Gruppe bietet für die Kinder vielfältige Möglichkeiten des sozialen Lernens und des Einübens demokratischer Verhaltensmuster. Es gilt ebenso die eigene Meinung zu formulieren und zu begründen wie die Ansichten anderer anzuerkennen und demokratische Entscheidungen zu akzeptieren.

Demokratisierungsbemühungen sollten sich auch auf die Einbindung der Eltern in die Kindergartenarbeit beziehen: Diese wird jedoch regional unterschiedlich gehandhabt (vgl. Kapitel 3.10). Die Wahl eines Elternbeirates auf Verlangen der Eltern als eine neue Form der Zusammenarbeit zwischen Eltern und Kindergarten ist in Wien, Niederösterreich, Salzburg und Burgenland inzwischen gesetzlich verankert. Der Elternbeirat kann in der Kindergartenarbeit mitbestimmen, aber nicht mitentscheiden. Sein Einfluss auf die getroffenen Entscheidungen ist jedoch, wie sich in der Praxis gezeigt hat, beträchtlich.

Grundlegend für die gelingende Zusammenarbeit des Kindergartens mit den Eltern ist eine entsprechende Information und Motivation der Eltern.

Ein weiterer Aspekt der Demokratisierung im

Kindergartenwesen betrifft übergeordnete demokratische Strukturen, etwa auf Gemeindeebene. Kindergartenpädagog/innen sind als Expertinnen für Kinderanliegen anzuerkennen und müssten als solche auch in gemeindepolitische Entscheidungen, wie die Planung eines Kindergartens oder eines Spielplatzes, einbezogen werden.
Demokratisierungsbemühungen, die sich auf die Mitsprache der Kinder, der Eltern und der Kindergartenpädagog/innen beziehen, entsprechen nach Moss (1995) dem „einschließenden Ansatz" der Qualitätsentwicklung.

4.3 Gettoisierung und Verinselung des kindlichen Lebensraumes

Die räumlichen und zeitlichen Lebensbedingungen von Kindern sind vor allem im städtischen Bereich durch zunehmende Verinselung und Gettoisierung gekennzeichnet. Kinderzimmer, Kinderspielplätze, Kindergruppen unter pädagogischer Aufsicht und andere spezielle Kinderorte vermitteln laut Rumpf (1993) den Eindruck, so etwas wie „Kinderkultur" sei am Entstehen. Die Lebensräume der Kinder werden zunehmend aus der Erwachsenenwelt verdrängt. Holley (1991) weist auf die Gefahr hin, dass auch der Kindergarten in der modernen Gesellschaft zum Getto werden könnte.
Die Umwelterfahrungen von Kindern werden durch den technischen Fortschritt zunehmend verändert und verringert. Die Entwicklung des Verkehrswesens ermöglicht die schnelle Überbrückung von Distanzen, das Erreichen weit entfernter Arbeits- und Ausbildungsplätze sowie eines weit gefächerten Freizeit- und Einkaufsangebots. Andererseits bewirkt die zunehmende Mobilität die Aufsplitterung des kindlichen Lebensraumes durch verkehrsreiche Straßen und durch eine teilweise Zerstörung der Umwelt.
Kinder wachsen heute im städtischen Bereich meist ohne die Chance auf, ihre Bewegungslust auszuleben und – frei von pädagogischen Arrangements – mit Kindern aus der Nachbarschaft zu spielen. Der Freizeitbereich wird institutionalisiert, Kurse, Kinderspielgruppen und Sportvereine bieten spezielle Beschäftigungsmöglichkeiten für Kinder an. Kinder können ihren Aktionsradius nicht mehr – ihrer Entwicklung entsprechend – zunehmend erweitern und neue Orte selbsttätig entdecken, sondern sind auf ihre Eltern angewiesen, die sie zu den räumlich oft weit entfernten Kinderorten begleiten müssen.
Neben dem Verlust an Spontaneität und Raum für Eigenrhythmus durch die zunehmende Verplanung der kindlichen Lebenswelt betont Rumpf (1993) die Gefahr, dass Kinder aus der Erwachsenenwelt zunehmend in Kinderreservate verdrängt werden: Dabei werden sie jedoch von jenen Erfahrungen isoliert, die sie dringend für ihre Entwicklung brauchen: nämlich an der Erwachsenenwelt teilzuhaben.
Zeiher (1995) unterscheidet verschiedene Organisationsmuster des kindlichen Lebensraumes und beschreibt die Auswirkungen auf das Beziehungsnetzwerk und die soziale Kompetenz der Kinder:

- Lebensraumzusammenhang im Nahraum
  Der Lebensraumzusammenhang im Nahraum ist dadurch gekennzeichnet, dass lokale nachbarschaftliche Spielgemeinschaften bestehen, dass Spielorte in Wohnungsnähe vorhanden sind, wo sich jedes Kind spontan dem Spielgeschehen anschließen kann. Die Kinder können ihren Aktionsradius gemäß ihrem Alter allmählich ausweiten und weitgehend ohne pädagogische Betreuung soziale Erfahrungen mit Kindern verschiedenen Alters sammeln.
- Der aktiv verinselte Lebensraum
  Viele Eltern bemühen sich schon früh um Tätigkeitsmöglichkeiten und Spielkontakte

für ihre Kinder, die über die Familie hinausgehen. Der Lebensraum ist von Beginn an sehr weit und entspricht den Mobilitätsmöglichkeiten der Erwachsenen. Neben institutionellen Angeboten bestehen private Freundschaften, die durch gegenseitige Besuche, gemeinsame Ausflüge etc. vertieft werden. Zeiher (1995) betont den selbständigkeitsfördernden Aspekt dieser Gestaltung des kindlichen Lebensraumes: Jedes Kind muss – in frühem Alter unterstützt durch seine Eltern – jeden Tag selbständig planen, mit anderen Kindern Kontakt aufnehmen und Verabredungen treffen.

- Der passiv verinselte Lebensraum
  Im passiv verinselten Lebensraum bestehen kaum Spielbeziehungen zu anderen Kindern. Die Mobilität dieser Kinder kann zwar gegeben sein. Sie steht aber nicht mit den eigenen Zielen des Kindes in Zusammenhang, sondern geschieht immer nur als Anhängsel an das Leben der Eltern. Die Kinder wissen daher nicht, wie man soziale Kontakte herstellt und sie pflegt. Dadurch geraten sie zunehmend in soziale Isolation, die auch durch den Besuch von kursförmigen Veranstaltungen nicht aufgebrochen werden kann.
- Leben im institutionellen Binnenraum
  Das Leben im institutionellen Binnenraum bedingt, dass für Kinder weder die Notwendigkeit noch die Zeit besteht, nach Spielmöglichkeiten und sozialen Kontakten außerhalb der Familie und der Institution zu suchen. Ab einem gewissen Alter ist bei Kindern, die sehr viel Zeit in Bildungs- und Betreuungseinrichtungen verbracht haben, eine gewisse Institutionsmüdigkeit zu beobachten, die in eine soziale Isolation führen kann, da weder Freundschaften außerhalb der Institution aufgebaut noch entsprechende soziale Fertigkeiten erlernt wurden.

4.3.1 Vernetzung des Kindergartens mit dem gesellschaftlichen Umfeld

Der Weg aus dem Getto der kindlichen Lebensumwelt, in das auch der Kindergarten geraten kann, führt zu einem wesentlichen Teil über die Öffnung des Kindergartens. Der Kindergarten – so wie andere Formen der institutionellen Kinderbetreuung – muss private Kontakte zwischen Kindern und der Umwelt ermöglichen und fördern und seine Arbeit gemeindenah und nachbarschaftsstiftend gestalten. Ein wichtiger Aspekt dieser Öffnung ist die umweltoffene Gestaltung der Bildungsarbeit im Kindergarten (vgl. Kapitel 3.4). Das Selbstverständnis des Kindergartens in einer Zeit der Verinselung kindlichen Lebensraums muss sich weg von dem einer isoliert arbeitenden Institution hin zu einem Selbstverständnis wandeln, das eine breite Vernetzung mit formellen und informellen Einrichtungen der Gemeinde oder des Stadtteiles anstrebt.

Hopf (1988) führt vier weitere Gründe an, die eine stärkere Öffnung des Kindergartens zur Gemeinde hin erforderlich machen:

- Aus pädagogischer Sicht ist eine Rückbesinnung auf Begegnungen mit sozialen Lernsituationen in der unmittelbaren Umwelt der Kinder wesentlich.
- Aus gesellschaftspolitischer Sicht gewinnt der Wunsch nach kleinen und überschaubaren Einheiten, in denen der Einzelne gekannt wird und Einfluss nehmen kann, an Bedeutung.
- Sozialisationstheoretische Erkenntnisse betonen den Zusammenhang zwischen der lokalen Umwelt und der kindlichen Entwicklung.
- Aus soziologischer Sicht bedürfen die veränderten Familienformen (allein Erziehende, in Scheidung lebende Familien etc.) ver-

mehrter Unterstützung, die vor allem durch die Teilnahme der Familien am lokalen Geschehen gewährleistet werden kann.

4.3.2

Gestaltung des Kindergartens als Lebenswelt

Berücksichtigt man die Tatsache, dass immer mehr Kinder heute bis zu acht oder mehr Stunden täglich im Kindergarten verbringen, gewinnt die Betrachtung des Kindergartens als Lebenswelt zunehmend an Bedeutung. Der Kindergarten ist für viele Kinder zum wichtigsten Ort der Begegnung und der sozialen Kontakte geworden. Colberg-Schrader (1993) betont die Bedeutung von Lebensräumen, wo sich Kinder mit anderen Kindern auseinandersetzen können:

> *Sie brauchen Lebensräume, in denen sie lernen können, auf andere zuzugehen und Initiative zu ergreifen, in denen sie eigene Vorstellungen entwickeln und mit den Vorstellungen anderer Kinder konfrontieren können, in denen sie Ziele und Regeln im Spiel selbständig entwickeln und ihre Beziehungen zu anderen Kindern ausgestalten können. Kinder brauchen Umwelten, in denen sie lernen können, mit „Eigensinn" ihren Weg zu finden, individuelle Entscheidungen zu treffen und sie mit Gleichaltrigen und Erwachsenen auszuhandeln. (S. 348)*

Wesentlich in der Kindergartenpädagogik ist der eigenständige Bildungs- und Erziehungsauftrag, der alle Einzelfunktionen der sozialpädagogischen Arbeit in einem geschlossenen Zusammenhang sieht. Rautenstrauch (1988) betont die Bedeutung der schützenden, Geborgenheit gebenden Atmosphäre des Lebensraumes Kindergarten, die für die Entwicklung von Ich-Stärke wichtig ist. In der Gruppe erlernt das Kind Regeln des sozialen Verhaltens, und im Umgang mit Dingen entfalten sich seine geistigen und motorischen Fähigkeiten. So wird das Kind zunehmend zu selbständigem Handeln und zu kritisch-konstruktivem Verhalten in der Gemeinschaft befähigt.
Neben den pädagogischen Prinzipien und der Atmosphäre können auch äußere Bedingungen als wesentlich für die Gestaltung der Lebenswelt Kindergarten gelten. Die Beschränkung auf den Gruppenraum als Aufenthaltsraum für den ganzen Tag kann einen „Einsperreffekt" (Rautenstrauch, 1988) hervorrufen und kommt den kindlichen Bedürfnissen nach Rückzug vom Gruppengeschehen und Ausdehnung des Aktionsradius nicht entgegen. Es ist daher notwendig, den Kindern andere Räume – und im besten Fall einen ausgedehnten Garten – zur Verfügung zu stellen und den ganzen Kindergarten als Lebens- und Erfahrungsraum zu öffnen.
Bei der äußeren Gestaltung des Kindergartens sind Faktoren wie Raumaufteilung und Größe des Hauses, Alter und Entwicklungsstand der Kinder, Sicherheitsaspekte und Aufsichtspflicht zu berücksichtigen. Eine ausreichende Personalbesetzung und eine möglichst geringe Gruppengröße sind ebenso wichtige Aspekte wie eine bedürfnisorientierte Gestaltung der Ess- und Ruhesituationen in entsprechenden Räumlichkeiten.
Das Vorhandensein eines Gartens gewinnt in einer Zeit, in der im städtischen Bereich für immer mehr Kinder der direkte Kontakt mit der Natur aus ihrem Lebens- und Erfahrungsbereich verschwindet, zunehmend an Bedeutung. Das Spiel im Freien zeichnet sich durch ein erhöhtes Maß an Selbstbestimmung und Freiheit aus. Umfassende Bewegungserfahrungen und eine Fülle an verschiedenen Wahrnehmungen sind möglich, und die Kinder können ihr gerade im Vorschulalter besonders großes Bedürfnis nach Bewegung ausleben, ohne andere – im engen Gruppenraum oder in der engen Wohnung – zu stören.

4.4

Zuzug ausländischer Familien und interkulturelle Erziehung

Im Jahr 1994/95 hatten 15% der in Wiener Kindergärten eingeschriebenen Kinder eine ausländische Staatsbürgerschaft. Der Durchschnittswert für ganz Österreich betrug 8%. (Österreichisches Statistisches Zentralamt, 1995)

Hinter diesen Zahlen steht ein Prozess der beständigen Wandlung unserer Gesellschaft: Auf der einen Seite befinden wir uns auf dem Weg zu einem vereinten Europa. Auf der anderen Seite führen der Zusammenbruch der osteuropäischen Regierungen und die Kriegsereignisse im ehemaligen Jugoslawien zu einem vermehrten Zuzug ausländischer Familien nach Österreich.

In diesem Zusammenhang kommt dem Kindergarten eine wesentliche Rolle im gesellschaftspolitischen Prozess zu, weil er „ein Teil unserer Gesellschaft ist, in welchem Entwicklungen genau beobachtet, ihre Ursachen hinterfragt und ihre Konsequenzen für die Erziehung diskutiert werden müssen. Der Kindergarten bereitet auf das Leben vor, er definiert Ziele, die mit den gesellschaftlichen Normen und Werten weitgehend übereinstimmen sollten, die Vertreter dieser Institution sollten durchaus auch korrigierend und mahnend wirken." (Raffelsberger, 1995b, S. 234) Der Kindergarten kann also dazu beitragen, Fremdenfeindlichkeit und Intoleranz gegenüber anderen vorzubeugen.

Die Begegnung mit Kindern aus verschiedenen Herkunftsländern im Rahmen der interkulturellen Erziehung kann eine Bereicherung des Kindergartenalltags und eine Chance, das Miteinander verschiedener Kulturen zu erleben, bedeuten. Die Kinder werden im kleinen Rahmen mit einer multikulturellen Gesellschaft konfrontiert und können gegenseitigen Respekt und Toleranz erlernen. Will die interkulturelle Erziehung ihrem Anspruch gerecht werden, nebeneinander existierende Kulturen zunehmend miteinander in Verbindung zu bringen und sie den Kindern als gleichwertig nahe zu bringen, so beinhaltet dies nach Zimmer (1991) „die interkulturelle Erweiterung von Bildungszielen und -inhalten nicht nur für ausländische, sondern auch für einheimische Kinder" (S. 33).

Als problematisch erweisen sich im Rahmen der interkulturellen Erziehung vor allem Sprach- und Verständigungsschwierigkeiten. Nicht nur die Kommunikation zwischen der Kindergärtnerin und dem Kind bzw. dessen Eltern, sondern auch die Teilnahme an den Spielen anderer Kinder wird erheblich erschwert. Es ist zu erwarten, dass sich Kinder aus gleichen Herkunftsländern eher zu Gruppen zusammenschließen und sich in ihrer Muttersprache unterhalten. Raffelsberger (1995b) meint dazu:

> *Wenn darüber hinaus auch reger Kontakt zu österreichischen Kindern besteht, ist dagegen sicher nichts einzuwenden. Wenn die Kommunikation im Kindergarten nahezu ausschließlich in der Muttersprache erfolgt, wird der Erwerb der deutschen Sprache im Kindergarten kaum möglich sein. Bei der Aufnahme von ausländischen Kindern in den Kindergarten sollte daher die Gruppenzuweisung gut überlegt und auch der Anteil nicht Deutsch sprechender Kinder in den einzelnen Gruppen bedacht werden. (S. 237)*

Das Ziel der sprachlichen Förderung ausländischer Kinder sollte nicht unbedingt die grammatikalisch perfekte Bildung deutscher Sätze sein. Vielmehr geht es nach Menz (1995) um eine erfolgreiche Kommunikation: Das ausländische Kind sollte seine Bedürfnisse oder auch seine Wut in der speziellen Situation im Kindergarten auf Deutsch äußern können, die anderen Kinder und die Kindergartenpädagog/innen verstehen und insgesamt aktiv am Kindergartenleben teilnehmen können.

In vielen Fällen erweist es sich als positiv, neben der Kindergartenpädagogin auch zeitweise Betreuungspersonen einzusetzen, die die Muttersprache der betroffenen Kinder beherrschen. Muttersprachliche Betreuer/innen sind auch notwendig, um den Sprachentwicklungsstand des ausländischen Kindes in seiner Muttersprache festzustellen. Nicht selten beherrschen nämlich ausländische Kinder weder ihre Muttersprache noch die deutsche Sprache in ausreichendem Maße, da ihre Eltern gebrochen Deutsch mit ihnen sprechen. In diesen Fällen ist eine logopädische Therapie angebracht.

Wichtig ist, dass das Kind eine positive Bewertung seiner Muttersprache und Verständnis für unterschiedliche kulturelle Werte und Normen erfährt. Weiters ist die Situationsnähe der sprachlichen Förderung wesentlich, wie Menz (1995) betont: Der Fremdsprachenunterricht im Kindergarten benötigt lebensnahe Situationen, die den Kindern vertraut sind, und Themen, die durch die aktuellen Interessen der Kinder bestimmt werden.

So kommen durch die Anforderungen der interkulturellen Erziehung eine Reihe schwieriger Aufgaben auf die Kindergartenpädagogin zu. Sie sollte den kulturellen Hintergrund der zu betreuenden Kinder kennen und in der Bildungsarbeit berücksichtigen. Sprachschwierigkeiten, Probleme der Verständigung mit den Eltern ausländischer Kinder, aber auch ihre eigenen Vorurteile ausländischen Mitbürger/innen gegenüber können eine optimale Erziehungsarbeit behindern.

Deshalb umfasst interkulturelle Erziehung nach Gstettner (1991) zentral auch den Abbau von Vorurteilen sowohl bei Erwachsenen als auch bei Kindern. Er weist in diesem Zusammenhang auf die entwicklungspsychologischen Ursprünge der Entstehung von Vorurteilen hin, die in der Form von Lernprozessen über die sozial-emotionale Bindung zu den primären Bezugspersonen ablaufen. So kommt bei der Entstehung bzw. beim Abbau von Vorurteilen den Eltern und auch der Kindergartenpädagogin, die ja eine wichtige Bezugsperson für Vorschulkinder ist, eine entscheidende Bedeutung zu.

Im Bildungsplan für den Kindergarten (Niederle, Michelic & Lenzeder, 1987) wird dem Bereich des interkulturellen Lernens bisher wenig Aufmerksamkeit geschenkt, was im Zusammenhang mit einer Neukonzeption des Bildungsplanes einer Änderung bedarf. Als Teil der Erziehung zum Sozialverhalten wird lediglich das Bildungs- und Erziehungsziel „Die Lebenssituation und die Lebensart von Menschen anderer Länder kennen lernen“ erwähnt. Folgende methodische Hinweise zur Vermittlung dieses Zieles werden von den Autorinnen angeführt:

- Informative Berichte über Menschen in fremden Ländern vermitteln
- Die Informationen über Menschen in fremden Ländern durch das Spiel vertiefen
- Gelegenheiten zur Begegnung der Kinder mit Menschen aus anderen Ländern nützen

Weitere Methoden in der interkulturellen Erziehung beschreibt Raffelsberger (1995b): Vor allem der Einsatz von Bilderbüchern, die über fremde Sitten und Bräuche berichten, ist empfehlenswert. Auch könnten Eltern ausländischer Kinder aus Bilderbüchern ihrer Heimat vorlesen, um den österreichischen Kindern das Gefühl nahe zu bringen, nichts zu verstehen und sich in der Kommunikation sehr anstrengen und konzentrieren zu müssen. Eine andere Möglichkeit ist der Einsatz von Spielmitteln und Gruppenspielen aus fremden Kulturen. Gemeinsames Essen von Gerichten aus den Herkunftsländern der ausländischen Kinder kann ebenfalls das Gemeinschaftsgefühl stärken und den ausländischen Kindern die Chance geben, den anderen Kindern etwas aus ihrer Kultur nahe zu bringen.

Zusammenfassend nennt Raffelsberger (1995a) folgende Voraussetzungen für gelingende Integration ausländischer Kinder im Kindergarten:

- Der Anteil ausländischer Kinder sollte ein Drittel der Kinderzahl in der Gruppe nicht übersteigen.
- Die Eltern ausländischer Kinder sollten auf die Wichtigkeit der muttersprachlichen Förderung aufmerksam gemacht werden.
- Nicht zu viele Kinder derselben Sprache sollten in einer Gruppe aufgenommen werden, da sonst der Erwerb der deutschen Sprache erschwert ist.
- Aufnahme typischer kultureller Traditionen aus den Herkunftsländern der Kinder in die Bildungsarbeit (Festgestaltungen, kulinarische Gerichte herstellen, Lieder, Tänze aus anderen Ländern).
- Interesse der Kindergartenpädagogin und ihre Bereitschaft, sich mit den kulturellen Hintergründen der ihr anvertrauten Kinder und ihren derzeitigen Lebensrealitäten auseinanderzusetzen.
- Sensible Aufklärung der Eltern ausländischer Kinder in Erziehungsfragen, da diese oft andere Erziehungsmuster mitbringen (Einstellung zu Strafe und Züchtigung).
- Werbung bei den österreichischen Eltern für die Bedürfnisse ausländischer Familien, Kontaktanbahnung bei Elternveranstaltungen.

Nach Raffelsberger (1995b) kann die interkulturelle Erziehung gesellschaftspolitische Maßnahmen nicht ersetzen. Sie kann aber die Grundlage für eine positive Haltung gegenüber ausländischen Mitbürger/innen schaffen.

4.5

Individuelle Förderung hoch begabter Kinder

Hoch begabte Kinder können auf Grund außergewöhnlicher Fähigkeiten und Begabungen hohe Leistungen erbringen. Diese Begabungen betreffen entweder die gesamte Persönlichkeit des Kindes oder beziehen sich auf einzelne Bereiche, wie etwa auf kreative, bildnerische und darstellende Fähigkeiten, auf die Psychomotorik oder auf die allgemeine Intelligenz. Ungefähr zwei Prozent eines Geburtsjahrganges sind besonders begabt.

Urban (1992) nennt als Hauptfaktoren der Hochbegabung überdurchschnittliche intellektuelle Fähigkeiten, Motivation und Anstrengungsbereitschaft sowie Kreativität. Nach Stapf (1992) zeichnen sich hoch begabte Kinder durch eine besonders effiziente Informationsverarbeitung und durch hohe kognitive Strukturierungsfähigkeit aus. Weiters betont sie die Freude am Lernen und den starken positiven Affekt, der den Antrieb hoch begabter Kinder steigert und sie zum Lernen motiviert.

Hoch begabte Kinder verfügen über eine unkonventionelle Weltsicht, nämlich das divergente Denken, verbunden mit einer großen Intensität des Fühlens, des Verhaltens und der Anschauungen (Webb, Meckstroth & Tolan, 1985).

Zur Befriedigung ihrer Neugierde und ihres Wissensdurstes benötigen hoch begabte Kinder ein anregendes, motivierendes Lernklima und individuelle Fördermaßnahmen, die ihrem Entwicklungsstand entsprechen. Die Unterforderung begabter Kinder kann sich negativ auf ihre Lern- und Anstrengungsbereitschaft und ihre Selbsteinschätzung auswirken und zu Langeweile, Unruhe und Verhaltensauffälligkeiten führen. Soziale Isolierung, Verhaltens- und Lernschwierigkeiten oder Delinquenz in dieser Gruppe von Kindern haben laut Hilgendorf (1993) „häufig mit dem zu tun, was die Kinder eigentlich auszeichnet: ihre große Lernfähigkeit. Unter- wie Überforderung, Erwartungen beständiger Höchstleistungen und das Übersehen kindgemäßer emotionaler Bedürfnisse bringen entsprechende Gefährdungen." (S. 204)

Auch das hohe Aktivitätsniveau besonders begabter Kinder wird oft fälschlich als Hyperaktivität interpretiert und ebentuell sogar medikamentös behandelt. Von hyperaktiven Kin-

dern unterscheiden sich hoch Begabte aber durch ihre besondere Konzentrationsfähigkeit (Webb, Meckstroth & Tolan, 1985).
Hinsichtlich der psychosozialen Intelligenz hoch begabter Kinder meinen sowohl White (1985) als auch Janos und Robinson (1985), dass diese meist dem überdurchschnittlichen Niveau der intellektuellen Entwicklung entspricht (zitiert nach Stapf & Stapf, 1988). Hoch begabte Kinder können ihre Gefühle besser ausdrücken und haben andere Spielinteressen als Gleichaltrige. Es fällt ihnen leichter, die Perspektive anderer einzunehmen, und sie zeigen reifere Konfliktlösungsstrategien.
Diskrepanzen zwischen den intellektuellen Fähigkeiten und der sozialen Reife hoch begabter Kinder können zu Problemen führen. Denn die meisten Erwachsenen sind enttäuscht, wenn die sozialen Fähigkeiten eines Kindes nicht das halten, was die geistigen versprechen. Wie alle Kinder benötigen auch hoch Begabte emotionale Wärme, Unterstützung und Ermutigung sowie Schutz und Freiraum für selbst bestimmte Aktivitäten.
Es bedarf einer differenzierten Erfassung des Entwicklungsstandes hoch begabter Kinder, um entsprechende Fördermaßnahmen auszuwählen.
War in Österreich in den Siebzigerjahren der Gedanke der kompensatorischen Erziehung vorherrschend, der vor allem auf die Förderung von Kindern aus sozial benachteiligten Bevölkerungsschichten abzielte, so ist heute eine individuelle, emanzipatorische Förderung im Kindergarten anzustreben. Zimmer fordert bereits 1970 eine Erziehung, die nicht bloß einzelne Fähigkeiten gesondert fördert, um eine Anpassung an die Mittelschicht zu erleichtern. Die emanzipatorische Erziehung sollte vielmehr dazu beitragen, bereits verschüttete Persönlichkeitsbereiche zu befreien, das Neugierverhalten wieder zu erwecken und Qualifikationen und Strategien zu vermitteln, welche die Kinder befähigen, an gesellschaftlichen Veränderungen mitzuwirken.
Die Basis des pädagogischen Bemühens im Kindergarten sollte nicht nur die Vermittlung von Wissen und Kenntnissen, sondern auch die Erziehung zu Problem lösendem und kreativem Denken und Handeln sein. In diesem Zusammenhang fordern Steinhöfel und Mescheder (1992) anstelle einer „Führungspädagogik" eine „Entwicklungspädagogik", die den individuellen Fähigkeiten jedes Kindes gerecht wird und die Entwicklung von Handlungskompetenz und Selbständigkeit fördert.
Riedl (1988) betont die Wichtigkeit der Integration hoch begabter Kinder im allgemeinen Kindergarten, um auch Bereiche zu fördern, die nichts mit der spezifischen Begabung des Kindes zu tun haben, wie etwa das soziale Lernen.
Rollett (1994) empfiehlt allerdings darüber hinaus eine anspruchsvollere Einzelförderung im jeweiligen Begabungsgebiet des Kindes, da die Gefahr besteht, dass sich diese Begabung ohne adäquate Förderung nicht weiterentwickeln kann.
Ein wesentlicher Bereich in der Arbeit mit hoch begabten Kindern ist die Beratung der Eltern. Vor allem Eltern aus unteren sozialen Schichten erkennen die Hochbegabung ihres Kindes oft nicht oder können dem Kind keine Umgebung bieten, die der Entfaltung seiner außergewöhnlichen Fähigkeiten förderlich wäre. Auf der anderen Seite muss jeder Überforderung durch Leistungsdruck und Ansprüche, die der sozialen und emotionalen Entwicklung des Kindes nicht entsprechen, vorgebeugt werden. Denn viele Eltern sind sich zwar der außergewöhnlichen Fähigkeiten ihres Kindes bewusst, aber unsicher, wie sie mit dem Kind umgehen sollen. Sie befürchten negative Auswirkungen auf die ganzheitliche Persönlichkeitsentwicklung, wenn sie ihr Kind beim Lernen nachhaltig und fordernd unterstützen.

5 Qualitätsstandards für den österreichischen Kindergarten – Empfehlungen zur Qualitätssicherung und Qualitätsoptimierung

Ein Rückblick auf die veränderten Lebensbedingungen von Kindern macht deutlich, dass die gesellschaftlichen Entwicklungen eine Herausforderung bedeuten, die bisherige Kindergartenpädagogik zu reflektieren. Dadurch ergeben sich Impulse zur Weiterentwicklung der Sozialisationsqualität in Kinderbetreuungseinrichtungen.

Im Folgenden wird versucht, ausgehend von den Erhebungen des Charlotte Bühler-Instituts (1994, 1995) eine Standortbestimmung des österreichischen Kindergartens im Vergleich mit internationalen Qualitätsstandards vorzunehmen. Hinsichtlich der wichtigsten Qualitätskriterien wurden ein Mindeststandard und eine Qualitätsoptimierung formuliert: Es wurde ein Empfehlungskatalog erarbeitet, der sich einerseits auf die Einhaltung der Mindeststandards zur Qualitätssicherung bezieht und andererseits Anregungen zur Qualitätsoptimierung umfasst.

Als Grundlage dienen die vom Kinderbetreuungsnetzwerk der Europäischen Union erarbeiteten Fragestellungen (Balageur, Mestres & Penn, 1992), die Qualitätsmerkmale der „Early Childhood Environment Rating Scale" (Harms & Clifford, 1980) und die Ergebnisse der Studie „Die Vorschulerziehung in der Europäischen Union – Ein Problemaufriss" (Europäische Kommission, 1995).

Ergänzt werden diese Grundlagen durch Überlegungen zur Weiterentwicklung der Kindergartenpädagogik in Österreich. Zu manchen Bereichen stehen Forschungsergebnisse allerdings noch aus. Einige Kriterien, wie die Verfügbarkeit von Kindergartenplätzen, werden vor allem aus der Sicht der Eltern dargestellt.

Die folgenden Empfehlungen zur Qualitätssicherung bzw. Qualitätsoptimierung stellen auch für Kindergartenpädagog/innen ein Instrument dar, mit Unterstützung durch Expert/innen ihre pädagogische Arbeit und die strukturellen Rahmenbedingungen zu überprüfen. Im Anschluss daran können Verbesserungen bzw. Rationalisierungsmaßnahmen vorgenommen werden.

5.1 Strukturelle und organisatorische Bedingungen

5.1.1 Verfügbarkeit und Zugänglichkeit von Kindergartenplätzen aus der Sicht der Eltern

Mindeststandard

Bedarfsgerechte Versorgung mit Kindergartenplätzen für alle Altersgruppen; leichte Erreichbarkeit, Sicherstellung von Transportmöglichkeiten, sozial gestaffelte Elternbeiträge

Qualitätsoptimierung

Berücksichtigung der Arbeitssituation bestimmter Berufsgruppen

Institutionelle Kinderbetreuung stellt vor allem für Frauen eine entscheidende Voraussetzung zur Vereinbarkeit von Familie und Beruf dar. Der Ausbau von Kindergartenplätzen ist daher eine dringliche Forderung der Eltern, die in der jüngsten Vergangenheit auch auf politischer Ebene breit diskutiert wird. In der Folge wird parallel zur quantitativen Verbesserung des Angebots vor allem auf die Notwendigkeit der Qualitätssicherung näher eingegangen.
Kindergartenplätze sind regional in unterschiedlichem Ausmaß verfügbar bzw. nicht ausreichend vorhanden. Zugleich benötigen immer mehr und zunehmend jüngere Kinder Möglichkeiten der außerfamiliären Betreuung. Dieser Umstand kann vor allem in Ballungszentren zu langen Anmeldelisten und Wartezeiten von zwei bis drei Jahren führen. Die Suche nach Betreuungsmöglichkeiten für Dreijährige erweist sich als besonders schwierig, da freie Plätze in der Regel an ältere Kinder vergeben werden.

Gesetzliche Bestimmungen in Österreich

In den Bundesländern bestehen unterschiedliche Regelungen hinsichtlich der Kindergartenbeiträge, die von den Erziehungsberechtigten zu leisten sind. In Niederösterreich ist der Kindergartenbesuch vormittags kostenlos, am Nachmittag sind max. 72,67 € zu bezahlen. In Salzburg ist ein geringfügiger Beitrag zu leisten. Im Burgenland, in Oberösterreich, in der Steiermark und in Tirol wird erwartet, dass die Elternbeiträge gemeinsam mit öffentlichen Zuschüssen die entstehenden Kosten abdecken. Eine soziale Staffelung der Beiträge ist in den Bundesländern Oberösterreich, Niederösterreich und Tirol gesetzlich vorgesehen. In Wien wird der Elternbeitrag vom Träger bestimmt, in den städtischen Kindertagesheimen ist eine soziale Staffelung des Elternbeitrages vorgesehen.

Situation in österreichischen Kindergärten

Während Kinder bis zu einem Alter von drei Jahren vorwiegend innerfamiliär betreut werden, steigt im Alter zwischen drei und vier Jahren die Inanspruchnahme einer institutionellen Betreuungseinrichtung stark an. In Österreich gab es 1994/95 4.308 Kindergärten, in denen 10.830 geprüfte Kindergartenpädagog/innen beschäftigt waren. 205.831 Kinder besuchten 9.065 Kindergartengruppen. (Österreichisches Statistisches Zentralamt, 1995)
Unterschiedliche Bedarfsschätzungen gehen von einem Fehlbestand von 100.000 bis 230.000 Kinderbetreuungsplätzen für 0- bis 6-jährige Kinder aus (Faßmann, Aufhauser & Münz, 1988; Neyer, 1991; Apfelthaler, 1993; Neyer, 1993). In einem Entwurf der ehemaligen Frauenministerin Johanna Dohnal für den Ausbau der Kinderbetreuungseinrichtungen wird ein „flächendeckendes bedarfsgerechtes Versorgungsniveau an Kinderbetreuungsplätzen" gefordert, welches für die Drei- bis Sechsjährigen 85% betragen soll (Bundeskanzleramt, 1994).
Die Zugänglichkeit von Kindergartenplätzen sollte für alle Kinder gleichermaßen gegeben sein. Die Erfüllung dieser Forderung hängt auch von den Kosten, die für die Eltern entstehen, und von der räumlichen Nähe der Einrichtung ab. Weiters ist das Angebot entsprechender Transportmöglichkeiten entscheidend. Von einzelnen Gemeinden werden z. B. Zubringerdienste mit Kindergartenbussen oder im Rahmen der Schülerbeförderung organisiert (vgl. Pöckl, 1995).

Situation in der Europäischen Union

Wie der EU-Bericht zur Vorschulerziehung zeigt, sind die Besuchsquoten von Kinderbetreuungseinrichtungen in den einzelnen Ländern der Europäischen Union sehr unterschiedlich:
Die höchsten Besuchsquoten der Altersgruppe der Dreijährigen sind in Belgien, Frankreich und Italien zu verzeichnen: Zwischen 88% und 97% besuchen eine vorschulische Einrichtung. In Dänemark und Deutschland sind es etwa 50%. Sehr geringe Besuchsquoten von dreijährigen Kindern weisen die Länder Spanien,

Portugal, Großbritannien sowie Irland, Griechenland, Holland und Luxemburg auf.
In der überwiegenden Mehrzahl der Staaten besuchen mehr als 75% der Vierjährigen einen Kindergarten. Ausnahmen sind nur Griechenland, Irland und Portugal mit einem Versorgungsgrad von weniger als 50% für vierjährige Kinder.
Die quantitative Versorgung mit Kindergartenplätzen ist in den alten und neuen deutschen Bundesländern unterschiedlich: In den westdeutschen Bundesländern betrug die Besuchsquote vor der Wiedervereinigung rund 76%, während für die ostdeutschen Bundesländer eine Vollversorgung mit Kindergartenplätzen gegeben war (Stand 1990). Seit 1996 ist jedoch der Rechtsanspruch auf einen Kindergartenplatz für alle Drei- bis Sechsjährigen in Kraft. (Europäische Kommission, 1995)

Empfehlungen von Expert/innen

Ein unverzichtbares Qualitätskriterium im Sinne des Europäischen Kinderbetreuungsnetzwerkes ist die Bereitstellung von gleichen Zugangsmöglichkeiten zu hochwertigen Betreuungsangeboten für alle Kinder (Balageur, Mestres & Penn, 1992). Auch Sprey-Wessing (1987) betont, dass qualitativ hochwertige Kindergärten nicht nur Kindern, deren Eltern es sich leisten können, offen stehen dürfen.
Das Kinderbetreuungsnetzwerk der Europäischen Kommission nennt als weitere Qualitätsindikatoren das Aufnahmeverfahren, die dabei geltenden Prioritäten, die Kosten des Betreuungsangebots und die Transportmöglichkeiten für die Kinder (Balageur, Mestres & Penn, 1992).

Empfehlungen zur Qualitätssicherung und Qualitätsoptimierung

Einem bedarfsgerechten Ausbau von Kindergärten in Österreich müssen detaillierte Erhebungen vorausgehen. Diese sollten sich nicht ausschließlich an den aktuellen Bedürfnissen der Eltern orientieren, sondern auch zu erwartende Entwicklungen hinsichtlich der Geburtenrate, des Arbeitsmarktes, der Müttererwerbstätigkeit und der Anzahl an Einelternfamilien mit einbeziehen.
Eine leichte Erreichbarkeit des Kindergartens und die Sicherstellung von Transportmöglichkeiten für die Kinder ist unbedingt zu gewährleisten. Weiters ist eine soziale Staffelung der Elternbeiträge in allen Bundesländern anzustreben.
Zur Qualitätsoptimierung wird von den Eltern die Berücksichtigung der Arbeitszeiten bestimmter Berufsgruppen gewünscht.

5.1.2

Öffnungszeiten

Mindeststandard aus der Sicht der Eltern
Bedarfsgerechte Öffnungszeiten von 7.00 Uhr bis 14.00 Uhr bzw. 18.00 Uhr

Qualitätsoptimierung aus der Sicht der Eltern
Öffnung an Samstagen; flexible Betreuungszeiten für Kinder von Schichtarbeiter/innen; Absprachen über einzelne Betreuungsstunden oder Betreuungstage

Im Mittelpunkt der Forderungen von Eltern an den Kindergarten steht die Ausdehnung und Flexibilisierung der Öffnungszeiten. Diese ist vor allem für Mütter notwendig, um Familien- und Erwerbsarbeit miteinander vereinbaren zu können. Öffnungszeiten von 8.00 bis 12.00 Uhr und eventuell am Nachmittag von 14.00 bis 16.00 Uhr lassen sich weder mit einer halbtägigen Berufstätigkeit noch mit einer Teilzeitbeschäftigung vereinbaren. Berufstätige Eltern müssen daher in vielen Fällen auf private Betreuungsarrangements zurückgreifen. Besonders benachteiligt sind daher Familien, die weder über geeignete Verwandtschafts-, Freundschafts- und Nachbarschaftsbeziehungen noch über genügend finanzielle Mittel für eine bezahlte Drittbetreuung, z. B. durch Tagesmütter oder Babysitterinnen, verfügen. Engpässe können sich auch durch Ausfälle im privaten Betreuungsnetzwerk ergeben.

Viele Kinder müssen täglich mehrere Betreuungsformen durchlaufen. Diese Tatsache widerspricht nach Ufermann (1991) ihrem Bedürfnis nach Kontinuität und Überschaubarkeit. Ein oftmaliger Wechsel der Bezugspersonen und des Lebens- und Erfahrungsraumes während eines Tages kann negative Auswirkungen auf die Persönlichkeitsentwicklung des Kindes haben (Siebenmorgen, 1988).

Gesetzliche Bestimmungen in Österreich

Die Festlegung der Öffnungszeiten obliegt in fast allen Bundesländern dem Kindergartenträger, wobei die örtlichen Bedürfnisse und die vorgeschriebenen Personaldienstzeiten zu berücksichtigen sind. Kindergärten in Niederösterreich können über die Bildungszeit (8 bis 12 Uhr) hinaus länger geöffnet sein. In der Steiermark dürfen die täglichen Betriebszeiten von Ganztagskindergartengruppen 12 Stunden nicht überschreiten, wobei die pädagogische Betreuung mit 10 Stunden begrenzt ist. Kindergärten im Burgenland haben bis zu 32 Stunden pro Woche geöffnet, in Tirol 30 Stunden pro Woche. Tiroler heilpädagogische Kindergärten dürfen hingegen nur 20 Stunden pro Woche besucht werden. In Wien sieht die interne Regelung für städtische Kindertagesheime Öffnungszeiten von 6.30 bis 17.30 Uhr vor, bei Bedarf von 6.00 bis 18.00 Uhr.

Situation in österreichischen Kindergärten

In Österreich werden 23,2% der Kindergärten halbtägig geführt. 21,9% sind Ganztagskindergärten mit Mittagsschließung, 54% der Kindergärten Ganztagseinrichtungen und 0,9% Saisonkindergärten. (Österreichisches Statistisches Zentralamt, 1995)

Öffentliche Träger (50,6%) stellen seltener ein ganztägig geöffnetes Betreuungsangebot zur Verfügung als private (63,7%). 25,1% der öffentlichen und 13% der privaten Kindergärten sind Ganztagskindergärten mit Mittagsschließung, 23,7% der öffentlichen und 21,5% der privaten Einrichtungen haben halbtags geöffnet.

Wenn man die Öffnungszeiten der Kindergärten in den einzelnen Bundesländern betrachtet, ergibt sich folgendes Bild:

- In Wien sind die meisten Kindergärten ganztägig geöffnet (92,2%). Niederösterreich und Kärnten verfügen ebenfalls über einen hohen Anteil an Ganztagskindergärten (77,4% bzw. 61,1%).
- In Vorarlberg und Tirol ist ein hoher Anteil an Kindergärten zu finden, die zu Mittag schließen und erst nachmittags wieder öffnen (85,1% bzw. 67%). 4,8% bzw. 6% der Kindergärten in diesen Bundesländern sind ganztägig durchgehend geöffnet.
- In der Steiermark ist der Anteil der Halbtagskindergärten mit 77% am höchsten. Nur 16,7% der Kindergärten bieten die Möglichkeit zum ganztägigen Aufenthalt der Kinder.
- In Salzburg und Oberösterreich überwiegen Kindergärten, die ganztägig ohne Unterbrechung geöffnet haben (59,3% bzw. 57,4%). Der Anteil der Halbtagskindergärten (28,6% bzw. 21,4%) und der Ganztagskindergärten mit Mittagsschließung (12,1% bzw. 20,8%) ist jedoch ebenfalls hoch. (Österreichisches Statistisches Zentralamt, 1995)

Unterschiede in den Öffnungszeiten sind nach einer Studie des Charlotte Bühler-Instituts (1994) auch hinsichtlich der Gemeindegröße festzustellen: In dörflichen Gemeinden (bis zu 2.000 Einwohner/innen) sind 36% der Kindergärten halbtags und nur 22% ganztags geöffnet. 42% sind Ganztagskindergärten mit Mittagsschließung. In Klein- und Mittelstädten ist der Anteil der Halbtagskindergärten geringer (26%), es gibt mehr ganztägig geführte Einrichtungen (44%) und weniger Kindergärten mit Mittagsschließung (29%). In Großstädten (über 50.000 Einwohner/innen) ist der größte Anteil an Kindergärten zu finden, die den ganzen Tag durchgängig geöffnet haben (89%). Nur 8% der Einrichtungen sind halbtägig geöffnet, 3% sind Ganztagskindergärten mit Mittagsschließung.

Diese Daten müssen im Zusammenhang mit der Tatsache interpretiert werden, dass knapp die Hälfte aller Kinder in österreichischen Kindergärten eine berufstätige Mutter haben (47,1%). Der Anteil erwerbstätiger Mütter ist in den Bundesländern Wien (62,1%), Kärnten (53,5%) und Salzburg (51,6%) am höchsten, in Vorarlberg (27,4%) und Tirol (34%) vergleichsweise niedrig. (Österreichisches Statistisches Zentralamt, 1995)

In der Untersuchung des Charlotte Bühler-Instituts (1994) wurden die Öffnungszeiten der Kindergärten detailliert erhoben:

- Etwa ein Fünftel aller Kindergärten ist länger als 10 Stunden geöffnet. Die meisten Kindergärten (13%) öffnen morgens zwischen 7.00 und 7.30 Uhr und schließen nachmittags zwischen 15.00 und 16.00 Uhr (Gesamtöffnungszeit etwa 8 Stunden). Bei gleicher Aufsperrzeit schließen 12% der Einrichtungen bereits zwischen 14.00 und 15.00 Uhr (Gesamtöffnungszeit etwa 7 Stunden). 11% der Kindergärten öffnen am Morgen zwischen 6.00 und 6.30 Uhr und schließen abends zwischen 17.00 und 18.00 Uhr (Gesamtöffnungszeit etwa 11 Stunden).
- Zwischen 7.00 und 7.30 Uhr werden die meisten Kindergärten geöffnet (43%). 3% der Kindergärten öffnen vor 6.00 Uhr früh. Nach 7.30 Uhr öffnen 13% der Einrichtungen.
- Nachmittags schließen die meisten Kindergärten zwischen 15.00 und 16.00 Uhr (27%). Ungefähr ein Viertel der Kindergärten schließt spätestens um 14 Uhr, 18% schließen zwischen 14.00 und 15.00 Uhr, und 16% der Kindergärten werden zwischen 17.00 und 18.00 Uhr geschlossen. Betreuungsmöglichkeiten nach 18.00 Uhr bietet nicht einmal 1% der Einrichtungen.

Für einen Großteil der Eltern wären Öffnungszeiten von 7.00 Uhr morgens bis 17.00 bzw. 18.00 Uhr abends – auch bei Vollerwerbstätigkeit – bedarfsgerecht (Belabed, 1987; Raos, 1991). Nur knapp 16% der Kindergärten bieten in diesem Sinne ideale Bedingungen. Öffnungszeiten von 7.00 Uhr bis mindestens 14.00 Uhr wären nötig, um die institutionelle Betreuung von Kindern halbtägig berufstätiger Eltern sicherzustellen. In dieser Hinsicht ausreichende Öffnungszeiten sind in etwa 66% der Kindergärten zu finden. In etwa einem Drittel der Einrichtungen sind die Betriebszeiten hingegen so ungünstig geregelt, dass selbst Kinder halbtägig berufstätiger Eltern eine Drittbetreuung benötigen.

Ein Fünftel aller Kindergartenpädagog/innen berichtet, dass die Eltern ihrer Kindergartenkinder Wünsche nach Änderungen der Betriebszeiten äußern. Vor allem eine Ausweitung der Randzeiten (morgens und abends) und die Möglichkeit zum Mittagessen im Kindergarten werden von den Eltern gefordert.

Die Kindergartenpädagog/innen lehnen zu fast 90% eine Ausweitung der Öffnungszeiten ab. Nur wenn mehr Personal eingestellt wird, die Gruppengröße verringert wird und die Kindergartenpädagog/innen eine bessere Ausbildung bekommen, kann sich jede zehnte Kindergartenpädagogin längere Öffnungszeiten in ihrem Kindergarten vorstellen (Charlotte Bühler-Institut, 1994).

Situation in der Europäischen Union

Ein Vergleich der Öffnungszeiten von Kinderbetreuungseinrichtungen in den Ländern der Europäischen Union zeigt:

Einrichtungen, die den Bildungsministerien unterstehen, sind – entsprechend dem Schulsystem des jeweiligen Landes – in der Regel entweder halbtags von 8.30 bis 13 Uhr (z. B. in Dänemark, Griechenland und Irland) oder ganztags von 8.30 bis 15.30 Uhr geöffnet (Belgien, Spanien, Frankreich, Italien, Luxemburg, Niederlande, Großbritannien und Nordirland). Allerdings werden die Vorschuleinrichtungen in einigen dieser Länder über Mittag geschlossen.

In Betreuungseinrichtungen im Zuständigkeitsbereich anderer Ministerien in Großbritannien, Spanien, Portugal und Griechenland können die Kinder während der Arbeitszeit der Eltern für 7 bis 10 Stunden pro Tag betreut werden. Diese ganzjährig geöffneten Einrichtungen sperren meist schon am frühen Morgen auf und schließen erst um 18.00 oder 19.00 Uhr.

Sehr lange Öffnungszeiten von 6.00 bis 17.00 Uhr weisen auch die dänischen Kindergärten auf. Die holländischen Kindertagesstätten sind oft von 7.00 bis 18.00 Uhr, die deutschen Kindertagesstätten von 8.00 bis 18.00 Uhr geöffnet. Die längsten Öffnungszeiten – von 7.00 bis 19.30 Uhr – weisen allerdings die portugiesischen Kindergärten auf, die dem Sozialministerium unterstehen. (Europäische Kommission, 1995)

Empfehlungen von Expert/innen

Für das Europäische Kinderbetreuungsnetzwerk sind auch Möglichkeiten der Absprache über einzelne Betreuungsstunden oder -tage und die Flexibilität der Betreuungsstrukturen ein wichtiges Zugangskriterium. (Balageur, Mestres & Penn, 1992)

Empfehlungen zur Qualitätssicherung und Qualitätsoptimierung

Anstelle einer generellen Ausdehnung der Öffnungszeiten werden individuelle und bedürfnisorientierte Lösungen empfohlen. Vor allem für die Kinder allein erziehender Eltern muss eine institutionelle Betreuung mit angemessenen Öffnungszeiten gesichert sein. Eine Vielfalt an regional unterschiedlichen Öffnungszeiten hat außerdem den Vorteil, bildungsökonomisch zu sein.

Zur Sicherung bzw. Optimierung der Betreuungsqualität ist bei einer Ausweitung der Öffnungszeiten unbedingt erforderlich, dass die Rahmenbedingungen verbessert werden und damit auch die Berufszufriedenheit der Kindergartenpädagog/innen erhöht wird.

In allen Kindergärten, in denen Kinder ganztägig betreut werden, muss die Möglichkeit zum Mittagessen und zu einer individuell gestalteten Ruhephase bestehen.

Aus der Perspektive halbtägig berufstätiger Eltern sind Öffnungszeiten in Kindergärten von 7.00 Uhr morgens bis etwa 14.00 Uhr anzustreben. Um die institutionelle Betreuung von Kindern ganztägig erwerbstätiger Eltern sicherzustellen, wird die Ausdehnung der Öffnungszeiten auf 7.00 Uhr bis etwa 18.00 Uhr abends gewünscht.

5.1.3 Aufenthaltsdauer

Mindeststandard aus der Sicht der Eltern
Möglichkeit eines halbtägigen Kindergartenbesuchs für jedes Kind

Qualitätsoptimierung aus der Sicht der Eltern
Betreuung während der Arbeitszeit der Eltern, der Wegzeiten und eventueller Pufferzeiten

Psycholog/innen und Kleinkindpädagog/innen befürchten, dass eine lange Aufenthaltsdauer in institutionellen Kinderbetreuungseinrichtungen negative Auswirkungen auf die Persönlichkeitsentwicklung von Kindern nach sich zieht.

Situation in österreichischen Kindergärten
In der Studie des Charlotte Bühler-Instituts (1994) wurde die Aufenthaltsdauer von 38.245 Kindern erfasst.

- Über die Hälfte dieser Kinder verbringt höchstens 4½ Stunden im Kindergarten, etwas mehr als ein Drittel hat eine Aufenthaltsdauer von 5 bis 6 Stunden, und 10% der Kinder bleiben länger als 8 Stunden im Kindergarten.
- Die jüngsten Kinder weisen die längste Aufenthaltsdauer auf: Sie verbringen durchschnittlich 5½ Stunden im Kindergarten, während die älteren Kinder durchschnittlich um 10 Minuten früher abgeholt werden. Knapp 20% der Dreijährigen werden 8 Stunden oder länger institutionell betreut. Nur 14% der Fünf- bis Sechsjährigen bleiben gleich lang im Kindergarten.
- Die lange Aufenthaltsdauer der dreijährigen Kinder steht in engem Zusammenhang mit der Berufstätigkeit ihrer Mütter: Fast ein Drittel der Dreijährigen hat eine ganztags berufstätige Mutter, während nur jeweils ein Viertel der Mütter von älteren Kindern vollzeitbeschäftigt ist. Nur ein geringer Prozentsatz der dreijährigen Kindergartenkinder hat eine nicht erwerbstätige Mutter.

Ein knappes Drittel der Kindergartenpädagog/innen bezeichnet eine kurze Aufenthaltsdauer von Kindern als eine Bedingung, die für ihre Entwicklung förderlich ist. Nach der Meinung jeder vierten Kindergartenpädagogin schadet den Kindern – besonders den Dreijährigen – eine zu lange Aufenthaltsdauer. Die Kindergartenpädagog/innen halten unter den derzeitigen Rahmenbedingungen für Dreijährige eine Aufenthaltsdauer von durchschnittlich 4 Stunden, für Vierjährige von durchschnittlich 5 Stunden und für ältere Kinder von durchschnittlich 6 Stunden für ideal. (Charlotte Bühler-Institut, 1994)
In der Studie des Charlotte Bühler-Instituts (1994) zeigt sich, dass der Aufenthaltsdauer für sich allein bei weitem nicht jene Bedeutung zukommt, die ihr in der öffentlichen Diskussion beigemessen wird.

Empfehlungen zur Qualitätssicherung und Qualitätsoptimierung

Eine Aufenthaltsdauer von Kindern im Kindergarten, die über den Vormittag hinausgeht, kann nur unter deutlich verbesserten Rahmenbedingungen hinsichtlich der Gruppengröße, der Personalstruktur, der Ess-, Schlaf- und Ruheräume etc. vertreten werden.

5.1.4 Ferienregelung

__Mindeststandard aus der Sicht der Eltern__
Schließzeiten in den Ferien werden auf den gesetzlich bestimmten Urlaubsanspruch für Arbeitnehmer/innen reduziert; die Ferienzeiten des Kindergartens sind durch alternative Betreuungsangebote abgedeckt

__Qualitätsoptimierung aus der Sicht der Eltern__
Keine Ferienzeiten außer den gesetzlichen Feiertagen

Durch die oft langen Ferienzeiten der Kindergärten können in Familien mit erwerbstätigen Erwachsenen erhebliche Probleme entstehen. Durch die Orientierung an den Ferienzeiten der Schulen werden die gesetzlich vorgeschriebenen Urlaubsansprüche berufstätiger Eltern deutlich überschritten, weshalb die Betreuung der Kinder in vielen Fällen durch Dritte übernommen werden muss (vgl. Belabed, 1987; Raos, 1991). Daher wird besonders von frauenpolitischer Seite ein ausreichendes Angebot von ganzjährig durchgehend geöffneten institutionellen Kinderbetreuungseinrichtungen gefordert (Bundeskanzleramt, 1994). Jedoch sind auch die Bedürfnisse der Kinder nach Urlaub und Ferien zu berücksichtigen.

Gesetzliche Bestimmungen in Österreich
Gesetzliche Regelungen der Schließzeiten in den Ferien empfehlen in der Regel die Anlehnung der Ferien an die Pflichtschulferien und fixieren in einigen Bundesländern auch die Dauer der Schließzeiten. In der Steiermark muss es mindestens 3 Wochen durchgängige Sommerferien geben, in Oberösterreich müssen die Ferien mindestens 4 Wochen und höchstens 6 Wochen dauern. In Niederösterreich und im Burgenland sind die Kindergärten während zumindest 6 Wochen durchgehend geschlossen, in Tirol während 9 Wochen, wobei jedoch Sonderregelungen erlaubt sind. In Wiener städtischen Kindertagesheimen gibt es nur zwei Schließtage (24.12., 31.12.) sowie drei Tage pädagogische Konferenzen.

Situation in österreichischen Kindergärten
Nach den Erhebungen des Charlotte Bühler-Instituts (1994) orientieren sich die meisten Kindergärten an den Ferienzeiten der Schule:

- Über 80% der Kindergärten haben zu Weihnachten, zu Ostern und zu Pfingsten die gleiche Zeit wie die Schulen geschlossen.
- Die Semesterferien werden in 59% der Kindergärten wie die Schulferien geregelt.
- 24% der Kindergärten sind im Sommer während der gesamten Schulferien (9 Wochen) geschlossen. 7% der Kindergärten haben sieben bis acht Wochen Sommerferien, ein Drittel hält sechs Wochen lang geschlossen, ein Sechstel fünf Wochen, und ein Fünftel hat bis zu vier Wochen Ferien.
- Kindergärten in Großstädten sind in allen Ferien häufiger geöffnet als Kindergärten in kleinen Gemeinden und in Klein- und Mittelstädten.

Situation in der Europäischen Union
Kindertagesstätten, die nicht den Bildungsministerien unterstehen und täglich lange Öffnungszeiten anbieten, sind in der Regel auch ganzjährig geöffnet, so z. B. in England, Portugal und Spanien. Bildungseinrichtungen in Belgien, Frankreich, Griechenland und Italien sind dagegen im Sommer zwei Monate lang geschlossen. (Europäische Kommission, 1995)

Empfehlungen zur Qualitätssicherung und Qualitätsoptimierung

Aus der Sicht der Eltern sollten die Schließzeiten in den Ferien auf den gesetzlich bestimmten Urlaubsanspruch für Arbeitnehmer/innen reduziert werden, um die institutionelle Kinderbetreuung für Familien, in denen alle Erwachsenen erwerbstätig sind, sicherzustellen. Ist kein Bedarf für die Aufrechterhaltung des gesamten Kindergartenbetriebes während der Ferien gegeben oder dieser betriebswirtschaftlich unrentabel, sollten zur Qualitätsoptimierung Ausweichkindergärten angeboten oder regional individuelle Betreuungsformen entwickelt werden.

5.1.5

Gruppengröße

Mindeststandard
Höchstens 20 Kinder pro Gruppe:
14–20 Kinder bei Dreijährigen,
16–20 Kinder bei Vier- und Fünfjährigen

Qualitätsoptimierung
Bei Ganztagsbetreuung schrittweise Reduzierung auf 15 Kinder pro Gruppe

Eltern und Kindergartenpädagog/innen sind sich in der Forderung nach einer Senkung der Kinderanzahl in den Gruppen einig. Nach einer Salzburger Studie zur Kinderbetreuung plädieren Eltern für eine Gruppengröße von höchstens 20 Kindern (Raos, 1991). Die Kindergartenpädagog/innen fordern eine Senkung auf 15 Kinder pro Gruppe. Sie begründen das häufige Auftreten von Verhaltensauffälligkeiten und psychosomatischen Beschwerden der Kinder mit einer zu großen Anzahl von Kindern in den Gruppen. (Österreichischer Dachverband der Berufsgruppen der Kindergarten- und Hortpädagoginnen, 1994)

Psycholog/innen und Kleinkindpädagog/innen berichten von folgenden negativen Auswirkungen von zu großen Gruppen:

- Die Bereitstellung von Freiraum zum Erkunden und Erproben der Umwelt sowie zum selbsttätigen Lernen erweist sich bei steigender Gruppengröße als zunehmend schwieriger.
- Die Kinder werden häufig in ihrer Entscheidungs- und Bewegungsfreiheit eingeschränkt.
- Die Kindergartenpädagogin muss stärker lenkend eingreifen, wodurch vor allem negative Folgen für das soziale Lernen der Kinder zu erwarten sind.
- Die Kinder müssen mit verschiedenen Einschränkungen umgehen, deren Sinn sie auf Grund ihres Entwicklungsstandes – wie etwa infolge eines noch egozentrischen Weltbildes – möglicherweise nicht verstehen können.
- Mit der Größe der Gruppe wachsen der Gruppendruck und die Bereitschaft zur Anpassung an die allgemeine Meinung. Dadurch ergeben sich Benachteiligungen vor allem jüngerer, scheuer, aber auch aggressiver Kinder.
- Die Individualität und die Selbstbestimmung der Kinder müssen oft zurückgestellt werden.
- Eine zu große Gruppe bedeutet eine Gefährdung der Qualität der pädagogischen Arbeit.

In zu großen Gruppen ist die Kindergartenpädagogin in ihrer Beziehungskapazität überfordert und kann sich daher den einzelnen Kindern nicht ausreichend widmen:

- Sie kann die Bedürfnisse der Kinder nach Nähe und Zuwendung nicht genügend berücksichtigen.
- Manche Kinder laufen äußerlich angepasst, resigniert und inaktiv in einer großen Gruppe mit und können ihre Spontaneität und Kreativität nicht ausleben.
- Die Kindergartenpädagogin hat nicht die Möglichkeit, die Kinder systematisch zu beobachten. Sie kann daher Krisensituationen sowie Verhaltensstörungen nicht rechtzeitig erkennen.
- Kinder mit besonderen Bedürfnissen sowie hoch begabte Kinder sind besonders benachteiligt.

(Vgl. Siebenmorgen, 1988; Sagi, 1988; Colberg-Schrader & von Derschau, 1991; Bronneberg, 1990; Kloimwieder, 1992)

Eine kleine Gruppe gibt auch berufstätigen Eltern die Sicherheit, dass ihre Kinder im Kindergarten nicht nur aufbewahrt, sondern individuell betreut und gefördert werden.

Gesetzliche Bestimmungen in Österreich

Im Burgenland, in der Steiermark, in Wien, Tirol und Kärnten ist die maximale Gruppengröße mit 25 Kindern pro Gruppe gesetzlich festgeschrieben. Mit Sondergenehmigungen und in Ausnahmefällen kann diese Zahl aber in den meisten Bundesländern noch überschritten werden. So können in Kärnten zusätzlich 5 Kinder, in Tirol zusätzlich 3 Kinder in eine Gruppe aufgenommen werden. Auch in Salzburg sind geringfügige Überschreitungen möglich. Familiengruppen in Wien mit 2- bis 6-Jährigen sind mit 20 bis 22 Kindern begrenzt, gemeinsam mit Hortkindern dürfen maximal 24 Kinder aufgenommen werden. In Niederösterreich dürfen 28 Kinder eine Gruppe besuchen, in Oberösterreich 23. In Vorarlberg dürfen von einer Kindergartenpädagogin maximal 20 Kinder betreut werden, mit zweiter Pädagogin oder Helferin dürfen die Gruppen jedoch 28 Kinder umfassen. Eine Überschreitung dieser Gruppenobergrenze um bis zu 5 Kinder ist in Vorarlberg mit Sondergenehmigung möglich. Regelungen hinsichtlich der Größe heilpädagogischer Gruppen bestehen in allen Bundesländern. Diese dürfen maximal 12 Kinder umfassen, Integrationsgruppen in der Regel bis zu 20 Kinder.

Situation in österreichischen Kindergärten

Folgende Aussagen über die tatsächlichen Gruppengrößen in österreichischen Kindergärten ergeben sich aus der Kindergartenstudie des Charlotte Bühler-Instituts (1994):

- 21% der Gruppen umfassen bis zu 20 Kinder.
- Ein Viertel der Gruppen hat eine Größe von 21 bis 24 Kindern.
- Ein Fünftel der Gruppen umfasst 25 Kinder.
- Eine Gruppengröße von 26 und 27 Kindern ist in 15% der Gruppen zu finden.
- 13% der Gruppen haben eine Größe von 28 Kindern.
- In 6% der Gruppen werden 29 und mehr Kinder betreut.

Fast jede fünfte Kindergartenpädagogin hat 28 oder mehr Kinder in ihrer Gruppe.

- In Vorarlberg, im Burgenland und in Tirol ist ein großer Anteil von kleinen Gruppen mit bis zu 20 Kindern zu finden.
- Im Burgenland ist der Anteil der Gruppen mit bis zu 24 Kindern am größten. Es folgen Vorarlberg und Tirol. 25 Kinder umfassen die meisten Gruppen in Kärnten, Salzburg und Wien.
- Einzig in Salzburg ist keine einzige Gruppe mit mehr als 27 Kindern zu finden. Große Gruppen mit 28 Kindern gibt es vor allem in Nieder- und Oberösterreich, 29 und mehr Kinder werden in vielen Gruppen in der Steiermark und in Vorarlberg betreut. Der Anteil von Gruppen mit über 25 Kindern ist in den Bundesländern Oberösterreich, Niederösterreich und der Steiermark relativ hoch.

Wie die Studie des Charlotte Bühler-Instituts (1994) zeigt, werden die Sonderregelungen zur Überschreitung der gesetzlich festgelegten Gruppengröße in vielen Fällen in Anspruch genommen.

Die Gruppen in Kindergärten kirchlicher Träger sind durchwegs größer als jene in öffentlichen Kindergärten. Bei kirchlichen Trägern sind hingegen auch mehr Helferinnen angestellt. Ein Fünftel der öffentlichen und ein Zehntel der kirchlichen Kindergärten verfügt über eher kleine Gruppen mit höchstens 20 Kindern.

Kindergartengruppen in dörflichen Gemeinden sind vielfach kleiner als jene in Städten.

Mehr als drei Viertel aller Kindergartenpädagog/innen halten eine Anzahl von 20 und weniger Kindern pro Gruppe für günstig. Die Zufriedenheit der Kindergartenpädagog/innen mit der Größe ihrer eigenen Gruppe sinkt in dem Ausmaß, in dem die Anzahl der Kinder steigt.

- 79% der Kindergartenpädagog/innen mit Gruppen von 29 und mehr Kindern sind eher nicht zufrieden bzw. nicht zufrieden mit der Gruppengröße.
- Kindergartenpädagog/innen mit Gruppen von höchstens 20 Kindern geben nur zu 14% eine derart negative Beurteilung ab.

Die zu große Kinderanzahl pro Gruppe ist die am häufigsten genannte entwicklungshemmende Rahmenbedingung. Eine geringe Gruppengröße wird hingegen von einem Viertel der Kindergartenpädagog/innen als besonders vorteilhaft für die Entwicklung der Kinder gewertet.

Situation in der Europäischen Union

In der Europäischen Union liegt die Gruppengröße von „Vorschulklassen" zwischen 18 und 23 Kindern. Für Kindergärten werden kleinere Gruppenstärken berichtet.

- In den neuen deutschen Ländern ist die Gruppengröße mit 12 bis 18 Kindern festgelegt,
- in den alten Bundesländern mit 15 bis 25,

- in holländischen Kindertagesstätten werden 8 bis 12 Kinder pro Gruppe betreut,
- in Belgien durchschnittlich 18 Kinder,
- in Italien 15 bis 25 Kinder,
- in Luxemburg 18 bis 22 Kinder pro Gruppe.

In Deutschland besteht die Tendenz, für Gruppen, in denen Kinder über Mittag und am Nachmittag betreut werden, die Gruppengröße auf maximal 20 Kinder zu begrenzen.

Sehr große Gruppen gibt es in portugiesischen, spanischen und irischen Kindergärten: 25 bis 35 Kinder werden in eine Gruppe zusammengefasst.

Nach Kärrby und Giota (1995) beträgt die Gruppengröße in schwedischen Kindergärten 15 bis 18 Kinder. Als Folge der ökonomischen Krise werden jedoch derzeit 20 Kinder pro Gruppe betreut. Dies lässt schwedische Kleinkindpädagog/innen einen Qualitätsverlust und damit schädigende Auswirkungen auf die Kinder befürchten.

Eine schwedische Untersuchung von Palmerus zeigt, dass bei einer günstigen Betreuungsrelation der Anteil an pädagogischen Aktivitäten steigt und der Anteil der rein pflegerischen Aspekte zurückgeht. Je mehr Kinder auf eine Betreuungsperson kommen, desto stärker sinkt die Zahl der verbalen Initiativen, die von den Kindern ausgehen, die Zahl der Initiativen der Erwachsenen den Kindern gegenüber nimmt jedoch zu. (Europäische Kommission, 1995)

Empfehlungen von Expert/innen

Siebenmorgen (1988) empfiehlt eine Gruppengröße von 15 bis 20 Kindern. Weiters sollten die Gruppen am Nachmittag nicht zusammengefasst werden, um Kindern, die sehr lange im Kindergarten bleiben, mehr Zuwendung geben zu können. Auch Sagi (1988) plädiert für eine maximale Gruppengröße von 20 Kindern pro Gruppe. Nach Scarr (1990) sollte eine Gruppe von Drei- bis Sechsjährigen nicht mehr als 16 Kinder umfassen. Eine amerikanische Expertenkommission nennt als höchste akzeptable Gruppengröße für Dreijährige 14 bis 20 Kinder, für Vier- und Fünfjährige 16 bis 20 Kinder (Hayes, Palmer & Zaslow, 1990).

Auch Amend, Haberkorn, Hagemann und Seehausen (1992) empfehlen eine Gruppengröße von maximal 20 Kindern, die von zwei Fachkräften betreut werden. In der Regel sollten nicht mehr als 8 Kinder pro Gruppe ganztägig betreut werden.

Empfehlungen zur Qualitätssicherung und Qualitätsoptimierung

Die Gruppengröße ist eine zentrale Rahmenbedingung im Kindergarten. Sowohl die gesetzlichen Regelungen in den einzelnen Bundesländern als auch deren häufige Überschreitungen lassen den Schluss zu, dass viele österreichische Kindergärten deutlich unter dem internationalen Mindeststandard liegen. Gesetzliche Bestimmungen, die in allen Bundesländern die maximale Gruppengröße mit 20 Kindern festlegen, sind zur Qualitätssicherung dringend notwendig.

Zumindest bei Ganztagsbetreuung ist zur Qualitätsoptimierung eine schrittweise Reduzierung der Gruppengröße auf 15 Kinder zu empfehlen.

5.1.6 Personalstruktur und Erzieher-Kind-Relation

Mindeststandard

Eine ausgebildete Kindergartenpädagogin und eine Kindergartenhelferin pro Gruppe;
5 bis 10 Dreijährige pro Bezugsperson,
7 bis 10 Vier- und Fünfjährige pro Bezugsperson;
zu den Früh- und Spätzeiten und beim Mittagessen eine Erzieher-Kind-Relation von 1:5

<u>Qualitätsoptimierung</u>

Zwei ausgebildete Kindergartenpädagog/innen pro Gruppe; zeitweise Einbeziehung von zusätzlichen Personen (pädagogisch geschulte Helferin, Praktikantin, Eltern etc.); keine Gruppenzusammenlegung am Nachmittag und zu den Randzeiten

Die Personalstruktur stellt gemeinsam mit der Gruppengröße eine wesentliche Rahmenbedingung zur Qualitätssicherung dar und hat einen großen Einfluss auf die pädagogische Arbeit im Kindergarten. Von der Erzieher-Kind-Relation hängt es ab, ob es gelingt, auf die individuellen Bedürfnisse, Interessen, Begabungen und Probleme der Kinder einzugehen.
Die Zuwendung einer vertrauten Bezugsperson ist für Kinder, die einen Großteil des Tages im Kindergarten verbringen, von großer Bedeutung. Siebenmorgen (1988) weist darauf hin, dass bereits der Aufenthalt in der Gruppe am Vormittag das Kind fordert und anstrengt, auch wenn es sich dabei wohl fühlt. Entspannung und Erholung hängen eng mit der individuellen Zuwendung einer vertrauten Betreuungsperson in einer Atmosphäre der Geborgenheit zusammen.
In der Kindergartenstudie des Charlotte Bühler-Instituts (1994) erweisen sich der Morgen, die Mittagszeit und der späte Nachmittag als Zeiten, in denen die Kinder häufig erschöpft, müde und emotional gereizt sind und ein starkes Bedürfnis nach Körperkontakt und persönlicher Zuwendung entwickeln. Die Erzieher-Kind-Relation muss soweit optimiert werden, dass es in diesen Zeiten möglich ist, auf jedes Kind individuell einzugehen. Das macht besonders in den Randzeiten eine Zuordnung von höchstens 5 Kindern zu einer Bezugsperson erforderlich. Bei unzureichender Personalsituation bedeuten Gruppenzusammenlegungen in den Randzeiten eine besondere Belastung für die Kinder. (Vgl. Kapitel 5.4.3)
Die kontinuierliche Anwesenheit einer einzigen Bezugsperson kann bei einer langen Verweildauer im Kindergarten nicht gewährleistet sein, da die Kindergartenpädagog/innen während dieser Zeit, z. B. durch Schichtdienst, wechseln (Siebenmorgen, 1988; Sprey-Wessing, 1987). Die Kinder müssen daher die Möglichkeit haben, Beziehungen zu allen Personen aufzubauen, von denen sie im Laufe eines Tages betreut werden. Nur so kann negativen Auswirkungen vorgebeugt werden. Regelmäßigkeit und fließende Übergänge zwischen den verschiedenen Betreuungs- und Gruppenarrangements sind für die Kinder im Allgemeinen leichter zu verkraften. Dies kann durch eine durchdachte Gestaltung des Dienstplans erreicht werden.
Ein weiteres Kriterium stellt die Stabilität der Personalstruktur dar. Wechsel innerhalb des Kindergartenjahres können die Kinder verunsichern.

Gesetzliche Bestimmungen in Österreich

Die Personalerfordernisse pro Gruppe sind in den einzelnen Bundesländern unterschiedlich festgelegt. Grundsätzlich muss zumindest eine ausgebildete Fachkraft pro Gruppe angestellt werden. In Wien, Salzburg, Tirol und Kärnten ist die Anstellung einer zusätzlichen Helferin für je zwei Gruppen vorgeschrieben. Während in Wiener Familiengruppen, in Niederösterreich und in der Steiermark eine Kindergartenpädagogin und eine Helferin pro Gruppe vorgeschrieben sind, muss im Burgenland erst ab der vierten Gruppe eine zusätzliche Helferin bzw. Kindergartenpädagogin beschäftigt werden. In burgenländischen gemischtsprachigen Kindergärten ist weiters die Beistellung einer Assistenzkindergartenpädagogin gesetzlich vorgesehen, wenn die Gruppen führende Kindergartenpädagogin die entsprechende Volksgruppensprache nicht beherrscht.
In der Steiermark kann die Leiterin ab 4 Gruppen, in Salzburg ab 6 Gruppen freigestellt werden. In heilpädagogischen Kindergärten bzw. Sonderkindergärten müssen meist eine

Sonderkindergartenpädagogin sowie eine Helferin pro Gruppe beschäftigt werden.

Situation in österreichischen Kindergärten

Nach der Studie des Charlotte Bühler-Instituts (1994) sieht die Personalstruktur in den österreichischen Kindergärten folgendermaßen aus:

- 14% der Kindergartenpädagog/innen führen ihre Gruppe allein oder wechseln sich im Schichtdienst mit einer zweiten Kindergartenpädagogin ab. Sie werden dabei nicht von einer Kindergartenhelferin unterstützt.
- 69% der Kindergartenpädagog/innen führen eine Gruppe gemeinsam mit einer nicht ausgebildeten Helferin, die allerdings nur in 78% der Fälle täglich zur Verfügung steht.
- 7% der Kindergartenpädagog/innen arbeiten im Schichtdienst mit einer zweiten Kindergartenpädagogin und haben zusätzlich eine Helferin zur Verfügung.
- Ebenfalls 7% der Kindergartenpädagog/innen führen ihre Gruppe in Doppelbesetzung, das heißt, zwei ausgebildete Pädagog/innen sind zugleich anwesend.
- Nur 3% der Kindergartenpädagog/innen sind personell besonders gut gestellt, da zusätzlich zur Doppelbesetzung eine Helferin zur Verfügung steht.
- 64% der Kindergartenpädagog/innen sind neben ihrer Funktion als Gruppen führende Kindergartenpädagog/innen auch Leiterinnen.

In Großstadtkindergärten steht seltener eine Kindergartenhelferin zur Verfügung. Wenn eine Helferin da ist, so ist sie oft nicht täglich in der Gruppe anwesend. Kirchliche Träger beschäftigen öfter eine Kindergartenpädagogin und eine Helferin pro Gruppe als öffentliche Träger.

Am häufigsten werden Kindergartenpädagog/innen in Niederösterreich durch eine Helferin unterstützt (93%). In Wien, Oberösterreich und in der Steiermark steht ca. vier Fünftel der Kindergartenpädagog/innen eine Helferin zur Verfügung. Im Burgenland arbeiten 34% der Kindergartenpädagog/innen mit einer Helferin zusammen. Etwa drei Viertel der Kindergartenpädagog/innen in Kärnten, drei Fünftel in Salzburg und Tirol sowie jede zweite Kindergartenpädagogin in Vorarlberg führt ihre Gruppe gemeinsam mit einer Helferin.

Aus den Ergebnissen des Kindergartenberichts des Charlotte Bühler-Instituts (1994) lässt sich eine Erzieher-Kind-Relation in den österreichischen Kindergärten von 1:23 ablesen. Zieht man auch die Unterstützung durch eine Helferin in die Berechnungen mit ein, verbessert sich dieses Verhältnis auf 1:13. Nur Gruppen, die von zwei geprüften Kindergartenpädagog/innen gemeinsam geführt werden, weisen mit 1:12 einen günstigeren Betreuungsschlüssel auf.

Fast jede zweite Kindergartenpädagogin ist mit der Personalsituation in ihrer Gruppe sehr zufrieden. Je größer ihre Gruppe ist, umso unzufriedener ist die Kindergartenpädagogin mit der Personalsituation.

Die gute Personalsituation im eigenen Kindergarten wird am häufigsten als eine förderliche Bedingung für die Entwicklung der Kinder bezeichnet. Besonders die Zusammenarbeit mit einer Kindergartenhelferin wird als sehr positiv gesehen.

Ein Drittel der Kindergartenpädagog/innen befürchtet auf Grund einer unzureichenden Personalsituation negative Auswirkungen für die Kinder. Einerseits wird in diesem Zusammenhang mehr Personal für den Kindergarten selbst gefordert, andererseits befürworten die Kindergartenpädagog/innen die Einbeziehung von Fachkräften zur Förderung von Kindern mit speziellen Bedürfnissen.

Situation in der Europäischen Union

In Italien kommen 10 Kinder auf einen Erwachsenen, in England werden je 8 drei- bis fünfjährige Kinder von einem Erwachsenen betreut. In dänischen und schwedischen Kindergärten beträgt die Erzieher-Kind-Relation 1:5, das heißt, 3 Kindergartenpädagog/innen betreuen gemeinsam 15 Kinder. Portugal ist das einzige Land der EU, das für die Betreuung von Altersgruppen für Dreijährige eigene Normen vorsieht, nämlich 15 Kinder pro Erwachsenem. (Europäische Kommission, 1995)

Empfehlungen von Expert/innen
Hassenstein und Hassenstein (1990) sehen die kritische Gruppengröße, bei der die Erzieher/innen noch genügend Zeit für jedes einzelne Kind haben, bei 8 Kindern. Nach Scarr (1990) liegt eine günstige Gruppengröße bei höchstens 16 Kindern, wobei eine zahlenmäßige Relation zwischen der Kindergartenpädagogin und den zu betreuenden Kindern von 1:8 bestehen sollte. Hayes, Palmer und Zaslow (1990) empfehlen einen Betreuungsschlüssel von einer Erzieherin für 5 bis 10 Dreijährige bzw. für 7 bis 10 Vier- und Fünfjährige.

Empfehlungen zur Qualitätssicherung und Qualitätsoptimierung

Die Erzieher-Kind-Relation in österreichischen Kindergärten kann nur teilweise als befriedigend bezeichnet werden, da eine Zuordnung von etwa 10 Kindern zu je einer Betreuungsperson nur selten gegeben ist. Vor allem für jüngere Kinder, für Kinder mit besonderen Bedürfnissen und für jene Kinder, die täglich lange Zeit im Kindergarten verbringen, entstehen dadurch Belastungen. Zur Qualitätssicherung in den Randzeiten ist ein besserer Betreuungsschlüssel notwendig.
Zur Qualitätsoptimierung wird die pädagogische Ausbildung der Kindergartenhelferinnen sowie die Anstellung einer zweiten ausgebildeten Kindergartenpädagogin pro Gruppe empfohlen.

5.2 Räume und Raumausstattung

Das Raumerfordernis für Kindergärten umfasst pro Gruppe einen Gruppenraum, eine Garderobe und einen Sanitärbereich. Weiters sind Bewegungsräume, Ruheräume und Essbereiche, Küche, Abstellräume, Personalräume und Personaltoiletten sowie Büroräumlichkeiten erforderlich.

5.2.1 Gestaltung des Gruppenraumes

Mindeststandard
Gruppenraum in mehrere, sinnvoll platzierte Funktionsbereiche unterteilt, die genügend Platz und Ausstattung für die jeweiligen Aktivitäten bieten; Mitspracherecht der Kindergartenpädagog/innen bei der Planung

Qualitätsoptimierung
Flexible Möbel, Raumteiler etc. ermöglichen den Kindern, den Raum nach ihren momentanen Bedürfnissen umzugestalten

Der Gruppenraum ist für die Kinder Hauptaufenthaltsort, Arbeitsplatz und sozialer Bezugspunkt. Seine durchdachte Gestaltung ist daher eine wesentliche Voraussetzung für die Erfüllung des Bildungs- und Erziehungsauftrages des Kindergartens und die Befriedigung der Bedürfnisse der Kinder. Eine ausreichende Größe des Gruppenraumes und die Möglichkeit zur Auslagerung von Tätigkeitsbereichen sind notwendig, um den oft sehr gegensätzlichen Bedürfnissen und Aktivitäten der Kinder gerecht werden zu können.

Gesetzliche Bestimmungen in Österreich
Durch die Kindergartengesetze der einzelnen Bundesländer sind in jedem Bundesland zu-

mindest 2 m^2 Bodenfläche pro Kind für die Fläche des Gruppenraumes vorgeschrieben. In Vorarlberg müssen jedem Kind 1,5 m^2 zur Verfügung stehen.

Situation in österreichischen Kindergärten

Nach den Erhebungen des Charlotte Bühler-Instituts (1994) sind die Gruppenräume in österreichischen Kindergärten folgendermaßen gestaltet und ausgestattet:

Die tatsächliche Gesamtgröße des Gruppenraumes liegt in fast allen Kindergärten zwischen 30 und 70 m^2. Kindergärten am Land weisen größere Gruppenräume auf als Stadtkindergärten. Etwa jede dritte Kindergartenpädagogin äußert Wünsche hinsichtlich der Größe und der Aufteilung ihres Gruppenraumes.

Die Einrichtung verschiedener Spiel- und Beschäftigungsbereiche im Gruppenraum steht in engem Zusammenhang mit den vorgegebenen räumlichen Gegebenheiten. Nur 41% der Kindergartenpädagog/innen haben ausreichende Möglichkeiten, die Raumstruktur zu verändern. Für 10% ist dies überhaupt nicht möglich. Kindergärten in größeren Gemeinden oder Städten verfügen meist über flexiblere räumliche Gegebenheiten als im ländlichen Gebiet. Dasselbe gilt für größere Kindergärten im Vergleich mit kleineren. Kindergärten in Niederösterreich und Tirol haben besonders wenig Möglichkeiten der räumlichen Veränderung.

Die meisten Gruppenräume verfügen über Wohn- und Familienspielbereiche, Bau- und Konstruktionsbereiche, Bilderbuchbereiche, Bereiche für Zeichnen und Malen sowie für Gesellschafts- und Lernspiele. Eigene Werkbereiche sind nur in zwei Drittel der Gruppenräume vorhanden. Hauswirtschaftsbereiche und multifunktionale Bereiche fehlen in jedem zweiten Gruppenraum. In 46% der Gruppenräume gibt es Rückzugsmöglichkeiten, wie eine Kuschelecke, einen Lesebereich, eine Puppenecke oder eine Versteckmöglichkeit. 37% der Kindergartenpädagog/innen geben an, über Rückzugsmöglichkeiten in anderen Räumen, wie im Büro, in der Teeküche, auf dem Gang etc., zu verfügen. Es ist allerdings kritisch anzumerken, dass jede dritte Kindergartenpädagogin den Kindern keine Möglichkeiten zum Zurückziehen und Ausruhen anbieten kann.

Ein Fünftel der Kindergartenpädagog/innen beurteilt die Beschaffenheit ihres Gruppenraumes als besonders förderlich für die Entwicklung der Kinder. Etwa gleich viele Kindergartenpädagog/innen nennen die mangelhafte Ausstattung ihres Gruppenraumes als nachteilige Entwicklungsbedingung.

Situation in der Europäischen Union

Dänische Kindergärten verfügen im Allgemeinen über einen großen Mehrzweckraum, der für Gruppenspiele und für die gemeinsamen Mahlzeiten verwendet wird. Ein Nebenraum dient dem Kleingruppenspiel und dem Ausruhen. Weiters sind Werkstätten für Ton- und Holzarbeiten vorhanden.

In Deutschland werden die Zahl der Räume sowie die Mindestgröße für die Gruppen- und Nebenräume von den einzelnen Bundesländern gesetzlich festgelegt. An Ganztagseinrichtungen werden teilweise zusätzliche Anforderungen gestellt. Im bayrischen Kindergartengesetz sind im Gruppenraum 2 m^2 pro Kind vorgeschrieben, der Gruppennebenraum muss mindestens 16 m^2, der Mehrzweckraum mindestens 60 m^2 groß sein. Hinzu kommen noch eine Küche, Sanitärräume und Nebennutzflächen, deren Größe sich nach der Zahl der Kindergartenplätze und der Anzahl der Mitarbeiter/innen richtet.

Die Grundfläche griechischer Kindergärten umfasst im Allgemeinen 180 bis 280 m^2. Meistens werden pro Haus zwei Gruppen geführt. In den Gebäuden gibt es neben den Gruppenräumen einen großen Mehrzweckraum, ein Büro für jede Erzieherin, Toiletten und Nebenräume, die als Materiallager oder als Küche dienen.

In den französischen Kindergärten, die dem Schulsystem angegliedert sind, verfügt jede Gruppe über einen Gruppenraum und einen Ruheraum für jüngere Kinder. An zusätzlichen Einrichtungen sind in neu erbauten Kindergärten vielfach eine Bibliothek, ein Übungsraum für Psychomotorik und ein Raum für Dia- und Filmvorführungen vorhanden. Ein Büro für die Leitung und ein „Lehrerzimmer" sind ebenfalls vorgesehen. Die Gestaltung der einzelnen Gruppenräume obliegt dem pädagogischen Team. Der verfügbare Raum wird in verschiedene „Ateliers" untergliedert, das sind Bereiche für verschiedene Beschäftigungen, die voneinander durch niedrige Trennwände abgeteilt sind: eine Spielecke für freies Spiel, ein Bereich für Wasserspiele, eine Leseecke, ein Gesellschaftsspielbereich und ein Bereich für die kollektiven Aktivitäten in der Gesamtgruppe unter Anleitung der Erzieherin.

In Italien ist in dreigruppigen Häusern ein Gesamtraumbedarf pro Kind von 6,65 m^2 vorgeschrieben. Folgende Räume sind vorgesehen: Mehrzweckräume, Freiräume, Sanitärräume, Garderoben und Essräume.

In England und Wales stehen jedem Kind im Gruppenraum 2,3 m^2 zur Verfügung, in Schottland sogar etwas mehr. Die Einrichtungen verfügen über gut ausgestattete Spielräume, Büroräume, Nebennutzflächen, Küchenräume und Sanitäreinrichtungen für die Kinder und das Personal. (Europäische Kommission, 1995)

Empfehlungen von Expert/innen

Die Raumgestaltung gehört zu den Bereichen, die mittels der Kindergarten-Skala von Tietze, Schuster, Grenner und Roßbach (2001) beurteilt werden können. Für eine „gute" Bewertung des Gruppenraumes wird gefordert, dass mindestens drei Funktionsbereiche eingerichtet sind, die gut ausgestattet sind und eine günstige Platzierung im Raum haben. Sie sollten genügend Platz für die jeweiligen Aktivitäten bieten und für die Kinder leicht einsehbar sein. In „ausgezeichneten" Gruppen sind mindestens fünf Funktionsbereiche vorhanden und zusätzlich folgendermaßen eingerichtet: Sie ermöglichen eine Vielzahl von Lernaktivitäten, die Kinder werden zur selbständigen Nutzung angeregt, es stehen genügend Materialien zur Ausweitung und Veränderung der Funktionsbereiche zur Verfügung.

Das Kinderbetreuungsnetzwerk der Europäischen Kommission nennt als Qualitätsindikatoren unter anderem ein attraktives, gut gestaltetes und geräumiges Umfeld, das Möglichkeiten für viele Spiele und Aktivitäten bietet. Die Räume sollten gut belüftet, hell und warm sein. (Balageur, Mestres & Penn, 1992)

Empfehlungen zur Qualitätssicherung und Qualitätsoptimierung

Die Gliederung des Gruppenraumes in verschiedene Aktivitätsbereiche gemäß dem Raumteilverfahren ist ein gesicherter Qualitätsstandard in österreichischen Kindergärten. Allerdings wird empfohlen, ein besseres Gleichgewicht zwischen fix vorgegebener Raumordnung und flexiblen Gestaltungsmöglichkeiten anzustreben.

Die Einrichtung von Bereichen für das Werken und Hauswirtschaftsbereichen sollte in verstärktem Maße berücksichtigt werden. Weiters wird die Schaffung multifunktionaler Raumteile empfohlen, um den Kindern leicht zugängliche Plätze zur Versammlung der gesamten Gruppe sowie für individuelle Spielaktiviäten anzubieten. In Ganztagskindergärten bieten vor allem der Werkbereich und der Hauswirtschaftsbereich den Kindern die Möglichkeit für praktische Erfahrungen in Alltagstätigkeiten.

Zur Qualitätsoptimierung wird empfohlen, die Kindergartenpädagog/innen vermehrt in die Planungsphase von Kindergartenneubauten und -umgestaltungen einzubeziehen.

5.2.2

Zusätzliche Plätze für Spiel- und Beschäftigungsangebote

Mindeststandard

Erweiterung des Gruppenraumes durch ein bis zwei außerhalb liegende Spielbereiche

Qualitätsoptimierung

Der gesamte Kindergartenbereich dient den Kindern als Lebens- und Erfahrungsraum

Wenn der Gruppenraum alle Funktionen als Spiel-, Erfahrungs-, Lern- und Aufenthaltsort für eine Gruppe von Kindern erfüllen soll, stößt er schnell an die Grenzen seiner Kapazität. Die Folge ist eine belastende Atmosphäre für alle Beteiligten, in der es zu gegenseitigen Störungen und Einschränkungen kommt. Wenn Kindern, die täglich viel Zeit im Kindergarten verbringen, nur ein Raum zur Verfügung steht, ist ein „Einsperreffekt" zu befürchten. Dieser kann emotionale und soziale Probleme der einzelnen Kinder und der gesamten Gruppe mit sich bringen. (Rautenstrauch, 1988) Orte, die das Geschehen im Gruppenraum hinsichtlich Lärm und Gedränge entlasten und Platz für zusätzliche Angebote schaffen, bieten eine gute Ergänzung. Vor allem für Ganztagskinder ist es zusätzlich wichtig, schrittweise den gesamten Kindergarten als Lebens- und Erfahrungsraum erobern zu dürfen.

Je nach den baulichen Gegebenheiten des Kindergartens können folgende Räume zu Spiel- und Aktivitätsplätzen umgestaltet werden: Eingangsbereich und Halle, Garderobe, Stiegenhäuser, Waschräume, Abstellkammern, Bewegungsraum, Leiterinnenzimmer, Küche, überdachte Terrassen, Balkone etc.

Folgende Aktivitäten können aus dem Gruppenraum ausgelagert werden:

- Sehr bewegungsintensive Spiele (Sichaustoben, Fangspiele, Hüpfen und Schaukeln ...)
- Aktivitäten, die mit erheblicher Lautstärke verbunden sind (Musizieren, Bauen, manche Rollenspiele ...)
- Spiele, die viel Platz beanspruchen (großflächiges Malen, Großbaustellen, Errichten von begehbaren Bauten, Gestaltung von Werken, die lange bestehen sollen ...)
- Aktivitäten, die viel Schmutz verursachen (Werken, Töpfern ...)
- Aktivitäten, die hohe Konzentration erfordern (Plätze für Schau-, Riech-, Schmeck- und Tasterlebnisse, Lösung von schwierigen Lernaufgaben ...)
- Kontaktmöglichkeiten mit Kindern aus anderen Gruppen (ein für alle Kinder zugänglicher Kaufmannsladen, Kinderbibliothek ...)
- Verwirklichung unkonventioneller Angebote (Theaterbühne, Umweltspiele, multifunktionale Spielwand ...)
- Einblick in die Arbeitswelt Erwachsener (Kochen, Büroarbeit ...)

Gesetzliche Bestimmungen in Österreich

Die Gesetze in den Ländern hinsichtlich zusätzlicher Räume beziehen sich vor allem auf die Garderobe, den Sanitärbereich, diverse Abstellräume und den Bewegungsraum. In allen Bundesländern außer Wien muss zumindest in mehrgruppigen Kindergärten ein Leiterinnenzimmer bzw. ein Büro vorhanden sein. Ärztezimmer, Isolierraum oder Therapieraum sind in Wien, in der Steiermark, in Salzburg und in Vorarlberg vorgesehen. In Oberösterreich sollte nach Möglichkeit eine überdachte Terrasse vorhanden sein, in Tirol bei Bedarf eine Personalwohnung.

Situation in österreichischen Kindergärten

In der Studie des Charlotte Bühler-Instituts (1994) wurde die Benützung von zusätzlichen Räumen durch die Kinder erhoben.

- Die Garderobe wird in fast allen Kindergärten zum Spielen genutzt (91%).
- Turnsaal, Gang und Vorraum werden in über 70% der Kindergärten in die Spielaktivitäten einbezogen.

- In 44% der Kindergärten kann die Küche von den Kindern benützt werden.
- Büroräume sind nur in einem Drittel der Kindergärten auch für die Kinder zugänglich.

Als entwicklungsfördernde Bedingung wird von 28% der Kindergartenpädagog/innen die Möglichkeit der Benützung zusätzlicher Räume, insbesondere des Bewegungsraumes, angeführt. Ebenso viele Kindergartenpädagog/innen geben an, dass das Fehlen zusätzlicher Räume nachteilige Auswirkungen auf die Bildungs- und Erziehungsarbeit in ihrem Kindergarten hat.

Empfehlungen zur Qualitätssicherung und Qualitätsoptimierung

Die räumlichen Ressourcen des Kindergartens sollten im Hinblick auf die Erweiterung des Gruppenraumes durch außerhalb gelegene Spiel- und Aktivitätsbereiche überprüft werden. In Kindergartenneubauten sollte besonders für ganztägig geführte Gruppen eine ausreichende Anzahl von zusätzlichen Räumen selbstverständlich sein, ohne dass die Größe des Gruppenraumes beschränkt wird.

5.2.3 Wohnkultur

Mindeststandard

Verwirklichung von Wohnqualität durch sorgfältig ausgewählte Raumgestaltungselemente und Kinderarbeiten; ästhetische Gestaltungselemente, die den Wohncharakter hervorheben

Qualitätsoptimierung

Präsentation der Vielfalt und Individualität der kindlichen Werke; Vermeidung von Überladung bei der Raumgestaltung

Für Kinder mit langer Aufenthaltsdauer wird der Kindergarten zum „Wohnort“, der die Befriedigung ihrer individuellen Bedürfnisse gewährleisten muss.

Empfehlungen von Expert/innen

Wohnqualität entsteht aus einem gelungenen Zusammenspiel von Raumstrukturen und Raumgestaltungselementen. Raumstrukturen schaffen die Basis für ein breites Erlebnis- und Aktivitätsspektrum (Groh, 1995). Raumgestaltungselemente, wie Licht, Farbgebung, Materialwahl, Einsatz von Pflanzen, Kunstobjekten, Kinderarbeiten, Anordnung und Darstellung des Materials, bestimmen den Charakter des Raumes, durch den das Verhalten der Kinder erheblich beeinflusst wird. Zu viel Buntheit und Raumschmuck vermitteln den Eindruck von Überladenheit. Optimal gestaltete Kindergartenräume zeichnen sich durch Ästhetik, Klarheit, Funktionalität und Wohnlichkeit aus und lassen der kindlichen Fantasie und ihren Werken genügend Freiraum.
Die pädagogischen Fachberaterinnen der Steiermark empfehlen z. B. eine möglichst sparsame Verwendung von Farben, da die Kinder und die Bildungsmittel genügend Bewegung und Farbe in den Raum bringen. Grünpflanzen haben neben dem ästhetischen auch einen gesundheitsfördernden Effekt. Die Verwendung von textilen Materialien strukturiert den Raum, schafft Atmosphäre und wirkt Lärm dämmend. (Fachberatungsstelle für Allgemeine Kindergärten und Horte im Amt der Steirischen Landesregierung, 1995)
In der Kindergarten-Skala wird der kindbezogenen Ausgestaltung der Räume besondere Bedeutung beigemessen. In „guten“ Kindergärten überwiegen die selbst hergestellten Arbeiten der Kinder. Die von der Kindergartenpädagogin vorgenommene Ausgestal-

tung ist eng auf laufende Aktivitäten bezogen und in Augenhöhe der Kinder angebracht. Als „ausgezeichnet“ wird beurteilt, wenn die Arbeiten der Kinder von den Materialien und Themen her sehr individuell und vielfältig sind. (Tietze, Schuster, Grenner & Roßbach, 2001)

Empfehlungen zur Qualitätssicherung und Qualitätsoptimierung

Die Wohnkultur des Kindergartens sollte dahingehend überprüft werden, ob die Raumgestaltungselemente den Prinzipien der Klarheit, Ästhetik und Funktionalität entsprechen. Kinderarbeiten sollten als Raumschmuck Verwendung finden.
Zur Qualitätsoptimierung werden die Ausgestaltung der Räume mit vielfältigen und individuellen Kinderwerken sowie die Vermeidung von Überladung empfohlen.

5.2.4 Plätze für Entspannung und Rückzug

Mindeststandard
Zum Rückzug geeignete und permanent zugängliche Plätze innerhalb oder außerhalb des Gruppenraumes; zusätzliche Ausstattung anderer Raumteile mit Kissen, Decken und Matratzen

Qualitätsoptimierung
Gemütlich gestaltete Versteckmöglichkeiten zur Entspannung und konzentrierten Einzelbeschäftigung, die nicht der ständigen Kontrolle durch Erwachsene unterliegen

Im Kindergarten wechseln einander Phasen der Spannung und Entspannung, der intensiven, konzentrierten Tätigkeit und des Ausruhens ab (Soukup, 1995e). Die Kinder benötigen daher neben anregenden „Aktivitätsplätzen“ auch geeignete Orte, um sich vom Gruppengeschehen zurückziehen zu können, Gelegenheit zum Träumen, Rasten, Trödeln und Tratschen zu haben. Das Zusammenleben in der Gruppe erfordert permanente Rücksichtnahme, Disziplin und Konfliktlösungsbereitschaft. Dadurch können Kinder überfordert werden, vor allem wenn sie noch sehr jung, sozial unsicher sind oder täglich lange Zeit im Kindergarten verbringen. Je nach ihrem Temperament können die Kinder individuell unterschiedlich mit Gereiztheit, Rastlosigkeit oder Kindergartenunlust auf diese Überforderung reagieren.
Plätze, die durch ihre räumliche Struktur Geborgenheit ausstrahlen und mit weichen Materialien ausgestattet sind, wie z. B. Mulden oder kleine, runde Räume abseits des aktiven Gruppengeschehens, bieten sich besonders zum Zurückziehen und Erholen an. In vielen Kindergärten können solche Rückzugsmöglichkeiten außerhalb des Gruppenraumes eingerichtet werden, wie z. B. in der Kinderbibliothek oder in einem Spielhaus im Garderobenbereich. Versteckmöglichkeiten oder Höhlen sind bei den Kindern besonders beliebt und können auch in kritischen Situationen, wie etwa der Eingewöhnungsphase, Schutz und Trost vermitteln.

Situation in österreichischen Kindergärten

Nach den Untersuchungen des Charlotte Bühler-Instituts (1994) gelingt es den Kindergartenpadagog/innen nicht ausreichend, die Bedürfnisse der Kinder nach Ausruhen und Sichzurückziehen zu befriedigen. Jede zweite Kindergartenpädagogin gibt an, nur schlecht oder eher schlecht auf diese Bedürfnisse eingehen zu können. Auch auf den individuellen Zeitrhythmus der Kinder kann kaum Rücksicht genommen werden. Dieser Umstand ist mit dem Fehlen von Rückzugsmöglichkeiten in einem Drittel der Kindergartengruppen in Verbindung zu bringen. Besteht innerhalb des Gruppenraumes eine Rückzugsmöglichkeit, wird in 47% der Fälle die Kuschelecke dafür

genutzt. Auch der Lesebereich und die Puppenecke können zum Rückzug dienen. Nur 3% der Kindergärten verfügen über eine Versteckmöglichkeit für die Kinder.
12% der Kindergärten verwenden einen Spielbereich, der außerhalb des Gruppenraumes liegt, als Rückzugsmöglichkeit. Weiters stehen Räume für Erwachsene, wie das Büro, die Teeküche, der Gang oder Zusatzräume, zum Rückzug zur Verfügung. Neben beengten räumlichen Verhältnissen behindert oft die zu große Kinderanzahl in der Gruppe die Einrichtung eines Rückzugsbereiches.

Situation in der Europäischen Union
Dänische und französische Kindergärten verfügen in der Regel über einen kleinen Nebenraum, der zum Ausruhen benutzt werden kann (Europäische Kommission, 1995).

Empfehlungen von Expert/innen
Nach der Kindergarten-Skala von Tietze, Schuster, Grenner und Roßbach (2001) gilt als Qualitätskriterium in „guten“ Kindergärten die Einrichtung einer Kuschelecke, die regelmäßig zugänglich ist. Außerdem muss mindestens ein spezieller Platz vorhanden sein, an dem ein oder zwei Kinder ohne Belästigungen und Störungen durch andere spielen können. „Ausgezeichnete“ Kindergärten zeichnen sich dadurch aus, dass auch andere Funktionsbereiche „sanft“ und „kuschelig“ ausgestattet sind und die Kindergartenpädagogin die Einzelbeschäftigung als Teil der gezielten Förderung von Konzentration, Selbständigkeit und Entspannung sieht.
Balageur, Mestres und Penn (1992) nennen als Qualitätsindikatoren das Vorhandensein von Spielräumen, die nicht ständig der Kontrolle von Erwachsenen unterliegen.

Empfehlungen zur Qualitätssicherung und Qualitätsoptimierung

In österreichischen Kindergärten kann auf das Bedürfnis der Kinder nach Rückzug und Ausruhen nur unzureichend eingegangen werden. Dies erscheint umso bedenklicher angesichts der Tatsache, dass zunehmend mehr und jüngere Kinder den ganzen Tag im Kindergarten verbringen. Die Einrichtung spezieller Plätze für Entspannung und Rückzug, die ständig zugänglich und individuell gestaltet sein sollten, muss daher gefordert werden.
Zur Qualitätsoptimierung wird empfohlen, Versteckplätze im Gruppenraum einzuplanen.

5.2.5

Bewegungsräume

Mindeststandard

Ein Bewegungsraum für je zwei Gruppen, der den Kindern den Großteil der Zeit zur Verfügung steht; großzügig bemessene Tätigkeitsbereiche innerhalb und außerhalb des Gruppenraumes

Qualitätsoptimierung

Pro Gruppe ein Bewegungsraum mit direkter Verbindung zum Gruppenraum; dauernde Benutzbarkeit; für Kinder frei zugängliche zusätzliche Bewegungsangebote

Wenn sich Kinder nicht genügend bewegen können, kann sowohl ihre körperliche als auch ihre kognitive und sozial-emotionale Entwicklung beeinträchtigt werden. Bewegungsräume sind daher in jedem Kindergarten unverzichtbarer Standard (Soukup, 1995c). Kindheit ist heute vielfach durch eine vorwiegend bewegungsfeindliche Umwelt bestimmt, wie durch mangelnde Spielflächen und vermehrte Medialisierung und Motorisierung. Auf-

Bewegung drinnen und draussen

Für spontane Bewegungsabenteuer und gezielte motorische Förderung braucht jeder Kindergarten großzügig bemessene Freiflächen drinnen und draußen. Vielfältige Materialien fordern dazu heraus, allein, zu zweit oder in der Gruppe Bewegungserfahrung zu sammeln und damit wichtige Erkenntnisse über sich selbst, andere und die Umwelt zu gewinnen. So können sich Kinder zu selbständigen und selbstsicheren Persönlichkeiten entwickeln.

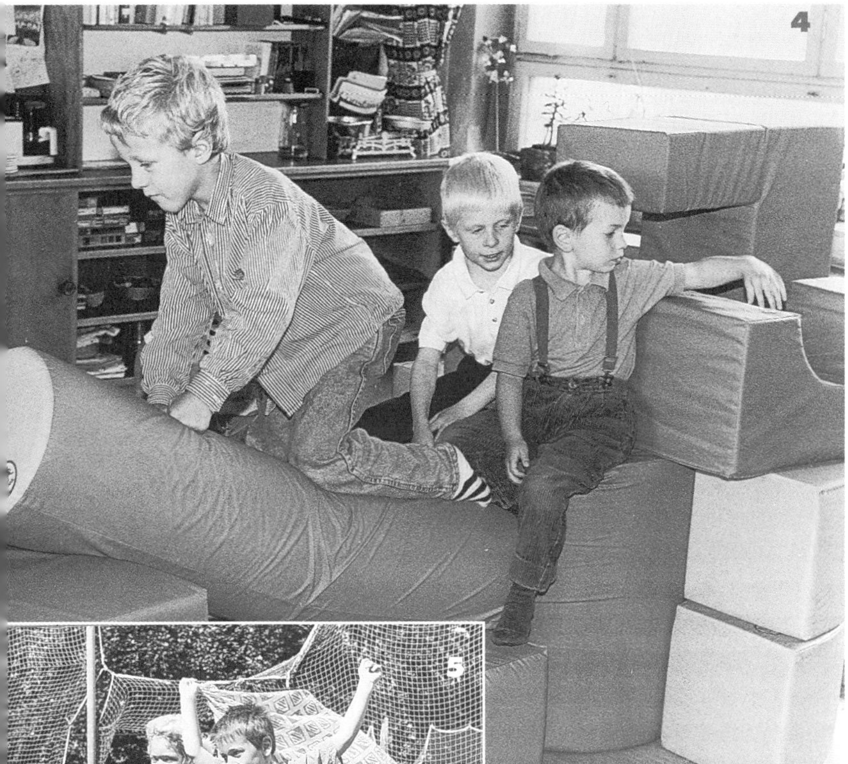

1 Spiele mit einem starren Ordnungsrahmen auf hartem Betonboden – wie sie früher üblich waren – entsprechen nicht mehr einer zeitgemäßen Bewegungserziehung.

2 Die Tradition der rhythmisch-musikalischen Erziehung in Österreich geht auf Mimi Scheiblauer zurück und ist auch heute noch fixer Bestandteil der Kindergartenpädagogik.

3 Aufgaben wie diese haben auf Grund moderner orthopädischer Erkenntnisse keinen Platz mehr im Kindergarten. Die Übungsausführung lässt außerdem keinen individuellen Gestaltungsspielraum offen.

4 Materialien, die sich variationsreich kombinieren lassen, besitzen für die Kinder starken Aufforderungscharakter. Sie bauen daraus Burgen, Schiffe oder Höhlen und benützen sie für ihre Bewegungsabenteuer.

5 In einem natürlich gestalteten Gelände können sich die Kinder dynamisch und lustvoll bewegen.

6 In einem gut ausgestatteten Bewegungsraum, der in Österreich zum Bau- und Einrichtungskonzept gehört, werden durch methodisch aufbauende Bewegungsangebote die motorischen Fertigkeiten der Kinder gefördert. Darüber hinaus können sich die Kinder z. B. auch Hindernisse zum Laufen und Springen, Balancieren oder Durchkriechen selbst bauen und individuell benützen.

gabe des Kindergartens ist es daher, in diesem Bereich kompensatorisch zu wirken, um negativen Folgen, wie Haltungsfehlern, Entwicklungsdefiziten in verschiedenen Persönlichkeitsbereichen und Verhaltensauffälligkeiten, vorzubeugen.
Zur Erhaltung der Gesundheit und zur Entwicklung der Gesamtpersönlichkeit ist ausreichende Bewegung von grundlegender Bedeutung.
Im Kindergarten sind großzügig gestaltete Aktivitätsbereiche und Freiflächen im Gruppenraum notwendig, um die Kinder in ihrem Bewegungsdrang nicht einzuschränken und die Entwicklung von spontanen Bewegungsabenteuern zu fördern. Auch zusätzliche Bereiche im Gebäudeinneren, wie etwa die Garderobe oder die Eingangshalle, bieten sich als Bewegungsflächen an. Hier können Bewegungsbaustellen, Schaukeln, Hängematten und Hüpfplätze untergebracht werden, die den Kindern jederzeit zur Verfügung stehen. Neben geeigneten räumlichen Voraussetzungen sind auch vielfältige Materialien und ein variationsreiches Bewegungsangebot wichtig, das von spontanen, kreativen Bewegungsspielen bis zu sportmotorischen Fertigkeiten, wie z. B. Schwimmen, reicht.

Gesetzliche Bestimmungen in Österreich

Die Einrichtung von Bewegungsräumen ist in allen Bundesländern außer Wien – hier sollte möglichst ein Bewegungsraum vorhanden sein – gesetzlich verankert: In Oberösterreich und Vorarlberg ist ein Bewegungsraum pro Kindergarten vorgeschrieben. In Niederösterreich, Burgenland und Tirol benötigen zumindest mehrgruppige Kindergärten einen Bewegungsraum. In Salzburg, Kärnten und Oberösterreich muss ein Bewegungsraum für zwei Gruppen, in der Steiermark für drei Gruppen vorhanden sein. Die vorgeschriebene Größe der Bewegungsräume beträgt in den meisten Bundesländern rund 60 m^2.

Situation in österreichischen Kindergärten

Die folgenden Ergebnisse stammen aus der Untersuchung des Charlotte Bühler-Instituts (1994):

- 67% der Kindergartenpädagog/innen geben an, dass in ihrem Kindergarten ein eigener Bewegungsraum zur Verfügung steht.
- Davon können 40% den Bewegungsraum auch jederzeit benutzen.
- 42% der Kindergartenpädagog/innen teilen sich den Bewegungsraum mit anderen Kindergartengruppen.
- 9% der Gruppen verwenden einen Bewegungsraum gemeinsam mit einer angrenzenden Schule.

Kindergärten kirchlicher Träger sowie Kindergärten in Klein- und Mittelstädten sind häufiger mit einem Bewegungsraum ausgestattet. Das Vorhandensein eines Bewegungsraumes wird von mehr als einem Viertel der befragten Kindergartenpädagog/innen als eine besonders entwicklungsfördernde Bedingung bewertet. Ebenso viele Pädagog/innen befürchten auf Grund des Fehlens eines Bewegungsraumes negative Folgen für die Entwicklung der Kinder.
Im Vergleich zu anderen Bedürfnissen können die Kindergartenpädagog/innen auf den Bewegungsdrang der Kinder eher schlecht eingehen.

Situation in der Europäischen Union

Ein eigener Übungsraum für Psychomotorik ist in neu erbauten französischen Kindergärten vorgesehen (Europäische Kommission, 1995).

Empfehlungen von Expert/innen

Als Mindeststandard für „gute" Kindergärten gilt laut Kindergarten-Skala (Tietze, Schuster, Grenner & Roßbach, 2001), dass Platz für Bewegung innerhalb und außerhalb des Gebäudes vorhanden ist. Er weist eine leicht zugängliche, robuste und sichere Ausstattung auf, die zu vielfältigen Fertigkeiten anregt.

Grobmotorische Aktivitäten sind regelmäßig sowohl vormittags als auch nachmittags vorgesehen. In „ausgezeichneten" Kindergärten werden sowohl fest installierte als auch bewegliche Ausstattungselemente genutzt, die eine Vielzahl von verschiedenen Fertigkeitsstufen stimuliert.
Balageur, Mestres und Penn (1992) nennen das Vorhandensein von Platz für Sport als Qualitätsindikator.

Empfehlungen zur Qualitätssicherung und Qualitätsoptimierung

Angesichts der Tatsache, dass in jedem dritten Kindergarten kein eigener Bewegungsraum zur Verfügung steht, muss für österreichische Kindergärten zur optimalen ganzheitlichen Entwicklung der Kinder ein großzügigeres räumliches Angebot gefordert werden. Zur Qualitätssicherung sollte für je zwei Gruppen zumindest ein direkt zugänglicher Bewegungsraum verfügbar sein, der jederzeit nutzbar ist. Auch in eingruppigen Kindergärten kann auf einen Bewegungsraum nicht verzichtet werden.
Zur Qualitätsoptimierung wären ein Bewegungsraum pro Gruppe sowie zusätzliche Bewegungsmöglichkeiten wünschenswert.

5.2.6

Spielräume im Freien

Mindeststandard

Kindergarteneigener Spielraum im Freien mit wenigstens 500 m² Fläche, in unterschiedliche Bereiche gegliedert (Sand, Wiese, Geräte, Wasser, Sträucher, harter Belag ...)

Qualitätsoptimierung

Naturnahe, abwechslungsreiche und kreativitätsfördernde Gestaltung des Gartens; in ganztägig geführten Gruppen täglicher Aufenthalt im Freien

Der Spielraum im Freien sollte möglichst ein Bereich sein, in dem sich die Kinder uneingeschränkt bewegen und austoben können. Dazu bieten sich der Garten, ein Park oder eine Terrasse an. Der Spielraum im Freien dient vor allem der elementaren Bewegungserziehung und der Befriedigung von individuellen Bedürfnissen. Er ist der günstigste Ort für die Erziehung zu Umweltbewusstsein und Naturverständnis. Kein Spielzeug kann Erfahrungen ersetzen, die das Kind mit natürlichem Material und den Naturelementen sammelt. Auch Naturfilme wiegen die Erlebnisse mit lebendigen Tieren nicht auf (Oberholzer & Lässer, 1995). Im Freien sind Spielangebote, an denen viele Kinder aktiv beteiligt sind, besonders gut möglich, wie etwa Rollenspiele, großflächige kreative Aktivitäten oder Experimentierspiele.
Für erlebnisreich und naturnah angelegte Gärten gibt es vielfältige Gestaltungsideen. Folgende Elemente sollten in jedem Garten nach Möglichkeit berücksichtigt werden (vgl. Petermair, 1993; Oberholzer & Lässer, 1995):

- ein Hügel oder eine Böschung, eventuell mit Röhrentunnel
- Bepflanzung mit einheimischen Bäumen und Sträuchern
- ein großzügig angelegter Sandspielplatz
- Geräte und Materialien für vielfältige Bewegungserfahrungen, wie Schaukeln, Rutschen, Klettern, Werfen, Springen etc.
- Naturmaterialien zum Bauen und Gestalten, wie Äste, Bretter, Steine etc.
- Hütten, Bauwerke, Sitz- und Versteckmöglichkeiten
- Spielmöglichkeiten mit Wasser
- ein Spielbereich mit hartem Belag zum Dreirad- und Rollerfahren
- ein Stück Naturwiese
- Beete für Blumen, Kräuter und Gemüse
- Kontaktmöglichkeiten zur Tierwelt

Ein solcherart abwechslungsreich gestalteter Garten lädt zu allen Jahreszeiten zum kreativen Spiel ein und lässt sich auf vielfältige Weise in die Bildungs- und Erziehungsarbeit einbeziehen. Eine entsprechende Bekleidung ist Voraussetzung dafür, dass die Kinder den Spielraum im Freien bei jeder Witterung nutzen können. In schwedischen Kindergärten ist es z. B. üblich, dass für jedes Kind Regen- und Ersatzkleidung im Kindergarten bereitliegt (Stadlbauer, 1995).

Gesetzliche Bestimmungen in Österreich

In fast allen Bundesländern sind zum Kindergarten gehörige Spielplätze gesetzlich verankert, die in den meisten Fällen mindestens 500 m² umfassen müssen. In Wien und Tirol sind Spielplätze nicht zwingend vorgeschrieben.

Situation in österreichischen Kindergärten

Aus der Kindergartenstudie des Charlotte Bühler-Instituts (1994) ergeben sich folgende Angaben über die Ausstattung mit Spielräumen im Freien:

- 92% aller Kindergärten verfügen über eine eigene Spielmöglichkeit im Freien.
- 7% der Kindergärten können Außenspielflächen in der Nähe des Kindergartens benützen.
- In nur 1% der Kindergärten besteht für die Kinder keine Möglichkeit, im Freien zu spielen.

Über 80% der Kindergartenpädagog/innen beurteilen die Größe des Spielplatzes mit sehr gut bzw. eher gut. Mit der Ausstattung sind sie hingegen weniger zufrieden. Kindergärten in Klein- und Mittelstädten sind im Vergleich zu Kindergärten in Dörfern und Großstädten häufiger mit einem eigenen Spielplatz ausgestattet.

Situation in der Europäischen Union

Außenspielflächen sind in allen Ländern der EU vorgesehen: Dänische Kindergärten sind für Gruppenaktivitäten im Freien ausgerüstet. Griechische Kindergärten bieten für 2 Gruppen eine Außenspielfläche zwischen 800 und 1200 m². Der Pausenhof eines französischen Kindergartens umfasst Sandkästen sowie feste und bewegliche Spielgeräte. In Italien umfasst die Austattung Spielgeräte für die körperliche Betätigung drinnen und draußen, z. B. eine Rutschbahn, ein Klettergerüst, Würfel und Bälle. Englische Kindergärten verfügen über Außenflächen für sportliche Aktivitäten, die mit großen Spielgeräten, wie Klettergerüsten und Spielhäusern, ausgerüstet sind. (Europäische Kommission, 1995)

Empfehlungen von Expert/innen

In der Kindergarten-Skala (Tietze, Schuster, Grenner & Roßbach, 2001) gilt für „gute“ Kindergärten, dass ein angemessener Platz im Freien vorhanden ist, der auch täglich genutzt wird. Eine „ausgezeichnete“ Ausstattung bedeutet, dass verschiedene Oberflächen vorhanden sind (z. B. Sand, Gras, Mulch etc.) und dass der Außenbereich günstig gelegen und gut ausgestattet ist (Toilette und Trinkwasser in der Nähe, Aufbewahrungsmöglichkeiten für die Ausstattung etc.).

Für das Kinderbetreuungsnetzwerk der Europäischen Kommission sind bei der materiellen Ausstattung auch die finanziellen Mittel für Außenanlagen zu berücksichtigen. Wenn keine Spielflächen im Freien vorhanden sind, müssen ausgleichende Tätigkeiten eingeplant werden. (Balageur, Mestres & Penn, 1992)

Empfehlungen zur Qualitätssicherung und Qualitätsoptimierung

Spielplätze gehören zum gesicherten Standard in fast allen österreichischen Kindergärten, die Ausstattung allerdings ist oft unzureichend und muss daher ergänzt werden.

Zur Qualitätsoptimierung sollte eine abwechslungsreiche Gestaltung des Gartens, die zu vielfältigen Bewegungserfahrungen, Naturbegegnungen und kreativen Tätigkeiten anregt, angestrebt werden. In ganztägig geführten Gruppen wird ein täglicher Aufenthalt im Freien möglichst bei jeder Witterung empfohlen.

5.2.7

Sanitärräume

Mindeststandard

Kindgerechte Ausstattung und hygienische Bedingungen der Sanitärräume

Qualitätsoptimierung

Die Sanitärräume sind jederzeit von den Kindern selbständig zu benützen; Toiletten mit Türen zur Wahrung der Intimsphäre

Die Förderung der Selbständigkeit der Kinder hinsichtlich der Benützung von Toiletten ist eine der Aufgaben des Kindergartens. Die Ausstattung mit Sanitäranlagen weist in österreichischen Kindergärten einen guten Standard auf. Stärker zu berücksichtigen ist jedoch die Wahrung der Intimsphäre der Kinder durch nicht einsehbare Toiletten.

Gesetzliche Bestimmungen in Österreich

Die Kindergartengesetze der einzelnen Bundesländer sehen detaillierte Regelungen hinsichtlich der Sanitäranlagen sowohl für Erwachsene als auch für Kinder vor: Ein Waschbecken in kindgerechter Höhe und ein WC in kindgemäßer Ausführung müssen für je 10 bis 15 Kinder vorhanden sein.

Situation in österreichischen Kindergärten

In der Kindergartenstudie des Charlotte Bühler-Instituts (1994) wurden die Kindergartenpädagog/innen unter anderem befragt, wie gut sie auf die individuellen Bedürfnisse der Kinder eingehen können. Der Großteil der Kindergartenpädagog/innen gab an, das Bedürfnis der Kinder, auf die Toilette zu gehen, gut befriedigen zu können.

Empfehlungen von Expert/innen

Sanitäre Anlagen in „guten" Kindergärten müssen leicht zugänglich und gut platziert sein und den hygienischen Anforderungen genügen. Kleidungsstücke zum Umziehen der Kinder sind vorhanden. In „ausgezeichnet" geführten Kindergärten wird die Selbständigkeit der Kinder beim Klogehen durch die kindgerechte Größe der Sanitäranlagen und durch entsprechendes Verhalten der Kindergartenpädagogin gefördert. (Tietze, Schuster, Grenner & Roßbach, 2001)
Auch Balageur, Mestres und Penn (1992) beziehen Überlegungen zu den Wasch- und Toilettenräumen in ihre Qualitätsindikatoren mit ein.

Empfehlungen zur Qualitätssicherung und Qualitätsoptimierung

Die Ausstattung der Kindergärten mit Sanitäranlagen ist in Österreich gesetzlich detailliert geregelt.
Zur Qualitätsoptimierung wird eine stärkere Wahrung der Selbständigkeit und der Intimsphäre der Kinder empfohlen.

5.2.8

Büro und Personalräume

Mindeststandard

Aufenthalts- und Besprechungsräume mit erwachsenengerechten Möbeln; zeitgemäße Ausstattung des Büros

Qualitätsoptimierung

Aufenthaltsräume sind von den Aktivitätsbereichen der Kinder getrennt, können aber bei Bedarf auch von den Kindern benützt werden

Die Arbeitszufriedenheit der Kindergartenpädagog/innen hängt auch von einer angemessenen Raumsituation ab. Büro- oder Personalräume mit bequemen, erwachsenengerechten Möbeln und ausreichenden Aufbewahrungsmöglichkeiten bieten Platz für Kommunikation und Erholung der Kindergartenpädagog/innen. Dadurch werden zusätzlich zu den Bereichen für Verwaltungs- und Schreibarbeiten auch Rückzugsmöglichkeiten für Erwachsene geschaffen.

Gesetzliche Bestimmungen in Österreich

Für Kindergartenpädagog/innen und Leiterinnen sind folgende Räume vorgesehen: Ein Leiterinnenzimmer bzw. Büro wird in den Bundesländern Oberösterreich, Salzburg, Steiermark, Tirol, Vorarlberg und Kärnten für jeden Kindergarten gefordert, in Niederösterreich und im Burgenland nur für mehrgruppige Kindergärten. Ein Personalraum ist in Kärnten, Oberösterreich, Steiermark und Tirol für mehrgruppige Kindergärten sowie in Wien für jeden Kindergarten vorgesehen. In Salzburg wird er empfohlen.

Die Einrichtung von Sanitäranlagen für Erwachsene ist in den Bundesländern Wien, Niederösterreich, Burgenland, Oberösterreich, Salzburg, Steiermark und Kärnten vorgeschrieben.

Situation in österreichischen Kindergärten

6,4% aller österreichischer Kindergärten sind mit Sprechzimmern ausgestattet, 69,8% mit Büros, und in einem Viertel der Einrichtungen stehen Personalräume zur Verfügung.

Besonders gut ist die Raumsituation in Salzburger Kindergärten: 86,3% sind mit einem Büro ausgestattet und beinahe jeder zweite Kindergarten mit Personalräumen. In der Steiermark bzw. in Oberösterreich stehen überdurchschnittlich oft Büros zur Verfügung (84,8% bzw. 80,7%). Auch in Kärnten ist die Ausstattung mit Büros (77,4%) sowie mit Personalräumen (40%) gut. Im Burgenland verfügt nur jeder zweite Kindergarten über ein Büro, Personalräume sind in weniger als 10% der Einrichtungen vorhanden. In Wien sind fast 40% der Kindergärten mit Räumen für das Personal ausgestattet. In Niederösterreich bzw. Tirol trifft das nur auf 13,1% bzw. 14,9% der Kindergärten zu. (Österreichisches Statistisches Zentralamt, 1995)

Empfehlungen von Expert/innen

In der Kindergarten-Skala wird für „gute“ Kindergärten vorausgesetzt, dass für die Kindergartenpädagog/innen Toiletten, ein mit Erwachsenenmöbeln ausgestatteter Aufenthaltsraum, ein geeigneter Raum für Dienstbesprechungen und eine zentrale Aufbewahrungsmöglichkeit für persönliche Dinge vorhanden sind. In „ausgezeichnet“ ausgestatteten Kindergärten befinden sich im Aufenthaltsraum bequeme Möbel für Erwachsene. Treffmöglichkeiten für Pädagog/innen sind von den Aktionsbereichen der Kinder getrennt. (Tietze, Schuster, Grenner & Roßbach, 2001)

Calder (1995) fordert zusätzlich die Berücksichtigung von Sitzmöglichkeiten im Gruppenraum, die der Körpergröße von Erwachsenen angepasst sind, zu deren körperlichem Wohlbefinden beitragen und der Überbelastung der Wirbelsäule vorbeugen.

Amend, Haberkorn, Hagemann und Seehausen (1992) schlagen die Bereithaltung von vielseitig nutzbaren Studien- und Ruheräumen im Kindergarten vor, damit die Kindergartenpädagog/innen kinderfreie Zeiten gemeinsam oder ungestört verbringen können.

Die steirischen Fachberaterinnen empfehlen die Ausstattung des Büroraumes mit einem Schreibmaschinen- bzw. Computerarbeitsplatz und einer Sitzgruppe für Besprechungen. Ein Schnurlos- oder Mobiltelefon ist von Vorteil. (Fachberatungsstelle für Allgemeine Kindergärten und Horte im Amt der Steirischen Landesregierung, 1995)

Empfehlungen zur Qualitätssicherung und Qualitätsoptimierung

Da österreichische Kindergärten nur zu einem Viertel über Personalräume verfügen, wird diesbezüglich ein Ausbau empfohlen. Büros und Personalräume sollten so eingerichtet sein, dass sie den Bedürfnissen der Kindergartenpädagog/innen nach Kommunikation und Erholung entgegenkommen und auch die Funktion von Rückzugsmöglichkeiten für Erwachsene erfüllen. Sowohl im Gruppenraum als auch in den Aufenthaltsräumen für die Kindergartenpädagog/innen sind erwachsenengerechte Möbel bzw. Sitzgelegenheiten notwendig. Ausreichend Platz für die Aufbewahrung der Garderobe und der persönlichen Unterlagen sind ebenso erforderlich wie eine zeitgemäße Ausstattung des Büros.

5.3 Ausstattung mit Spiel- und Lernmitteln, Arbeits- und Verbrauchsmaterial und mit audiovisuellen Medien

Mindeststandard

Reichhaltige Ausstattung mit Materialien für alle Spiel- und Lernbereiche – differenziert nach Altersstufen – und mit audiovisuellen Medien

Qualitätsoptimierung

Individuell angepasste Spiel- und Lernangebote für spezielle Interessen und Begabungen

Das Grundprinzip der Kindergartenerziehung – die Selbsttätigkeit und Autonomie des Kindes – erfordert außer der räumlichen Strukturierung in unterschiedliche Spiel- und Beschäftigungsbereiche eine reichhaltige Ausstattung mit Spiel-, Lern- und Arbeitsmaterialien. Der gezielte Einsatz der Spielmittel sowie die kritische Überprüfung ihrer Auswirkungen auf das Verhalten der Kinder sind wesentliche Elemente des Bildungs- und Erziehungsprozesses. Das Angebot an Spiel- und Lernmaterialien sollte so differenziert sein, dass es auch Spezialbegabungen der Kinder gerecht wird. Dazu dienen Materialien zur Förderung der Lesefähigkeit, des divergenten Denkens, von mathematischen und musikalischen Begabungen etc.

Situation in österreichischen Kindergärten

Die Ausstattung mit Spiel- und Lernmaterialien wird von den Kindergartenpädagog/innen durchwegs positiv beurteilt. Für Vier- bis Sechsjährige ist die Ausstattung insgesamt etwas besser als für dreijährige Kinder. (Charlotte Bühler-Institut, 1994)

Die Ausstattung für das Zeichnen und Malen wird von den Kindergartenpädagog/innen am besten beurteilt, danach folgt die Ausstattung mit Kinderbüchern, Gesellschafts- und Lernspielen, Bau- und Konstruktionsmaterialien, für Wohn- und Familienspiel, Werken, Rhythmik und Musik sowie für das Rollenspiel und das Kleine-Welt-Spiel.

Kritisch anzumerken ist jedoch, dass die Ausstattung jener Spielbereiche, die in Ganztagskindergärten besonders wichtig sind, von einem hohen Anteil der Kindergartenpädagog/innen als unzureichend eingestuft wird: Fast 40% der Pädagog/innen beurteilen die Ausstattung für hauswirtschaftliche Tätigkeiten als schlecht, fast 30% sind mit der Ausstattung für Bewegung und Turnen unzufrieden.

In Wiener Kindergärten sind die meisten Kindergartenpädagog/innen mit der Spiel- und Lernmittelausstattung für Drei- und Vierjährige zufrieden. Am schlechtesten wird die Ausstattung mit Spiel- und Lernmaterialien in mittelgroßen Städten und Gemeinden beurteilt. In Vorarlberg werden die Bedingungen für drei- und vierjährige Kinder besonders

negativ bewertet, während die Ausstattung mit Spiel- und Lernmaterialien für Kinder derselben Altersstufe in der Steiermark relativ gut ist.
Bei der Materialausstattung für fünf- bis sechsjährige Kinder ergeben sich keine Unterschiede hinsichtlich des Bundeslandes, der Gemeindegröße und der Trägerorganisation. Dieses Ergebnis ist wahrscheinlich dadurch zu erklären, dass die Kindergartenbesuchsquote in dieser Altersstufe am höchsten ist, und zeigt, dass die Bemühungen um ein gutes Angebot an Spiel- und Lernmitteln für die ältesten Kinder am weitesten fortgeschritten sind.
Sehr häufig wird angegeben, dass eine gute Ausstattung mit Spiel- und Lernmaterial positive Auswirkungen auf den Entwicklungsverlauf der Kinder zeigt. Jede zehnte Kindergartenpädagogin gibt allerdings nachteilige Folgen für die kindliche Entwicklung auf Grund einer schlechten Materialausstattung an.
Zur Grundausstattung einer Kindergartengruppe gehören neben traditionellen Spielmaterialien auch Overheadprojektoren, Kassettenrekorder, Diaprojektoren, Walkmen und Kopfhörer sowie Schreibmaschinen (Fachberatungsstelle für Allgemeine Kindergärten und Horte im Amt der Steirischen Landesregierung, 1995). Der Einsatz von Computern in österreichischen Kindergärten ist bisher nicht dokumentiert.

Situation in der Europäischen Union

Im Bericht der Europäischen Kommission wird die Ausstattung mit folgenden Materialien besonders hervorgehoben:
Die Sachausstattung in belgischen Kindergärten umfasst Spiele, Spielzeug, Bücher, Malbedarf und Hilfsmittel für Psychomotorik. Die meisten Einrichtungen sind mit Video- und Kassettenrekordern ausgestattet, die Hälfte verfügt über Computer.
In Griechenland gehören große Wandtafeln, zur Ausstattung der Gruppenräume, weiters eine Bibliothek, ein Puppentheater, ein Kaufmannsladen, Staffeleien, Musikinstrumente sowie Kassettenrekorder.
Französische Kindergärten sind mit verschiedenen Spielen, audiovisuellen Medien und mit Materialien zum Malen und Basteln ausgestattet.
Der Schwerpunkt irischer Kindergärten liegt in der Gestaltung einer anregungsreichen Umgebung, die zu spielerischem Lernen einlädt. Angeboten werden vor allem Wasser, Sand und Spielzeug.
Die Ausstattung italienischer Kindergärten muss altersgerecht und zweckmäßig sein. Den Kindern stehen Materialien für spielerische und künstlerische Aktivitäten und für musisch-expressive Betätigungen (Malbedarf, Knetwachs, Pappe, Papier) sowie Spielgeräte für Bewegung drinnen und draußen zur Verfügung.
Für Vorschulgruppen in Luxemburg stehen vor allem didaktische Materialien, wie Spiele, Lernmaterialien zur Anbahnung von Lesen, Schreiben und Rechnen und zur Einführung in die Sachkunde, zur Verfügung.
In England werden den Kindern neben großen Spielgeräten zur Förderung der Geschicklichkeit und Körperbeherrschung auch Sandkästen, Wasserbecken und Farben angeboten. Spielecken für ruhigere Beschäftigungen bieten Raum für kreative Auseinandersetzung mit Büchern, Geschichten, Musik und Reimen. (Europäische Kommission, 1995)

Empfehlungen von Expert/innen

Das „Massachusetts Institute of Technology“ führt in den städtischen Kindergärten von Reggio Emilia ein Projekt zur Überprüfung der Fähigkeiten von Vorschulkindern im Umgang mit Computern durch. Die Erfahrungen zeigen, dass die Kinder mit dem Computer ebenso geschickt umgehen wie etwa mit Lego, Konstruktionsmaterial oder mit Autos. Der Computer wird als Spielzeug betrachtet und dient dazu, die Kreativität der Kinder zu fördern, statt sie zu ersticken.

In der Kindergarten-Skala von Tietze, Schuster, Grenner und Roßbach (2001) wird gefordert, dass ausreichend Material für folgende Entwicklungsbereiche zur Verfügung steht:

- für Sprachverstehen und Sprachgebrauch (Bildkarten, Bücher, Kassetten, kleine Tiere und Figuren …)
- zur kognitiven und mathematischen Förderung (Zuordnungsspiele nach Farbe und Form, Materialien zum Messen, Wiegen ...)
- für grob- und feinmotorische Aktivitäten (Lego, Puzzles, Scheren, Stifte, Perlen …)
- für kreative Tätigkeiten (Material zum Zeichnen, Malen und Formen, Musikinstrumente und Tanzrequisiten, Bausteine und Zubehör, Sand, Wasser und vielfältiges Material für Rollenspiel)
- für Naturerfahrung und Sachwissen (Sammlungen, Pflanzen, einfache Experimente ...)
- für die Auseinandersetzung mit Medien (Video, Computer ...)

Empfehlungen zur Qualitätssicherung und Qualitätsoptimierung

Die Ausstattung mit Spiel- und Lernmaterialien in österreichischen Kindergärten befindet sich auf einem guten Standard. Die Spielmittel für den Hauswirtschaftsbereich, für Turn- und Bewegungsangebote, für das Rollenspiel und das Kleine-Welt-Spiel sollten allerdings ergänzt werden. Die Reichhaltigkeit der Ausstattung mit Spiel- und Lernmaterialien für Drei- und Vierjährige muss dem Angebot für die ältesten Kinder angeglichen werden.
Zur Qualitätsoptimierung wird empfohlen, das Spiel- und Beschäftigungsangebot mit speziell ausgewählten Materialien für Kinder mit besonderen Begabungen und Interessen anzureichern. Der Einsatz von Computern könnte in Modellversuchen erprobt werden.

5.4 Betreuung und Pflege der Kinder

Die Tatsache, dass Kinder zunehmend mehr Zeit im Kindergarten verbringen und dadurch ihr „Familienaufenthalt“ verkürzt ist, stellt neue Ansprüche an diese Institution. Die Zunahme der Betreuungsaufgaben in ganztägig geführten Einrichtungen hat zu anhaltenden Diskussionen um die Gefährdung des Bildungs- und Erziehungsauftrages des Kindergartens geführt.
In diesem Zusammenhang kommt der Frage der Qualität ein zentraler Stellenwert zu. Verbesserungen der Rahmenbedingungen sind notwendig, um ein Auseinanderdriften in einen halbtägigen Bildungskindergarten und einen ganztägigen Betreuungskindergarten zu verhindern (vgl. Niederle, 1994).

5.4.1 Sicherheit und Gesundheit

Mindeststandard
Gesetzliche Festlegung von Sicherheitsanforderungen hinsichtlich folgender Bereiche:

- **bauliche und hygienische Verhältnisse**
- **ökologische Bedingungen (Lärm, Luft- und Wasserqualität)**
- **Spiel- und Lernmittel**
- **Aufsichtspflicht**

Qualitätsoptimierung
Stete Aktualisierung und gesetzliche Anpassung; jährliche Überprüfung der Spielplätze durch Fachpersonal

Je jünger Kinder sind, umso mehr Schutz vor Unfällen und anderen gesundheitlichen Risiken benötigen sie. In unserer hoch technisierten Welt können Gefahren von den Kindern nicht immer erkannt und die Folgen ihres

Handelns oft nicht abgeschätzt werden. Der Kindergarten als Lebensumwelt von Kindern muss Sicherheit und Gesundheit gewährleisten.

Gesetzliche Bestimmungen in Österreich
In den Kindergartengesetzen der österreichischen Bundesländer sind Regelungen hinsichtlich der baulichen Sicherheit, der Ausstattung des Kindergartens, der hygienischen Verhältnisse, der Abgrenzung gegenüber äußeren Gefährdungen, wie Straßenverkehr, Luftverschmutzung und Lärm etc., sowie hinsichtlich der Aufsichtspflicht verankert.

Sicherheitsnormen für die Ausstattung mit Spielmitteln und Spielgeräten
Für Spielmittel gilt die Europäische Normenserie EN 71, die von Österreich übernommen wurde. Diese Normen beziehen sich unter anderem auf die mechanischen und physikalischen sowie auf die chemischen Eigenschaften und auf die Entflammbarkeit. Zusätzlich gibt es eine ÖNORM hinsichtlich der Speichel-, Schweiß- und Reibechtheit. Spielzeug, das den europäischen Sicherheitsnormen entspricht, trägt das CE-Zeichen. Auch Spiel- und Sportgeräte unterliegen eigenen Sicherheitsnormen: Die Bestimmungen betreffen unter anderem standortgebundene Spielgeräte, Turngeräte, Spielplätze sowie Sportplätze.

Situation in der Europäischen Union
Die Räume und die Ausstattung der Kindergärten in Deutschland müssen dem Alter der betreuten Kinder entsprechend sicher gestaltet sein.
Italienische Kindergärten sollen in einer Grünfläche angesiedelt und nicht in der Nähe von Orten gelegen sein, die einer hohen Umweltbelastung, einem hohen Geräuschpegel oder zu starker Sonneneinwirkung ausgesetzt sind. Sie müssen den Sicherheits- und Hygienevorschriften entsprechen und unterliegen der Aufsicht der örtlichen Gesundheitsämter und der Feuerwehr.
In holländischen Kindergärten legt die Kommunalverwaltung die Anforderungen in den Bereichen Sicherheit und Hygiene fest. (Europäische Kommission, 1995)

Empfehlungen von Expert/innen
Das Kinderbetreuungsnetzwerk der Europäischen Kommission führt als Qualitätsindikatoren unter anderem die Zuständigkeit für die Sicherheit im Kindergarten sowie für die Wartung der Geräte, Gebäude und Außenanlagen an. Betont wird auch, dass die Kinderbetreuungseinrichtung die Gesundheit der Kinder fördern soll und dass das Umfeld innerhalb und außerhalb sicher sein bzw. die Kinder vor offensichtlichen Gefahren schützen muss. (Balageur, Mestres & Penn, 1992)
In den amerikanischen Instrumenten zur Qualitätsbeurteilung von Kindergärten nimmt der Bereich Gesundheit und Sicherheit einen wichtigen Platz ein (vgl. Roßbach, 1993).
In der Kindergarten-Skala von Tietze, Schuster, Grenner und Roßbach (2001) gibt es in mehreren Merkmalen Hinweise auf Sicherheitsaspekte. Jene Kindergartengruppen, in denen Sicherheitsmängel mit Verletzungsgefahr im Innen- oder Außenbereich vorhanden sind, werden im Bereich „Sicherheit" als unzureichend eingestuft. Solche Mängel sind etwa ungesicherte Steckdosen, rutschige Teppiche, für die Kinder zugängliche Reinigungsmittel oder Müllcontainer, Spielgeräte, die in schlechtem Zustand sind etc. Wichtig ist, dass jederzeit eine ausreichende Beaufsichtigung gewährleistet ist, die auf die Sicherheit und Gesundheit der Kinder ausgerichtet ist. In „guten" Gruppen kommen keine schweren Sicherheitsmängel vor und die Erzieherin erklärt den Kindern die Gründe für Sicherheitsregeln. Hinsichtlich der Gesundheit achtet sie darauf, ob die Kinder der Temperatur und Witterung entsprechend angezogen sind und zeigt selbst gesundheitsbewusstes Verhalten. In „ausgezeichneten" Kindergärten wird den Kindern vermittelt, sich selbständig gesundheitsfördernd zu verhalten.

Auch Clarke-Stewart (1982) empfiehlt die Berücksichtigung folgender Gesundheits- und Sicherheitsaspekte:

- Es ist jederzeit mindestens ein Erwachsener da, um die Kinder zu beaufsichtigen.
- Putzmittel, Medikamente und giftige Chemikalien werden außerhalb der Reichweite der Kinder aufbewahrt.
- Die Steckdosen haben Kindersicherungen.
- Eine Hausapotheke ist vorhanden.
- Über jedes Kind werden Aufzeichnungen geführt (Notfall-Telefonnummern, medizinische Einzelheiten ...).
- Die Mitarbeiter/innen haben eine Ausbildung in erster Hilfe.
- Die Kinder können nicht auf die Straße und zu anderen gefährlichen Orten gelangen.

Empfehlungen zur Qualitätssicherung und Qualitätsoptimierung

Die österreichischen Kindergartengesetze umfassen auch Anforderungen hinsichtlich der baulichen und hygienischen Verhältnisse, der ökologischen Bedingungen und der Aufsichtspflicht. Diese müssen regelmäßig überarbeitet und dem aktuellen Wissensstand angeglichen werden.
Das Kindergartenpersonal sollte über das CE-Zeichen zur Sicherheit von Spielzeug Bescheid wissen und die Eltern darüber informieren.

5.4.2 Begrüßung und Abschied

<u>Mindeststandard</u>
Klare Vereinbarungen zur freundlichen Begrüßung und Verabschiedung der Kinder; ansprechende und kommunikationsfördernde Gestaltung des Eingangs und der Garderoben

<u>Qualitätsoptimierung</u>
Zusätzliche Angebote, um Kontakte der Eltern untereinander zu fördern

Begrüßung und Abschied sind Situationen, in denen die Kommunikation zwischen Kindergartenpädagogin, Kind und Eltern eine zentrale Rolle spielt. Der Eingangsbereich bzw. die Garderobe müssen daher so gestaltet sein, dass sie solche Kontakte ermöglichen bzw. fördern. Soukup (1995c) nennt als Voraussetzungen dafür, dass der Eingangsbereich und die Halle als Orte der Kommunikation dienen können:

- Vermeidung von Gedränge und übermäßigem Lärm
- Keine Zentralgarderoben für alle Gruppen
- Ausreichendes Platzangebot
- Sitzgelegenheiten und Garderobeablagemöglichkeit für Eltern
- Informationen über den Kindergarten und relevante Themen (Schautafeln, Ausstellungen, Auslegen von Broschüren ...)
- Zusätzliche Angebote, die Auslöser für Kontakte der Eltern untereinander sein können (z. B. Eltern-Kind-Bibliothek, Spielothek ...).

Der Morgen ist geprägt vom Eintreffen der Kinder und ihren unterschiedlichen Erfahrungen und Stimmungen. Soukup (1995b) nennt folgende häufige Bedürfnisse:

- Zeit und Ruhe haben, sich von den Eltern zu verabschieden und selbständig auszukleiden
- Zuwendung und Gespräch mit der Kindergartenpädagogin
- Platz zum Kuscheln und Nachträumen
- Bewegungshunger (offene Tür zum Bewegungsraum)
- Zusehen und beobachten
- Freund/innen und Geschwister in anderen Gruppen besuchen (Gruppen übergreifende Spielbereiche)
- Teilhaben an Tagesvorbereitungen
- Aktivitäten vom Vortag fortsetzen
- Neue Spielideen verwirklichen

Der Tagesbeginn im Kindergarten stellt eine „Orientierungsphase“ dar. In diesem Tagesabschnitt ist es die Aufgabe der Kindergartenpädagogin, die Kinder zu beobachten, auf

ihre Bedürfnisse einzugehen und eine freudige und entspannte Atmosphäre herzustellen. Die Kinder sollen Zeit haben, frei zu spielen. Die Kindergartenpädagogin wird nur dort eingreifen, wo deutlich wird, dass Kinder zusätzliche Impulse brauchen, um zu Spielpartner/innen und Spielaktivitäten zu finden.
Gegen Ende des Kindergartentages, in der „Ausklangsphase“, stehen wiederum die Bedürfnisse der einzelnen Kinder im Vordergrund (Soukup, 1995b). Spielgruppen und Spielsituationen lösen sich auf, es werden Vorbereitungen und Absprachen für den nächsten Tag getroffen, der Gruppenraum wird aufgeräumt. Die Kindergartenpädagogin wendet sich den Kindern zu, die gerade abgeholt werden, und knüpft Kontakte mit den Eltern.

Empfehlungen von Expert/innen
Damit ein Kindergarten als „gut“ beurteilt werden kann, ist in der Kindergarten-Skala gefordert, dass klare Absprachen und Regeln die freundliche Begrüßung und Verabschiedung aller Kinder sichern. In „ausgezeichnet“ geführten Kindergärten nutzen die Kindergartenpädagog/innen die Bring- und Abholsituation zusätzlich zur Kontaktaufnahme mit den Eltern. (Tietze, Schuster, Grenner & Roßbach, 2001)
Das Europäische Kinderbetreuungsnetzwerk sieht einen Qualitätsindikator darin, dass die Eltern genügend Zeit erhalten, ihr Kind zu Beginn und am Ende eines Vormittags oder Nachmittags zu verabschieden oder zu begrüßen (Balageur, Mestres & Penn, 1992).

Empfehlungen zur Qualitätssicherung und Qualitätsoptimierung

Bei der Begrüßung und beim Abschied sollte die Kindergartenpädagogin eine freundliche und angenehme Atmosphäre herstellen. Es wird empfohlen, die Eingangshalle und die Garderoben so zu gestalten, dass sie zur Kommunikation einladen.

5.4.3 Früh- und Spätzeiten

Mindeststandard
Betreuung in kleinen Gruppen, Zuwendung durch eine vertraute Kindergartenpädagogin

Qualitätsoptimierung
Schaffung eines familiären Umfeldes; Benützung zusätzlicher Räume; Mithilfe bei Alltagstätigkeiten; keine Gruppenzusammenlegungen

Auf Grund der zunehmend längeren Aufenthaltsdauer der Kinder im Kindergarten verlangen die Randzeiten besondere Aufmerksamkeit und müssen individuell gestaltet werden. Zu den Randzeiten zählen die Frühzeiten, wenn erst wenige Kinder da sind, sowie die Spätzeiten, wenn nur mehr ein geringer Teil der Kinder im Kindergarten verblieben ist. Diese Zeiten sind häufig durch ungünstige Umstände gekennzeichnet: Wichtige emotionale Bezugspersonen, wie die Kindergartenpädagogin oder Freund/innen des Kindes, sind noch nicht oder nicht mehr da, die Gruppenzusammensetzung und die Räume sind durch Gruppenzusammenlegungen oft nicht vertraut, die Kinder sind müde und erschöpft. Kinder, die sich in diesen Zeiten im Kindergarten aufhalten, benötigen spezielle Angebote, um emotionalen Belastungen vorzubeugen.
Nach Soukup (1995b) muss in der Frühzeit ein familiäres Umfeld geschaffen werden, damit die Kinder das nachholen können, was sie in der Hektik des Aufbruches von zu Hause eventuell versäumt haben. Dazu zählen unter anderem die Morgentoilette, das Frühstück oder Schlafen.
Für Kinder, die sich sehr lange im Kindergarten aufhalten, sind die liebevolle Zuwendung und die Nähe der Kindergartenpädagogin oft besonders wichtig. Um Alltagserfahrungen zu kompensieren, die Ganztagskinder in ihrer Familie vielfach nicht machen können, sollte der Kindergarten Möglichkeiten bereitstellen,

an der Erwachsenenwelt teilzunehmen. Die Kinder können bei der Zubereitung der Mahlzeiten helfen oder zusätzliche Räume, wie Küche, Gänge und Büro, benützen.

Situation in österreichischen Kindergärten
Eine Analyse der Verhaltensweisen von Kindern im Tagesablauf brachte folgende Ergebnisse (Charlotte Bühler-Institut, 1994):
In der Frühzeit, zwischen 6.00 und 7.00 Uhr, beschreiben die Kindergartenpädagog/innen vor allem Müdigkeit der Kinder, Bedürfnis nach Zuwendung und Körperkontakt, Passivität und sozialen Rückzug, negative Stimmungen sowie unkontrolliertes emotionales Verhalten.
In der Spätzeit, zwischen 16.00 und 18.00 Uhr, werden diese Stimmungen und Verhaltensweisen wieder vermehrt beobachtet. In den Abendstunden erreicht das abwartende, unentschlossene und aggressive Verhalten der Kinder seinen Höhepunkt.
Diese Ergebnisse machen deutlich, dass die Bezugspersonen in den frühen Morgenstunden und am Abend besonders dafür qualifiziert sein müssen, den emotionalen Bedürfnissen der Kinder gerecht zu werden.
Unter den genannten Gesichtspunkten sind Sammelgruppen und Gruppenzusammenlegungen am Nachmittag abzulehnen.

Empfehlungen zur Qualitätssicherung und Qualitätsoptimierung

Die Früh- und Spätzeiten bedürfen einer besonderen Gestaltung, um negative Auswirkungen zu vermeiden. Vor allem muss eine vertraute, qualifizierte Bezugsperson zur Verfügung stehen, die den Kindern Zuwendung und Nähe gewährt und sensibel auf ihre Bedürfnisse eingeht.
Zur Qualitätsoptimierung sollten jene Kinder, die sehr früh kommen oder sehr lange im Kindergarten bleiben, Räume benützen können, die einen familiären Charakter ausstrahlen und Rückzugsmöglichkeiten bieten. Ihre Mithilfe bei Alltagstätigkeiten sollte ermöglicht werden.

5.4.4 Gestaltung der Mahlzeiten

<u>Mindeststandard</u>
Regelmäßige Mahlzeiten; hoher Ernährungswert der Speisen; angenehme soziale Situation; kein Zwang zu essen; Mittagessen in einem geeigneten Rahmen; ausreichende Betreuung durch Erwachsene

<u>Qualitätsoptimierung</u>
Gesunde, kindgerechte Küche aus frisch zubereiteten Speisen; Mahlzeiten werden zur Kommunikation und zur Förderung der Selbständigkeit genützt; eigener Essraum für Gruppen von bis zu 15 Kindern; Orientierung an den individuellen Bedürfnissen der Kinder; Vermittlung von Tischkultur

Neben der Befriedigung primärer Bedürfnisse sind Mahlzeiten im Kindergarten auch für das soziale Geschehen bedeutsam. Die Jause und die Mittagszeit dürfen daher nicht nur unter dem Aspekt der Betreuung gesehen werden. Ihre Gestaltung als Lernsituation ist vor allem auf Grund des Umstandes, dass Ganztagskinder selten die Möglichkeit der gemeinsamen Mahlzeit in der Familie haben, bedeutsam. Die Mithilfe der Kinder bei der Zubereitung des Mittagessens ist eine wesentliche Lernerfahrung. Wichtig ist eine gesunde, kindgerechte Küche aus frisch zubereiteten Speisen.
Die Tischkultur beinhaltet Aspekte des Wohlbefindens, der Lust und Freude am Essen. Entsprechende Fertigkeiten der Kinder, wie Selbständigkeit, Umgang mit Besteck oder Abschätzen des „Mengenbedarfes", sind nötig. Durch die Qualität der Atmosphäre und Kommunikation wird die Tischkultur ebenfalls beeinflusst. Slavetinsky (1995b) betont die Bedeutung von Vorbildern und einer indirekt erzieherisch wirksamen Essumgebung. Porzellangeschirr fordert z. B. zu sorgfältigem Umgang heraus. Nach Ramstorfer (1995)

muss während der Mahlzeiten auf die individuellen Bedürfnisse der Kinder durch Zuwendung und alternative Speiseangebote eingegangen werden.

Jausengestaltung
Die gemeinsame Jause am Vormittag findet entweder zu einem fixen oder einem variablen Zeitpunkt statt. Die „gleitende“ Jausenzeit stellt es den Kinden hingegen frei, innerhalb eines bestimmten Zeitraumes dann zu essen, wenn sie hungrig sind, und so lange zu essen, wie sie möchten. Diese Form der Jause erweist sich vor allem für jene Kinder, die zu sehr unterschiedlichen Zeiten in den Kindergarten kommen, als günstig. Sie erfordert jedoch ein gewisses Maß an Selbständigkeit der Kinder und eine gute Organisation der Kindergartenpädagogin. (Krückl, 1995)

Situation in österreichischen Kindergärten
In der Kindergartenstudie des Charlotte Bühler-Instituts (1994) geben 62% der Kindergartenpädagog/innen an, dass die Kinder jeden Tag gemeinsam jausnen, meistens zu einem fixen Zeitpunkt. In 35% der Kindergartengruppen wird die Jause innerhalb eines festgelegten Zeitraumes eingenommen, und nur in 2,5% der Kindergärten essen die Kinder dann, wenn sie individuell Hunger haben. In fast allen Kindergärten helfen die Kinder beim Servieren und Abräumen der Jause mit.

Mittagessen
Nach Soukup (1995b) soll das Mittagessen eine angenehme Unterbrechung im Tagesablauf darstellen und idealerweise auch mit einem Raumwechsel verbunden sein. Eine entspannte und familiäre Atmosphäre während des Essens ist besonders wichtig, da die meisten Kinder zu dieser Tageszeit ein körperliches, geistiges und emotionales „Tief“ haben (vgl. Charlotte Bühler-Institut, 1994). Sie zeigen häufig ein besonderes Bedürfnis nach Nähe und Zuwendung und reagieren sensibel auf Spannungen. Die Gruppe der Kinder, die gleichzeitig essen, sollte daher nicht mehr als 15 Kinder umfassen. Höchstens 6 Kinder und eine erwachsene Person sollten eine Tischgemeinschaft bilden. (Slavetinsky, 1995b)

Situation in österreichischen Kindergärten
60% der Kindergärten bieten die Möglichkeit des Mittagessens. In drei Fünftel dieser Kindergärten nehmen alle Kinder das Mittagessen gemeinsam ein. In 36% der Kindergärten isst jede Gruppe getrennt zu einer festgelegten Zeit. In 3% der Einrichtungen nehmen die Kinder ihr Mittagessen getrennt nach dem Alter (Vorschulkinder und jüngere Kinder) zu sich. Insgesamt isst ein knappes Drittel aller Kinder zu Mittag im Kindergarten. (Charlotte Bühler-Institut, 1994)
In 71% der Kindergärten wird das Mittagessen für die Kinder von einer Firma geliefert, während es in 28% in der eigenen Kindergartenküche zubereitet wird.
In österreichischen Kindergärten ist ein Mangel an Essräumen zu verzeichnen: In vier von fünf Kindergärten verbringen die Kinder ihre Mittagszeit im selben Gruppenraum, in dem sie sich auch tagsüber aufhalten. Als Vorbild können hingegen die Salzburger Kindergartenneubauten gelten, in denen der Situierung, Belichtung und Ausstattung der Essräume viel Beachtung geschenkt wird. (Slavetinsky, 1995a)

Empfehlungen von Expert/innen
Nach Tietze, Schuster, Grenner und Roßbach (2001) sind in „gut“ geführten Kindergärten ausgewogene Mahlzeiten fest im Tagesablauf verankert, die Kindergartenpädagog/innen sitzen bei den Kindern, sorgen für eine angenehme soziale Situation und unterstützen Gespräche in kleinen Gruppen. Als „ausgezeichnet“ werden Kindergärten dann beurteilt, wenn die Essenssituationen zusätzlich als Lernanlass genützt werden (Gespräche, Esskultur, Selbständigkeit).
Das Europäische Kinderbetreuungsnetzwerk

empfiehlt, auf appetitlich zubereitetes und nahrhaftes Essen zu achten und Mahlzeiten als freudiges Ereignis zu betrachten. Der Lebensmitteletat soll einen ausgewogenen und abwechslungsreichen Speiseplan ermöglichen. Weiters wird empfohlen, dass die Kinder zur Küche Zutritt haben. Die Lernaktivitäten sollten sich auch auf den Einkauf und die Zubereitung von Nahrung beziehen. (Balageur, Mestres & Penn, 1992)
Langsted (1994) unterstreicht, dass es zu den Rechten der Kinder gehört, jederzeit ihren Durst mit Saft oder Wasser zu löschen – so wie dies auch den Erwachsenen zugestanden wird.
Zum Raumkonzept, das von Malaguzzi für die Kindergärten in Reggio Emilia entwickelt wurde, gehören großzügige, restaurantähnlich gestaltete Gemeinschaftsräume, in denen die Mahlzeiten aus der kindergarteneigenen Küche eingenommen werden. (Hermann, Riedel, Schock & Sommer, 1985)

Empfehlungen zur Qualitätssicherung und Qualitätsoptimierung

In österreichischen Kindergärten besteht ein deutlicher Mangel an geeigneten Essräumen. Zur Qualitätssicherung sind entsprechende gesetzliche Regelungen zumindest für Kindergartenneubauten notwendig. Im Kindergarten muss garantiert werden, dass die Kinder die Mahlzeiten in einem angemessenen Rahmen zu sich nehmen können, z. B. durch gleitende Jausenzeiten, eine ansprechende Gestaltung des Essraumes, kleine Tischgemeinschaften und eine angenehme soziale Situation während des Essens sowie eine günstige Erzieher-Kind-Relation.
Zur Qualitätsoptimierung sollten die individuellen Bedürfnisse der Kinder nach einem bestimmten Zeitrhythmus und bestimmten Speisen mitberücksichtigt werden.

5.4.5 Ruhe- und Schlafpausen

<u>Mindeststandard</u>
Spezieller, ruhig gelegener, gut belüfteter Raum mit eigenem Schlafplatz für jedes Kind; Zeitpunkt und Dauer der Ruhepausen sind weitgehend an den individuellen Bedürfnissen der Kinder orientiert; ausreichende Beaufsichtigung; Angebote für Kinder, die nicht schlafen wollen

<u>Qualitätsoptimierung</u>
Zusätzlich wird dafür gesorgt, dass sich jedes Kind wohl fühlt und entspannt (eigenes Kuscheltier, Streicheln ...); individuell gestaltete Schlafplätze

In den meisten ganztägig geführten Kindergärten wird nach dem Mittagessen eine Schlaf- bzw. Ruhezeit eingehalten, in der sich die Kinder ausruhen können, aber nicht schlafen müssen. Die Ruhezeit kommt besonders den Bedürfnissen von jungen Kindern und jenen, die am Morgen schon sehr früh in den Kindergarten kommen, entgegen. Für Kinder, die nicht schlafen wollen, sind Tätigkeiten empfehlenswert, die in Ruhe ablaufen und Entspannung ermöglichen. (Soukup, 1995b) Eine zwangfreie, ruhige und „familiäre" Atmosphäre in der Ruhezeit dient am besten der Erholung. Diese kann mit Hilfe eines geeigneten Rahmens (individuell gestaltete Schlafplätze in einem eigenen Ruheraum, gemeinsames Einschlafritual ...) und durch die Berücksichtigung individueller Bedürfnisse und Schlafgewohnheiten (Lang- bzw. Kurzschläfer/innen, eigene Decke oder Polster, Kuscheltier ...) geschaffen werden.

Situation in österreichischen Kindergärten
Nach den Erhebungen des Charlotte Bühler-Instituts (1994) wird in 36% der Ganztagskindergärten eine fixe Schlaf- und Ruhezeit für alle Kinder eingehalten. In 29% der Kinder-

gärten gibt es eine fixe Schlaf- und Ruhezeit für alle Drei- bis Vierjährigen, während ältere Kinder frei entscheiden können, ob sie sich ausruhen wollen. In 19% der Einrichtungen sind Schlaf- und Ruhezeiten nicht üblich. In nur 16% der Kindergärten können die Kinder aller Altersstufen frei entscheiden, ob sie sich ausruhen oder die Ruhezeit anders verbringen wollen.
Eine Befragung der Kindergartenpädagog/innen ergab, dass es ihnen nur unzureichend gelingt, auf die Ruhe- und Schlafbedürfnisse der Kinder einzugehen. Dies betrifft vor allem die Fünfjährigen: Ein Drittel der Kindergartenpädagog/innen gibt an, auf die Schlaf- und Ruhebedürfnisse fünfjähriger Kinder nur sehr schlecht eingehen zu können, während dies bei jüngeren Kindern besser gelingt.

Empfehlungen von Expert/innen

Nach der Kindergarten-Skala (Tietze, Schuster, Grenner & Roßbach, 2001) zeichnen sich „gute" Kindergärten dadurch aus, dass die Ruhe- und Schlafpausen zu Zeiten stattfinden, die den Bedürfnissen der Kinder entsprechen, und dafür angemessene Räumlichkeiten (gute Belüftung, eigenes Bett für jedes Kind, ruhig ...) bereitstehen. Außerdem muss eine ausreichende Beaufsichtigung gesichert sein und den Kindern wird geholfen sich zu entspannen (z. B. sanfte Musik, Streicheln etc.). Als „ausgezeichnet" wird beurteilt, wenn es flexible Ruhemöglichkeiten außerhalb der Ruhephase gibt und wenn für diejenigen, die früher aufstehen oder nicht schlafen wollen, vorgesorgt ist.
Die Qualitätsindikatoren von Balageur, Mestres und Penn (1992) beziehen sich ebenfalls auf das Vorhandensein von genügend Platz für die Gestaltung der Ruhezeiten bzw. für ruhigere Aktivitäten und Entspannung.

Empfehlungen zur Qualitätssicherung und Qualitätsoptimierung

Die Organisation der Schlaf- und Ruhezeiten in österreichischen Kindergärten weist gravierende Mängel auf. Die Einrichtung gemütlicher Schlafräume, die zu anderen Tageszeiten auch als Räume für Entspannung und Rückzug genutzt werden können, ist zur Qualitätssicherung notwendig. Alle Kinder sollten frei entscheiden dürfen, ob sie schlafen wollen oder nicht. Für Kinder, die nicht schlafen wollen, sollten abwechslungsreiche Angebote zur Verfügung stehen.
Zur Qualitätsoptimierung werden eine individuelle Gestaltung der Schlafplätze und der Einschlafrituale, wie z. B. ein Schlaflied, ein eigenes Kuscheltier und persönliche Zuwendung, empfohlen.

5.4.6 Körperpflege und Hygiene

Mindeststandard

Kindgerechte und ansprechende Ausstattung der Sanitärräume; hygienische Bedingungen; Zähneputzen und Händewaschen gehören zur Alltagsroutine; die Körperpflege dient zur Entwicklung eines positiven Selbstbildes

Qualitätsoptimierung

Duschmöglichkeit; größtmögliche Selbständigkeit der Kinder

Im Rahmenplan „Bildung und Erziehung im Kindergarten" (Niederle, Michelic & Lenzeder, 1987) ist das Einüben von „Regeln für die Körperpflege" als Bildungsziel verankert. Im Ganztagskindergarten kommt es durch die längere Aufenthaltsdauer der Kinder zu einer Vielfalt an Situationen, die eine Routine hinsichtlich der Körperpflege erfordern. Eine ansprechende Ausstattung der Sanitäranlagen mit Handtüchern, Zahnputzzeug, Kämmen, großflächigen Spiegeln und Seifenspendern unterstützt das lustvolle Einüben der erwünschten Handlungen wie Zähneputzen und Händewaschen. Größtmögliche Selbständigkeit der Kinder ist anzustreben; bei jüngeren Kindern und in der Eingewöhnungszeit ist jedoch oft die Hilfe der Kindergartenpädagogin notwendig.

Gesetzliche Bestimmungen in Österreich
In den Kindergartengesetzen der österreichischen Bundesländer ist ein Waschbecken in kindgerechter Höhe für 10 bis 15 Kinder vorgesehen. Kärnten schreibt je ein Waschbecken für 6 bis 8 Kinder vor.

Situation in österreichischen Kindergärten
In der Studie des Charlotte Bühler-Instituts (1994) wurden die Kindergartenpädagog/innen befragt, wie gut sie auf die individuellen Bedürfnisse der Kinder eingehen können. Dabei gab der Großteil der Erzieher/innen an, das Bedürfnis der Kinder nach „Hygiene und Körperpflege“ gut befriedigen zu können.

Empfehlungen von Expert/innen
Nach der Kindergarten-Skala (Tietze, Schuster, Grenner & Roßbach, 2001) wird die Körperpflege in „guten“ Kindergartengruppen durch angenehme Erwachsenen-Kind-Interaktionen unterstützt. Kleidungsstücke zum Umziehen der Kinder sind vorhanden. In „ausgezeichnet“ geführten Kindergärten wird die Selbständigkeit bei der Körperpflege und beim Klogehen durch die kindgerechte Größe der Sanitäranlagen und durch entsprechendes Verhalten der Kindergartenpädagogin gefördert.
Die Fachberatungsstelle für Allgemeine Kindergärten und Horte der Steiermark (1995) empfiehlt das Vorhandensein einer Duschmöglichkeit für Kinder.

Empfehlungen zur Qualitätssicherung und Qualitätsoptimierung

Körperpflege und Hygiene sind als Ziele im Bildungskonzept der österreichischen Kindergärten verankert und können von den Kindergartenpädagog/innen gut verwirklicht werden. Zur Qualitätssicherung sollte die Zahngesundheitsvorsorge besonders berücksichtigt werden.
Zur Qualitätsoptimierung sind eine Duschmöglichkeit und größtmögliche Selbständigkeit der Kinder anzustreben.

5.5 Bildungs- und Erziehungskonzept

5.5.1 Bildungs- und Erziehungsziele

Mindeststandard
Rahmenbedingungen, die die Verwirklichung der Erziehungs- und Bildungsziele ermöglichen; Vermittlung methodisch-didaktischer Konzepte zur Verwirklichung von kritisch-innovativen Bildungszielen

Qualitätsoptimierung
Umsetzung des neuen, transaktionalen Bildungskonzepts (Bildungsqualität im Kindergarten) in Ausbildung und Kindergartenpraxis

Seit dem Jahr 2000 steht ein neues Bildungskonzept auf der Grundlage des Transaktionsansatzes im Kindergarten zur Verfügung. Die vernetzte Sichtweise dieses Konzepts trägt zur Optimierung der Bildungsqualität im Kindergarten bei und eröffnet innovative Erfahrungs-, Handlungs- und Gestaltungsmöglichkeiten für die pädagogische Praxis (Hartmann, Stoll, Chisté & Hajszan; vgl. Kapitel 3.1).

Situation in österreichischen Kindergärten
In der Kindergartenuntersuchung des Charlotte Bühler-Instituts (1995) wurde erfasst, welche Bildungs- und Erziehungsziele heute von den österreichischen Kindergartenpädagog/innen als wichtig bewertet werden und wie gut sie diese aus ihrer Sicht verwirklichen können.

Wichtigkeit von Bildungs- und Erziehungszielen
Folgende Bildungs- und Erziehungsziele werden vom größten Teil der Kindergartenpädagog/innen als sehr wichtig beurteilt:

- Sprachliche Ausdrucksfähigkeit
- Selbständiges Handeln
- Förderung friedlicher Konfliktlösungen
- Freude an der Bewegung
- Problemlöseverhalten
- Sprachverständnis
- Befriedigung emotionaler Grundbedürfnisse

Folgende Ziele werden an die letzten Ränge gereiht:

- Verständnis für technische Zusammenhänge
- Sexualerziehung
- Disziplin und Gehorsam
- Vermittlung von Tradition
- Erziehung nach religiösen Grundwerten
- Leistungsmotivation
- Kritische Auseinandersetzung mit gesellschaftlichen Werten

Verwirklichungsmöglichkeiten der Bildungs- und Erziehungsziele
Die Möglichkeiten der Verwirklichung der einzelnen Ziele werden bei weitem nicht so positiv eingestuft wie ihre Wichtigkeit. Die sehr unterschiedlichen Realisierungsmöglichkeiten, die die einzelnen Kindergartenpädagog/innen angeben, könnten ein Hinweis auf die unterschiedlichen Rahmenbedingungen sein, mit denen die Pädagog/innen in ihrer Arbeit konfrontiert sind.
Gut verwirklichbare Bildungsziele, wie das Erlernen praktischer Fähigkeiten und Alltagsroutine, Vermittlung von kulturellen Bräuchen, Förderung der Feinmotorik, bildnerisches Gestalten, Kennenlernen der Natur und Sinnesförderung, haben eine langjährige Tradition in der Kindergartenarbeit. Kritisch zu beurteilen ist, dass keines dieser Bildungs- und Erziehungsziele, die leicht zu realisieren sind, von den Kindergartenpädagog/innen als vorrangig wichtig bewertet wird.
Zu den weniger gut umsetzbaren Bildungs- und Erziehungszielen zählen das Verständnis für technische Zusammenhänge, Sexualerziehung, Förderung individueller Begabungen und Interessen und die kritische Auseinandersetzung mit gesellschaftlichen Werten. Diese Ziele werden von den Kindergartenpädagog/innen jedoch auch als weniger wichtig beurteilt. Möglicherweise betrachten sie die Sexualerziehung in erster Linie als eine Aufgabe der Familie und sind oft auch unsicher im unbefangenen Umgang mit der kindlichen Sexualität. Das mangelnde Interesse der weiblichen Kindergartenpädagog/innen für technische Zusammenhänge ist offensichtlich eine Auswirkung geschlechtsspezifischer Sozialisation.
Auch die Tatsache, dass das Ziel „Kritische Auseinandersetzung mit gesellschaftlichen Werten" einen sehr niedrigen Rangplatz einnimmt, lässt die Vermutung zu, dass bei Kindergartenpädagog/innen die Tendenz zur Harmonisierung stärker ausgeprägt ist als das Engagement für die Förderung eines kritischen Bewusstseins. Für die Auseinandersetzung mit unterschiedlichen Wertvorstellungen ist diese Fähigkeit jedoch unerlässlich.

Diskrepanzen zwischen der Wichtigkeit und den Umsetzungsmöglichkeiten von Erziehungs- und Bildungszielen
Auffallend ist, dass sich große Diskrepanzen zwischen der Wichtigkeit und den Möglichkeiten der Umsetzung in der pädagogischen Praxis bei denjenigen Zielen ergeben, die von den Kindergartenpädagog/innen und

anderen Expert/innen als sehr wichtig beurteilt werden. Diese Bildungs- und Erziehungsziele, wie etwa die Förderung friedlicher Konfliktlösungen, Problemlöseverhalten, Frustrationstoleranz oder kritisches Umwelt- und Konsumverhalten, weisen jedoch in Hinblick auf zukünftige Lebensbedingungen hohe gesellschaftspolitische Relevanz auf.

Betrachtet man die Tatsache, dass immer mehr und immer jüngere Kinder ganztägig im Kindergarten betreut werden, ist es sehr bedenklich, dass auf individuelle Begabungen und Interessen der Kinder und ihre emotionalen Grundbedürfnisse unter den derzeitigen Rahmenbedingungen nur unzureichend eingegangen werden kann.

Rahmenbedingungen und Verwirklichungsmöglichkeiten

Günstige räumliche Bedingungen, wie die Größe und Struktur des Gruppenraumes, die Verfügbarkeit zusätzlicher Räume etc., sind vor allem für die Verwirklichung musisch-kreativer Ziele entscheidend. Ebenso wichtig ist eine umfangreiche Ausstattung mit Spiel- und Lernmaterialien.

Kritisch-innovative Bildungs- und Erziehungsziele können eher in einer kleinen Gruppe umgesetzt werden. Die geringe Gruppengröße erlaubt auch ein individuelles Eingehen auf die Begabungen der einzelnen Kinder.

Kindergartenpädagog/innen, die traditionelle Ziele gut verwirklichen können, arbeiten häufig mit älteren Kindern in einem sehr gut ausgestatteten Kindergarten und betonen auch die Wichtigkeit lern- und leistungsbezogener Ziele. In Kindergärten, in denen die Ausstattung für alle Altersgruppen sehr gut ist und in denen sich die Kindergartenpädagogin mit der Gruppengröße und der Aufenthaltsdauer der Kinder zufrieden zeigt, können lern- und leistungsbezogene Erziehungs- und Bildungsziele besonders gut verwirklicht werden.

Situation in der Europäischen Union

In den meisten EU-Ländern werden Aktivitäten in folgenden Beschäftigungsbereichen angeboten:

- Psychomotorik
- Sprachlicher Ausdruck und Kommunikation
- Sachkundliche, künstlerische und ästhetische Aktivitäten
- Mathematische Lernerfahrungen
- Gesundheitserziehung

Ziel der Kinderbetreuungseinrichtungen in Dänemark ist es, die Kinder im Hinblick auf ihre Entwicklung, ihr Wohlergehen und ihre Selbständigkeit zu fördern. Die Vorschuleinrichtungen sollen Sicherheit und Entwicklungsanregungen sowie die Möglichkeit von engen Beziehungen zu Erwachsenen bieten.

Das Erziehungskonzept der belgischen Vorschuleinrichtungen bezieht sich auf die Persönlichkeitsentfaltung der Kinder, ihre Sozialisierung sowie ihre kognitive und affektive Förderung. Die angestrebten Bildungs- und Erziehungsziele sollen im Rahmen von Projekten in einem kindgemäßen Kontext und unter Beachtung des individuellen Rhythmus der Kinder realisiert werden.

Vorschuleinrichtungen in Deutschland haben zum Ziel, die Erziehung in der Familie zu unterstützen und zu ergänzen sowie Entwicklungsmängel auszugleichen. Der Kindergarten soll die Eigenverantwortung und die Gemeinschaftsfähigkeit der Kinder fördern sowie die Entfaltung ihrer körperlichen, geistigen, emotionalen und sozialen Fähigkeiten durch das Spiel und andere kindgemäße Beschäftigungen anregen. Bei der Arbeit im Kindergarten wird grundsätzlich vom situationsorientierten Ansatz ausgegangen. (Vgl. Kapitel 5.6.1)

Aufgabe der Vorschulerziehung in Griechenland ist die Förderung der körperlichen, emotionalen, sozialen und intellektuellen Entwicklung des Kindes als Vorbereitung auf die Primarschulbildung. Zusätzlich zu den oben genannten Bildungsbereichen werden Aktivitäten im

technischen Bereich sowie Staatsbürgerkunde angeboten.
In Spanien ist in den Autonomen Regionen der Unterricht der Regionalsprache Bestandteil des Lehrplanes.
Die Vorschulerziehung in Frankreich soll das Kind in seiner Ausdrucksfähigkeit und seiner Gemeinschaftsfähigkeit fördern und auf das schulische Lernen vorbereiten. Über die oben genannten Bildungsbereiche hinaus werden technische Aktivitäten angeboten.
Im Lehrplan der irischen Vorschuleinrichtungen, die dem Primarschulbereich angegliedert sind, werden die Lehrer/innen aufgefordert, die Bedürfnisse der jüngeren Kinder zu berücksichtigen und den Anteil des formalen Unterrichts zu begrenzen. Die angestrebten Bildungsbereiche, zu denen in Irland auch religiöse Erziehung zählt, sollen auf kindzentrierte Weise in einer Kombination von Gruppenarbeit und Unterricht im Klassenverband sowie durch entdeckendes Lernen vermittelt werden.
Im Erziehungsprogramm italienischer Vorschuleinrichtungen ist festgelegt, die Kinder zu freien und verantwortungsbewussten Bürger/innen heranzubilden, die auf kommunaler, nationaler und internationaler Ebene aktiv am gesellschaftlichen Leben teilnehmen können. Die Vorschule soll die Persönlichkeitsentwicklung, das Selbstvertrauen und die Selbständigkeit der Kinder fördern und ihnen allgemein gültige Werte, wie Freiheit, Selbstachtung, Achtung des anderen und der Umwelt, Solidarität und Gerechtigkeit, nahe bringen.
Ziel der Vorschulerziehung in Luxemburg ist eine umfassende Bildung der Persönlichkeit des Kindes und nicht die Vermittlung von Wissen. In den Einrichtungen soll eine freudige Atmosphäre herrschen, dem Spiel und dem Eingehen auf die unterschiedlichen Bedürfnisse der Kinder wird große Bedeutung beigemessen. Der Unterricht der luxemburgischen Sprache und die interkulturelle Erziehung werden im Zusammenhang mit dem hohen Anteil ausländischer Kinder in vielen Einrichtungen besonders betont.
In niederländischen Vorschuleinrichtungen gründet sich die Förderung der kognitiven, sozialen und emotionalen Fähigkeiten der Kinder auf einen kontinuierlichen Entwicklungsprozess. Im Gegensatz zur Primarbildung wird ein interdisziplinärer Ansatz bevorzugt. Zusätzlich zu den oben angeführten Bildungsbereichen ist der Erwerb von Fähigkeiten zur Bewältigung der alltäglichen Anforderungen des Lebens in der Gemeinschaft, z. B. im Hinblick auf die Verkehrssicherheit, vorgesehen.
In Portugal hat die Vorschulerziehung die Förderung einer ausgewogenen Entfaltung des gesamten kognitiven und emotionalen Potentials des Kindes sowie seine sittliche Erziehung zum Inhalt.
In Großbritannien sollen die Angebote einer Vorschuleinrichtung reichhaltig, vielfältig, ausgewogen und altersgemäß sein. Folgende neun Lernbereiche sind zu berücksichtigen: künstlerische, soziale, sprachliche, mathematische, wissenschaftliche, technische Aktivitäten sowie Religionserziehung, Ethik und Physik. (Europäische Kommission, 1995)

Empfehlungen von Expert/innen
In der Kindergarten-Skala wird die Verwirklichung folgender Bildungs- und Erziehungsbereiche bewertet (Tietze, Schuster, Grenner & Roßbach, 2001):

- Gesundheitsfördernde Verhaltensweisen
- Sprachverstehen und Sprachgebrauch
- Kognitive Anregungen
- Grob- und Feinmotorik
- Kreative Aktivitäten
- Sozialentwicklung
- Toleranz und Akzeptanz von Verschiedenartigkeit/Individualität

Eine Reihe von Qualitätsindikatoren des Europäischen Kinderbetreuungsnetzwerkes bezieht sich auf Lernaktivitäten, die die kognitive und soziale Entwicklung der Kinder fördern (Balageur, Mestres & Penn, 1992).

Folgende Fragen sind dabei von Bedeutung:

- Können mündliche und schriftliche Sprachfähigkeiten erworben werden?
- Bestehen Möglichkeiten, die Zweisprachigkeit zu entwickeln?
- Ist es möglich, grundlegende mathematische Konzepte zu entwickeln?
- Werden die Grob- und die Feinmotorik gefördert?
- Haben die Kinder die Möglichkeit, sich durch Spiel und Theater, durch Puppenspiele und Pantomime auszudrücken?
- Werden künstlerische und ästhetische Fähigkeiten gefördert?
- Wird das Interesse für biologische und wissenschaftliche Konzepte angeregt?

Empfehlungen zur Qualitätssicherung und Qualitätsoptimierung

Da unter den derzeitigen Rahmenbedingungen keineswegs gesichert ist, dass alle für wichtig gehaltenen Erziehungs- und Bildungsziele von den Kindergartenpädagog/innen verwirklicht werden können, müssen Verbesserungen auf zwei Ebenen ansetzen:
Einerseits sind Rahmenbedingungen zu schaffen, die eine differenzierte Bildungs- und Erziehungsarbeit ermöglichen. Besonders wichtig sind die Reduzierung der Gruppengröße, großzügigere räumliche Bedingungen und eine bessere Ausstattung mit Spiel- und Lernmaterialien.
Andererseits müssen in der Aus- und Fortbildung methodisch-didaktische Konzepte zur Umsetzung kritisch-innovativer Ziele vermittelt werden.
Zur Qualitätsoptimierung wurde im Jahr 2000 ein innovatives Bildungskonzept veröffentlicht, das aktuelle gesellschaftliche Entwicklungen und wissenschaftliche Erkenntnisse berücksichtigt. (Hartmann, Stoll, Chisté & Hajszan)

5.5.2 Bildungsintensive Phasen im Tagesablauf

Mindeststandard

Berücksichtigung der Aufmerksamkeitszyklen der Kinder bei der Planung von Bildungsangeboten; gleitende Spielsituationen; Balance zwischen fester Struktur und Flexibilität im Tagesablauf; tägliche Angebote interessanter Aktivitäten im Gebäude und im Freien

Qualitätsoptimierung

Verringerung von Wartezeiten; reibungslose Übergänge zwischen den einzelnen Aktivitäten; Berücksichtigung individueller Bedürfnisse; alternative Angebote für einzelne Kinder; die Tagesplanung lässt Raum für die Initiativen der Kinder

Der Tagesablauf im Kindergarten ist durch charakteristische Phasen der Orientierung, Konzentration, Entspannung und des Ausklangs gekennzeichnet. Die Länge dieser Phasen hängt einerseits von der Aufenthaltsdauer der Kinder und dem Zeitpunkt ihres Kommens am Morgen, andererseits aber auch von ihrer Gestimmtheit und Konzentration ab.
Die Kindergartenpädagogin befindet sich ständig in einem Spannungsfeld zwischen der im Voraus geplanten und vorbereiteten Arbeit und dem Eingehen auf die individuellen Fähigkeiten und Neigungen der Kinder mit ihren spontanen Ideen und Wünschen. Die Kenntnis der kindlichen Aufmerksamkeitsphasen ermöglicht es der Kindergartenpädagogin, bei der Planung von Bildungsprozessen günstige Zeiten im Tagesablauf für intensive Tätigkeiten und die Vermittlung von Neuem auszuwählen.

Situation in österreichischen Kindergärten
Im Rahmen der Kindergartenuntersuchung des Charlotte Bühler-Instituts (1994) wurden

die Verhaltensweisen im Tagesablauf von über 4.000 Kindergartenkindern analysiert. Am stärksten fallen den Kindergartenpädagog/innen die Aktivität, Aufnahmebereitschaft, Konzentrationsfähigkeit, Spielmotivation und die Selbständigkeit der Kinder auf. Weiters berichten sie häufig von der Freude der Kinder, von positiver Stimmung, Spaß und Zufriedenheit. Am wohlsten scheinen sich die Kinder zwischen 7.00 und 11.00 Uhr zu fühlen, wobei der Höhepunkt der positiven Stimmung zwischen 7.00 und 9.00 Uhr liegt und die Aktivität und Konzentration zwischen 8.00 und 11.00 Uhr vormittags ihren Gipfel erreicht. Die Ganztagskinder haben am Nachmittag zwischen 14.00 und 16.00 Uhr noch einmal eine sehr aktive Phase, in der sie sich intensiv ins Spiel oder in die Angebote der Kindergartenpädagogin vertiefen können.

Situation in der Europäischen Union

Die Europäische Kommission (1995) berichtet über eine belgische Studie, in der die Beschäftigungen von Kindern in Vorschuleinrichtungen untersucht werden: Die pädagogischen Angebote nehmen in den beobachteten Stichproben etwas mehr als die Hälfte des Kindergartentages ein. Während dieser Aktivitäten verhalten sich die Kinder häufig recht passiv, denn sie hören 18% der Zeit der Kindergartenpädagogin zu. Ebenso viel Zeit verbringen sie damit, gar nichts zu tun. Während 5% der Zeit warten sie auf ihre Eltern oder die Erzieherin. 13% der Zeit beteiligen sich die Kinder an Gesprächen. Während 8% zeichnen oder malen sie, und in 9% der Zeit hantieren sie mit Objekten. Die Ergebnisse dieser deskriptiven Studie werfen die Frage nach der Qualität der erzieherischen Tätigkeit und vor allem nach dem Umfang der Zeit, die mit Warten und Zuhören verbracht wird, auf. Wenn man davon ausgeht, dass das kleine Kind im Wesentlichen dadurch lernt, dass es sich aktiv mit seiner Umwelt auseinandersetzt, scheinen dazu nicht ausreichende Möglichkeiten gegeben zu sein. Wird jedoch in Kleingruppen gearbeitet, nehmen die Kinder häufiger verbale Interaktionen auf. Sie verbringen weiters weniger Zeit damit, nur zuzuhören oder zu warten, und nehmen während fast der Hälfte der Zeit aktiv am Geschehen teil.

Empfehlungen von Expert/innen

In der Kindergarten-Skala wird ein Kindergarten dann als „gut“ bewertet, wenn die Tagesplanung eine Balance zwischen fester Struktur und Flexibilität schafft: Die Tagesplanung ist nicht so starr, dass sie keine Zeit für individuelle Interessen lässt, aber auch nicht zu flexibel. Täglich werden einige interessante Aktivitäten im Gruppenraum und im Freien angeboten, die routinemäßige Betreuung, wie Essen, Schlafen und Körperpflege, nimmt nicht den Großteil des Tages ein. In „ausgezeichneten“ Kindergärten wird auf reibungslose Übergänge zwischen den einzelnen Aktivitäten Wert gelegt: Die Materialien für die folgende Aktivität stehen bereit, bevor die gerade laufende Aktivität beendet ist. Die Tagesplanung weist einerseits eine feste Struktur auf, andererseits ist sie flexibel genug, um individuelle Bedürfnisse zu berücksichtigen und Kindern, deren Bedürfnisse sich von jenen der Gruppe unterscheiden, alternative Aktivitäten anzubieten. (Tietze, Schuster, Grenner & Roßbach, 2001)

Es zeigte sich, dass Bildungsprogramme, die eine angemessene Mischung zwischen starker Strukturierung und Lenkung und völliger Offenheit darstellen, am geeignetsten sind, die Entwicklung der Kinder umfassend zu fördern. Nach Sylva, Roy und Painter (1980) spielten die Kinder bei zwei strukturierten Aktivitäten pro Halbtag konstrukiver und komplexer. Eine angemessene, moderate Strukturierung, die auch Raum für die Initiative der Kinder lässt, fördert somit die Wahrnehmung, die Leistungsmotivation, die Kreativität und das Selbstwertgefühl.

Hayes, Palmer und Zaslow (1990) treten ebenfalls für einen Tagesablauf im Kindergarten ein, der einerseits strukturiert und andererseits flexibel genug ist, Lernaktivitäten zur Förderung der kognitiven und sozialen Entwicklung anzubieten und den Kindern die freie Wahl und die Selbststeuerung ihrer Aktivitäten zu überlassen.

Empfehlungen zur Qualitätssicherung und Qualitätsoptimierung

Die Aufmerksamkeitszyklen der Kinder müssen bei der Planung von Bildungsangeboten berücksichtigt werden. Dazu sind gleitende Spiel- und Jausensituationen erforderlich. Zur Qualitätssicherung ist eine Balance zwischen fester Struktur und Flexibilität im Tagesablauf notwendig.
Zur Optimierung der Sozialisationsqualität werden folgende Maßnahmen empfohlen: reibungslose Übergänge zwischen den einzelnen Aktivitäten, eine Verringerung der Wartezeiten, eine individuelle Abstimmung der Bildungsangebote auf die unterschiedlichen Interessen und Spielraum für die individuellen Bedürfnisse und Initiativen der Kinder.

5.6 Impulse von alternativen Konzepten für die Bildungs- und Erziehungsarbeit

Prinzipien und Methoden alternativer Konzepte, wie sie etwa von Maria Montessori, Anna Freud oder Rudolf Steiner entwickelt wurden, können die Bildungs- und Erziehungsarbeit des Kindergartens bereichern und weiterentwickeln. Aus diesem Grund werden einige dieser alternativen Konzepte näher beleuchtet und Impulse für den Kindergarten herausgearbeitet.

5.6.1 Situationsorientierter Ansatz

Während zu Beginn der Siebzigerjahre eine systematische pädagogische Förderung in der Vorschulzeit – vor allem im Bereich der kognitiven Entwicklung – propagiert wurde, folgte später die Erkenntnis, dass solch eine Förderung für den sozial-emotionalen Bereich ausständig ist. Die Bildungs- und Erziehungsziele im Bereich des sozialen Lernens wurden daraufhin zunehmend zu einem zentralen Anliegen der Kindergartenpädagogik. (Schmidt-Denter, 1985)
Vom Deutschen Jugendinstitut wurde ein Curriculum „Soziales Lernen" entwickelt, dessen Materialien von der Lebenssituation und der Sichtweise der Kinder ausgehen. Sie sollen den Kindern helfen, durch den Umgang mit anderen Kindern jeden Alters zum Aufbau von Ich-, Sach- und Sozialkompetenz zu gelangen. (Arbeitsgruppe Vorschulerziehung, 1980/81; Colberg-Schrader, Krug & Pelzer, 1991)
In der Weiterentwicklung dieses Curriculums entstand der situationsorientierte Ansatz als Arbeitsgrundlage einer ganzheitlichen Elementarpädagogik. Ganzheitliches Leben und Lernen im Kindergarten bedeutet nach Krenz (1991), den Kindern die Möglichkeit zu geben, verloren gegangene oder neu zu entdeckende Sinnzusammenhänge zu erfahren. Dazu brauchen sie Zeit, vielfältige Umwelterfahrungen und die Akzeptanz der Erwachsenen.
Nach dem situationsorientierten Ansatz soll alles Lernen an die individuelle Lebensgeschichte, an soziale Erfahrungen und an bedeutsame Lebenssituationen der Kinder in Familie und Gesellschaft anknüpfen. Die Kindergartenarbeit dient der Unterstützung der Entwicklung und soll die Kinder zu kompetentem und autonomem Handeln befähigen. Gleichzeitig soll die Abschottung

des Kindergartens gegenüber der gesellschaftlichen Wirklichkeit überwunden werden. (Fried, 1991)

Kriterien für die Auswahl situationsorientierter Bildungsinhalte sind nach Niederle (1991) die Zugänglichkeit für das Kind und die Frage, ob bestimmte Zusammenhänge so vereinfacht dargeboten werden können, dass sie für das Kind einen Erkenntniszuwachs bringen, ohne die Sachrichtigkeit zu vernachlässigen. Vereinfachungen müssen Grundstrukturen sichtbar machen, ohne sie zu verfälschen.

Krenz (1991) nennt unter anderem folgende Voraussetzungen für die situationsorientierte Arbeit in der sozialpädagogischen Praxis:

- Verändertes Rollen- und Personverständnis der Kindergartenpädagog/innen

An die Stelle des Anbietens und Organisierens von Beschäftigungsaktivitäten tritt die Begleitung der Kinder in einer prozessorientierten Arbeit. Die Kindergartenpädagogin bezieht einen zurückhaltenden Standpunkt und lässt den Kindern viel Freiraum für eigene Aktivitäten. Die situationsorientierte Arbeit im Kindergarten verlangt von der Kindergartenpädagogin Risikobereitschaft für Veränderungen, Neugierde und Motivation sowie eine intensive Auseinandersetzung mit den Zielen des situationsorientierten Ansatzes. Um die Erzieher/innen beim Erwerb von Handlungskompetenzen für diese neue Rolle zu unterstützen, ist eine umfangreiche Fortbildung notwendig.

- Aufwertung des Spiels

Spielen und Lernen sind in der Vorschulpädagogik untrennbar miteinander verbundene Begriffe. „Kinder lernen in den von ihnen selbst gewählten Spielhandlungen alle Fähigkeiten, die sie brauchen, um in ihrer Gegenwart Probleme zu verarbeiten und Handlungsstrategien zu entwickeln, die sie in ihrer Selbständigkeit unterstützen“ (Krenz, 1991, S. 125).

- Einbeziehung ins Gemeinwesen und Zusammenarbeit mit Institutionen

Nach Zimmer (1991a) trägt die situationsorientierte Arbeit zur Öffnung des Kindergartens nach innen und nach außen bei: Kinder dürfen mitentscheiden, Eltern, Großeltern und Nachbar/innen sind im Kindergarten willkommen, der Kindergarten wird zu einem offenen Lernfeld für Eltern und Kinder und im besten Fall zum Mittelpunkt und Kommunikationszentrum der Gemeinde oder des Stadtteils. In diesem Zusammenhang ist auch eine aktive Öffentlichkeitsarbeit des Kindergartens anzustreben.

- Kindgerechte Raumgestaltung

Die situationsorientierte Arbeit im Kindergarten benötigt eine räumliche Atmosphäre, in der sich die Kinder wohl und geborgen fühlen, die ihnen sowohl Rückzugsmöglichkeiten als auch Motivation und zahlreiche Anregungen bietet, ihre Neugierde zu befriedigen und Freude am kreativen und selbsttätigen Tun zu finden.

- Andere Formen der Zusammenarbeit mit den Eltern

Die Eltern werden neben den regelmäßigen Elternabenden durch zahlreiche andere Aktivitäten in die Kindergartenarbeit eingebunden, und zwar durch gemeinsame Feste und Ausflüge, Fortbildungsnachmittage, Hausbesuche, Elterngespräche, Mitarbeitsmöglichkeiten im Kindergarten, Elterngruppen, die sich je nach Interessengebieten zusammenfinden. Durch eine lebendige und aktive Mitarbeit der Eltern bietet der Kindergarten zunehmend Entwicklungsmöglichkeiten für alle Beteiligten.

Situation in Österreich

Der situationsorientierte Ansatz ist in Deutschland in den alten Bundesländern weit verbreitet. In Österreich werden Fortbildungsveranstaltungen zum situationsorientierten Ansatz angeboten.

Empfehlungen zur Qualitätssicherung und Qualitätsoptimierung

Folgende Impulse können eine Bereicherung für die pädagogische Arbeit im Kindergarten darstellen:

- Orientierung der Bildungs- und Erziehungsarbeit am Erlebnishintergrund und an der Lebenswirklichkeit der Kinder
- Ein neues Rollenverständnis der Kindergartenpädagog/innen: zurückhaltende Begleitung des Kindes, Gewähren von Freiraum für selbst bestimmte Aktivitäten
- Verstärktes Einbeziehen der Eltern in die Kindergartenarbeit
- Öffnung des Kindergartens hin zur Gemeinde

5.6.2 Selbst verwaltete Kindergruppen

Kindergruppen sind Kinderbetreuungseinrichtungen, die die Bedürfnisse der Kinder ins Zentrum der Aufmerksamkeit stellen und am Prinzip der Selbstorganisation, Selbstverwaltung und Selbstverantwortung auf inhaltlicher und pädagogischer Ebene festhalten. Sie entstanden 1968 aus der sogenannten Kinderladenbewegung in der Bundesrepublik Deutschland und aus den psychoanalytischen und politischen Prinzipien der antiautoritären Erziehung.

Heute stehen diese Prinzipien nicht mehr im Vordergrund der Kindergruppenerziehung: In der zweiten Hälfte der Siebzigerjahre und Anfang der Achtzigerjahre entstanden Kindergruppen, die sich selbst eher als individuell-emanzipatorisch definieren. Statt linken Organisationen stellen sie heute eine wesentlich breiter gestreute, verschiedenste Ansätze integrierende „Alternativbewegung“ dar, deren gemeinsame Grundlage die Kritik an den Auswüchsen der industriell-technokratischen Gesellschaft ist. (Fitzka-Puchberger, 1991)

Wesentlich für die kindzentrierte und gesellschaftskritisch orientierte Arbeit von Kindergruppen ist der sogenannte andere Umgang mit Kindern, der gekennzeichnet ist durch:

- Abweichung vom starren Schema Erwachsene – Kinder
- Anerkennung der Kinder als gleichberechtigte Partner/innen
- Hoher Grad an Individualisierung in der Erziehungsarbeit
- Berücksichtigung der kindlichen Bedürfnisse
- Soziale Aufmerksamkeit der Kinder untereinander
- Offene Konfliktaustragung
- Anstreben eines kritischen Bewusstseins
- Solidarität gegen Stärkere, Verzicht auf Gewalt gegen Schwächere
- Ausleben kindlicher Sexualität
- Geringe Leistungsorientierung

Ein wichtiges Merkmal der Kindergruppen ist die geringe Gruppengröße, die bei ungefähr 10 Kindern liegt. Die meisten Gruppen sind altersgemischt und nehmen bereits Kinder unter 3 Jahren auf.

Die Eltern sind in einer Kindergruppe oft in die Erziehungsarbeit miteinbezogen. Gemeinsam mit anderen gleichgesinnten Eltern begründen sie die Kindergruppe, legen das pädagogische Konzept fest, wählen die Betreuer/innen aus und müssen für den organisatorischen Ablauf des Kindergruppenalltags sorgen: Meist übernehmen die Eltern Koch-, Reparatur- und Putzdienste, Begleitung bei Ausflügen etc. Da die finanziellen Unterstützungen durch die öffentliche Hand sehr gering sind, ist die Erziehung in der Kindergruppe meist auch mit hohen Kosten verbunden. Bei regelmäßigen Elternabenden werden pädagogische und organisatorische Fragen gemeinsam von den Eltern und Betreuer/innen besprochen und entsprechende Entscheidungen getroffen.

Die Arbeit in der Kindergruppe bedeutet nach

Fitzka-Puchberger (1991) für viele Betreuer/innen einen Ausstieg aus der Enge und Starrheit der institutionellen Kinderbetreuung oder aus der fremd bestimmten Arbeit in anderen Berufsfeldern. Vor allem die Gruppengröße in Kindergärten, die es unmöglich macht, auf das einzelne Kind einzugehen, und die Hierarchie im Kindergartenwesen sind Hauptmotive für den Ausstieg ausgebildeter Kindergartenpädagog/innen. Viele Betreuer/innen engagieren sich selbst aktiv für die Gründung einer Kindergruppe und bauen sie von Anfang an mit auf. Ein weiteres Charakteristikum ist der vergleichsweise hohe Anteil an männlichen Betreuern in Kindergruppen sowie das vermehrte Engagement der Väter in der Erziehungsarbeit.

Situation in Österreich

1995 gab es in Österreich 220 Kindergruppen, die durch den Bundesdachverband österreichischer Elterninitiativen organisatorisch vertreten sind (Denk & Schattovits, 1995).

Bei einem Vergleich von Kindergruppen und Kindergärten konnten Ipsmiller-Demetriou, Fischer-Kowalski, Fitzka-Puchberger, Hellwig und Weber (1987) Folgendes feststellen:

- Kindergruppenkinder zeigen häufiger kooperatives Verhalten als Kindergartenkinder. Sie gehen stärker auf andere Kinder zu und beziehen diese in ihr Spiel ein, ohne dass eine erwachsene Person von außen einwirkt.
- Hinsichtlich positiver Erziehungseinstellungen konnten zwischen den Kindergruppenbetreuer/innen und den Kindergartenpädagog/innen keine Unterschiede gefunden werden: Beide Gruppen befürworten es, Kinder ernst zu nehmen und sie zu loben. Geschlechtsspezifische Sozialistion wird ebenfalls von beiden Gruppen abgelehnt.
- Unterschiede finden sich hingegen hinsichtlich traditioneller und autoritärer Erziehungseinstellungen. Diese werden von den Kindergartenpädagog/innen signifikant öfter bejaht. Die Kindergartenpädagog/innen strafen auch öfter, zeigen mehr lenkendes Erzieherverhalten und versuchen, aufkeimende Konflikte und Aggressionen zu unterdrücken. Die Kindergruppenbetreuer/innen hingegen ermutigen die Kinder zur offenen Konfliktaustragung und zeigen mehr positiven Körperkontakt.

Ähnliche Ergebnisse werden von Wieger (1990) berichtet (vgl. auch Kapitel 5.9.2).

Empfehlungen von Expert/innen

Das Kinderbetreuungsnetzwerk der Europäischen Kommission weist darauf hin, dass Eltern bei Diskussionen sowie bei der Festlegung des Bildungsprogramms der Einrichtung einbezogen werden sollten. Weiters gilt es als Qualitätsindikator, wenn in der Kinderbetreuungseinrichtung Frauen und Männer als Rollenmodelle dienen. (Balageur, Mestres & Penn, 1992)

Aus der Perspektive der Eltern besteht Qualität im Kindergarten in der aktiven Beteiligung an der Gruppenarbeit.

Empfehlungen zur Qualitätssicherung und Qualitätsoptimierung

Folgende Impulse können eine Bereicherung für die pädagogische Arbeit im Kindergarten darstellen:

- Weniger traditioneller, direktiver Erziehungsstil der Kindergartenpädagog/innen
- Mehr Sozialerfahrungen der Kinder, offene Konfliktaustragung und mehr Solidarität der Kinder untereinander
- Mehr männliche Betreuungspersonen für den Kindergarten
- Mehr Mitbestimmung der Kinder und Eltern hinsichtlich organisatorischer Fragen und des Erziehungskonzeptes
- Kleinere Gruppengrößen

5.6.3 Montessori-Pädagogik

Maria Montessori (1870–1952) war Ärztin und Anthropologin und eröffnete 1907 das erste nach dem Konzept ihrer Pädagogik geführte Kinderhaus in Rom. Ab 1909 begann sie, internationale Lehrkurse zur Einführung in die Montessori-Pädagogik auf der ganzen Welt abzuhalten.

Ziel der Pädagogik Montessoris ist es, die Unabhängigkeit und Selbständigkeit des Kindes zu fördern, spontanes, individuelles Lernen zu ermöglichen sowie die inneren Kräfte des Kindes zur Entfaltung zu bringen. Im Zentrum ihrer Ideen steht die Entwicklung des Geistes durch die Sinne. Schwerpunkte der Montessori-Pädagogik sind daher die Schulung der Sinne mit Hilfe der eigens entwickelten Materialien, die Schulung der Motorik sowie die Förderung der Konzentration durch die Polarisation der Aufmerksamkeit. Unter Polarisation der Aufmerksamkeit versteht Montessori die absolute Vertiefung in einen Gegenstand oder eine Aktivität unter Einbeziehung aller Sinne.

Montessoris pädagogisches Konzept stellt das Kind in den Mittelpunkt. Beispielgebend war die Entwicklung von Einrichtungsgegenständen in kindgerechter Form und Höhe, die heute in jeder Kinderbetreuungseinrichtung zu finden sind. Ein weiteres Kennzeichen der „Vorbereiteten Umgebung" ist ein Materialangebot, das für alle Kinder - gleichgültig, in welcher Entwicklungsphase sie sich befinden - Lernangebote beinhaltet und zur konzentrierten Beschäftigung herausfordert. Das von Montessori selbst entwickelte didaktische Material besitzt hohen Aufforderungscharakter und fördert die Selbsttätigkeit des Kindes durch die Möglichkeit zur Selbstkorrektur.

Das Kind benötigt eine entsprechende Umgebung, um seine „Entwicklungsarbeit" leisten zu können. Das Kind soll also Schritt für Schritt auf seinem Entwicklungsweg begleitet werden, wobei es das Tempo selbst bestimmt.

Auch die Rolle der Kindergartenpädagogin verlangt im Rahmen der Montessori-Pädagogik besondere Aufmerksamkeit. Sie ist vor allem durch Zurückhaltung und Achtung vor dem Kind gekennzeichnet. Montessori nennt diese Haltung „geistige Demut". Die Kindergartenpädagogin bemüht sich, Hindernisse beiseite zu räumen, die ihre eigene Tätigkeit und Autorität darstellen können, und bewirkt somit, dass das Kind von sich aus tätig werden kann. Sie ist erst dann zufrieden, wenn sie sieht, wie die Kinder ganz aus sich heraus handeln und Fortschritte machen. Das Verdienst dafür nimmt sie jedoch nicht selbst in Anspruch.

Die Kindergartenpädagogin sollte also über Eigenschaften wie Geduld, Beobachtungsgabe und Vertrauen verfügen und dem Kind nur dann helfen, wenn es danach verlangt und wenn es notwendig ist. Sie sollte die Entwicklung der Kinder unterstützen, indem sie die Umgebung vorbereitet und die jeweils angemessenen Materialien bereitstellt.

Ausgehend von den Gedanken der Montessori-Pädagogik entwickelte das Ehepaar Wild (1990) in Ecuador ein Modell für einen Kindergarten, welches die Selbsttätigkeit der Kinder in den Vordergrund stellt. Wenn Kinder nicht permanent um die Erfüllung ihrer Bedürfnisse kämpfen müssen, wird durch ihre natürlichen, inneren Kräfte eine positive Entwicklung vorangetrieben. Deshalb ist der Kindergarten ganz nach den Bedürfnissen der Kinder gestaltet. Das Materialangebot ist reichhaltig, und die Teilnahme an den einzelnen Aktivitäten erfolgt freiwillig.

Situation in Österreich

Nach Niederle (1995d) zählt die Montessori-Pädagogik zu den wesentlichen Pfeilern der österreichischen Kindergartenpädagogik. Vor allem die Weiterentwicklung der „Vorbereite-

ten Umgebung“ zum „Raumteilverfahren“ schuf wesentliche Voraussetzungen für die Selbsttätigkeit des Kindes.
Nach Angaben des Montessori-Zentrums Wien gibt es in Österreich derzeit rund 50 Einrichtungen, die als Kinderhäuser, Kindergärten oder Kindergruppen nach der Pädagogik Maria Montessoris arbeiten.
Das Institut für aktives Lernen auf Basis der Montessori-Pädagogik bietet eine einjährige berufsbegleitende Ausbildung zur Montessori-Pädagogin für das Kindergartenalter an. Diese Ausbildung ist für Kindergartenpädagog/innen, Kindergruppen-Betreuer/innen und Sonderschullehrer/innen gedacht, steht aber auch allen anderen Interessierten offen. Vorkenntnisse sind nicht erforderlich. Der Lehrgang schließt mit dem Diplom der Österreichischen Gesellschaft für Montessori-Pädagogik ab. Bei Bedarf können auch Kurse in anderen österreichischen Bundesländern angeboten werden. Derzeit beenden ca. 120 Personen pro Jahr die Ausbildung zur Montessori-Pädagogin oder zum Montessori-Pädagogen. (Mündliche Auskunft Institut für aktives Lernen auf Basis der Montessori-Pädagogik, 3.6.1996)

Empfehlungen zur Qualitätssicherung und Qualitätsoptimierung

Folgende Impulse können eine Bereicherung für die pädagogische Arbeit im Kindergarten darstellen:

- Zurückhaltende, beobachtende Haltung der Kindergartenpädagogin
- Angebot von speziellen Materialien, die die Sinne ansprechen und die Selbständigkeit fördern
- Das Kind muss im Mittelpunkt der erzieherischen Aufmerksamkeit stehen
- Respektvoller Umgang mit Kindern
- Liebevolle Begleitung des Kindes auf seinem Entwicklungsweg

5.6.4 Waldorf-Pädagogik

Die Waldorf-Pädagogik kann nicht losgelöst von ihrer weltanschaulichen Grundlage, der Anthroposophie Rudolf Steiners (1861–1925), betrachtet und verstanden werden. Die starke Geschlossenheit des anthroposophischen Gedankengebäudes bewirkt die Übereinstimmung zwischen Theorie und Praxis und die Einheitlichkeit der Arbeit in den Waldorf-Kindergärten.
Nach Steiner benötigt das Kind in den ersten Lebensjahren für seine Entfaltung eine beschützende Erziehung und eine Umgebung, die so gestaltet ist, „dass die größte Bildetätigkeit der seelisch-geistigen Kräfte der Kindesindividualität nicht gestört, sondern angeregt wird. Die besten und schönsten Eindrücke sind hier wichtig. Das Kind ‚lernt‘ alles aus dem Hingegebensein an seine Umgebung, es ‚lernt‘ durch Einverleibung der äußeren Sinneseindrücke.“ (Halm & Kronemeyer, 1995, S. 48-49)
Diesem Gedanken entsprechend fallen die Waldorf-Kindergärten durch ihre harmonische Raumgestaltung, durch die schönen Farben und bewegten Formen auf. Das Spielmaterial ist sorgfältig ausgewählt und besteht vornehmlich aus – oft ungestalteten – Naturmaterialien, die die Fantasie des Kindes stimulieren. Für die Entfaltung und Differenzierung seines Lebenssinnes – einer der 12 Sinne, die Steiner beschreibt – braucht das Kind vor allem eine Fülle an gewachsenen Materialien.
Ein weiteres Grundelement der Waldorf-Pädagogik ist die Orientierung am sich ständig wiederholenden Rhythmus der Jahreszeiten und Feste. Um eine gesunde Entwicklung durch das Leben und Erleben eines gesunden Rhythmus zu ermöglichen, sind auch der Tag und die Woche im Kindergarten nach einem gleich bleibenden Ablauf gestaltet. So

haben verschiedene Aktivitäten, wie Brotbacken oder das Malen mit Wasserfarben, ihren festen Platz im Wochenverlauf.
Zu den wichtigsten Prinzipien der anthroposophischen Weltsicht und Pädagogik zählen die Ehrfurcht vor dem werdenden Menschen, eine ganzheitliche Sicht des Lernens sowie die Förderung des Spiels, da im freien Spiel die schöpferische Kraft des Kindes entfaltet werden kann. Das Spiel wird als Nachahmung täglicher Erlebnisse und Gefühle, Stimmungen und Einstellungen der Erwachsenen interpretiert.
Das Verhalten der Erwachsenen ist deshalb so wichtig, weil Kinder in ihren ersten sieben Lebensjahren hauptsächlich über die Nachahmung lernen, ihre Persönlichkeit entwickeln und erst allmählich über die Fremdidentifikation zur Eigenidentifikation finden. „Erst wenn die eigene Sicherheit stabil aufgebaut ist, kann das Kind den Raum der Familie zeitweise und in übersichtlichen Situationen verlassen. Es braucht aber auch noch die beschützende Erziehung und eine Umgebung, in der es seelisch mitschwingen kann, wo Liebe eine warme Seelenatmosphäre bildet." (Halm & Kronemeyer, 1995, S. 49)
Der Waldorf-Kindergarten bietet neben dieser warmen und geborgenen Atmosphäre auch eine ganzheitliche Sicht der Erziehung mit der vorrangigen Förderung musischer und kreativer Fähigkeiten sowie der Hinführung zur Natur. Als besondere Form der Bewegungskunst gilt in der Waldorf-Pädagogik die Eurythmie. Die Eurythmie drückt die Bewegungsintentionen, die im sprechenden und hörenden Menschen entstehen, als Gebärdensprache des ganzen Körpers, als „sichtbare Sprache", aus. Sie wird von den Kindern aus Freude an der Bewegung nachahmend aufgenommen.

Situation in Österreich

In Österreich gibt es derzeit 27 Rudolf-Steiner-Kindergärten. In Wien wird eine dreijährige berufsbegleitende Ausbildung zur Waldorf-Kindergärtnerin angeboten. (Mündliche Auskunft Frau Goldmann, Rudolf-Steiner-Kindergarten Mauer, 18.3.1996.)

Empfehlungen zur Qualitätssicherung und Qualitätsoptimierung

Folgende Impulse können eine Bereicherung für die pädagogische Arbeit im Kindergarten darstellen:

- Ausstattung mit vielfältigen natürlichen, unstrukturierten Materialien, um die Fantasie des Kindes zu stimulieren
- Ganzheitliche Sichtweise vom Kind, ganzheitliches Lernen
- Harmonische Raumgestaltung mit sorgfältig ausgewählten Farben und Formen
- Vermittlung von Geborgenheit und Wärme
- Betonung musisch-kreativer Fähigkeiten
- Mitleben im Rhythmus der Natur, Förderung von Naturverständnis
- Erleben und Nachahmen von elementaren Handlungen, z. B. Brotbacken

5.6.5 Psychoanalytische Pädagogik

Ziel der psychoanalytischen Pädagogik ist die Überwindung der Gegensätze zwischen Pädagogik und Psychoanalyse und die konstruktive Verbindung dieser beiden Wissenschaften.
Nach Sigmund Freud (1969, S. 578) muss die Erziehung „hemmen, verbieten, unterdrücken und hat dies auch zu allen Zeiten reichlich besorgt. Aus der Analyse haben wir erfahren, dass gerade diese Triebunterdrückung die Gefahr der neurotischen Erkrankung mit sich bringt." Die Erziehung muss sich also ihren Weg zwischen dem Gewährenlassen kindlicher Triebansprüche und deren Versagung suchen. „Wenn die Aufgabe nicht überhaupt unlösbar ist, muss ein Optimum für die Erzie-

hung aufzufinden sein, wie sie am meisten leisten und am wenigsten schaden kann." (S. Freud, 1969, S. 578)

Diese Aufgabe hat sich die psychoanalytische Pädagogik gestellt, deren Blütezeit in Wien in die Jahre 1920 bis 1938 fällt. Prominente Vertreter/innen der psychoanalytischen Pädagogik dieser Zeit sind neben Anna Freud unter anderem August Aichhorn und Hans Zulliger.

Krone (1988, S. 57) postuliert in Form der drei folgenden Thesen die Bedeutung psychoanalytischer Bildung für den Erziehungsprozess:

- „Erst der psychoanalytisch geschulte Erzieher ist frei, nicht auf Grund der eigenen Determination handeln zu müssen, sondern besonnen handeln zu können.
- Erst der psychoanalytisch geschulte Erzieher kann die kindliche Entwicklung in ihren Besonderheiten verstehen, sein Handeln danach ausrichten und ‚Unebenheiten' tolerieren.
- Erst der psychoanalytisch geschulte Erzieher kann entstandene Beziehungsblockaden erkennen und durch gezielte Interventionen aufheben, um damit Raum für erzieherisches Handeln zu schaffen."

Der Anna-Freud-Kindergarten wurde 1981 in Wien als psychoanalytisch orientierter Modellkindergarten gegründet. Er besteht aus drei Gruppen zu je 20 Kindern, die von jeweils zwei Kindergartenpädagog/innen und einer Helferin betreut werden. Die Kindergartenpädagog/innen benötigen keine psychoanalytische Vorbildung. Das Team umfasst weiters eine Kinderpsychologin, eine Sozialarbeiterin und einen psychoanalytischen Berater, die einmal wöchentlich zur Teambesprechung anwesend sind. Neben diesen Teambesprechungen, die auch der Forschung dienen, sind „Hausstunden" zur Aufarbeitung von Beobachtungen sowie eine wöchentliche „Intervision" zur Arbeit an der Teamentwicklung vorgesehen.

Im Anna-Freud-Kindergarten sollen – den Thesen Krones (1988) folgend – psychoanalytische Erfahrungen und Erkenntnisse in die Erziehungsarbeit einbezogen werden.

Ein wesentlicher Schwerpunkt der Erziehungsarbeit liegt in der Förderung der sozialen und emotionalen Entwicklung der Kinder, im Besonderen der Selbst-, Sozial- und Sachkompetenz. Vor allem die psychoanalytischen Begriffe der „Übertragung" und der „Bewusstmachung" sind prägend für die Arbeit des Anna-Freud-Kindergartens: Übertragung findet in der Kindergartenarbeit statt, indem das Kind die Beziehungsmuster, die es zu seinen Eltern aufgebaut hat, beim Eintritt in den Kindergarten auf die Kindergartenpädagogin überträgt. Bewusstmachung meint das Aussprechen und Transparent-Machen von Erfahrungsinhalten und Interaktionsprozessen.

Einen besonderen Stellenwert nimmt die Arbeit mit den Eltern ein. Ziel ist es, den Eltern Zeit zu lassen, die Kindergartenkultur kennen zu lernen, und ihnen die Erfahrung zu vermitteln, dass sie mit ihrem Kind und ihren Sorgen angenommen werden (Pazmann, 1991).

Neben der pädagogischen Arbeit betrachtet der Anna-Freud-Kindergarten die psychoanalytisch-sozialwissenschaftlich-frühpädagogische Begleitforschung als weiteren Arbeitsschwerpunkt (Pazmann & Purzner, 1991). Bevorzugte Forschungsinstrumente sind die Verhaltensbeobachtung und das sogenannte Blitzlicht: Dabei werden von den Kindergartenpädagog/innen ausgewählte Spielsituationen mit ihren spezifischen Sozialformen aufgezeichnet. Drei- bis viermal jährlich werden von den Kindern selbst Soziogramme zur Abbildung des gruppendynamischen Prozesses erstellt.

Empfehlungen zur Qualitätssicherung und Qualitätsoptimierung

Folgende Impulse können eine Bereicherung für die pädagogische Arbeit im Kindergarten darstellen:

- Intensivierung der psychoanalytischen Fortbildung der Kindergartenpädagog/innen, um sie für Phänomene wie Übertragung oder Gegenübertragung in der Erziehungsarbeit zu sensibilisieren.
- Regelmäßige Teambesprechungen und Supervision der Kindergartenpädagog/innen
- Verhaltensbeobachtung als fixer Bestandteil der pädagogischen Arbeit
- Selbsterfahrung für Pädagog/innen, um eigene unbewusste und ungelöste Schwierigkeiten zu erkennen, damit diese die Erziehungsarbeit nicht beeinträchtigen

5.6.6 Reggio-Pädagogik

Das Konzept der Reggio-Pädagogik wurde in Italien von Loris Malaguzzi und seinen Mitarbeiter/innen für die Kindergärten und Krippen der Stadt Reggio Emilia entwickelt.

Malaguzzi geht davon aus, dass das Kind seine Umwelt über den Prozess der Wahrnehmung entdeckt und dabei Anregungen und Unterstützung durch seine soziale Umwelt benötigt.

In den Mittelpunkt der pädagogischen Arbeit stellt Malaguzzi künstlerische Tätigkeiten. Wichtig ist dabei nicht das Endprodukt, sondern Prozesse der Wahrnehmung, Aneignung und Gestaltung. Die Erzieherin unterstützt den künstlerischen Prozess durch ihr Engagement, durch das Ernstnehmen kindlicher Fähigkeiten und Bedürfnisse sowie durch ihre Kenntnisse hinsichtlich vielfältiger künstlerischer Gestaltungstechniken, Darstellungsmöglichkeiten und Ausdrucksformen.

Grundlegend für Kindergärten, die nach dem Konzept der Reggio-Pädagogik arbeiten, ist eine breit gefächerte Materialausstattung: Verschiedene Papiere, Farben und Stifte sowie andere, meist unstrukturierte Materialien sind in kindgerechter Höhe vorbereitet und regen zu vielfältigen künstlerischen Aktivitäten an. Die meisten Materialien sind so beschaffen, dass ihr Aussehen, ihre Farben, Formen und Strukturen zum Berühren, Betasten und Verändern auffordern. Weiters können sich die Kinder mit Hilfe zahlreicher Spiegel in verschiedenen Perspektiven betrachten und Mimik und Gestik als Ausdrucksmittel erproben. Die Räume sind mit umfangreichen Ausstellungen und Dokumentationen der Werke der Kinder geschmückt.

Zusätzlich zu den Gruppenräumen sind die Krippen und Kindergärten in Reggio Emilia mit Material- und Werkräumen sowie einer zentralen Kinderwerkstatt ausgestattet. Neben dem Erziehungspersonal arbeitet in jeder Einrichtung eine Kunstpädagogin oder ein Kunstpädagoge als Werkstattleiter/in mit der Aufgabe, Projektentwürfe unter den Aspekten der ästhetischen Erziehung und Wahrnehmungspädagogik anzureichern und vielfältige Techniken zur Umsetzung der verschiedenen Ideen anzubieten.

In den Kindergärten und Krippen von Reggio Emilia wird die pädagogische Praxis mittels audiovisueller Medien, wie Video, Tonbänder und Fotos, reflektiert und dokumentiert. Auf diese Weise wird der hohe Respekt vor den Rechten der Kinder und ihrer kreativen Leistungsfähigkeit betont.

Die Kindergärten von Reggio Emilia wurden 1991 von der Zeitschrift „Newsweek“ zu den schönsten und anregungsreichsten der Welt erklärt.

Situation in Österreich
In Österreich gibt es keinen Kindergarten, der nach dem Konzept der Reggio-Pädagogik arbeitet.

Empfehlungen von Expert/innen
Der Schwerpunkt der Reggio-Pädagogik liegt auf der Förderung künstlerischer Aktivitäten. Auch in der Kindergarten-Skala von Tietze, Schuster, Grenne und Roßbach (2001) wird für „gute“ Kindergärten das Vorhandensein von Materialien für künstlerische Aktivitäten gefordert, die zur individuellen Gestaltung anregen. Die Beaufsichtigung der Kinder während kreativer Tätigkeiten sollte sich hauptsächlich auf die Sicherheit und Sauberkeit der Kinder sowie auf den richtigen Gebrauch von Materialien beziehen. In „ausgezeichneten“ Kindergärten müssen die Aktivitäten im Bereich des künstlerischen Gestaltens mit anderen Erfahrungen der Kinder in Beziehung gesetzt werden. Die Erzieher/innen sollten mit den Kindern interagieren, ihre kreativen Ideen besprechen und unterstützen. Die empfindliche Balance zwischen den Bedürfnissen der Kinder nach Selbständigkeit und den Möglichkeiten der Erzieher/innen für gezielte Lernprozesse muss berücksichtigt werden.

Empfehlungen zur Qualitätssicherung und Qualitätsoptimierung

Folgende Impulse können eine Bereicherung für die pädagogische Arbeit im Kindergarten darstellen:

- Höherer Stellenwert künstlerischer Aktivitäten zur Schulung der Wahrnehmung und Förderung der Fantasie und Ausdrucksfähigkeit
- Einbeziehung von männlichen Betreuungspersonen
- Dokumentation und Reflexion der pädagogischen Arbeit mittels audiovisueller Medien

5.7 Soziales Lernen und individuelle Förderung als Schwerpunkte der Bildungs- und Erziehungsarbeit

5.7.1 Gruppenzusammensetzung

Mindeststandard
Gruppenzusammensetzung auf Grund der Altersstruktur der Kinder und der Rahmenbedingungen im Kindergarten

Qualitätsoptimierung
Sicherstellung der personellen und räumlichen Bedingungen für altersgemischte Gruppen durch die Mitarbeit einer Zweitkraft und das Vorhandensein von zusätzlichen Räumen; differenzierte Spiel- und Beschäftigungsmaterialien für die einzelnen Altersstufen

In österreichischen Kindergärten werden Kinder im Alter von 3 bis 6 Jahren betreut. Die altersmäßige Zusammensetzung der Gruppe bestimmt die Erziehungs- und Bildungsarbeit sowie die Art und den Umfang des sozialen Lernens wesentlich mit.
Für eine gezielte Förderung, z. B. im kognitiven Bereich und zur Schulvorbereitung, scheint die altershomogene Gruppe geeigneter. Schmidt-Denter (1985) konnte zeigen, dass unter den 5- bis 6-jährigen Kindern eine eigene Kontakt- und Kommunikationsstruktur aufgebaut wird, die eine große Stabilität aufweist. Diese „Selbstsegregation“ der Fünfjährigen ist nach Dollase (1979) ein Argument dafür, die Fünfjährigen aus dem altersgemischten Gruppenverband herauszulösen und ihnen eine gesonderte Förderung zukommen zu lassen. Schmidt-Denter (1985) betont die wichtige Funktion der Fünfjährigen in der Gruppe und ihre herausragende Be-

deutung für die Kontaktwünsche und -initiativen der Dreijährigen.

Dem möglichen Problem der Unterforderung der Ältesten in einer altersgemischten Gruppe kann durch eine differenzierte Ausgestaltung des Bildungsangebotes Rechnung getragen werden. Eine stärkere Individualisierung, didaktisches Geschick der Kindergartenpädagogin und günstige Rahmenbedingungen in personeller und räumlicher Hinsicht erleichtern die differenzierte Förderung.

Soukup (1995d) nennt als Vorteile der altersgleichen Gruppe:

- Tagesablauf und Aktivitäten können leichter auf die einheitlicheren Fertigkeiten und Bedürfnisse der Kinder abgestimmt werden: Ältere Kinder werden z. B. nicht dadurch aufgehalten, dass die jüngeren die Alltagsroutine ungenügend beherrschen. Jüngere Kinder werden nicht von den älteren dominiert.
- Der Zeitaufwand der Kindergartenpädagogin für Planung und Vorbereitung ist geringer, die altersspezifische Förderung ist leichter realisierbar. Es ist in der Regel auch einfacher, auf individuelle Stärken und Schwächen der Kinder einzugehen (Hochbegabtenförderung, kompensatorische Maßnahmen).
- Die Eltern – vor allem jene von „Schulanfänger/innen" – haben eine positive Einstellung zur Organisation der altersgleichen Gruppe.

Als Vorteile der altersgemischten Gruppe gelten hingegen:

- Die altersgemischte Gruppe zeigt sich auf Grund der Vielfältigkeit der Beziehungen besonders günstig für die Sozialentwicklung der Kinder: Rücksichtnahme, Toleranz, Hilfsbereitschaft, Konfliktfähigkeit, Durchsetzungsvermögen werden gefördert.
- Die Aufnahme von neuen Kindern gestaltet sich unproblematischer, vorhandene Sozialbeziehungen können berücksichtigt werden.
- Die altersgemischte Gruppe, die bereits über erfahrene Traditionsträger/innen als Mithelfer/innen verfügt, bewältigt den Einstieg neuer Kinder meist leichter als eine Gruppe, in der nur Neulinge zusammengefasst sind.
- Es erfolgt eine gegenseitige Anregung der Kinder durch unterschiedliche Erfahrungen, durch den unterschiedlichen Entwicklungsstand, durch die unterschiedlichen Interessen und Fähigkeiten.
- Die Kindergartenpädagogin tritt als alleinige Vermittlerin von Wissen, Fertigkeiten, Regeln und Normen zurück, da die Kinder stärker voneinander lernen können.
- Die Kinder sind weniger von der Kindergartenpädagogin abhängig. Diese gewinnt dadurch Zeit, sich jenen Kindern zuzuwenden, die Hilfe oder Anregungen zur Weiterführung ihrer Spiele und Arbeiten brauchen.
- Die Entstehung von Leistungs- und Gruppendruck wird verhindert, da in einer altersheterogenen Kindergartengruppe auch Kinder mit Entwicklungsverzögerungen und Kinder mit besonderen Begabungen und Interessen geeignete Spielpartner/innen finden können.
- Die differenzierte Bildungs- und Erziehungsarbeit, wie sie eine Gruppe mit großer Altersstreuung erforderlich macht, bietet vielfältige Lern- und Erfahrungsmöglichkeiten. Sie bedeutet allerdings eine umfangreiche Vorbereitungsarbeit und stellt hohe Anforderungen an die didaktischen Fähigkeiten der Kindergartenpädagogin und an die Rahmenbedingungen des Kindergartens. Erforderlich sind eine Zweitkraft und zusätzliche Spiel- und Beschäftigungsräume.

Vor allem auf Grund der zunehmenden Anzahl von dreijährigen oder noch jüngeren Kindergartenneulingen erweisen sich altersgemischte Gruppen als günstiger.

In den letzten Jahren wurden verstärkt erweiterte Formen der Altersmischung erprobt. Da-

zu zählen einerseits die „Ausfransung" hin zu den Zweijährigen bzw. zu den Sechs- bis Siebenjährigen, andererseits die „kleine Altersmischung" (Gruppen von 0- bis 6-jährigen Kindern bzw. von 3- bis 12-jährigen Kindern) oder die „große Altersmischung" (bei der Kinder vom Säuglingsalter bis zu 12 Jahren in einer Gruppe zusammengefasst sind).
Eine Erweiterung der Alterszusammensetzung der Gruppen ermöglicht es Kindern, auch während der ersten Schuljahre in der gleichen Einrichtung betreut zu werden. Aus diesem Grund stellt die große Altersmischung besonders für Kinder, die eine ganztägige Betreuung benötigen, ein Qualitätsmerkmal dar.

Situation in österreichischen Kindergärten

Folgende Gruppenzusammensetzungen sind in Österrreich üblich: 69% der erfassten Kindergartengruppen werden als altersgemischte Gruppen mit 3-, 4- und 5- bis 6-jährigen Kindern geführt. In 26% der Fälle sind nur zwei Altersjahrgänge zusammengefasst, und 4% aller erfassten Gruppen werden als Altersgruppen geführt, wobei Gruppen mit 5-jährigen Kindern am häufigsten vertreten sind. (Charlotte Bühler- Institut, 1994)
In Wien, Niederösterreich und Oberösterreich finden sich die meisten altersgemischten Gruppen, während altersgleiche Gruppen vor allem im Burgenland geführt werden. In der Steiermark, in Tirol und in Vorarlberg gibt es mehr Kindergartengruppen, in denen nur zwei Altersjahrgänge – meist 4- bis 6-jährige Kinder – zusammengefasst werden, da Dreijährige in geringerem Maß einen Kindergarten besuchen.
Vor allem in dörflichen Gemeinden und in Kleinstädten sind die Gruppen mit zwei Altersjahrgängen stärker vertreten, da die Kinder oft erst mit 4 Jahren für den Kindergarten angemeldet werden. In Großstädten werden häufiger altersgemischte Gruppen mit 3- bis 6-jährigen Kindern geführt.

Situation in der Europäischen Union

In jenen europäischen Ländern, in denen die Kindergärten dem Schulwesen angegliedert sind, werden eher altershomogene Gruppen gebildet. Altersübergreifende und altersgemischte Gruppen werden in den nordischen Ländern, in denen das gemeinsame Aufwachsen von Kindern in Institutionen die Regel ist, bevorzugt.
In Belgien wird das System der altershomogenen Gruppen (2½- bis 4-jährige, 4- bis 5-jährige, 5- bis 6-jährige) zunehmend von jenem der altersgemischten Gruppen abgelöst. Einige Kindergärten praktizieren auch flexible Strukturen, in denen die Kinder abwechselnd in altersgemischten und altershomogenen Gruppen betreut werden. Im französischen Teil Belgiens werden in einem Stufenmodell die 2½- bis 5-jährigen und die 5- bis 8-jährigen Kinder zusammengefasst. Die zweite Stufe umfasst somit sowohl das Ende des Elementarbereichs als auch den Anfang des Primarbereichs.
In Deutschland sind Kindergartengruppen prinzipiell altersgemischt und umfassen 3- bis 6-jährige Kinder. Auch in Großbritannien werden die verschiedenen Einrichtungen eher altersgemischt geführt.
Die griechischen Vorschulen werden in altershomogenen Gruppen von 3½- bis 4½-jährigen und von 4½- bis 5½-jährigen Kindern geführt. Griechische Kindertagesstätten bestehen aus Säuglingskrippen, Kleinkindkrippen und Kindergartengruppen mit 3- bis 5½-jährigen Kindern.
In Spanien werden in der Regel altershomogene Gruppen entsprechend den Geburtsjahrgängen gebildet. Auch die italienischen Kindergärten sind in drei altershomogene Jahrgangsstufen gegliedert.
Französische Kindergärten sind in der Regel in Untergruppen für 2- bis 4-jährige, in Mittelgruppen für 4- bis 5-jährige und in Obergruppen für 5- bis 6-jährige Kinder eingeteilt. Das pädagogische Team kann jedoch ein Kind – in Absprache mit den Eltern – in jene Gruppe

einschreiben, die seinen Bedürfnissen und Interessen am besten entspricht, auch wenn das Kind vom Alter her nicht zu dieser Gruppe gehört.
Irische Kinder besuchen je nach Alter entweder den ersten (Vier- bis Fünfjährige) oder den zweiten (Fünf- bis Sechsjährige) Jahrgang der Vorklasse.
In Luxemburg werden altersgemischte Gruppen gebildet. Für die Vorschulkinder werden eigene Übungen für erstes Lesen, Schreiben und Rechnen angeboten. (Europäische Kommission, 1995)

Empfehlungen von Expert/innen
Die Art der sozialen Beziehungen, die die pädagogische Arbeit in einer Kindergruppe mitbestimmen, hängt von der Zusammensetzung der Gruppe ab. Calder (1995) betont, dass altersgleiche Gruppen eher das Hineinwachsen und Einordnen von Kindern in eine Gruppe begünstigen, während in Gruppen mit Kindern unterschiedlicher Altersstufen das Übernehmen von sozialer Verantwortung ein wichtiges Erziehungsziel ist.
Sagi (1988) tritt für altersgemischte Gruppen ein, damit die Kinder eine ausreichend differenzierte Sozialstruktur vorfinden und sich darin bewähren können. Altersgleiche Gruppen bieten eine verarmte Gruppenstruktur und laufen Gefahr, Kinder frühzeitig über das Konkurrenzverhalten in eine unangemessene Leistungsspannung zu führen.
Haefele und Wolf-Filsinger (1994) weisen darauf hin, dass neu eintretende Kinder von anderen Neulingen keine Bewältigungsstrategien kopieren können, da diese ja selbst mit der Kindergarteneintrittsproblematik beschäftigt sind.
Amend, Haberkorn, Hagemann und Seehausen (1992) nennen folgende Vorteile der erweiterten Altersmischung (0- bis 6-jährige Kinder):

- Die individuelle Lebensgeschichte jedes einzelnen Kindes steht im Vordergrund, da nicht alle Kinder einer Gruppe das gleiche Entwicklungsniveau aufweisen.
- Regressionsbedürfnisse und Entwicklungsverzögerungen können in einer Gruppe mit breiter Altersstreuung besser integriert werden.
- Die Vorbildwirkung der älteren Kinder trägt zu einer Beschleunigung von Lernprozessen bei Jüngeren bei.
- Die Altersmischung stellt an die Kindergartenpädagog/innen umfassendere Anforderungen, trägt aber – vor allem bei qualifizierter Begleitung – auch wesentlich zu ihrer Professionalität bei.

Empfehlungen zur Qualitätssicherung und Qualitätsoptimierung

In österreichischen Kindergärten werden vor allem altersgemischte Gruppen geführt. Zur Qualitätsoptimierung der Erziehungs- und Bildungsarbeit sind allerdings die Mitarbeit einer qualifizierten Zweitkraft, eine großzügigere räumliche Ausstattung sowie das Vorhandensein von differenzierten Spielmaterialien, die dem Entwicklungsstand der verschiedenen Altersstufen angepasst sind, notwendig.

5.7.2 Erfahrungen in unterschiedlichen Sozialformen

Mindeststandard
Die Kinder sind in unterschiedlichen Sozialformen tätig und sammeln Erfahrungen mit verschiedenen Rollen

Qualitätsoptimierung
Der Kindergarten schafft zusätzlich erweiterte soziale Erfahrungsräume

Die Aktivitäten der Kinder im Kindergarten finden in unterschiedlichen Gruppierungen statt. Je nach der Anzahl der beteiligten Kinder unterscheidet man Einzelbeschäftigung, Partnerarbeit und Aktivität in Klein-, Teil- und

Gesamtgruppen. Die Wahl einer bestimmten Sozialform wird von mehreren Faktoren bestimmt: von der Verfügbarkeit zusätzlicher Betreuungspersonen, den räumlichen Bedingungen, der Zielsetzung der Aktivität und der sozialen Reife der Kinder. Wichtig ist jedoch, dass die Kinder Möglichkeiten haben, in unterschiedlichen Sozialformen tätig zu sein. „Diese Erfahrungen sind wesentlich für die Sozialentwicklung des Kindes und tragen zur Entfaltung seiner Persönlichkeit bei. Das Erlebnis der eigenen Person in verschiedenen Rollen verhilft dem Kind zu einer realistischen Selbsteinschätzung und fördert somit die Entwicklung des Selbstwertgefühls." (Soukup, 1995d, S. 88)
Die jüngeren Kinder im Kindergarten sind in ihrem Denken und Handeln noch eher ichbezogen und können sich daher weniger gut in größere Gruppen integrieren. Sie brauchen mehr Gelegenheit zur direkten Interaktion mit der Kindergartenpädagogin und sind auf deren Zuwendung angewiesen.

Situation in österreichischen Kindergärten

- Fast die Hälfte aller befragten Kindergartenpädagog/innen gibt an, dass es ihnen sehr gut gelingt, die Kinder in der Gesamtgruppe zu betreuen.
- Die Möglichkeit zur Arbeit in der Teilgruppe und Kleingruppe wird von den Kindergartenpädagog/innen vorwiegend positiv beurteilt.
- Partnerarbeit lässt sich nur eher gut verwirklichen, für ein Fünftel der Kindergartenpädagog/innen überhaupt nicht.
- Am schlechtesten lassen sich Einzelbeschäftigungen durchführen.

Wesentlichen Einfluss auf die Durchführbarkeit der verschiedenen Sozialformen hat in erster Linie die Gruppengröße: Je kleiner die Gruppe ist, desto eher gelingen Einzel- und Partnerbeschäftigungen. Weitere Faktoren sind die Verfügbarkeit einer Helferin sowie die Ausstattung und die Beschaffenheit des Gruppenraumes. (Charlotte Bühler-Institut, 1994)

Empfehlungen von Expert/innen

In der Kindergarten-Skala von Tietze, Schuster, Grenner und Roßbach (2001) wird für die Arbeit in „guten" Kindergärten gefordert, dass es sowohl für Teilgruppen als auch für die Gesamtgruppe geplante Aktivitäten gibt, die dem Alter und den Fähigkeiten der Kinder entsprechen. Die Teilnahme an der Gesamtgruppe sollte sich nur über kurze Perioden erstrecken. In „ausgezeichnet" geführten Kindergärten dominieren Freispiel und Tätigkeiten in Teilgruppen. Jeden Tag werden mehrere Aktivitäten für Teilgruppen und auch für einzelne Kinder angeboten.

Empfehlungen zur Qualitätssicherung und Qualitätsoptimierung

Da es den Kindergartenpädagog/innen unter den derzeitigen Rahmenbedingungen nicht gut gelingt, Einzelbeschäftigungen und Partnerarbeiten der Kinder durchzuführen, müssen die Rahmenbedingungen angehoben werden. Dazu sind wieder die Reduktion der Gruppengröße, die Verbesserung der Personalstruktur und der räumlichen Bedingungen notwendig.

5.7.3 Erweiterung sozialer Erfahrungsräume

Mindeststandard

Möglichkeit für die Kinder, mit Kindern anderer Altersstufen und aus anderen Kindergartengruppen zusammenzukommen

Qualitätsoptimierung

Kontaktaufnahme mit Geschwistern, Hortkindern und Kindern aus der Kinderkrippe; Einsatz männlicher Betreuungspersonen im Kindergarten

Die Lebenssituation von Familien hat sich im Zuge gesellschaftlicher Änderungsprozesse entscheidend gewandelt (vgl. Kapitel 4.1).

Aus diesem Grund kommt der Sozialisation der Kinder im Kindergarten heute eine erhöhte Bedeutung zu. In der Bildungs- und Erziehungsarbeit müssen daher die Möglichkeiten für Kindergartenkinder, Erfahrungen mit Kindern aus anderen Altersgruppen zu machen, erweitert werden. Hinsichtlich des Umgangs mit Erwachsenen wäre eine vermehrte Einbeziehung von Männern in die pädagogische Arbeit wünschenswert.
Folgende Modelle bieten solch eine Erweiterung sozialer Erfahrungsräume:

■ Gruppen übergreifende Spielbereiche
Die Einrichtung von Spielbereichen, die außerhalb des Gruppenraumes liegen und von den Kindern aller Gruppen gemeinsam benutzt werden können, schafft Möglichkeiten zu anregenden Begegnungen und neuen Konstellationen (Niederle, 1995e). Vor allem Kindergärten, in denen die Gruppen nicht altersgemischt geführt werden, sollten derartige Spielbereiche anbieten.

■ Offene Gruppenarbeit
Im Rahmen der offenen Gruppenarbeit sind die Kinder nicht festgelegten Gruppen zugeteilt, sondern bestimmen die Spielgemeinschaften, denen sie sich anschließen wollen, selbst. Offene Betreuungsformen kommen dem Prinzip der Individualität entgegen, da sie den Kindern ermöglichen, ihr soziales Umfeld mitzugestalten und mitzuentwickeln (Fuchs, 1992). Sie können ihre Spiel- und Erfahrungsräume selbständig ausdehnen und vielfältige soziale Kontakte pflegen.
Offene Gruppenarbeit bedingt eine Veränderung des pädagogischen Umgangs. Den Kindern werden mehr Autonomie und mehr Mitgestaltungsmöglichkeiten bei Lern- und Entwicklungsprozessen zugestanden. (Dörfler, 1995)
Becker-Textor (1994) beschreibt, wie der Tagesablauf in einem Kindergarten mit offenen Gruppen gestaltet werden könnte:

Man traf sich in der großen Halle, um gemeinsam den vergangenen Tag zu reflektieren. Nach und nach kamen immer mehr Kinder dazu, bis sich eine Gruppe von 10 bis 15 Kindern eingefunden hatte. ... Nun konnten sich die Kinder entscheiden, in welche Gruppe sie gehen wollten. Diese Entscheidung war dann für den Verlauf des Vormittags getroffen. ... Die Angebote in den Gruppen waren vom Thema her gleich oder ähnlich und unterschieden sich nur durch die verschiedenen Methoden der jeweiligen Erzieher/innen. ... Am Ende des Vormittages traf man sich für ca. eine halbe Stunde in der großen Halle. (S. 51)

Die erfolgreiche Umsetzung der offenen Gruppenarbeit ist an besonders günstige Rahmenbedingungen, wie eine niedrige Kinderanzahl pro Gruppe, ausreichende Räumlichkeiten und die Zusammenarbeit mehrerer Kindergartenpädagog/innen, gebunden. Sie setzt von Seiten der Kinder Selbständigkeit und emotionale Stabilität voraus. Besonders in der Umgestaltungs- bzw. Anfangsphase sind erhebliches Engagement, Feingefühl und eine gute Beobachtungsgabe der Kindergartenpädagog/innen Voraussetzung.

■ Einbeziehung von Kindern anderer Altersgruppen
Die Tatsache, dass heute viele Kinder als Einzelkinder aufwachsen und nachbarschaftliche Spielgruppen kaum mehr existieren, wirft die Frage auf, ob der Kindergarten neben den Kontakten mit Gleichaltrigen nicht auch den Umgang mit Kindern verschiedener Altersgruppen ermöglichen sollte.
Die folgenden Vorschläge zeigen auf, wie der soziale Erfahrungsspielraum der Kinder erweitert werden kann, ohne dass grundsätzliche organisatorische Neustrukturierungen im Kindergarten nötig sind:

- Geschwister dürfen zu bestimmten Zeiten, z. B. in den Schulferien, in den Kindergarten mitgenommen werden.
- Gemeinsame Unternehmungen und Aktivitäten mit Kindern der angrenzenden Volks-

schule (Wandertage, Ausstellungsbesuche etc.).

- Die Kinder des nahe gelegenen Hortes können an festgelegten Nachmittagen den Kindergarten besuchen und am Spiel aktiv teilnehmen.
- Die Kindergartenkinder besuchen die Kinderkrippe.

Situation in österreichischen Kindergärten

In Salzburg wird derzeit ein Modell altersgemischter Kindergruppen verwirklicht, in dem Kinder von einem Jahr bis ins Schulalter und darüber hinaus gemeinsam betreut werden (Gründel, 1995).

Die Altersmischung richtet sich nach den sozialen Bedürfnissen der Kinder: Das heißt, die Gruppen setzen sich aus wenigen Kleinkindern und mehreren Kindern höherer Altersstufen zusammen. Insgesamt besteht eine Gruppe aus 12 bis 15 Kindern, die von einer weiblichen Pädagogin und einem männlichen Pädagogen gemeinsam betreut werden. Den Kindern wird eine familienähnliche Situation geboten. Die Raumgestaltung sieht nicht „künstliche“ Spiel- und Freizeitwelten vor, sondern ist wohnungsähnlich: Den Kindern stehen eine Küche mit Essraum, ein Schlafzimmer mit eigenen Betten für jedes Kind, ein Spielzimmer, eine Werkstatt und ein Schulkinderzimmer zur Verfügung. Sie nehmen an den Tätigkeiten der Erwachsenen, wie Haus- und Gartenarbeiten, teil. Dadurch wird ihnen ein breites Spektrum an Nachahmungsmöglichkeiten und sozialen Einsichten geboten. Der pädagogischen Arbeit liegt ein detailliertes Konzept zugrunde, das laufend überprüft wird. Eckpfeiler sind die intensive Zusammenarbeit mit den Eltern durch monatliche Elternabende, Einzelgespräche und regelmäßigen Informationsaustausch, die genaue Beobachtung der Kinder und wöchentliche Konferenzen, in denen die pädagogische Arbeit reflektiert und geplant wird.

Ziel des Projektes ist es, eine alternative Betreuungsform für Kinder berufstätiger Eltern zu bieten.

Situation in der Europäischen Union

Im Bestreben, die Trennung von Krippe, Kindergarten und Hort durch neue Formen des Zusammenlebens von 0- bis 12-jährigen Kindern zu überwinden, wurden in Deutschland, beispielsweise in Nordrhein-Westfalen, Modellversuche mit so genannten Kinderhäusern durchgeführt.

Die Kinder in den Kinderhäusern haben trotz der großen Altersspanne die Möglichkeit, mit Gleichaltrigen zu leben und sich in unterschiedlichen Gruppen und Räumlichkeiten zu bewegen. Zugehörigkeitsgefühl und Stabilität werden bewusst durch die Überschaubarkeit der Gruppe, durch gemeinsame Tätigkeiten und durch gleich bleibende Tagesabläufe aufrechterhalten, was besonders für die Entwicklung der jüngeren Kinder wichtig ist.

Wenn ausreichende personelle und räumliche Voraussetzungen gegeben sind, profitieren sowohl jüngere als auch ältere Kinder von der Altersmischung und entwickeln eine neue Qualität der Beziehungen untereinander. Somit stellt dieses Konzept ein Gegengewicht zur sozialen Isolation der Einkindfamilie dar.

Forschungsergebnisse belegen, dass Kinder in altersgemischten Gruppen in ihrer Entwicklung optimal gefördert werden können: Voraussetzung dafür sind die individuelle Betreuung in differenzierten Gruppenstrukturen und der Aufbau stabiler Beziehungen auf Grund der Kontinuität der Betreuung. Aus diesem Grund erscheint der Ansatz der Kinderhäuser für die gegenwärtige Auseinandersetzung um die Kinderbetreuung als diskussionswürdig. (Europäische Kommission, 1995)

Empfehlungen von Expert/innen

Im Kinderbetreuungsnetzwerk der Europäischen Kommission wird danach gefragt, ob im Kindergarten sowohl Frauen als auch Männer als Rollenmodelle zur Verfügung stehen und ob die Kinder die Möglichkeit haben, ihre Spielpartner/innen frei zu wählen (Balageur, Mestres & Penn, 1992).

Empfehlungen zur Qualitätssicherung und Qualitätsoptimierung

Die Altersmischung in österreichischen Kindergärten beschränkt sich auf die Drei- bis Sechsjährigen. Zur Qualitätssicherung wird empfohlen, die sozialen Erfahrungsräume durch Kontaktaufnahme mit Kindern verschiedener Altersstufen, aus verschiedenen Gruppen und mit Kindern außerhalb des Kindergartens zu erweitern.
Zur Qualitätsoptimierung sollten im Kindergarten verstärkt männliche Bezugspersonen eingesetzt werden.

5.7.4

Entpädagogisierte Freiräume

Mindeststandard
Ausreichend Freispielzeit, in der die Kinder selbst entscheiden können, was sie, mit wem sie und wo sie spielen; Spielbereiche, die nicht direkt einsehbar sind; die Kindergartenpädagogin verzichtet in den Phasen des Freispiels weitgehend auf lenkende und direktive Eingriffe und auf Unterbrechungen des Spielablaufs

Qualitätsoptimierung
Schaffung von Rahmenbedingungen, die ermöglichen, dass sich größere Gruppen zu ungelenktem Spiel zusammenfinden: großzügiges Raumangebot, Umgestaltungsmöglichkeiten für die Kinder, zusätzliche Bereitstellung von unstrukturierten Spielmaterialien

Durch die Verstädterung und die spezialisierten Funktionsräume in dicht verbauten Gebieten sind Kinder vielerorts von den Straßen vertrieben worden: Die Gefahren des Straßenverkehrs machen Stadtlandschaften für das Spiel ungeeignet. Viele Kinder wachsen so auf, dass sie kaum mehr die Chance haben, ihre Bewegungslust auszuleben und frei von pädagogischen Arrangements mit Gleichaltrigen in der Nachbarschaft zusammenzutreffen. Sozialkontakte müssen geplant und organisiert werden. Meistens besuchen sich die Kinder gegenseitig zu Hause, spielen paarweise oder zu dritt, und nur sehr wenige Kinder unternehmen etwas in größeren Gruppen.

An die Stelle der freien Spiel- und Bewegungsmöglichkeiten sind Angebote in besonderen Einrichtungen getreten. Der Freizeitbereich wird institutionalisiert, die Spieltätigkeiten der Kinder werden als Kurse für Töpfern, Malen, Musizieren oder sportliche Aktivitäten unter die Aufsicht von Pädagog/innen gestellt und „verschult".

Kinder verbringen ihre Zeit vielfach an von der Erwachsenenwelt isolierten Orten, die speziell für sie ausgestattet und auf bestimmte Altersgruppen spezialisiert sind: Kinderzimmer, institutionelle Betreuungseinrichtungen, Spielplätze, Sportplätze und Freizeitheime (Preissing, Preuss-Lausitz & Zeiher, 1990).

Eine ständige Beaufsichtigung und Lenkung durch Erwachsene ist der Entwicklung von Selbständigkeit und Eigenverantwortung jedoch abträglich. Nach Herzberg (1994) benötigen Kinder Gruppen, in die Erwachsene sich nicht einmischen. Diese sind ein Übungsfeld, um Regelverhalten, Gruppenloyalität und soziale Verhaltensweisen zu lernen, aber auch Selbständigkeit und persönliche Identität zu erwerben.

Auch im Rahmen der institutionellen Kinderbetreuung müssen den Kindern Freiräume geboten werden, um möglichst „ungegängelt" differenzierte Gruppenerfahrungen sammeln zu können. Die Kindergartenpädagogin steht als anregende und klärende Bezugsperson zur Verfügung, nimmt jedoch Erkenntnisse, zu denen die Kinder selbst gelangen können, nicht vorweg. Dies bedeutet eine Veränderung des pädagogischen Konzepts: Die kindliche Auto-

nomie und die Mitgestaltung von Lern- und Entwicklungsprozessen durch die Kinder stehen im Mittelpunkt. (Dörfler, 1995)
Die Bereitstellung von unstrukturierten Spiel- und Naturmaterialien dient der Anregung der Fantasie und der Förderung der Ausdrucksfähigkeit. Ein großzügiges Raumangebot im Gebäudeinneren und vor allem im Freien stellt besonders für Stadtkinder einen Ausgleich zu den oft beengten Wohnverhältnissen und den mangelnden Bewegungsmöglichkeiten dar.

Situation in der Europäischen Union
Im Rahmen des Projekts „Spielzeugfreier Kindergarten“ wurde in einem bayrischen Kindergarten für einen begrenzten Zeitraum von drei Monaten das vorgefertigte Spielzeug aus den Gruppenräumen entfernt. Stattdessen wurden den Kindern nur Tische, Stühle, Decken und Kissen zur Verfügung gestellt. Die Kinder nutzten die Leere verstärkt zum Rollenspiel, zum Bau von Höhlen und zum Geschichtenerzählen. Im Freien wurden viele Laufspiele gemacht, Naturbeobachtungen oder gemeinsame Bauprojekte durchgeführt. (Strick & Schubert, 1995)
Für die Kindergartenpädagog/innen war das Projekt Anlass, die eigene Rolle im Kindergarten neu zu definieren. Statt den Ideen der Kinder durch eigene Vorschläge oder Problemlösungen zuvorzukommen, übten sie sich in Zurückhaltung, statt ihre Aufgabe in der „Unterhaltung“ der Kinder zu sehen, wurden sie eher zu Gesprächspartner/innen für die Kinder. Eine „spielzeugfreie Zeit“ im Kindergarten stellt einen pädagogischen Ansatz dar, Kindern heute ungewohnte Spiel- und Erfahrungsräume zu öffnen und ihnen Freiraum zu verschaffen, um wieder zu sich selbst zu kommen.

Situation in österreichischen Kindergärten
In der Stadtgemeinde Salzburg wird in den Sommermonaten von Mai bis Juli in drei Kindergärten je eine spielzeugfreie Gruppe geführt.

Empfehlungen von Expert/innen
Die Qualitätsindikatoren des Kinderbetreuungsnetzwerkes der Europäischen Kommission beziehen sich auf Möglichkeiten für das freie Spiel unter Kindern ohne Einwirkungen von Seiten der Erwachsenen sowie auf das Vorhandensein von Spielräumen, die nicht ständig der Kontrolle von Erwachsenen unterliegen (Balageur, Mestres & Penn, 1992).
Nach Amend, Haberkorn, Hagemann und Seehausen (1992) kommt eine erweiterte Raumnutzung ohne ständige Anwesenheit der Kindergartenpädagog/innen zentralen psychosozialen Bedürfnissen der Kinder entgegen: Die Kinder können ihre Selbständigkeit und Zuverlässigkeit unter Beweis stellen; sie lernen solidarisches Verhalten, wenn sie nicht ständig um die Aufmerksamkeit der Kindergartenpädagogin konkurrieren müssen; sie entwickeln Kreativität, wenn sie mehr Raum nutzen können und nicht stets den Verhaltenserwartungen der Pädagogin entsprechen müssen; sie folgen ihrem individuellen Zeitrhythmus.

Empfehlungen zur Qualitätssicherung und Qualitätsoptimierung

Zur Qualitätssicherung ist eine ausreichende Freispielzeit notwendig, die es den Kindern ermöglicht, selbst zu entscheiden, was sie spielen möchten und wer ihre Spielpartner/innen sind. Einige nicht einsehbare Spielbereiche sollten eingerichtet werden. Auf lenkende und direktive Eingriffe durch die Kindergartenpädagogin sollte verzichtet werden.
Die Verwirklichung von entpädagogisierten Freiräumen stellt eine Qualitätsoptimierung dar. Voraussetzung dafür ist ein großzügiges Raumangebot drinnen und draußen, welches auch das ungelenkte Spiel einer größeren Kindergruppe möglich macht. Empfehlenswert sind Umgestaltungsmöglichkeiten für die Kinder und die Bereitstellung von unstrukturierten Spielmaterialien.

5.7.5

Interkulturelle Erziehung

<u>Mindeststandard</u>

Interkulturelle Erziehung als geplanter Teil der pädagogischen Arbeit in allen Kindergärten; multikulturelles und nichtgeschlechtsspezifisches Spiel- und Lernmaterial; günstige Erzieher-Kind-Relation für individuelle Förderung

<u>Qualitätsoptimierung</u>

Einsatz muttersprachlicher Betreuer/innen; intensivierte Elternarbeit

In den österreichischen Kindergärten ist der Anteil ausländischer Kinder in den letzten Jahren beständig gestiegen. Dem Kindergarten kommt daher vermehrt die Aufgabe zu, ausländische Kinder und ihre Familien bei der Integration in ihr Gastland zu unterstützen. Im geschützten Lebensraum Kindergarten können die Vermittlung von gegenseitiger Toleranz und Achtung vor anderen Kulturen sowie der Abbau von Vorurteilen schon früh einsetzen. Die Kindergartenpädagog/innen sollten dabei die Individualität jedes einzelnen Kindes unterstützen und zugleich Impulse zur Solidarität setzen. Auch für die Eltern bedeutet die interkulturelle Erziehung eine Auseinandersetzung mit den eigenen Werthaltungen. Eine intensivierte Elternarbeit kann sie dabei unterstützen.

Situation in österreichischen Kindergärten

Im Jahr 1994/95 hatten 8% der Kinder in österreichischen Kindergärten eine ausländische Staatsbürgerschaft. In Wiener Kindergärten ist ihr Anteil mit 15% besonders hoch. (Österreichisches Statistisches Zentralamt, 1995)

Die Förderung ausländischer Kinder wird in einigen Kindergärten durch den Einsatz muttersprachlicher Betreuerinnen unterstützt, die gemeinsam mit der Kindergartenpädagogin Erziehungs- und Bildungsaufgaben erfüllen. 1995 waren in den öffentlichen Kindergärten in Wien insgesamt 10 muttersprachliche Betreuerinnen tätig, wobei jeweils 5 für die Betreuung Türkisch sprechender bzw. Serbokroatisch sprechender Kinder eingesetzt waren.

Im Burgenland ist die Beistellung einer Assistenzkindergartenpädagogin in gemischtsprachigen Kindergärten gesetzlich vorgeschrieben, wenn die Gruppen führende Kindergartenpädagogin die betreffende Volksgruppensprache nicht ausreichend beherrscht. Darüber hinaus werden zusätzliche Fortbildungsmöglichkeiten für Kindergartenpädagog/innen – insbesondere für Leiterinnen – in gemischtsprachigen Kindergärten angeboten.

Situation in der Europäischen Union

Als Beispiel für die interkulturelle Erziehung in der Europäischen Union können die Niederlande angeführt werden, wo für Kinder aus anderen Kulturkreisen muttersprachlicher Unterricht angeboten wird. Spezielle Projekte, die sich an Kinder aus ethnischen Minderheiten im Alter von 10 Monaten bis 6 Jahren richten, haben das Ziel, einer Benachteiligung dieser Kinder vorzubeugen, sie auf die Primarschule vorzubereiten und ihre Integration in der ersten Phase der Primarschulbildung zu unterstützen.

In Luxemburg werden die Kindergartenpädagog/innen angesichts der spezifischen sprachlichen Situation – Dreisprachigkeit mit der zusätzlichen Präsenz von Migrantensprachen – und vor allem angesichts der Tatsache, dass ausländische Kinder in einigen Kindergärten sehr stark vertreten sind, dazu aufgefordert, regelmäßig Übungen der luxemburgischen Sprache abzuhalten. Um ausländischen Kindern eine bessere sprachliche Vorbereitung auf die Schule zu ermöglichen, wurde die Schulpflicht um zwei Vorschuljahre erweitert. Die interkulturelle Kommunikation wird besonders betont, indem Elemente aus den Kulturen der verschiedenen Herkunftsländer der Kinder in die pädagogischen Praxis integriert und die Erzieher/innen dazu angehalten werden, zusätzliche Sprachkenntnisse in Italienisch oder Portugiesisch zu erwerben. (Europäische Kommission, 1995)

Empfehlungen von Expert/innen

Vom Kinderbetreuungsnetzwerk der Europäischen Kommission wird auf die Gleichheit aller Kinder unabhängig von Geschlecht und Rasse sowie auf die Toleranz gegenüber individuellen Unterschieden hingewiesen. Vorurteile und Klischees sollten im Kindergarten in Frage gestellt werden, damit die kulturelle Vielfalt positiv zur Geltung kommen kann. (Balageur, Mestres & Penn, 1992)

In der Kindergarten-Skala von Tietze, Schuster, Grenner und Roßbach (2001) wird es als Kriterium eines „guten" Kindergartens bezeichnet, wenn multikulturelles und nichtsexistisches Material, das nicht auf einseitige Geschlechtsrollen bezogen ist, reichlich in die Bildungs- und Erziehungsarbeit einbezogen wird. In „ausgezeichneten" Gruppen wird die Berücksichtigung und Akzeptanz von Verschiedenartigkeit im Gruppenalltag sowie durch geplante Aktivitäten gefördert.

Empfehlungen zur Qualitätssicherung und Qualitätsoptimierung

Zur Qualitätssicherung muss die interkulturelle Erziehung im Kindergarten ein geplanter Teil der Erziehung und Bildung von in- und ausländischen Kindern werden. Zur individuellen Förderung ausländischer Kinder sind geeignete Rahmenbedingungen notwendig, vor allem eine günstige Erzieher-Kind-Relation. Eine ausreichende Ausstattung mit multikulturellem und nichtgeschlechtsspezifischem Spiel- und Lernmaterial fördert die Erziehung zu Toleranz und Chancengleichheit.

Zur Qualitätsoptimierung werden der Einsatz muttersprachlicher Betreuerinnen sowie eine intensivierte Elternarbeit empfohlen.

5.7.6 Integration von Kindern mit besonderen Bedürfnissen

Mindeststandard

Gute Rahmenbedingungen hinsichtlich der Gruppengröße, der Erzieher-Kind-Relation und der räumlichen Voraussetzungen, damit auf Kinder mit besonderen Bedürfnissen eingegangen werden kann; Maßnahmen zur Integration und Unterstützung dieser Kinder; wenn nötig, werden für die Kinder ergänzende Maßnahmen und Angebote außerhalb des Kindergartens vermittelt;
stärkere Thematisierung der individuellen Förderung von Kindern mit besonderen Bedürfnissen in der Aus- und Fortbildung

Qualitätsoptimierung

Systematische Beobachtung der Entwicklung der Kinder; es werden schriftliche Aufzeichnungen geführt; Expert/innen und Eltern werden in die Arbeit einbezogen; wenn nötig, werden die Familien an weitere Beratungs- und Unterstützungsdienste vermittelt

Im Kindergarten treffen Kinder mit unterschiedlichen Voraussetzungen und Fähigkeiten aufeinander. Um den Bedürfnissen jedes Kindes gerecht werden zu können, muss die Kindergartenpädagogin über die Entwicklungsgeschichte und die Lebensumwelt der Kinder Bescheid wissen sowie alle Veränderungen genau beobachten.

Unter Kindern mit besonderen Bedürfnissen sind all jene zu verstehen, deren körperliche, geistige und emotionale Bedürfnisse durch das Geschehen in der Gruppe allein nicht erfüllt werden. Als Kinder mit besonderen Bedürfnissen gelten etwa chronisch kranke Kinder, Kinder mit Beeinträchtigungen der Sprache oder der Intelligenz, sowie verhaltensauffällige Kinder. Es ist zu überlegen, ob nicht auch ausländische Kinder und hoch begabte Kinder in Zukunft als Kinder mit be-

sonderen Bedürfnissen betrachtet werden sollten.
Wesentlich für die adäquate Betreuung und Förderung von Kindern mit besonderen Bedürfnissen ist die interdisziplinäre Zusammenarbeit mit Expert/innen aus dem psychologischen und medizinischen Bereich.

Situation in österreichischen Kindergärten
Aus dem Jahr 1994/95 stehen folgende Daten des Österreichischen Statistischen Zentralamts (1995) über die medizinische und psychologische Betreuung der Kinder in österreichischen Tagesheimen zur Verfügung (ohne Berücksichtigung des Bundeslandes Steiermark):
In rund drei Fünftel der Tagesheime wurden Sehtests, in knapp der Hälfte der Tagesheime Hörtests durchgeführt. Ärztliche Untersuchungen fanden in einem knappen Drittel der Einrichtungen statt, am häufigsten in Kärnten (52% der Kindertagesheime). Die meisten Reihenuntersuchungen gab es in den Tiroler Tagesheimen (58%).
Ein Drittel der Einrichtungen wurde im Jahr 1994/95 von ambulanten Sonderkindergärtnerinnen besucht, wobei diese in Niederösterreich (81% der Tagesheime) und im Burgenland (62%) besonders häufig eingesetzt waren. Am seltensten wurden fürsorgerische (15%) und fachpsychologische (13%) Betreuungsmaßnahmen in Anspruch genommen. Diesen kommt in Wien eine weit größere Bedeutung zu als in den übrigen Bundesländern: 42% der Wiener Kindertagesheime wurden von Sozialarbeiter/innen, 33% von Psycholog/innen besucht.
Brandlmaier (1993) befragte 100 oberösterreichische Kindergartenpädagog/innen über Präventionsmaßnahmen im Kindergarten im Zusammenhang mit dem sexuellen Missbrauch von Kindern. 98,5% der Kindergartenpädagog/innen gaben an, in diesem Zusammenhang über ein Informationsdefizit zu verfügen. Beinahe drei Viertel der Pädagog/innen hatten im Rahmen ihrer Ausbildung keinerlei Informationen über sexuellen Missbrauch und Möglichkeiten der Prävention erhalten. 90% der Kindergartenpädagog/innen erklärten sich bereit, Fortbildungsveranstaltungen zu diesem Thema zu besuchen. Aus der Untersuchung lässt sich ableiten, dass der sexuelle Missbrauch von Kindern bereits in der Ausbildung der Kindergartenpädagog/innen intensiv thematisiert werden muss. Weiters sollten Fortbildungsmöglichkeiten angeboten werden, da fast alle Kindergartenpädagog/innen im Umgang mit betroffenen Kindern über keine oder zu wenig Informationen und Bewältigungsstrategien verfügen.

Situation in der Europäischen Union
Die Erzieher/innen in belgischen Vorschuleinrichtungen werden von psychologisch-medizinischen Diensten unterstützt, die medizinische Vorsorgeuntersuchungen durchführen und die psychische Entwicklung der Kinder beobachten. In manchen Einrichtungen kommen auch Logopäd/innen zum Einsatz, die allerdings nicht von der öffentlichen Hand finanziert werden.
In Spanien werden die Vorschulerzieher/innen fachlich von Sonderpädagog/innen unterstützt, deren Aufgabe die psychopädagogische Förderung und die Entwicklung von Methoden zur Vermeidung bzw. zum Umgang mit eventuellen Problemen ist.
In Frankreich bestehen „Unterstützungsnetze“ aus Schulpsycholog/innen und Sonderpädagog/innen, die von jeder Betreuungseinrichtung in Anspruch genommen werden können. (Europäische Kommission, 1995)

Empfehlungen von Expert/innen
Das Kinderbetreuungsnetzwerk der Europäischen Kommission nennt als Qualitätsindikator die Verfügbarkeit von Fachkräften im Kindergarten. Diese sollten sowohl für spezielle medizinische und psychologische Probleme als auch für die Förderung beson-

derer Fähigkeiten zur Verfügung stehen. (Balageur, Mestres & Penn, 1992)

Empfehlungen zur Qualitätssicherung und Qualitätsoptimierung

Im österreichischen Kindergarten ist die medizinische Versorgung der Kinder auf einem hohen Standard. Zur Qualitätssicherung muss jedoch die psychosoziale Betreuung forciert werden. Für die optimale Förderung von Kindern mit besonderen Bedürfnissen müssen vor allem geeignete Rahmenbedingungen geschaffen werden, wie eine günstige Erzieher-Kind-Relation und eine vielfältige Materialausstattung. Durch Beobachtung der Kinder und ständigen Kontakt mit den Eltern muss sich die Kindergartenpädagogin über die Lebenssituation und den Entwicklungsstand der Kinder informieren. Der Umgang mit Kindern mit besonderen Bedürfnissen sollte zu einem wesentlichen Inhalt in der Aus- und Fortbildung der Kindergartenpädagog/innen werden.

Zur Qualitätsoptimierung sollten mehr Psycholog/innen im Kindergarten zur Verfügung stehen, um eine adäquate Beobachtung der Kinder, eine rechtzeitige Unterstützung bei Problemen und gegebenenfalls die Überweisung des Kindes an spezielle Beratungs- und Unterstützungsdienste zu gewährleisten.

5.7.7 Integration von behinderten Kindern

Mindeststandard

Gesetzlich festgelegte Bestimmungen für eine geringe Gruppengröße sowie eine günstige Erzieher-Kind-Relation;
interdisziplinäre Zusammenarbeit von pädagogischem, psychologischem und medizinischem Fachpersonal; vielfältige, entwicklungsadäquate Materialausstattung; spezielle Förderung der verbalen und nonverbalen Kommunikation;
Fortbildungsmöglichkeiten und Supervision für die Kindergartenpädagog/innen; Beratung der Eltern

Qualitätsoptimierung

Unterstützung der Eltern und Miteinbeziehen in die Therapie

Die Integration behinderter Kinder im Kindergarten kann für Behinderte und Nichtbehinderte eine Reihe von Vorteilen bringen – allerdings nur, wenn vielfältige Voraussetzungen erfüllt sind: Erst eine entsprechende Ausbildung der Pädagog/innen, die Bereitschaft zur interdisziplinären Zusammenarbeit und eine günstige personelle Situation ermöglichen soziales Lernen und individuelle Förderung in einer integrativen Kindergartengruppe sowie den Einsatz gezielter therapeutischer Interventionen für die behinderten Kinder. Weiters müssen vielfältige Materialien und ausreichende räumliche Voraussetzungen vorhanden sein, um auf jedes behinderte Kind individuell eingehen zu können.
Die Kindergartenpädagog/innen benötigen regelmäßige Fortbildung, um ihr Wissen über die einzelnen Formen der Behinderungen zu vertiefen, sowie die Möglichkeit der Supervision.

Gesetzliche Bestimmungen in Österreich

Integrationsgruppen umfassen in fast allen

Bundesländern 15 bis 20 Kinder, davon ca. 4 behinderte Kinder. In diesen Gruppen sind zusätzliche Stützkräfte, etwa Sonderkindergartenpädagoginnen erforderlich. Im heilpädagogischen Kindergarten dürfen in der Steiermark und im Burgenland 5 bis 6 behinderte Kinder, in Niederösterreich, Tirol, Kärnten, Salzburg und Wien 10 bis 12 behinderte Kinder betreut werden. Dazu sind in der Regel zwei (Sonder-)Kindergartengartenpädagoginnen sowie eine Helferin erforderlich.

Situation in österreichischen Kindergärten

1994/95 besuchten 19.260 behinderte Kinder in Österreich einen Kindergarten, das sind 9,4% aller Kindergartenkinder. 91,8% der Behinderten waren in eine Integrationsgruppe eingeschrieben, während nur 8,2% dieser Kinder einen heilpädagogischen Kindergarten bzw. Sonderkindergarten besuchten. Differenziert man nach der Art der Behinderung, so sind Blindheit oder Sehbeeinträchtigung mit einem Anteil von 39,2% sowie Stummheit oder Sprachbeeinträchtigung mit 22,9% am häufigsten anzutreffen. Nur 2,2% bzw. 1,4% der behinderten Kinder weisen eine mehrfache bzw. eine geistige Behinderung auf. (Österreichisches Statistisches Zentralamt, 1995)
Viele österreichische Kindergartenpädagog/innen stehen der Integration positiv gegenüber und fordern die Verankerung des Rechtes auf Integration in den österreichischen Kindergartengesetzen.

Empfehlungen von Expert/innen

Das Kinderbetreuungsnetzwerk der Europäischen Kommission weist auf die Gleichheit aller Kinder unabhängig von ihrer Behinderung sowie auf Toleranz gegenüber individuellen Unterschieden hin (Balageur, Mestres & Penn, 1992).
Nach der Kindergarten-Skala von Tietze, Schuster, Grenner und Roßbach (2001) berücksichtigt die Pädagogin in „guten“ Integrationsgruppen die Vorschläge von Spezialist/innen, wie Ärzt/innen, Logopäd/innen und Sonderkindergartenpädagog/innen bei der Gestaltung von pädagogischen Aktivitäten. Die Ausstattung der Gruppe ist so modifiziert, dass die behinderten Kinder an vielen Aktivitäten teilnehmen können. Die Erzieherin steht in häufigem Austausch mit den Eltern. In „ausgezeichneten“ Gruppen werden spezielle Fördermaßnahmen so in den Tagesablauf integriert, dass die behinderten Kinder an den meisten Aktivitäten der Gruppe beteiligt sind. Die Erzieherin ist in die Erstellung der Förderpläne mit einbezogen.

Empfehlungen zur Qualitätssicherung und Qualitätsoptimierung

In Österreich sind über 90% der behinderten Kinder in einem allgemeinen Kindergarten integriert. Zur Qualitätssicherung sind eine geringe Gruppengröße, eine günstige Erzieher-Kind-Relation und die interdisziplinäre Zusammenarbeit von pädagogischem, psychologischem und medizinischem Fachpersonal notwendig. Die Materialausstattung muss den speziellen Bedürfnissen der einzelnen Kinder entsprechen. Die Förderung der Alltagsroutine und der Kommunikationsfähigkeit der Kinder sollte im Mittelpunkt der Erziehungs- und Bildungsarbeit stehen. Für die Kindergartenpädagog/innen werden regelmäßige Fortbildungsveranstaltungen empfohlen.
Zur Qualitätsoptimierung sind die Eltern in die interdisziplinäre Zusammenarbeit mit einzubeziehen.

5.7.8

Hoch begabte Kinder

<u>Mindeststandard</u>

Individuelle Förderung hoch begabter Kinder mit Hilfe spezifischer Materialien und Aktivitätsangebote; Vermittlung von Strategien zum Umgang mit hoch begabten Kindern und Informationen über mögliche psychosoziale Probleme im Rahmen der Ausbildung; Beratung der Eltern durch die Kindergartenpädagogin

<u>Qualitätsoptimierung</u>

Erprobung spezieller Methoden zur Förderung hoch begabter Kinder; Unterstützung bei der Weiterentwicklung spezifischer Talente durch Fachkräfte; Vermeidung von Leistungsdruck

Hoch begabte Kinder benötigen auf Grund ihrer spezifischen Begabungen und ihrer ausgeprägten Neugierde individuelle Anregungen und Hilfen zur Weiterentwicklung ihrer Talente.

Hoch begabte Kinder verfügen über eine unkonventionelle Weltsicht, nämlich das divergente Denken, verbunden mit einer großen Intensität des Fühlens, des Verhaltens und der Anschauungen (Webb, Meckstroth & Tolan, 1985).

Nach Rollett (1994) sind zur Befriedigung der Bedürfnisse hoch begabter Kinder im Kindergarten vor allem ein anregendes, motivierendes Lernklima und positive Gruppenerfahrungen erforderlich. Langeweile und Unterforderung der Kinder können zu Verhaltensauffälligkeiten führen, denen man durch spezifische Förderangebote begegnen kann. Die originellen Einfälle und außergewöhnlichen Wissensinhalte hoch begabter Kinder sollten als Bereicherung des Spiel- und Lerngeschehens der gesamten Kindergartengruppe verstanden werden.

Das hohe Aktivitätsniveau besonders begabter Kinder wird oft fälschlich als Hyperaktivität interpretiert und eventuell sogar medikamentös behandelt. Von hyperaktiven Kindern unterscheiden sich hoch Begabte aber durch ihre besondere Konzentrationsfähigkeit. (Webb, Meckstroth & Tolan, 1985)

Die Kinder benötigen über das übliche Spielangebot hinaus vielfältige Materialien sowie eine breite Palette an Angeboten, die nicht direktiv sind und keinen Leistungsdruck zur Folge haben. Vielmehr sollten hoch begabte Kinder im Kindergarten „soweit psychisch stabilisiert und schöpferisch-kreativ angeregt werden, dass sie später dem schulischen Lernen mit Interesse folgen, mit ihrem eigenen Wissen und ihren Talenten den Schulalltag bereichern können, aber auch mögliche, durch Unterforderung in der Schule verursachte Langeweile und Frustration ohne Schaden überstehen" (Politt, o.J., S. 8).

Als Beispiele für Materialien, die speziell zur Hochbegabtenförderung eingesetzt werden können, sind unter anderem folgende anzuführen: naturwissenschaftliche Materialien, wie etwa Skelette oder Tierpräparate, differenzierte Bausätze, vielfältige Materialien für kreatives Tun, schwierige Puzzles, Lese- und Rechenmaterialien, Lexika, Videobänder und Tonträger.

Situation in Österreich

In Österreich sind bisher keine speziellen Methoden zur Förderung hoch begabter Kinder im Kindergarten bekannt. Um die Talente und Interessen hoch begabter Kinder adäquat weiterentwickeln zu können, müssten innovative Modelle erprobt werden.

Situation in der Europäischen Union

In Hannover wird eine Vorschulgruppe für besonders Begabte angeboten. Die Kinder dieser Gruppe sollen durch gezielte individuelle Angebote die Möglichkeit erhalten, ihre besonderen Talente und Fähigkeiten in kreatives Denken und Handeln umzusetzen. Eine angemessene Reaktion auf die intellektuellen und schöpferischen Potentiale hoch begabter Kinder beugt Verhaltensauffälligkeiten und Anpassungs- und Integrationsschwierigkeiten vor, die durch eine ständige Unterforderung der Kinder entstehen können. Der Neugierde und Anstrengungsbereitschaft der Kinder wird durch eine breite Palette von kognitiven und künstlerischen Betätigungsmöglichkeiten entsprochen, ohne die Kinder einem externen Leistungsdruck auszusetzen. Das pädagogische Konzept sieht weder schulbezogene Aktivitäten noch das gelenkte Erlernen von Lesen, Schreiben oder Rechnen vor. Vielmehr sollen die Kinder zu kreativem und Problem lösendem Denken und Handeln befähigt werden. (Politt, o.J.)

In Frankreich bestehen regionale Unterstützungsnetze, die von Sonderpädagog/innen, Schulpsycholog/innen und anderen Fachkräften gebildet werden. Jede Vorschuleinrichtung hat die Möglichkeit, im Rahmen örtlicher Projekte die Mitarbeit von Fachkräften aus dem künstlerischen, wissenschaftlichen, kulturellen und sportlichen Bereich zu beanspruchen.

In Portugal gehört die Früherkennung besonders begabter Kinder zu den Aufgaben der Vorschulerziehung, damit zeitgerecht eine entsprechende individuelle pädagogische Förderung veranlasst werden kann. (Europäische Kommission, 1995)

Empfehlungen von Expert/innen

Den Grundstein für eine breite Begabungsentfaltung sieht Urban (1992) in der Schaffung kreativer Lern- und Erfahrungsmöglichkeiten, die „entdeckendes, forschendes, intrinsisch motiviertes, kreativ-produktives Denken und Handeln“ fordern und fördern (S. 207). Neben der dinglichen Umwelt ist vor allem die soziale Umwelt bedeutungsvoll, da das Kind in einem sozialen Gefüge lernt und handelt. Nach Urban (1992) wird dieser sozialen Basis von Lernprozessen in der institutionalisierten Erziehung noch immer zu wenig Aufmerksamkeit geschenkt.

Ein wesentlicher Inhalt der pädagogischen Arbeit mit hoch begabten Kindern ist die Beratung der Eltern. Dies kann sowohl durch eine entsprechend ausgebildete Kindergartenpädagogin als auch durch spezielle Beratungsstellen geschehen.

Webb, Meckstroth und Tolan (1985) nennen unter anderem folgende Bereiche, die eine Beratung von Eltern hoch begabter Kinder umfassen sollte:

- Abbau bestehender Vorurteile
- Ermunterung zur Selbstakzeptanz
- Stärkung des Selbstvertrauens
- Auswahl von Spiel- und Lernmaterial
- Beziehung zu Geschwistern und Gleichaltrigen
- Nichtdirektive förderliche Aktivitäten

Im Kinderbetreuungsnetzwerk der Europäischen Kommission wird als Qualitätsindikator der Einsatz von Fachkräften für die Förderung besonderer Fähigkeiten, wie etwa Musik, Kunst oder sportliche Tätigkeiten, genannt. (Balageur, Mestres & Penn, 1992)

Empfehlungen zur Qualitätssicherung und Qualitätsoptimierung

Das Bildungskonzept und die Methoden in österreichischen Kindergärten müssen sich auch auf die individuelle Förderung von Kindern mit besonderen Begabungen beziehen. Dazu sind sowohl spezifische Materialien als auch Aktivitätsangebote notwendig, die den individuellen Interessen und Talenten hoch begabter Kinder entsprechen. Die Kindergartenpädagog/innen sollten eine methodisch-didaktische Ausbildung zum Thema Hochbegabung erhalten. Weiters sollten sie imstande sein, die Eltern hoch begabter Kinder hinsichtlich der Förderangebote, aber auch der psychosozialen Probleme der Kinder zu beraten.

Zur Qualitätsoptimierung ist die Erarbeitung spezifischer Methoden zur Förderung hoch begabter Kinder im Kindergarten anzustreben. Es sollten Modelle erprobt werden, in denen zusätzlich Fachkräfte zur Förderung etwa künstlerischer oder sportlicher Begabungen herangezogen werden. Leistungsdruck sollte jedoch vermieden werden.

5.8 Kindergarteneintritt und Vorbereitung auf die Schule

5.8.1 Kindergarteneintritt

Mindeststandard

Ausführliches Aufnahmegespräch mit jeder Familie; jedes Kind kann an mindestens einem „Schnuppertag“ den Kindergarten vor dem eigentlichen Eintritt kennen lernen; schrittweise, individuell abgestimmte Steigerung der Aufenthaltsdauer in den ersten Kindergartenwochen; Erfahrungsaustausch mit den Eltern; die Betreuungspersonen bemühen sich um maximale individuelle Zuwendung und einfühlsame Behandlung der „Neulinge“

Qualitätsoptimierung

Zusätzlich werden vielfältige Gelegenheiten zum Kennenlernen vor dem eigentlichen Kindergarteneintritt geboten; jedes Kind kann an mehreren „Schnuppertagen“ den Kindergarten kennen lernen; in der Eingewöhnungszeit oder bei späteren Schwierigkeiten können Eltern oder andere Bezugspersonen beim Kind im Kindergarten bleiben; für Kinder mit Trennungs- bzw. Eingewöhnungsschwierigkeiten werden gemeinsam mit den Eltern Konzepte für einen „sanften“ Kindergarteneinstieg entwickelt

Der Eintritt in den Kindergarten bringt einen Wechsel von einer bekannten in eine neue, unbekannte Umwelt mit sich. Jeder solche „ökologische Übergang“ kann nach Schmidt-Denter (1982) mit spezifischen Krisensymptomen, mit Problemen und neuen Anforderungen einhergehen. Die Kinder müssen sich an eine neue Umgebung und neue Bezugspersonen gewöhnen und Strategien zur Bewältigung der neuen Lebensumwelt entwickeln. Sie müssen den Trennungsschmerz überwinden, ihren Platz im sozialen Gefüge der Gruppe finden, ihren Tagesrhythmus umstellen und eine stabile Beziehung zur Kindergartenpädagogin aufbauen. (Berger, 1986; Becker-Textor, 1993; Burtscher, 1994; Haefele & Wolf-Filsinger, 1994; Denk, 1995)

Empfehlungen von Expert/innen

Trummer (1995) schlägt folgende Möglichkeiten zum allmählichen Kennenlernen der neuen Lebensumwelt Kindergarten vor:

- Wecken der Vorfreude durch Bilderbücher über den Kindergarten
- Besuch einer Spielgruppe im Jahr vor dem Kindergarteneintritt
- Teilnahme am Sommerfest oder an einem gemeinsamen Wandertag
- Kontaktaufnahme mit dem Kindergarten durch „Schnuppertage“

Die Eingewöhnungsphase selbst nimmt einen Zeitraum von etwa vier bis fünf Wochen ein, in denen sich die Kindergartenpädagogin intensiv den Neuankömmlingen widmet. Die älteren Kinder, die schon länger im Kindergarten sind, können in die Eingewöhnungsphase der neuen Kinder einbezogen werden.

Ein sanfter Kindergarteneinstieg sollte schrittweise gestaltet werden: In der ersten Kindergartenwoche genügt eine Aufenthaltsdauer von etwa zwei Stunden. Die Besuchszeiten werden individuell ausgedehnt, wobei ein intensiver Austausch von Erfahrungen und Beobachtungen zwischen den Eltern und der Kindergartenpädagogin in dieser Zeit besonders wichtig ist. Als Hilfe bei Eingewöhnungs-

schwierigkeiten gilt die schrittweise Steigerung der Distanz zu der begleitenden Bezugsperson: Die Eltern können ihr Kind zu Beginn in den Gruppenraum begleiten und eventuell einige Zeit am Kindergartenleben teilnehmen. Später lesen sie z. B. in der Garderobe ein Buch und verlassen vorerst nur kurz den Kindergarten. Der Aufbau von privaten Beziehungen zu anderen Kindern aus derselben Kindergartengruppe kann die Eingewöhnungsphase ebenfalls erleichtern. (Denk, 1995)
Nach Trummer (1995) erweist es sich in der Eingewöhnungszeit als vorteilhaft, wenn die Kinder „Ersatzobjekte“, z. B. ein Stofftier oder andere Lieblingsgegenstände, von zu Hause mitnehmen dürfen. Der Gruppenraum sollte mit Bodenspielplätzen, Kuschel- und Rückzugsbereichen ausgestattet sein. Weiters sollten die Kindergartenregeln mit den Kindern gemeinsam vereinbart und in der ersten Zeit sehr flexibel gehandhabt werden.

Empfehlungen zur Qualitätssicherung und Qualitätsoptimierung

Unter dem Gesichtspunkt, dass zunehmend jüngere Kinder, die häufiger unter Trennungs- und Eingewöhnungsschwierigkeiten leiden, den Kindergarten besuchen, müssen zur Qualitätssicherung vermehrt Möglichkeiten für einen sanften Kindergarteneinstieg angeboten werden. Dazu gehören auch günstige Rahmenbedingungen, wie eine optimale Betreuer-Kind-Relation und eine geringe Gruppengröße.
Zur Qualitätsoptimierung wird empfohlen, vor dem Kindergarteneintritt mehrere „Schnuppertage“ anzubieten und den Eltern während der Eingewöhnungszeit die Möglichkeit zu geben, bei ihrem Kind zu bleiben.

5.8.2 Übertritt vom Kindergarten in die Schule

Mindeststandard
Schulvorbereitung im Kindergarten durch emotionale, soziale und kognitive Förderung; Lernen im Spiel; Kennenlernen der zukünftigen Lehrer/innen und der Klassenräume; Zusammentreffen mit Schulkindern, Miterleben einer Unterrichtsstunde

Qualitätsoptimierung
Zusammenarbeit mit den zukünftigen Lehrer/innen; Abstimmung in Fragen der Erziehungsinhalte und Methoden; gemeinsame Fortbildungen für Kindergartenpädagog/innen und Volksschullehrer/innen

Der Schulanfang ist für alle Kinder ein besonderes Ereignis, das Umorientierungen und spezielle Anforderungen mit sich bringt: Neue Beziehungen müssen aufgebaut werden, neue Verhaltensweisen und Fertigkeiten sind notwendig, Lern- und Leistungsansprüche erwarten das Kind. Es muss sich an eine veränderte räumliche Umgebung und einen anderen Tagesrhythmus gewöhnen.
Der Kindergarten hat die Aufgabe, den Übertritt der Kinder in die Schule vorzubereiten und zu erleichtern. Eine Kooperation zwischen Kindergarten und Schule ist in diesem Zusammenhang besonders wichtig.
In den Siebzigerjahren wurden im Rahmen der Vorschulbewegung spezielle Programme zur Schulvorbereitung und zur basalen Begabungsförderung entwickelt (Tschinkel, 1973). In den meisten Förderprogrammen kam vor allem der kompensatorischen Erziehung eine bedeutende Rolle zu (Bronfenbrenner, 1974). Schulvorbereitung gilt auch heute noch als eine wichtige Bildungsaufgabe im Kindergarten. Heute wird vor allem auf die Förderung der Lernmotivation und der Fähigkeit zur Informationsverarbeitung Wert gelegt.

Oberhuemer (1995) betont, dass sich Schulvorbereitung nicht durch den regelmäßigen Einsatz von Arbeitsblättern oder durch einige Besuche in der Schule absolvieren lässt. Die Schulvorbereitung durchdringt vielmehr die ganze Arbeit des Kindergartens. Zahlreiche – für die Schule wichtige – Kompetenzen, wie grob- und feinmotorische Fertigkeiten, Wahrnehmungsdifferenzierung, emotionale Stabilität und Gruppenfähigkeit, Selbständigkeit und eine positive Arbeitshaltung, werden durch die gesamte Erziehungs- und Bildungsarbeit im Kindergarten und nicht erst im Jahr vor dem Schuleintritt gefördert.

Schulfähigkeit beschreibt jenen Zustand in der Entwicklung des Kindes, der es ihm ermöglicht, am Unterricht und an der Klassengemeinschaft mit Erfolg und ohne Überforderung teilzunehmen. Normalerweise freuen sich schulfähige Kinder auf das Lernen in der Schule. Sie sind bestrebt, den neuen Anforderungen so gut wie möglich zu entsprechen. Der Schuleintritt muss schon im Kindergarten vorbereitet werden, um Unsicherheiten vorzubeugen und eine positive Einstellung der Kinder zu vertiefen. Oberhuemer (1985) schlägt in diesem Zusammenhang folgende Möglichkeiten vor:

- Kennenlernen der zukünftigen Lehrerin oder des zukünftigen Lehrers
- Kennenlernen des künftigen Klassenraumes
- Miterleben einer Schulstunde
- Gemeinsame Feiern mit Schulkindern, die man eventuell noch aus dem Kindergarten kennt

Situation in Österreich

In der Untersuchung des Charlotte Bühler-Instituts (1995) zu den Bildungszielen des Kindergartens stufen die Kindergartenpädagog/innen das Bildungsziel „Vorbereitung auf die Schule“ als eher wichtig ein. Sie können dieses Ziel in der pädagogischen Arbeit auch gut verwirklichen.

Die grundlegende Bedeutung des Lernens im Spiel wurde im Lehrplan der Volksschule und der Vorschulstufe von 1986 anerkannt und festgeschrieben. Seither zählen das Interaktionsspiel, das Experimentier- und Konstruktionsspiel, das Regelspiel und das Bewegungsspiel zum Lehrstoff der Vorschulstufe. Außerdem soll das Spiel als methodisches Prinzip alle Bildungsbereiche in der Vorschulstufe durchziehen. Der Unterricht in der Volksschule soll durch die Wahl verschiedener Lernformen kindgemäß und anregend gestaltet werden. Dazu zählt neben dem projektorientierten, dem offenen oder entdeckenden Lernen auch das Lernen im Spiel. Nach Freund (1990) sind in der Volksschule vor allem das freie Spiel, das darstellende Spiel und die Lernspiele bedeutend.

Situation in der Europäischen Union

Die Vorschulerziehung in Belgien soll die Kinder neben der Förderung der Selbständigkeit und der Bereitschaft zur Zusammenarbeit auch darauf vorbereiten, schulische Grundfertigkeiten erfolgreich zu erwerben. Im Erziehungsprogramm wird die Bedeutung eines gleitenden Übergangs vom Vorschulbereich in die Primarschule betont.

In Dänemark können alle 6-jährigen Kinder im Jahr vor dem Schuleintritt – der erst mit 7 Jahren erfolgt – eine „Vorklasse“ besuchen, die organisatorisch nicht dem Kindergarten zugeordnet ist. Dort findet allerdings kein Unterricht im schulischen Sinn statt, sondern es werden Spiele und andere Aktivitäten zur Förderung der kindlichen Entwicklung angeboten.

In Irland können Kinder ab 4 Jahren in die „National School“ aufgenommen werden und dort die ersten beiden Klassen der Primarbildung (Vorklassen) besuchen. Die Vorschulerziehung ist also in den Primarbereich, der 8 Jahrgangsstufen umfasst, integriert, der Besuch erfolgt allerdings freiwillig. Die Aufgabe der Vorklassen liegt darin, die Kinder auf das schulische Lernen vorzubereiten. Das Erziehungsprogramm der Vorklassen ist Bestand-

teil des Bildungsprogramms des gesamten Primarbereichs.
In den Niederlanden beginnt die Schulpflicht mit 5 Jahren, die Kinder können allerdings schon mit 4 Jahren in die Primarschule eintreten. Für die Altersgruppe der Vier- bis Fünfjährigen werden dort keine spezifischen Lehrmethoden vorgegeben, ein interdisziplinärer Ansatz wird bevorzugt. Schulische Lerninhalte werden in begrenztem Umfang angeboten.
In Spanien soll die Vorschulerziehung in enger Zusammenarbeit mit dem Primarbereich organisiert werden, um einen möglichst gleitenden Übergang zu gewährleisten.
In Italien sind die Lehrer/innen der Vorschule und der Grundschule dazu angehalten, sich auf eine einheitliche Gestaltung der organisatorischen Aspekte und des Unterrichtsablaufs zu einigen. Ein Informations- und Erfahrungsaustausch soll dazu beitragen, die Kontinuität sicherzustellen und Schulversagen zu vermeiden.
Die Obergruppen in den französichen Vorschulen dienen zum Erlernen von Grundfertigkeiten und stellen somit eine wichtige Übergangsperiode für die Verbindung zum Primarbereich dar. Um den Übergang gleitender zu gestalten, können gemeinsame Aktivitäten zwischen den Kindergartenkindern der Obergruppe und den Schüler/innen der Jahrgangsstufen 1 und 2 der Primarschule organisiert werden.
In Großbritannien gibt es keine einheitlichen Curricula für den Vorschulbereich. In jenen Vorschulklassen, die organisatorisch an den Primarschulbereich angeschlossen sind, wird das Bildungskonzept in Zusammenarbeit mit den Lehrer/innen der Schulen festgelegt. (Europäische Kommission, 1995)

Empfehlungen von Expert/innen
Oberhuemer (1995) schlägt folgende Formen der Kooperation zwischen Kindergarten und Schule vor:

- Zusammenarbeit zwischen den Kindergartenpädagog/innen und den Lehrer/innen, die den Übergang vom Kindergarten in die Schule unmittelbar gestalten
- Abstimmung in Fragen, die Erziehungsinhalte und -methoden betreffen
- Gemeinsame Fortbildung von Kindergartenpädagog/innen und Lehrer/innen über konzeptuelle, pädagogisch-praktische und organisatorische Fragen der Zusammenarbeit
- Mehr Berücksichtigung von Fragen des Übergangs vom Kindergarten in die Schule in der Ausbildung beider Berufsgruppen
- Verstärkte Zusammenarbeit zwischen der Schulverwaltung und der Kindergartenverwaltung

Untersuchungen zum Schulstart von Kindern zeigen, dass der Einsatz bekannter Spielmittel in der Schule einen Vertrautheitsfaktor darstellt, der den Kindern den Übergang vom Kindergarten in die Schule wesentlich erleichtert (Staatsinstitut für Frühpädagogik, 1985; Hartmann, Neugebauer und Rieß, 1988). Der Spielabbruch bei Schuleintritt wird hingegen von vielen Spielforschern als Identitätsstörung beklagt (Torrance, 1963; Erikson, 1965; Eichler, 1979). Pachner (1989) fordert deshalb ein kontinuierliches Angebot von Spielen und Spielmitteln auch in der Schule, um einen Spielabbruch zu verhindern.

Empfehlungen zur Qualitätssicherung und Qualitätsoptimierung

Zur Qualitätssicherung sollte die Vorbereitung auf die Schule in der gesamten Erziehungs- und Bildungsarbeit des Kindergartens impliziert sein. Sie darf nicht nur auf das Durcharbeiten von Arbeitsblättern beschränkt sein, sondern besteht in einer breit angelegten sozialen, emotionalen und kognitiven Förderung der Kinder. Das Ken-

nenlernen der zukünftigen Lehrerin oder des Lehrers sowie des Klassenzimmers sollte – soweit wie möglich – in allen Kindergärten angestrebt werden.
Zur Qualitätsoptimierung werden eine verstärkte personelle Zusammenarbeit zwischen Schule und Kindergarten, eine Übereinstimmung hinsichtlich der Erziehungsinhalte und Methoden sowie gemeinsame Fortbildungsveranstaltungen empfohlen.

5.9

Die Kindergartenpädagogin als Bezugsperson und Erzieherin

5.9.1

Beziehungsqualität

Mindeststandard

Positive emotionale Erzieher-Kind-Beziehung; einfühlendes, wertschätzendes Verhalten der Kindergartenpädagogin; Körperkontakt und sprachliche Zuwendung; sensibles Eingehen auf die individuellen Bedürfnisse der Kinder und Wissen um deren persönliche Lebensumstände

Qualitätsoptimierung

Die Kindergartenpädagogin hat Spaß an Kindern und an ihren Aktivitäten; sie baut individuelle Beziehungen zu den Kindern auf

Die Bedeutung der strukturellen Qualitätsmerkmale als entwicklungsfördernde Rahmenbedingungen ist unumstritten. Genauso wichtig ist jedoch die Beziehungskultur im Kindergarten (Colberg-Schrader, 1996). Die Qualität der Beziehungen zwischen Kindergartenpädagogin und Kindern ist eine Dimension der pädagogischen Qualität und zeigt sich in den sozialen Interaktionen im Kindergarten.

Eine positive emotionale Beziehung der Kinder zur Kindergartenpädagogin und deren einfühlendes Verhalten sind die Voraussetzung dafür, dass sich die Kinder im Kindergarten wohl fühlen und die Bildungs- und Erziehungsarbeit gelingt.
Die Kindergartenpädagogin ist für viele Kinder die erste Person außerhalb der Familie, die Zuwendung und Wertschätzung vermittelt, aber auch Ansprüche an sie stellt, wie etwa das Einfügen in die Gruppe oder das Akzeptieren von Regeln.
Verbesserungen der Beziehungsqualität können einerseits durch Verbesserungen der Strukturqualität erreicht werden, andererseits hängt die Qualität des pädagogischen Prozesses nicht ausschließlich von strukturellen Bedingungen ab. In der Aus- und Fortbildung der Kindergartenpädagog/innen sollte daher auf die Persönlichkeitsbildung und die Selbsterfahrung besonderer Wert gelegt werden.
Nach Schlaghecken (1992) tragen die regelmäßige Supervision, die Fähigkeit zur Selbstreflexion und die Bereitschaft zu lebenslangem Lernen zur Professionalisierung des Erzieherberufs bei.

Gesetzliche Bestimmungen in Österreich

Die Ausbildung der Kindergartenpädagog/innen geht verstärkt auf Kommunikationspraxis und Gruppendynamik ein. Kompetenzen in Bezug auf die Weiterentwicklung der Persönlichkeit werden ebenso wie kommunikative und kooperative Modelle und Techniken vermittelt. (Lehrplan der Bildungsanstalt für Kindergartenpädagogik, 2004)

Situation in Österreich

In der Studie des Charlotte Bühler-Instituts aus dem Jahr 1994 geben die Kindergartenpädagog/innen an, sowohl auf die körperlichen Grundbedürfnisse der Kinder als auch auf die emotionalen Bedürfnisse nach Geborgenheit und Sicherheit und nach Beachtung und Anerkennung sehr gut eingehen zu können. Am schlechtesten gelingt es den Kindergartenpädagog/innen, das Bedürfnis der Kinder nach Ausruhen, Zurückziehen und Schlafen zu befriedigen. Ebenfalls eher schlecht können sie den individuellen Zeitrhythmus und den Bewegungsdrang der Kinder berücksichtigen. Am besten können die Kindergartenpädagog/innen auf die Bedürfnisse der Vier-, Fünf- und Sechsjährigen eingehen, während die Dreijährigen am schlechtesten betreut und gefördert werden können. Gründe dafür sind die große Kinderanzahl pro Gruppe und die mangelhafte Infrastruktur, insbesondere das Fehlen von individuell gestalteten Schlaf-, Ruhe- und Essplätzen.

Bei einem Vergleich des Erzieherverhaltens von Kindergartenpädagog/innen und Betreuer/innen in selbst verwalteten Kindergruppen stellte Wieger (1990) deutliche Unterschiede fest: Die Kindergruppenbetreuer/innen zeigten wesentlich mehr positiven Körperkontakt, wie Umarmungen oder Auf-den-Schoß-Nehmen, während bei fast der Hälfte der Kindergartenpädagog/innen zur Durchsetzung von Anweisungen und Erziehungsabsichten negativer Körperkontakt, wie etwa Festhalten oder Wegziehen, beobachtet wurde.

Empfehlungen von Expert/innen

Das Europäische Kinderbetreuungsnetzwerk betont die Bedeutung herzlicher und liebevoller Beziehungen zwischen den Kindergartenpädagog/innen und den Kindern. Die Kindergartenpädagog/innen sollten beständige und individuelle Beziehungen zu den Kindern aufbauen und deren persönliche Geschichte und Lebensumstände kennen. Ein weiteres Qualitätsmerkmal der Beziehungen im Kindergarten besteht im kompetenten Umgang mit auffälligen, störenden oder scheuen Kindern sowie mit besonderen Vorfällen und Notsituationen. (Balageur, Mestres & Penn, 1992)

Nach der Kindergarten-Skala zeigt die Erzieherin in „guten" Gruppen Respekt und Anteilnahme für die Gefühle der Kinder und übt angemessenen Körperkontakt aus. Sie beugt Konflikten vor und unterstützt altersangemessene Interaktionen. In „ausgezeichneten" Gruppen bezieht die Pädagogin die Kinder in die Lösung von Konflikten mit ein und fördert die Entwicklung gegenseitigen Respekts zwischen Kindern und Erwachsenen. (Tietze, Schuster, Grenner & Roßbach, 2001)

In der Caregiver Interaction Scale werden Wärme, Aufmerksamkeit, Engagement und Sensibilität der Kindergartenpädagogin nach folgenden Kriterien beurteilt:

Die Kindergartenpädagogin

- spricht warmherzig mit den Kindern
- hört aufmerksam zu, wenn die Kinder ihr etwas erzählen
- hat Spaß mit Kindern
- begeistert sich für die Aktivitäten und Bemühungen der Kinder
- geht auf die Individualität der Kinder ein
- spricht zu Kindern auf einer Ebene, die sie verstehen können
- regt die Kinder zu sozialem Verhalten an, z. B. zum Teilen, Helfen
- kniet sich hin, beugt sich herab oder setzt sich hin, wenn sie mit den Kindern spricht, um besseren Blickkontakt zu haben (Arnett, 1989)

Einige der Grundprinzipien, die Axline (1990) für das Therapeutenverhalten in der nichtdirektiven Kinderpsychotherapie aufgestellt hat, gelten auch für das Erzieherverhalten allgemein:

> *Ich möchte glauben, dass der wesentlichste Faktor bei der Förderung seelischer Gesundheit die Beziehung zwischen Lehrer und Schüler ist. Das gilt genauso für den Kindergarten wie für die höheren Schulen, für ein tradtionsgebundenes wie für ein fortschrittliches Programm. Es ist die Erlaubnis, sie selbst sein zu dürfen, das Verstehen, die Annahme, das Erkennen ihrer Gefühle, die Auseinandersetzung mit dem, was sie denken und fühlen, was den Kindern dabei hilft, ihre Selbstachtung zu bewahren. (S. 135-136)*

Empfehlungen zur Qualitätssicherung und zur Qualitätsoptimierung

Damit die Kindergartenpädagogin sensibel auf die Bedürfnisse der Kinder eingehen kann, ist eine günstigere Erzieher-Kind-Relation zu fordern. Die Tatsache, dass es den österreichischen Kindergartenpädagog/innen am schlechtesten gelingt, auf die Grundbedürfnisse der Kinder, wie Ausruhen, Zurückziehen und Schlafen, einzugehen und deren individuellen Zeitrhythmus zu berücksichtigen, macht es notwendig, die Rahmenbedingungen im Kindergarten zu verbessern. Da besonders die Dreijährigen am schlechtesten betreut werden können, sind eine geringere Gruppengröße sowie ein großzügigeres Raumangebot zu fordern. Auch in der Ausbildung sollte die praktische Arbeit mit Dreijährigen forciert werden.
Zur Optimierung der Beziehungsqualität sollte die Persönlichkeitsentwicklung der Kindergartenpädagogin durch Selbsterfahrung und kritische Reflexion des eigenen Erzieherverhaltens laufend gefördert werden.

5.9.2

Erziehungsstil, Erziehungseinstellung und Erzieherverhalten

Mindeststandard
Nichtdirektives Verhalten der Kindergartenpädagogin; sozial-integrativer Erziehungsstil; umsichtiges, aktivierendes Erzieherverhalten

Qualitätsoptimierung
Einfühlendes, nichtwertendes Verstehen von Seiten der Kindergartenpädagogin; Ermutigung der Kinder zu Individualität und Selbstbestimmung.

Die Erziehungseinstellungen und das Erzieherverhalten von Kindergartenpädagog/innen waren in den Siebziger- und Achtzigerjahren Gegenstand zahlreicher Studien. Nickel und Ungelenk (1980) konnten feststellen, dass die soziale Entwicklung von Vorschulkindern weder durch eine allzu stark lenkende Beeinflussung noch durch einen weitgehenden Verzicht auf jegliches erzieherische Engagement angemessen gefördert werden kann. Es kommt vielmehr darauf an, dass die Erzieherin in optimaler Weise Anregungen vermittelt, die das Kind zur selbständigen Auseinandersetzung mit der sozialen und materiellen Umwelt stimulieren – eingebettet in eine vertrauensvolle, emotional warme und kommunikativ enge Beziehung.
Weitere Studien zeigen, dass der überwiegende Anteil der Erziehungsmaßnahmen im Kindergarten nicht auf das Kind gerichtet ist, sondern der Aufrechterhaltung der Ordnung dient (Fried, 1991). Meist stehen Kinder, die durch störendes Verhalten auffallen, im Mittelpunkt pädagogischen Handelns, und das Problemverhalten wird überbetont.
Die Gründe für diese ungünstigen Erziehungsprozesse sieht Fried (1991) in unzulänglichen Rahmenbedingungen, wie etwa in zu großen Gruppen, und in subjektiven Situationsdeutungen der Kindergartenpädagog/innen. Anzustreben sind daher Fortbildungsmöglichkeiten, die es den Kindergartenpädagog/innen ermöglichen, das komplexe Bedingungsgefüge, durch das Erziehungssituationen bestimmt sind, zu analysieren und zu reflektieren. Anzuregen wäre auch die Auseinandersetzung mit alternativen Erziehungskonzepten, um die eigenen Einstellungen kritisch zu hinterfragen (vgl. Kapitel 5.6).

Situation in Österreich

Die Ergebnisse der Kindergartenstudie des Charlotte Bühler-Instituts (1994) zeigen, dass – in Übereinstimmung mit dem Wertewandel, der sich seit den Siebzigerjahren vollzieht – Disziplin und Gehorsam als Erziehungsziele auch für die österreichischen Kindergartenpädagog/innen weniger wichtig sind. Als sehr wichtig hingegen werden selbständiges Handeln, friedliche Konfliktlösungen, Problemlöseverhalten und die Befriedigung emotionaler Grundbedürfnisse beurteilt. Diese Bewertung deutet auf einen nichtdirektiven Erziehungsstil hin. Betrachtet man allerdings die Umsetzung dieser für wichtig erachteten Erziehungsziele, so stellt sich heraus, dass diese in der Praxis von den Kindergartenpädagog/innen unter den derzeitigen Rahmenbedingungen nur schwer verwirklicht werden können. Eine Verbesserung der Strukturqualität ist daher auch für ein förderliches Erzieherverhalten bedeutsam.

Die Ergebnisse von Neubauer (1980) hinsichtlich der bevorzugten Erziehungsmaßnahmen von Kindergartenpädagog/innen in Konfliktsituationen zeigen vor allem ein hohes Ausmaß an verbaler Kontrolle in Form von Instruktionen, Erklärungen, Anweisungen und Strafen. Bei der Ausbildung erwünschten Sozialverhaltens nennt nur ein Fünftel der Kindergartenpädagog/innen die aktive Unterstützung des Kindes. Das häufige Auftreten von Strafen in Form von Rügen oder Entzug positiver Verstärker zeigt, dass die Reaktionen der Kindergartenpädagog/innen in Konfliktsituationen unmittelbar am aktuellen Problemverhalten ansetzen und dieses dadurch in den Mittelpunkt stellen. Eine weit günstigere Wirkung auf die Kinder hätte hingegen die Modellwirkung der Kindergartenpädagogin und ihre Hilfe bei der Ausformung von Alternativverhalten. Aus diesem Grund fordert Neubauer (1980) für eine verbesserte Aus- und Fortbildung der Kindergartenpädagog/innen die Vermittlung eines erweiterten Spektrums an Konfliktlösungsstrategien sowie Informationen über die Wirkung von unerwünschten Rückkoppelungsprozessen.

Wieger (1990) stellte bei einem Vergleich von Kindergartenpädagog/innen und Betreuer/innen in selbst verwalteten Kindergruppen in Wien deutliche Unterschiede in der Erziehungseinstellung fest: Ein emotional warmer, liebevoller Umgang mit den Kindern wird von beiden Gruppen übereinstimmend gut geheißen, autoritär-kontrollierende Einstellungen werden hingegen von den Kindergartenpädagog/innen stärker bevorzugt. Sie strafen öfter und neigen mehr zur Unterdrückung von Konflikten. Bei den Betreuer/innen der Kindergruppen findet sich signifikant öfter ein sozial-integrativer Stil, der sich durch wertschätzendes, ermutigendes und verständnisvolles Verhalten sowie durch wenig Lenkung von Seiten der Erzieherin auszeichnet. Die Kindergartenpädagog/innen weisen weiters ein deutlich höheres Maß an Lenkung im Umgang mit den Kindern auf.

Die Gruppengröße ist dabei laut Wieger (1990) ein wesentlicher Faktor: Sie macht in Kindergruppen weniger als die Hälfte der durchschnittlichen Größe einer Kindergartengruppe aus. Erst eine kleine Gruppengröße ermöglicht es, auf die individuellen Interessen und Bedürfnisse der Kinder einzugehen und auf ausgeprägte Disziplinierung und Außenlenkung der Kinder zu verzichten. Ähnlich verhält es sich mit dem Raumangebot pro Kind, das in Kindergruppen etwa dreimal so groß ist wie in Kindergärten.

Situation in der Europäischen Union

Forschungsergebnisse aus der BRD zeigen, dass lenkende und direktive Verhaltensweisen der Kindergartenpädagog/innen vor allem in Konfliktsituationen vorherrschen. Ermutigung, Anregung und Freiraum für selbst bestimmte Aktivitäten der Kinder sind selten. (Ungelenk, Wollschläger, Schmidt-Denter & Nickel, 1978)

Bereits ältere Untersuchungen weisen darauf hin, dass ein warmes, sozial zugewandtes und anregendes Verhalten der Kindergartenpädagogin eine positive Auswirkung auf die Entwicklung von Kindern hat (Wolf, 1987). Ein zuwendendes Erzieherverhalten verbessert die Lern- und Leistungsfähigkeit der Kinder (Nickel, 1969; Eppel, 1974; Caesar, 1979).

Siegmund und Fisch (1985) fanden heraus, dass Kindergartenpädagog/innen sich umso eher ihren Einstellungen gemäß verhalten, je kleiner die Gruppe ist. In größeren Gruppen hingegen wird das Verhalten der Kindergartenpädagogin zunehmend mehr durch äußere Anforderungen als durch ihre erzieherischen Leitvorstellungen bestimmt. Je mehr Platz für jedes Kind zur Verfügung steht, umso höher ist die Übereinstimmung von Einstellung und Verhalten der Erzieherin. Diese Ergebnisse zeigen, dass es der Kindergartenpädagogin durch günstige Rahmenbedingungen erleichtert wird, sich ihren Einstellungen gemäß zu verhalten.

Nach Röchner (1985) bietet sich in der BRD in den Achtzigerjahren eine eher ernüchternde Kindergartenrealität: Lenkendes, aber auch gewährend inaktives Verhalten wird von einem Großteil der Erzieher/innen bevorzugt, während emotional positive Erziehungseinstellungen nur in mittlerem Ausmaß vertreten sind. Die Hälfte der untersuchten Kindergartenpädagog/innen verfolgt traditionelle Erziehungsziele, die eng mit einer direktiv-autoritativen und emotional kalten Erziehungseinstellung verknüpft sind. Zur Veränderung der erzieherischen Praxis schlägt Röchner (1985) vor, in der Aus- und Fortbildung von Kindergartenpädagog/innen die Entwicklung erzieherischer Kompetenz stärker zu berücksichtigen.

Um zu überprüfen, ob die angeführten Ergebnisse auch heute noch zutreffen, wären aktuelle Studien über die erzieherische Realität im Kindergarten dringend erforderlich.

Empfehlungen von Expert/innen

In der Caregiver Interaction Scale wird das Erzieherverhalten der Kindergartenpädagogin unter anderem nach folgenden Kriterien beurteilt:

- Die Kindergartenpädagogin legt keinen großen Wert auf Gehorsam.
- Wenn Kinder gegen eine Regel verstoßen, erklärt sie ihnen den Grund für die Regel.
- Sie ermutigt die Kinder dazu, neue Erfahrungen zu machen.
- Sie vermeidet es, starke Kontrolle über die Kinder auszuüben.
- Sie geht auf die Individualität der Kinder ein.
- Sie weist die Kinder nicht zurecht, wenn sie sich schlecht betragen.
- Sie zeigt Standfestigkeit, wenn es nötig ist. (Arnett, 1989)

Tausch und Tausch (1991) zeigen, auf welche Haltungen, Aktivitäten und Tätigkeiten des Erziehens es bei zwischenmenschlichen Beziehungen ankommt, um bedeutsame seelische Grundvorgänge bei Kindern zu fördern: auf Achtung, Wärme, Rücksichtnahme, auf einfühlendes, nichtwertendes Verstehen, auf Echtheit sowie auf fördernde, nichtdirigierende Tätigkeiten. Solch ein Erzieherverhalten ist die Grundlage für die Selbstachtung und ein günstiges Selbstkonzept der Kinder.

Auch die von Kounin (1976) entdeckten Dimensionen des Lehrerverhaltens gelten für den Umgang mit Kleinkindern (Rollett & Polster, 1985):

Die erste Dimension betrifft das „Dabeisein“: Auch wenn die gesamte Kindergruppe beschäftigt ist, sollte jedes Kind das Gefühl haben, von der Kindergartenpädagogin wahrgenommen zu werden. „Dabeisein“ bezieht sich auf die Wachheit und Umsicht der Kindergartenpädagogin, rasch und einfühlsam auf die Bedürfnisse, Probleme und Anforderungen der Kinder zu reagieren. Bei einem hohen Grad von „Dabeisein“ gelingt es weit besser, die Kinder zum Spielen anzuregen und Verbalkontakte herzustellen. Das Setzen von Grenzen bzw. das Behindern von Aktivitäten ist seltener notwendig.

Das „Überlappen“ bedeutet, dass die Kindergartenpädagogin in der Lage sein sollte, an mehrere Dinge gleichzeitig zu denken und die Bedürfnisse mehrerer Kinder zugleich zu beachten.

Durch eine weitere Dimension, nämlich die „Gruppenaktivierung“, wird ein günstiges Klima im Kindergarten geschaffen: Alle Kinder sind beschäftigt, und niemand langweilt sich.

Die Qualität der Interaktionen zwischen Erzieherin und Kind und der Kinder untereinander wirkt sich auf die soziale Entwicklung aus. Zahlreiche Untersuchungen zeigen, dass dabei die sprachliche Zuwendung enorme Bedeutung hat: Je mehr die Kindergartenpädagogin und die Kinder miteinander sprechen, desto eher wird die soziale Entwicklung unterstützt. (Phillips, McCartney & Scarr, 1987)

Axline (1990) stellt praktische Anwendungsmöglichkeiten der therapeutischen Grundprinzipien in allgemeinen Erziehungssituationen dar:

> *Das Wichtigste, was ein Erzieher der jüngeren Generation angedeihen lassen kann, ist wohl eine Art von Führung, die das Schwergewicht auf Selbstinitiative legt und dem jungen Menschen durch lebendige Beispiele die Erfahrung vermittelt, dass jedes Individuum für sich selbst verantwortlich ist. Es ist letztlich die Fähigkeit, konstruktiv und unabhängig denken zu können, was den gut erzogenen Menschen ausmacht. (S. 149)*

Empfehlungen zur Qualitätssicherung und zur Qualitätsoptimierung

Obwohl die Erziehungsziele, die von österreichischen Kindergartenpädagog/innen für wichtig gehalten werden, im Allgemeinen auf einer nichtdirektiven Einstellung basieren, gelingt ihre Umsetzung nur in unzureichendem Ausmaß. Um es den Kindergartenpädagog/innen zu ermöglichen, ihre nichtdirektiven Erziehungseinstellungen umzusetzen, sind wiederum günstigere Rahmenbedingungen hinsichtlich der Gruppengröße, der Erzieher-Kind-Relation und der Raumverhältnisse zu fordern.

Zur Qualitätsoptimierung müssen in der Aus- und Fortbildung Strategien zur Verbesserung der Erziehungskompetenz der Kindergartenpädagog/innen vermittelt werden. Internationale Forschungen sollten neue Erkenntnisse über die derzeitige Erziehungssituation in Kinderbetreuungseinrichtungen erbringen, um Ansatzpunkte für die Verbesserung der Erziehungsqualität aufzuzeigen.

5.10 Qualifikation des Kindergartenpersonals

5.10.1 Ausbildung der Kindergartenpädagog/innen

Mindeststandard

Gezielter, regionaler Ausbau der Bildungsanstalten für Kindergartenpädagogik und der Kollegs für Kindergartenpädagogik, um die Abweisung von Bewerber/innen mit Eignungsprüfung zu verhindern; Maßnahmen zur Erhöhung der Quote der Berufseinsteiger/innen

Qualitätsoptimierung

Anhebung des Ausbildungsniveaus auf EU-Standard, d. h. Ausbildung erst nach Abschluss der Sekundarstufe II

Der Notwendigkeit einer professionellen Ausbildung der Kindergartenpädagog/innen liegen die wissenschaftlichen Erkenntnisse der Entwicklungspsychologie und der Kleinkindpädagogik über die Bedeutung der ersten Lebensjahre sowie die gesetzliche Verankerung des Bildungsauftrages im österreichischen Kindergarten zugrunde. Gerzer-Sass (1995) betont, dass die Professionalität der ausgebildeten Kindergartenpädagogin ein entscheidendes Kriterium ist, an dem die Qualität der öffentlichen Kinderbetreuung zu messen ist.

Gesetzliche Bestimmungen in Österreich

Die fünfjährige Ausbildung in „Bildungsanstalten für Kindergartenpädagogik" (BAKIP) schließt mit der Reife- und Diplomprüfung ab, die zur Berufsausübung im Bereich von Bildung, Erziehung und Betreuung von Kindern bis zum Schuleintritt und zum Universitätszugang berechtigt. Dadurch wurde die Bildungssackgasse der vierjährigen Ausbildung überwunden. Die Ausbildung zu Kindergartenpädagog/innen wird an 29 Standorten in Österreich angeboten, ist auch für männliche Schüler offen und unterliegt der Zuständigkeit des Bundes. Der Schulbesuch in öffentlichen Schulen ist kostenlos. Die Schüler/innen können Schülerbeihilfe beantragen.

Der Besuch ist nach den ersten acht Jahren der allgemeinen Schulpflicht und der Ablegung einer Eignungsprüfung möglich. Der Lehrplan beinhaltet allgemeinbildende Fächer, Pädagogik, Didaktik und Kindergartenpraxis und Fächer mit musischem Schwerpunkt, die Ausbildung ist zu einem großen Teil berufsspezifisch. Die praktische Ausbildung erfolgt in Übungs- bzw. Besuchskindergärten.

An BAKIPs können auch Kollegs eingerichtet werden, die Absolvent/innen höherer Schulen oder Nicht-Maturant/innen mit Studienberechtigungsprüfung in einem vier-semestrigen Bildungsgang zur Berufsqualifikation führen. In Kollegs für Berufstätige können die Wochenstunden und Lehrstoffe auf bis zu 6 Semester aufgeteilt werden.

Das allgemeine Bildungsziel der BAKIP besteht darin, „den Schülerinnen und Schülern eine fundierte Allgemeinbildung und jene Haltungen und Fähigkeiten zu vermitteln, die für eine professionelle pädagogische Arbeit im Berufsfeld Kindergarten ... erforderlich sind und sie zugleich zur Universitätsreife zu führen". (Lehrplan der BAKIP, 2004)

Dabei wird auf die Entwicklung von Persönlichkeitsmerkmalen wie Verantwortungsbewusstsein, Bereitschaft zu Eigenverantwortung, Kritikfähigkeit und Reflexion, zu Innovationen, Flexibilität und Mobilität, zu selbständigem Wissenserwerb sowie zu Fort- und Weiterbildung, Sensibilität für kultur- und geschlechtsspezifische Aspekte von Erziehung und Sozialisation Wert gelegt.

Als allgemeine berufsrelevante Kompetenzen sollen beispielsweise Sprachkompetenz, soziale Kompetenz, insbesondere auch Empathie, Fähigkeit zum Umgang mit der eigenen und mit fremder Emotionalität sowie Konfliktfähigkeit, kreative und kommunikative Kompetenzen sowie Leitungskompetenzen erworben werden.

Zu den speziellen Kompetenzen für die beruflichen Erfordernisse zählen die Kenntnis wichtiger pädagogischer, psychologischer und soziologischer Erklärungsangebote insbesondere für die (früh)kindliche Entwicklung und ihre Rahmenbedingungen sowie die Fähigkeit, sie in der Bildungsarbeit situationsgerecht umzusetzen, die Fähigkeit zur Planung, Durchführung und Evaluation von personen-, altersgruppen- und aufgabenbezogener Bildungsarbeit, die Fähigkeit und Bereitschaft zur situationsgerechten Beratung von Eltern und Erziehungsberechtigten und Kompetenzen der Betriebsorganisation und des Managements institutioneller Kinderbetreuungseinrichtungen unter Berücksichtigung von ökologischen und ökonomischen Zusammenhängen sowie von Qualitätsmanagement (Qualitätsentwicklung und Qualitätssicherung).

Situation in Österreich

Nach der Reife- und Diplomprüfung steigen österreichweit durchschnittlich 67% der Absolvent/innen in den Beruf der Kindergartenpädagog/innen ein. (Diemert, 1996)

Allerdings müssen aus Platzmangel in den Ausbildungseinrichtungen jedes Jahr Interessent/innen trotz bestandener Eignungsprü-

fung abgewiesen werden. Bei einem Ausbau der Kindergartenplätze sowie bei der Reduktion der Gruppengrößen könnte es jedoch zu einem Mangel an ausgebildeten Kindergartenpädagog/innen kommen.
Zur Erleichterung des Berufseinstiegs und zur Vermeidung eines Praxisschocks ist eine stärkere Professionalisierung der Besuchskindergartenpädagog/innen, die an der Ausbildung beteiligt sind, anzustreben.

Situation in der Europäischen Union

In der gesamten Europäischen Union sind eine mindestens dreijährige pädagogische Fachausbildung und eine Reihe von Praktika Voraussetzung für die Qualifikation als Vorschulerzieher/in. In allen Ländern – mit Ausnahme von Deutschland – erfolgt die Ausbildung erst nach Abschluss der Sekundarstufe II, in Frankreich sogar erst nach Abschluss eines dreijährigen Universitätsstudiums.
Die Ausbildungssysteme für Vorschulpädagog/innen weisen in der Europäischen Union eine große Vielfalt auf. Der Zeitanteil der praktischen Ausbildung umfasst je nach Land zwischen 16% und 62%. (Pascal & Bertram, 1993)
Die Europäische Kommission kritisiert, dass in Europa kaum Studien zur Evaluierung der Auswirkungen der Ausbildungsstruktur auf die Entwicklung der Kinder und auf die Qualität des Erziehungsangebots vorliegen. Weiters wird gefordert, dass sich die Forschung stärker auf die Gestaltung der Ausbildung im Hinblick auf ihre Art und Dauer, auf die Bedeutung von Praktika und auf die Bedingungen und die Dauer der Supervision der angehenden Kindergartenpädagog/innen beziehen sollte. (Europäische Kommission, 1995)

Empfehlungen von Expert/innen

Für das Europäische Kinderbetreuungsnetzwerk stellt die Ermunterung von Frauen und Männern unterschiedlicher Rassen, Sprach- und Religionsgruppen zur Ausbildung als Kindergartenpädagogen und Kindergartenpädagoginnen ein Qualitätskriterium dar. Für die Qualität der Ausbildung ist weiters von Bedeutung,

- welche Institution für die Ausbildung zuständig ist,
- in welchem Alter die Ausbildung beginnt,
- wie lange die Ausbildung dauert,
- ob es neben den Möglichkeiten der Vollzeitausbildung auch berufsbegleitende Ausbildungsmodelle auf Teilzeitbasis gibt,
- welche Inhalte in der Ausbildung vermittelt werden,
- welche Lehr- und Lernmethoden angewendet werden,
- auf welche Altersgruppen von Kindern sich die Ausbildung bezieht,
- auf welchem akademischen Niveau die Ausbildung erfolgt,
- ob die Ausbildung kostenlos ist,
- ob Schüler/innen bzw. Student/innen während der Ausbildung finanziell unterstützt werden,
- ob die Dauer der Ausbildung in einem angemessenen Verhältnis zum späteren Gehalt steht,
- ob die Ausbildung auch mit Forschung verbunden ist.

(Balageur, Mestres & Penn, 1992)

Empfehlungen zur Qualitätssicherung und Qualitätsoptimierung

Um allen interessierten Bewerber/innen die Ausbildung zu ermöglichen, ist gezielt in einigen Regionen ein Ausbau der Bildungsanstalten für Kindergartenpädagogik und der Kollegs für Kindergartenpädagogik notwendig.
Zur Qualitätsoptimierung wird das Ausbildungsniveau auf EU-Standard anzuheben sein. Durch eine Ausbildung auf Hochschulebene wäre auch die stärkere Einbindung der Kleinkindforschung gewährleistet.

5.10.2

Fortbildung der Kindergarten-pädagog/innen

Mindeststandard

Die gesetzlich vorgeschriebenen Fortbildungsveranstaltungen werden angeboten und besucht; Sammlungen von Fachbüchern und fachbezogenen Materialien sind im Kindergarten vorhanden

Qualitätsoptimierung

Förderung und Unterstützung der Fortbildung durch Dienstfreistellung und Kostenersatz; das Angebot an Fortbildungsveranstaltungen geht über das gesetzlich vorgeschriebene Ausmaß hinaus; Austausch fachbezogener Materialien zwischen den Mitarbeiter/innen

Fortbildung als Ausweitung der Qualifikation für einen erlernten Beruf wertet Lebens- und Berufserfahrungen auf und fördert die fachliche, soziale und personale Kompetenz. Damit ist Fortbildung ein Weg beruflicher Identitätsbildung.
Im Sinne eines lebenslangen und lebensbegleitenden Lernens bedeutet Fortbildung für den Erzieherberuf, dass die Berufsqualifikation niemals ganz abgeschlossen ist.
Notwendig ist die berufsbegleitende Organisation der Fortbildung, die Nähe zur Berufs- und Arbeitswelt der Kindergartenpädagog/innen und die Orientierung an den Grundsätzen der Erwachsenenbildung. Die Teilnahme an Fortbildungsmaßnahmen muss grundsätzlich freiwillig bleiben.
Nach Schlaghecken (1992) ist Fortbildung ein regulärer Bestandteil sozialpädagogischer Berufsarbeit, der auf professionellen Ansprüchen beruht und zur Erhaltung der vorhandenen Qualifikation notwendig ist. Das Recht auf Fortbildung hängt mit den wachsenden Ansprüchen an den Beruf der Kindergartenpädagog/in zusammen. Fortbildung ist notwendig, um die Professionalität der pädagogischen Arbeit im gesellschaftlichen Wandel zu wahren, denn Erziehungsqualifikationen verbrauchen sich im Wandel der Lebens- und Arbeitsbedingungen.

Gesetzliche Bestimmungen in Österreich

Die Fortbildung der Kindergartenpädagog/innen ist in allen Bundesländern außer Wien gesetzlich geregelt. So ist in den Bundesländern Burgenland und Salzburg der Besuch von Fortbildungsveranstaltungen im Ausmaß von mindestens drei Tagen vorgesehen, in Salzburg allerdings nicht verpflichtend. In der Steiermark sind an bis zu vier Tagen in den Hauptferien und an bis zu vier nicht aufeinander folgenden Tagen während des Betriebsjahres Fortbildungsveranstaltungen zu absolvieren. Für die gemischtsprachigen Kindergartenpädagog/innen im Burgenland werden zusätzliche Veranstaltungen angeboten.
In Kärnten ist der Besuch der Fachtagungen der Landesregierung vorgeschrieben. In Niederösterreich gibt es Fortbildungsangebote seitens der Landesregierung. In Oberösterreich organisiert das Land die Fortbildung, dafür sind 5 Tage pro Jahr während der Dienstzeit vorgesehen. Auch im Burgenland, in Salzburg und in der Steiermark ist die Dienstfreistellung für Fortbildung gesetzlich geregelt. In Vorarlberg sollte die Fortbildung an 4 Tagen möglichst während der Hauptferien stattfinden.

Situation in österreichischen Kindergärten

In der Kindergartenuntersuchung des Charlotte Bühler-Instituts (1994) äußerte ein Sechstel der Kindergartenpädagog/innen den Wunsch nach mehr Fortbildungsangeboten. Bei den gewünschten Themen rangiert nach einer Erhebung der steirischen Fortbildungsstelle für Kindergartenpädagog/innen mit über 50% der Nennungen das Thema „Verhaltensauffälligkeiten“ an erster Stelle. Ebenfalls sehr häufig wird der Wunsch nach Fortbildungen zu Tänzen und

Bewegungsspielen bzw. zu alternativen Konzepten, wie etwa Montessori-Pädagogik, geäußert. Spielpädagogische Hilfen im Kindergarten werden ebenso genannt wie Fortbildungsmöglichkeiten zu Behinderungen, Entwicklungsverzögerungen und Teilleistungsschwächen. Weitere gewünschte Themen sind Stressbewältigung und Burnoutprävention, rhythmisch-musikalische Erziehung sowie Pädagogik und Psychologie, das Herstellen von improvisierten Spieldingen, Bewegungserziehung und Feinmotorik.

Fortbildungsmöglichkeiten für österreichische Kindergartenpädagog/innen werden von den Landesregierungen bzw. von den einzelnen Trägern veranstaltet. Jedes Jahr im Juli findet in Salzburg die Internationale Pädagogische Werktagung mit fachspezifischen Vorträgen und Werkkreisen für Kindergartenpädagog/innen und Lehrer/innen statt.

Viele Träger bieten Kursprogramme während des Kindergartenjahres an. Zusätzlich bestehen Angebote von verschiedenen Vereinen und Institutionen, z. B. Montessori-Kurs und Internationaler Sommerkurs für Rhythmik. Berufsgruppen und Gewerkschaften treten ebenfalls als Veranstalter von Tagungen und Symposien auf.

Die Fortbildungsprogramme umfassen teils künstlerisch-musische Schwerpunkte, teils persönlichkeitsbildende Seminare, teils werden neue wissenschaftliche Ergebnisse vorgestellt.

Situation in der Europäischen Union

In der Studie zur Vorschulerziehung in den Ländern der Europäischen Union wird explizit nur das griechische Fortbildungsmodell erwähnt: In regionalen Ausbildungszentren werden dreimonatige Kurse zur berufsbegleitenden Lehrerfortbildung veranstaltet, deren Ziel die Vermittlung neuester wissenschaftlicher Entwicklungen, neuer pädagogischer Methoden und der neuen Lehrpläne ist. (Europäische Kommission, 1995)

Empfehlungen von Expert/innen

Kindergartenpädagog/innen haben Anspruch auf den Zugang zu beruflich relevanten Informationen und zu den neuesten wissenschaftlichen Erkenntnissen. Der Erwerb neuer methodisch-didaktischer Kompetenzen erweitert das Repertoire an sozialpädagogischen Arbeits- und Begegnungsformen. (Schlaghecken, 1992)

Fortbildung ist auch notwendig, um der Erweiterung der pädagogischen Arbeit im Hinblick auf vermehrte Elternbeteiligung und -mitwirkung und auf den steigenden Bedarf an Elternberatung gerecht zu werden. Um diese neuen Aufgaben zu bewältigen, sind Kompetenzen und Fähigkeiten, wie etwa Dialog- und Konfliktfähigkeit, notwendig. Aus der Auseinandersetzung mit diesen neuen Anforderungen können mehr Selbstbewusstsein und ein neues berufliches Profil erwachsen.

Krenz (1991) fordert, dass Fort- und Weiterbildung zu einem festen Bestandteil der Berufstätigkeit werden müssen. Der Träger sollte eine angemessene Freistellung und eine Kostenbeteiligung sichern. Als besonders effektiv hat sich die Fortbildung vor Ort herausgestellt, an der alle Mitarbeiter/innen eines Kindergartens teilnehmen. Die Übertragbarkeit auf die pädagogische Praxis ist dann besonders groß, wenn alle Beteiligten einen gemeinsamen Lernprozess durchlaufen haben. In diesem Zusammenhang kommt der Supervision eine besondere Bedeutung zu.

Hinsichtlich der Fortbildungsmöglichkeiten wird in der Kindergarten-Skala für eine gute Bewertung gefordert, dass die Teilnahme an Fortbildungsveranstaltungen durch die Einrichtung unterstützt wird, etwa durch Dienstfreistellung oder Kostenersatz. Die monatlichen Dienstbesprechungen umfassen auch pädagogische Inhalte. Neue Mitarbeiter/innen werden gründlich eingearbeitet. Die Einrichtung verfügt über eine Fachbuchsammlung. In „ausgezeichneten“ Kindergärten sollte diese Sammlung aktuelle Materialien zu einer Vielzahl von inhaltlichen Aspek-

ten über die frühe Kindheit enthalten. (Tietze, Schuster, Grenner & Roßbach, 2001)
Für das Kinderbetreuungsnetzwerk der Europäischen Kommission ist es ebenfalls von Interesse, ob Weiterbildung während oder nach der Dienstzeit erfolgt, ob und wie sie finanziell unterstützt wird, ob sie auf freiwilliger Basis erfolgt und ob die Weiterqualifizierung im Zusammenhang mit dem Gehalt oder einer Beförderung steht. (Balageur, Mestres & Penn, 1992)
Roßbach (1993) betont die Bedeutung der Selbstevaluation für die Steigerung der Professionalität. Selbstevaluation ist eine Methode, bei der von den Kindergartenpädagog/innen selbst eine kritische Durchleuchtung ihrer pädagogischen Arbeit vorgenommen wird. Solche Selbstüberprüfungsprozesse können anhand eines Kriterienkatalogs durchgeführt werden und bedürfen der Unterstützung durch Fachleute. Im Anschluss an die Bewertungsphase können die Stärken und Schwächen eines Betreuungsarrangements gemeinsam diskutiert und Maßnahmen zur Verbesserung der Betreuungsqualität eingeleitet werden.

Empfehlungen zur Qualitätssicherung und Qualitätsoptimierung

Fortbildung im Sinne eines lebenslangen Lernens und als Ausweitung der Berufsqualifikation setzt ein ausreichendes Angebot an entsprechenden Veranstaltungen und Wahlmöglichkeiten voraus. Deren Besuch ist – im Sinne einer Qualitätssicherung – vom Dienstgeber zu ermöglichen und zu unterstützen.
Kostenersatz und Dienstfreistellung bedeuten eine Qualitätsoptimierung. Die Fachbuchsammlungen in den einzelnen Kindergärten sollten ständig ergänzt und auf den neuesten Stand der wissenschaftlichen Erkenntnisse gebracht werden. Der Austausch fachbezogener Materialien im Kolleg/innenkreis wird empfohlen.

5.10.3 Ausbildung und Fortbildung der Leiterinnen

Mindeststandard
Systematische Qualifikation der Leiterinnen für Führungsaufgaben, entsprechende Weiterbildungsangebote gemäß dem neuesten Stand wissenschaftlicher Erkenntnisse

Qualitätsoptimierung
Verlagerung von Entscheidungskompetenzen in die Leitungsebene; mehr Autonomie für die einzelnen Einrichtungen

Die Leitung eines Kindergartens erfordert – so wie jede Führungstätigkeit – eine spezifische Qualifikation. Führen und Leiten beherrscht man nicht automatisch nach der Versetzung auf eine entsprechende Position. Zusätzlich zur Fachkompetenz sind weitere spezielle Führungskompetenzen und -instrumente gefragt. Das eigene Leitungsverständnis als weibliche Führungskraft muss entwickelt und reflektiert werden, um diese neue Rolle individuell gestalten zu können.
Jakubeit (1996) unterscheidet Funktionen einer Leiterin auf der Aufgabenebene, auf der Gruppen- und Teamebene und auf der individuellen Ebene: Auf der Aufgabenebene müssen gemeinsam mit den Mitarbeiter/innen Konzepte und Ziele für die Einrichtung entwickelt und verfolgt werden. Auf der Gruppen- und Teamebene werden die Arbeitsfähigkeit, der Zusammenhalt und das Betriebsklima innerhalb des Teams entwickelt und erhalten. Für diese Aufgaben benötigt die Leiterin spezielle Führungsinstrumente zur Gestaltung und Leitung von Teambesprechungen, für die Regelung von Entscheidungsprozessen und für die Arbeitsaufteilung im Team. Die Führungsaufgaben auf der individuellen Ebene betreffen den Aufbau von Vertrauen zu den einzelnen Mitarbeiter/innen, das Transparentmachen ihrer unterschiedlichen Kom-

petenzen und das Nützen ihrer Stärken für das gesamte Team. Führungsinstrumente in diesem Bereich sind Feedback-Gespräche, regelmäßige Mitarbeiter/innengespräche mit Zielvereinbarungen und die Einführung neuer Mitarbeiter/innen in das Team.
Fortbildungsveranstaltungen sollten spezielle Angebote für Leiterinnen beinhalten.

Gesetzliche Bestimmungen in Österreich
Die Bestellung zur Leiterin ist in den Kindergartengesetzen der österreichischen Bundesländer an die fachliche Befähigung und an die Eignung in sittlicher, staatsbürgerlicher und gesundheitlicher Hinsicht gebunden.
Die meisten Bundesländer sehen unterschiedlich intensive, meist nicht verpflichtende Leiterinnenschulungen sowie Berufspraxis als fachliche Anstellungserfordernisse vor.

Situation in österreichischen Kindergärten
Der 50- bis 80-stündige Vorbereitungskurs für Leiterinnen der städtischen Kindergärten in Wien umfasst Erziehungslehre, besonders im Hinblick auf die aktuellen Erfordernisse in Kindergärten und Horten, aktuelle berufskundliche und praktische Probleme sowie Fragen der Menschenführung und der dienstlichen Beurteilung. Weitere Inhalte des Kurses sind die Information über die Aufgaben des Jugendamtes, über die rechtlichen Grundlagen des Kindergarten- und Hortwesens, über administrative Aufgaben sowie erste Hilfe.
Fortbildungsseminare für Leiterinnen finden in der Regel einmal pro Monat während der Dienstzeit statt. Zusätzlich gibt es ein reichhaltiges kostenloses Fortbildungsprogramm, das zum größten Teil in der kinderdienstfreien Zeit besucht werden muss.
Die Interessengemeinschaft der Erhalter kirchlicher Kindertagesheime in der Erzdiözese Wien bietet Leiterinnen Seminare zur Auseinandersetzung mit leitungsspezifischen Aufgaben und zum Umgang mit der Doppelfunktion als Kindergartenpädagogin und Führungskraft mit folgenden Schwerpunkten an:

- Die persönliche Kompetenz der Leiterin soll durch Organisationskompetenz, Personal- und Führungskompetenz sowie durch pädagogische Kompetenz erweitert werden, um die Erziehungs- und Bildungsarbeit im Team zu koordinieren und den Bildungsauftrag des Kindergartens verwirklichen zu können.
- Die Organisationskompetenz bezieht sich auf die Arbeitstechnik, also auf Zeitplanung, Arbeitsteilung und Problemlösung, auf die Organisation und auf die Beschaffung und Weiterleitung von Informationen.
- Die Leitungskompetenz umfasst Techniken der Kooperation, wie Teamarbeit, Konfliktlösung, Motivation, und der Gesprächsführung, wie Argumentation, Diskussion, Kritik.
- Die pädagogische Kompetenz beruht auf Kenntnissen über Stressdynamik, ihre biologischen und psychologischen Abläufe sowie über Bewältigungsstrategien. Weitere Schwerpunkte sind der Umgang mit dem Familienhintergrund, der Nationalität und den Verhaltensauffälligkeiten der Kinder. Auch die Elternarbeit, die Organisation von Elternveranstaltungen, Maßnahmen zur Förderung der Erziehungspartnerschaft und der Beherrschung verschiedener Präsentationstechniken zählen zur pädagogischen Kompetenz.

Weitere Inhalte der Leiterinnenschulung sind die Erarbeitung von praxisnahen Lösungen für die Kommunikation im Team und in der Elternarbeit sowie das Thematisieren von Erziehungsproblemen mit den Eltern. Das Wissen um Führungsstile und ihre Folgen, um Motivation und Gesprächsführung, die Kenntnis von Kommunikationsebenen und Möglichkeiten des Argumentationsaufbaus werden ebenfalls vermittelt.
In Salzburg ist als Anstellungserfordernis für Kindergartenleiterinnen der Besuch eines Kin-

dergartenleiterinnenkurses mit einer Kursdauer von 80 Stunden erforderlich. Unterrichtsfächer sind Hygiene, erste Hilfe, Katastrophenschutz, Verkehrserziehung, heilpädagogische Aspekte, aktuelle Didaktik, Kommunikationspädagogik, Religionspädagogik, Rechtskunde und Kindergartenverwaltung. Der Kurs findet einmal jährlich statt.
Im Burgenland bestehen neben der verpflichtenden Fortbildung an 3 Tagen während des Betriebsjahres zusätzliche Angebote für Leiterinnen. Auch in der Steiermark werden spezielle Seminare für Kindergartenleiterinnen durchgeführt.

Empfehlungen von Expert/innen

Die Sicherung und Entwicklung der pädagogischen Qualität in Kindergärten bedarf nach Jakubeit (1996) der Unterstützung der Leitung und der Mitarbeiter/innen durch Maßnahmen der Personalentwicklung. Diese können zu mehr Arbeitszufriedenheit, besserer Teamarbeit und qualifizierter Leitungstätigkeit beitragen.
Jakubeit (1996) fordert eine stärkere Verlagerung von Entscheidungskompetenzen und von Verantwortung in die einzelnen Kinderbetreuungseinrichtungen. Ein größerer Autonomiegrad und mehr Entscheidungsspielraum für die Leiterin statt starrer organisatorischer Richtlinien und langer Entscheidungswege ermöglichen es, sich als verantwortliche Führungskraft zu sehen und auch den Mitarbeiter/innen mehr Eigenständigkeit zuzugestehen.

Empfehlungen zur Qualitätssicherung und Qualitätsoptimierung

Bei der Erhaltung und Weiterentwicklung von Qualität spielen Leiterinnen eine Schlüsselrolle. Daher ist es Aufgabe der Kindergartenerhalter, das Leitungspersonal in der Fortbildung systematisch für Führungsaufgaben zu qualifizieren.

Zur Qualitätsoptimierung wird empfohlen, starre organisatorische Richtlinien zu überdenken und den Leiterinnen mehr Autonomie zu verleihen.

5.10.4 Ausbildung und Fortbildung der Kindergartenhelferinnen

Mindeststandard

Einstellung einer Kindergartenhelferin für jede Gruppe

Qualitätsoptimierung

Pädagogische Aus- und Fortbildung der Kindergartenhelferinnen, um sie stärker in den Kinderdienst einbeziehen zu können

Die Unterstützung durch eine Helferin bei der Erziehungs- und Bildungsarbeit ermöglicht es der Kindergartenpädagogin, die Kinder in Kleingruppen individueller und differenzierter zu fördern. Um die Helferinnen zu qualifizieren, ist eine pädagogische Grundausbildung vor Dienstbeginn wünschenswert. Für interessierte Bewerberinnen sollten Möglichkeiten geschaffen werden, den Beruf der Kindergartenhelferin in der Praxis kennen zu lernen.
Fortbildungsveranstaltungen sollten spezielle Angebote sowie Möglichkeiten des Informations- und Erfahrungsaustausches für Helferinnen beinhalten. Die Weiterbildungsveranstaltungen des pädagogischen Personals könnten auch interessierten Kindergartenhelferinnen offen stehen. Jährliche Seminare über Haushaltsführung sowie Pädagogik und Didaktik tragen zu einer Berufsaufwertung bei. Dadurch könnte auch ein Berufsbild „Kindergartenhelferin“ geschaffen werden.

Gesetzliche Bestimmungen in Österreich

In den gesetzlichen Bestimmungen der einzelnen Bundesländer ist verankert, dass als Helferinnen Personen eingestellt werden können, die in körperlicher, geistiger und psychischer Hinsicht für den Kinderdienst geeignet erscheinen. Als einziges Bundesland hat die Steiermark eine umfassende Ausbildung der Helferinnen im Jahr 2000 im Gesetz verankert: Die „Kinderbetreuerinnen" müssen 300 Stunden Theorie und ein zweimonatiges Praktikum absolvieren sowie eine praxisbezogene Seminararbeit verfassen. In der Folge haben sie die selben Fortbildungspflichten wie Kindergartenpädagoginnen. In Wien gibt es in den städtischen Kindertagesheimen für neu eintretende Helferinnen eine 80-stündige Ausbildung.

Situation in österreichischen Kindergärten

Nach Angaben des Statistischen Zentralamtes gab es im Jahr 1994/95 in den österreichischen Kindergärten insgesamt 5.712 Helferinnen. Davon waren 49% vollzeit- und 51% teilzeitbeschäftigt.
Beinahe ein Drittel der Kindergartenpädagog/innen wünscht sich mehr Personal zur Verbesserung der Situation der Kinder im Kindergarten. Viele Kindergartenpädagog/innen verweisen auf die Notwendigkeit einer pädagogischen Schulung der Helferinnen. (Charlotte Bühler-Institut, 1994)
Grundausbildungskurse für neu eingestellte Kindergartenhelferinnen werden in einigen Bundesländern, z. B. in Wien und Tirol, angeboten. Für Helferinnen, die im Dienst der Gemeinde Wien stehen, ist eine 80-stündige Einschulung während der Dienstzeit verpflichtend. Inhalte dieser Fortbildungsseminare sind: Entwicklungspsychologie des Kleinkindes und des Schulkindes, Grundzüge der Gruppenpsychologie, Konflikte und Konfliktbewältigung, Erziehungspsychologie, aber auch Ernährung im Kindesalter, Reinigung und Umwelt, Alltagshygiene und Infektionsprophylaxe, Hygiene in Kindertagesheimküchen und deren Kontrolle durch das Marktamt, Infektionskrankheiten und erste Hilfe.
Das Konzept der Helferinnenschulung der Interessengemeinschaft der Erhalter kirchlicher Kindertagesheime in der Erzdiözese Wien etwa sieht folgende Bereiche vor: die Information über die Aufgaben der Kindergartenhelferin, über Planung und Zeiteinteilung im Arbeitsbereich sowie die Vermittlung von diversen Handfertigkeiten und von Kenntnissen des Lied- und Spruchgutes und deren Bedeutung für die Bildungsarbeit. Weitere Themen sind Möglichkeiten der Teamarbeit, Grundlagen der Entwicklungspsychologie und des Umgangs mit Kindern, Techniken der Gesprächsführung und rechtliche Fragen.
Im Bundesland Salzburg werden Helferinnen mit Berufserfahrung berufsbegleitend geschult.

Empfehlungen zur Qualitätssicherung und Qualitätsoptimierung

Die Einstellung einer eigenen Kindergartenhelferin für jede Gruppe stellt den Mindeststandard zur Qualitätssicherung im Kindergarten dar.
Zur Qualitätsoptimierung ist eine pädagogische Schulung der Kindergartenhelferinnen notwendig. Damit können sie stärker in den Kinderdienst eingebunden werden und eine differenzierte und an den individuellen Bedürfnissen der Kinder ausgerichtete Erziehungs- und Bildungsarbeit mittragen. Eine Auswahl pädagogischer Fortbildungsveranstaltungen sollte auch interessierten Kindergartenhelferinnen offen stehen. Darüber hinaus sind spezielle Fortbildungsangebote für Kindergartenhelferinnen vorzusehen.

5.11

Arbeitsbedingungen der Kindergartenpädagog/innen

Mindeststandard

Angemessene organisatorische und strukturelle Rahmenbedingungen; mindestens 20% der Arbeitszeit als „kinderfreie" Vorbereitungszeit; Möglichkeiten zur Reflexion und Supervision der pädagogischen Arbeit; Unterstützung durch Fachberater/innen

Qualitätsoptimierung

Maßnahmen zur Erhöhung der Berufszufriedenheit der Kindergartenpädagog/innen; Verbesserung des Berufsimages durch erweiterte Arbeitsbereiche; besseres Bezahlungsschema, verbunden mit Umstiegs- und Aufstiegsmöglichkeiten; Supervision als Teil der Dienstzeit

Qualität aus der Perspektive der Kindergartenpädagog/innen bezieht sich auch auf die Interessen des eigenen Berufsstandes und umfasst den Wunsch nach zufriedenstellenden Arbeitsbedingungen und nach der Wertschätzung der geleisteten Arbeit. Das Engagement, die Freude am Beruf und die Leistungsfähigkeit hängen allerdings eng mit der Zufriedenheit der Kindergartenpädagog/innen mit den Rahmenbedingungen für ihre pädagogische Arbeit zusammen.

Gesetzliche Bestimmungen in Österreich

Zusätzlich zu den bereits dargestellten Kriterien für die Arbeitsbedingungen von Kindergartenpädagog/innen regeln die Kindergartengesetze weitere Aspekte, die für die Berufszufriedenheit wesentlich sind.

Hinsichtlich der Erziehungs- und Vorbereitungszeiten gibt es nur in Wien keine verbindlichen Regelungen. Eine interne Regelung sieht für die Wiener städtischen Kindergärten 4 Stunden pro Woche und 7 zusätzliche freie Tage vor. Bei Vollbeschäftigung stehen in Kärnten 5 Stunden für Vorbereitungsarbeiten zur Verfügung, in Salzburg 6 Stunden, in Oberösterreich 7 Stunden, im Burgenland 8 Stunden, in Vorarlberg 10 Stunden und in der Steiermark 10 bis 15 Stunden. In Tiroler Kindergärten beträgt die Besuchszeit der Kinder 30 Stunden pro Woche, bei Mittagsbetrieb auch mehr. Es besteht – wie auch in Niederösterreich – keine Regelung hinsichtlich der Aufteilung in Kinderdienst- und Vorbereitungszeiten.

Die pädagogische Aufsicht über die in den Kindertagesheimen ausgeübte Tätigkeit führt in Wien die zuständige Magistratsabteilung. Die Aufsichtsorgane müssen entsprechende fachliche Voraussetzungen (Befähigungsprüfung zur Kindergartenpädagogin, Leiterinnenprüfung) aufweisen.

Die burgenländischen, oberösterreichischen, niederösterreichischen und Tiroler Kindergärten unterliegen der pädagogischen Aufsicht der Landesregierung. Diese Aufsicht erstreckt sich auf die Tätigkeit der Kindergartenpädagog/innen und Kindergartenleiterinnen in pädagogisch-didaktischer Hinsicht und auf deren fachliche Beratung und Fortbildung.

In Vorarlberg übt die Kindergarteninspektorin die pädagogische Aufsicht und die fachliche Beratung der Kindergartenpädagog/innen als Organ der Bezirkshauptmannschaft aus.

In Salzburg obliegt die pädagogische Aufsicht einer vom Land angestellten Inspektorin, die die fachlichen Anstellungserfordernisse für Kindergartenleiterinnen erfüllen muss. Das Zentrum für Kindergartenpädagogik organisiert die Fortbildung und die pädagogische Betreuung der Kindergartenpädagog/innen durch Kurse, Lehrvorträge und Beistellung von Literatur.

In der Steiermark werden zum Zwecke der Beratung und pädagogischen Aufsicht von der Landesregierung Fachberater/innen bestellt. Im Besonderen obliegt den Fachberater/innen die berufsbegleitende Beratung des Kindergartenpersonals unter Einschluss pädagogisch-didaktischer Probleme, die berufsbegleitende persönliche Fachberatung, die Aufsicht über die fachlichen Tätigkeiten und die Mitarbeit in der Fortbildung.

Situation in österreichischen Kindergärten

Aus der Kindergartenstudie des Charlotte Bühler-Instituts (1994) geht hervor, dass die Bezahlung und die Gruppengröße jene Rahmenbedingungen darstellen, mit denen die Kindergartenpädagog/innen am wenigsten zufrieden sind. Ein Viertel der Kindergartenpädagog/innnen ist mit der Personalstruktur im Kindergarten eher nicht bzw. gar nicht zufrieden. Den größten Einfluss auf die Gesamtzufriedenheit der Kindergartenpädagogin mit den objektiven Rahmenbedingungen haben die Gruppengröße und das Stundenausmaß der Helferin pro Tag: Je größer die Gruppe ist und je weniger Stunden eine Helferin pro Tag zur Verfügung steht, desto unzufriedener ist die Kindergartenpädagogin. Kindergartenpädagog/innen in Halbtagskindergärten sind insgesamt zufriedener mit den Rahmenbedingungen des Kindergartens als Kindergartenpädagog/innen, die in Ganztagseinrichtungen arbeiten.

Die österreichischen Kindergartenpädagog/innen äußerten folgende Veränderungswünsche zu ihrer eigenen beruflichen Situation:

- Ein Drittel der Befragten wünscht sich Veränderungen der derzeitigen Personalsituation.
- An zweiter Stelle steht der Wunsch nach der Veränderung der Gruppengröße (von 26% der Kindergartenpädagog/innen genannt).
- 23% der Kindergartenpädagog/innen äußern Wünsche nach Veränderungen der Vorbereitung.
- 21% der Kindergartenpädagog/innen möchten eine bessere Bezahlung.
- 17% der Kindergartenpädagog/innen wünschen sich eine Änderung der derzeitigen Dienstzeitregelung.
- An sechster Stelle liegt der Wunsch nach einem besseren Berufsimage und mehr gesellschaftlicher Anerkennung.
- Ebenso viele Kindergartenpädagog/innen fordern mehr Fort- bzw. Weiterbildungsangebote.
- Externe Fachkräfte werden von 11% gewünscht.
- Jede zehnte Kindergartenpädagogin wünscht sich mehr Zusammenarbeit und Kooperation mit den Eltern.
- Veränderungen der Zusammenarbeit mit Kolleginnen wünschen sich 7%.
- Für die Möglichkeit der Supervision und Reflexion der eigenen Arbeit treten ebenfalls 7% der Kindergartenpädagog/innen ein.
- Weniger administrative Arbeit ist für ebenso viele Kindergartenpädagog/innen ein Anliegen zur Verbesserung der Arbeitssituation.
- Ebenfalls 7% wünschen sich mehr Mitbestimmung und Eigenverantwortung für ihren Tätigkeitsbereich.

Nach der Untersuchung, die Keppelmüller (1994) in oberösterreichischen Kindergärten durchführte, sind vor allem ein guter Kontakt mit dem Erhalter und ein positives Arbeitsklima wichtige Kriterien für die Berufszufriedenheit. Dabei spielt auch das Interesse des Kindergartenerhalters an der Kleinkind-Pädagogik eine Rolle.

Keppelmüller (1994) zeigt weiters auf, dass Überstunden entgegen den gesetzlichen Bestimmungen nicht immer abgegolten werden. Der Genuss einer Pause während der Arbeitszeit ist für viele Kindergartenpädagog/innen unmöglich, und die Anzahl der Kinderdienststunden erscheint im Vergleich zur Vorbereitungszeit hoch.

- Burnout

Viele Kindergartenpädagog/innen klagen über Gefühle des Ausgebranntseins. Burnout ist symptomatisch für helfende Berufe, in denen menschliche Interaktionen einen wichtigen Teil der Tätigkeit ausmachen. Burnout ist

eine negative, beeinträchtigende Erfahrung, die einen Verlust an Energie bedeutet bzw. Symptome von Erschöpfung beinhaltet und mit einem Rückzug der Helfer/innen aus der Arbeit oder mit reduziertem Engagement verbunden ist. Mit der Zunahme der Dienstjahre sinkt nach Roßbach, Schuster und Tietze (1995) die Bereitschaft der Kindergartenpädagog/innen, Prozessqualität zu verwirklichen.
Die Möglichkeiten für einen beruflichen Umstieg oder für eine zeitlich begrenzte Freistellung vom Gruppen führenden Kinderdienst sind gering. Diese wären allerdings wünschenswert, um die Routine der Gruppenführung zu durchbrechen und einem Burnoutsyndrom vorzubeugen.
Nach den Ergebnissen des Charlotte Bühler-Instituts (1995) ist jede fünfte Kindergartenpädagogin frustriert. Diese Kindergartenpädagog/innen lehnen auf Grund der schlechten Rahmenbedingungen für ihre pädagogische Arbeit die Bildungs- und Betreuungsfunktion des Kindergartens ab.

■ Supervision
Einige Kindergartenerhalter bieten Supervisionsgruppen an, die in der Regel 8 bis 12 Personen umfassen und in regelmäßigen Abständen stattfinden. Diese Gruppen werden von einer ausgebildeten Supervisorin oder einem Supervisor begleitet. Inhalte sind arbeitsspezifische Probleme, Schwierigkeiten und Fragen, die in der Arbeit mit Kindern, Eltern und dem Team entstehen können. In der Supervisionsgruppe werden keine fertigen Rezepte vermittelt, sondern es wird versucht, durch die Unterstützung der Gruppe und die fachliche Kompetenz der Supervisorin oder des Supervisors neue Perspektiven und Problemlösungen zu erkennen und in die eigene Arbeit umzusetzen.

■ Anhebung des Berufsimages
Eine Möglichkeit, dem Beruf der Kindergartenpädagogin zu mehr Ansehen in der Öffentlichkeit zu verhelfen, besteht in der Anhebung des Berufsimages. So gewinnen unter den heutigen Lebensbedingungen die Familien ergänzenden und Familien unterstützenden Funktionen des Kindergartens zunehmend an Bedeutung. Die Entwicklung der Kinder wird nicht nur durch die Erziehungs- und Bildungsarbeit im Kindergarten gefördert, sondern indirekt auch durch die Stärkung der Erziehungsfähigkeit der Eltern und die Hilfe bei Familienproblemen. Erweiterte Arbeitsbereiche für Kindergartenpädagog/innen im Sinne einer stärkeren Vernetzung mit dem Gemeinwesen (vgl. Kapitel 5.12) oder in der politischen Funktion von Vertreter/innen für Kinderanliegen sowie ein neues Bezahlungsschema könnten ebenfalls eine Verbesserung des Berufsimages bewirken.

Situation in der Europäischen Union
Eine Umfrage zur Situation der Fachkräfte in den Tageseinrichtungen für Kinder in Deutschland durch die Zeitschrift „Kindergarten heute“ (1990) ergab, dass nicht der Beruf an sich Schwierigkeiten mit sich bringt, sondern die Bedingungen, unter denen er ausgeübt wird: ständig wachsende Anforderungen an den Erzieherberuf durch die veränderte Lebenswirklichkeit von Familien und Kindern, zu große Gruppen, zu wenige Fachkräfte, keine Aufstiegschancen bzw. Umstiegsmöglichkeiten und vor allem eine geringe Bezahlung.
Wiederkehrende Klagen über zunehmende Anforderungen im Berufsfeld Kindergarten veranlassten Krenz (1993) dazu, eine Erhebung über die Berufs- und Arbeitssituation bei Kindergartenpädagog/innen in Schleswig-Holstein durchzuführen, um einen abgesicherten Zustandsbericht zur Einschätzung der Arbeit im Kindergarten erstellen zu können:
65% der Kindergartenpädagog/innen sind der Meinung, die Arbeit mit den Kindern sei im Vergleich mit den letzten Berufsjahren schwieriger geworden. Für etwas mehr als die Hälfte erschweren die veränderten ge-

sellschaftlichen und familiären Bedingungen die Arbeit mit den Eltern. Ein Viertel der Kindergartenpädagog/innen fühlt sich in ihrer Arbeit in hohem Maße von ihrem Träger unterstützt. 16% sind mit ihrer beruflichen Situation unter Beachtung aller Rahmenbedingungen in ihrem Kindergarten sehr zufrieden. Allerdings würde ein Viertel der Kindergartenpädagog/innen heute nicht noch einmal diesen Beruf wählen. (Krenz, 1993)
In Deutschland scheidet ein großer Teil der qualifizierten Erzieher/innen im Alter von etwa 30 Jahren wieder aus dem Beruf aus. Viele Erzieher/innen geraten im Alter zwischen 35 und 45 Jahren in eine Krise und wechseln in andere Berufsfelder. (von Derschau, 1993)
Als Gründe für die Unzufriedenheit werden die unangemessene Bezahlung, zu große Kindergruppen, Doppelbelegung der Gruppenräume durch Vormittags- und Nachmittagsgruppen, zu wenig Vorbereitungszeit, zu wenig Fortbildung und mangelnde berufliche Perspektiven genannt. Ein „Erziehernotstand" ist die Folge. Der Erzieherberuf ist zwar – vor allem für weibliche Jugendliche – nach wie vor attraktiv, allerdings können sich die meisten jüngeren Erzieher/innen nicht vorstellen, ihre Arbeit bis zur Pensionierung durchzuhalten. „Wenn es aber nicht gelingt, das hohe Berufsethos mit den Rahmenbedingungen seiner praktischen Ausübung in Einklang zu bringen und dem Beruf zu angemessener Bezahlung und gesellschaftlichem Ansehen zu verhelfen, dann sieht es düster aus um die zukünftige Qualität sozialpädagogischer Arbeit mit Kindern", prognostiziert von Derschau (1993, S. 360).
Nach Colberg-Schrader (1993) wirkt sich in Deutschland die Kluft zwischen den anspruchsvollen Aufgaben des Berufes der Kindergartenpädagogin und der vernachlässigten beruflichen Situation, die durch schlechte Bezahlung, geringe Personalbemessung und niedriges Ausbildungsniveau bedingt ist, bereits jetzt massiv auf die Kinderbetreuungseinrichtungen aus. Vor allem in Ballungsgebieten wird es angesichts hoher Lebenshaltungskosten immer schwieriger, Kindergartenpädagog/innen zu den gebotenen Konditionen zu finden.
In Dänemark stellen immer mehr Kommunen pädagogische Fachberater/innen ein, deren Aufgabe es ist, die Mitarbeiter/innen in Vorschuleinrichtungen zu beaufsichtigen und zu beraten. (Europäische Kommission, 1995)

Empfehlungen von Expert/innen

Da die Ansprüche an die pädagogische Arbeit in den vergangenen Jahren höher geworden sind, ist die Vereinbarkeit von Beruf und Familie auch für die Kindergartenpädagog/innen selbst kaum mehr gegeben. Dies gilt besonders für Leiterinnen. Aus diesem Grund fordert Ötter (1994) eine Gehalts- und Urlaubsregelung, die an jene der Lehrer/innen angepasst ist.
Keppelmüller (1994) fordert zur Erhaltung bzw. Verbesserung der Berufszufriedenheit der Kindergartenpädagog/innen ein breiter gefächertes Angebot an Serviceleistungen. Dieses sollte Supervision, Training für Elternarbeit, Rhetorikseminare und persönlichkeitsbildende Veranstaltungen umfassen. Ausbildung, Besoldung und Urlaubsbestimmungen sollten den Pflichtschullehrer/innen angeglichen werden.
Auch Franta (1995) stellt steigende Erwartungen von Seiten der Eltern, der Träger, der Schule, der Wirtschaft und der Politik an die Kindergartenpädagog/innen fest. Zusätzlich belastend sind die Selbsterwartungen an das eigene Berufsleben, die mit der realen Berufssituation und ihren Rahmenbedingungen oft kollidieren. In der Identitätskrise des Berufsbildes sieht Franta (1995) eine große Chance für Veränderungen: Ansatzpunkte dafür sind die stärkere Professionalisierung des Berufsbildes durch Fortbildung und die Reflexion der täglichen Arbeit, die Weiterentwicklung des eigenen Selbstbewusstseins durch Persönlichkeitsbildung und Supervision, das Erlernen von Teamarbeit und Teamkultur sowie die partnerschaftliche Zusam-

menarbeit mit den Eltern. Eine professionelle Öffentlichkeitsarbeit und das Artikulieren der eigenen Wünsche sind wichtige Voraussetzungen, um sich Entscheidungsträgern als ernst zu nehmende Partner/innen zu präsentieren. Der Österreichische Dachverband der Berufsgruppen der Kindergarten- und HortpädagogInnen, der seit 1994 besteht, hat damit begonnen, die Forderungen der Kindergartenpädagog/innen öffentlichkeitswirksam zu vertreten und das Image des Berufsstandes durch Informationskampagnen anzuheben. Auch die Gewerkschafter/innen der Gemeindebediensteten sind bemüht, Öffentlichkeitsarbeit zu leisten, um das Image der Kindergartenpädagog/innen zu verbessern.

Aus der Perspektive der Kindergartenpädagog/innen tragen nach Tietze (1994, S. 29) auch folgende Kriterien, die sich auf die Qualität des Arbeitsplatzes beziehen, zur Berufszufriedenheit bei:

- Sind die Raumsituation und Ausstattung günstig, gibt es angemessene Räumlichkeiten für das Personal?
- Ist der Erzieher-Kind-Schlüssel angemessen?
- Stehen ausreichend „kinderfreie“ Zeiten (Vorbereitungs-, Fortbildungszeiten) zur Verfügung?
- Ist das Arbeitsklima im Team durch Kooperation und wechselseitige Unterstützung gekennzeichnet?
- Besteht ein vertrauensvolles Verhältnis zur Leitung und zum Träger?
- Kann die Erzieherin in Problem- und Konfliktsituationen auf Beratung und konstruktive Hilfe setzen?
- Erkennt die Elternschaft den professionellen Status der Erzieherin an, und begegnet sie ihr mit Offenheit, Kooperationsbereitschaft und Respekt?
- Ist die Personaldecke so beschaffen, dass bei Krankheit oder sonstigen Ausfällen von Kolleginnen keine unzumutbaren Belastungen entstehen?

Die Europäische Kommission (1995) betont, dass zusätzlich zur professionellen Aus- und Fortbildung der Kleinkindpädagog/innen auch die Supervision Berücksichtigung finden muss. Unter Supervision werden von der Europäischen Kommission (1995) regelmäßige Besuche einer Beratungskraft im Kindergarten verstanden, die die Aufgabe hat, das Gruppengeschehen zu beobachten, die Kindergartenpädagog/innen in ihrer pädagogischen Praxis zu unterstützen und auftretende Probleme gemeinsam mit allen Beteiligten zu lösen.

Solch eine fachberatende Begleitung ist ein wesentlicher Garant für die Qualitätserhaltung in Kinderbetreuungseinrichtungen. (Bichsel, Wolf & Haberkorn, 1995)

Empfehlungen zur Qualitätssicherung und Qualitätsoptimierung

Zur Qualitätssicherung sind Verbesserungen der organisatorischen und strukturellen Rahmenbedingungen, vor allem der Gruppengröße, der Personalbesetzung und der Raumsituation, dringend zu fordern. Die „kinderfreie“ Vorbereitungszeit muss mindestens 20% der wöchentlichen Dienstzeit umfassen. Zur Qualitätssicherung der pädagogischen Arbeit müssen die Möglichkeiten zur Reflexion und Supervision verbessert werden. Die Unterstützung durch Fachberater/innen ist ein wesentlicher Garant für die Qualitätssicherung.

Im Sinne einer Qualitätsoptimierung sollte die Supervision als Teil der Dienstzeit angerechnet werden. Weiters sind Maßnahmen zur Verbesserung des Berufsimages und zur Erhöhung der Arbeitszufriedenheit der Kindergartenpädagog/innen anzustreben. Dazu gehören auch eine Anpassung der Bezahlung und der Urlaubsbestimmungen an jene für Lehrer/innen sowie Möglichkeiten des beruflichen Umstiegs.

5.12

Öffnung des Kindergartens nach außen

5.12.1

Elternarbeit

<u>Mindeststandard</u>

Eltern sind im Kindergarten willkommen; beidseitiger Informationsaustausch; aktive Teilnahme der Eltern am Kindergartenleben und Mitsprache möglich

<u>Qualitätsoptimierung</u>

Verstärkte Ausbildung der Kindergartenpädagog/innen in der Erwachsenenbildung; Ausweitung der Vorbereitungszeit für die Elternarbeit

Ein intensiver Austausch zwischen den beiden Sozialisationswelten – der Familie und dem Kindergarten – ist für die Entwicklung von Kindern, die einen Großteil des Tages im Kindergarten verbringen, unbedingt notwendig.
Eine Intensivierung der Elternarbeit erfordert jedoch zusätzlichen Zeitaufwand für Gespräche und Vorbereitungsarbeiten.

Gesetzliche Bestimmungen in Österreich

In Vorarlberg müssen pro Jahr drei Elternabende durchgeführt werden. In Niederösterreich, Burgenland, Tirol und Kärnten sind mindestens zwei, in Oberösterreich und Wien ist ein Elternabend vorgesehen. In den Kindergartengesetzen der Bundesländer Salzburg und Steiermark gibt es im Hinblick darauf keine exakten Angaben. Es wird jedoch erwartet, dass Elternabende durchgeführt werden. In Niederösterreich, Burgenland und Salzburg gibt es weiters die Möglichkeit, auf Verlangen der Eltern einen Elternbeirat zu wählen, der ein Mitspracherecht in Kindergartenangelegenheiten hat und dessen Einfluss im Allgemeinen sehr hoch ist.

Situation in österreichischen Kindergärten

In 97% der Kindergärten werden nach den Angaben der Kindergartenpädagog/innen die Eltern zusätzlich zu den Elternabenden in die Kindergartenarbeit einbezogen (Charlotte Bühler-Institut, 1994):

- Am häufigsten helfen die Eltern beim Sammeln von Material (98%). Gespräche mit den Eltern werden ebenfalls sehr häufig geführt (97%). In fast allen Kindergärten ist weiters die Information der Eltern in Form von Elternbriefen und Informationstafeln üblich (97%).
- In 85% der Kindergärten werden die Eltern bei der Gestaltung von Festen einbezogen. Seltener sind sie bei Ausflügen und Sportveranstaltungen aktiv beteiligt (78%). Gemeinsames Werken von Eltern und Kindern bieten 77% der Einrichtungen an.
- Am seltensten erhalten die Eltern die Möglichkeit, in der Gruppe mitzuarbeiten und mitzuspielen. Dies ist nur in 47% der Kindergärten möglich.

Die Studie zeigt auf, dass die Möglichkeiten, die Eltern in die Kindergartenarbeit einzubeziehen, noch nicht optimal ausgeschöpft werden.
Jene Kindergartenpädagog/innen, die außerhalb der Elternabende nicht mit den Eltern zusammenarbeiten, begründen dies folgendermaßen: Die Eltern haben – etwa auf Grund von Zeitmangel bzw. Berufstätigkeit – kein Interesse an oder keine Möglichkeiten einer Mitarbeit im Kindergarten. Elternarbeit ist im Kindergarten nicht eingeführt oder ist von den Kindergartenpädagog/innen nicht erwünscht.

Situation in der Europäischen Union

In Dänemark kommt der Elternmitwirkung und ihrer Beteiligung an der Führung der Vorschuleinrichtungen wachsende Bedeutung zu. Auch die Bedürfnisse der Eltern hinsicht-

lich der Öffnungszeiten werden zunehmend berücksichtigt.
In Irland wird der Schulverwaltung – der ein Teil der Vorschuleinrichtungen untersteht – dringend empfohlen, die Eltern am Bildungsprozess als aktive Partner/innen zu beteiligen. In Spielgruppen, die nicht der Schule angegliedert sind, nehmen die Verantwortung der Eltern und die Zusammenarbeit mit ihnen einen wichtigen Platz ein. (Europäische Kommission, 1995)

Empfehlungen von Expert/innen
Für die Beurteilung als „guter" Kindergarten wird in der Kindergarten-Skala gefordert, dass zwischen Erzieher/innen und Eltern ein regelmäßiger Informationsaustausch stattfindet (Elternabende, Kindergartenzeitung etc.), dass die Eltern über das Erziehungskonzept der Einrichtung unterrichtet sind und dass ihre aktive Teilnahme am Geschehen in der Gruppe möglich und erwünscht ist. Außerdem sollten Räumlichkeiten vorhanden sein, die für Besprechungen von Erwachsenen geeignet sind. In „ausgezeichneten" Kindergärten werden die Eltern jährlich nach ihrer Einschätzung der pädagogischen Arbeit gefragt sowie bei Bedarf an Fachleute verwiesen (z. B. Elternberatung etc.).
Es wird angestrebt, dass sich Elternvertreter/innen an Entscheidungsprozessen beteiligen können. (Tietze, Schuster, Grenner & Roßbach, 2001)
Nach Moss (1995) stellen auch Väter bei der Qualitätsdiskussion eine wichtige Interessengruppe dar, die verstärkt in die Kinderbetreuung eingebunden werden sollte: Kinderbetreuungseinrichtungen sollen „Vater-freundlich" gemacht werden.
Die Europäische Kommission (1995) betont die Notwendigkeit, gerade Eltern aus sozial benachteiligten Schichten am Bildungsprozess ihrer Kinder zu beteiligen.
Das Europäische Kinderbetreuungsnetzwerk sieht in der Elternbeteiligung ebenfalls einen wichtigen Qualitätsindikator und fragt, ob die Eltern genügend informiert sind und ob ihre Meinungen und Standpunkte in der pädagogischen Arbeit berücksichtigt werden:

- Fühlen sich die Eltern willkommen?
- Haben die Eltern das Gefühl, genügend Informationen über die Entwicklung ihres Kindes zu erhalten?
- Können die Eltern ihrerseits Informationen über die Entwicklung ihres Kindes geben?
- Sind die Eltern über die täglichen Aktivitäten und Abläufe und die entsprechenden Motive unterrichtet?
- Können die Eltern Bemerkungen zu diesen Aktivitäten und Abläufen machen und Beiträge leisten?
- Können sich die Eltern in der Einrichtung aufhalten?

(Balageur, Mestres & Penn, 1992)

Empfehlungen zur Qualitätssicherung und Qualitätsoptimierung

In österreichischen Kindergärten sind noch nicht alle Möglichkeiten der Elternarbeit ausgeschöpft: Eine verstärkte Mitarbeit der Eltern in der Gruppe wäre im Sinne der Vernetzung von Familienbetreuung und institutioneller Betreuung zu empfehlen.
Zur Qualitätsoptimierung ist eine verstärkte Ausbildung der Kindergartenpädagog/innen hinsichtlich der Erwachsenenbildung sowie eine Ausweitung der Vorbereitungszeit für die Elternarbeit nötig.

5.12.2

Der Kindergarten als „Familienzentrum"

<u>Mindeststandard</u>

Angebote zur Entlastung und Unterstützung von Familien, z. B. Gespräche über Kinder und die eigene Lebenssituation; Informationen über altersgemäße Erziehung und praktische Anregungen für das Erziehungsverhalten; Informationen und Impulse zur Nutzung von psychosozialen Diensten

<u>Qualitätsoptimierung</u>

Kindergarten als Kommunikations-, Informations- und Begegnungszentrum für Familien; Öffnung des Kindergartens für gemeinsame Aktivitäten; Kontaktaufnahme mit psychosozialen Diensten durch die Kindergartenpädagogin; Unterstützung und Sicherung der pädagogischen Qualität privater Betreuungsnetze; Anlaufstelle zur Vermittlung von Betreuungsangeboten

Der Kindergarten ist die erste Institution, zu der ein Großteil der Familien mit kleinen Kindern kontinuierlich Kontakt hat. Er stößt in annähernd allen sozialen Schichten auf breite Akzeptanz und erreicht somit auch sozial benachteiligte Familien und Familien aus Randgruppen der Bevölkerung. Dieses sozialpolitisch wichtige Potential des Kindergartens bleibt derzeit weitgehend ungenutzt.

Auf Grund gesellschaftlicher Veränderungen, wie der Zunahme von Teilfamilien und vermehrter mütterlicher Berufstätigkeit, benötigen immer mehr Familien psychosoziale Unterstützung. In diesem Zusammenhang könnte dem Kindergarten in Zukunft die Aufgabe zukommen, eine erste Anlaufstelle bei Problemen zu sein.

Der Kindergarten sollte Maßnahmen setzen, die zur Entlastung und Unterstützung von Familien beitragen. Dazu gehören Angebote, die den Interessen der Eltern nach sozialen Kontakten, nach Gesprächen über ihre Kinder und ihre eigene Lebenssituation, nach Informationen über altersgemäße Erziehung und nach praktischen Anregungen für das eigene Erzieherverhalten nachkommen.

Damit sind neue Anforderungen an die Kindergartenpädagogin verbunden, ihre berufliche Tätigkeit nicht nur eng als pädagogische Gruppenarbeit mit den Kindern zu begreifen, sondern ihre Arbeit in einem erweiterten Sinn zu verstehen, indem sie z. B. Kontakte zwischen Eltern anregt und Selbsthilfeinitiativen fördert. Dies bringt jedoch eine Veränderung des beruflichen Selbstverständnisses mit sich und setzt Arbeitsbedingungen voraus, die ein vermehrtes Engagement der Kindergartenpädagog/innen im Bereich der Elternarbeit erst ermöglichen.

Darüber hinaus kann die Kindergartenpädagogin ihre Rolle als pädagogische Expertin nutzen und die Eltern zur Inanspruchnahme von Hilfs- und Beratungsangeboten anderer Institutionen motivieren.

Im ländlichen Bereich steht selten ein differenziertes Angebot an psychosozialen Unterstützungsdiensten für Familien zur Verfügung. Hier könnte dem Kindergarten nach Becker-Textor (1994) eine besondere Bedeutung als Familienzentrum zukommen. Im städtischen Bereich, wo das Unterstützungsangebot reichhaltiger ist, trägt der Kindergarten dazu bei, Isolation und Anonymität aufzubrechen, Kontakte zu ermöglichen sowie auf Gegenseitigkeit und gute Nachbarschaft beruhende Hilfen anzubahnen.

In folgenden Bereichen kann der Kindergarten Familien unterstützend wirken:

- Angebote für Familien im Kultur- und Freizeitbereich

Der Kindergarten ist jene Einrichtung, die die meisten jungen Familien mit Kindern erreicht. Weder Bildungshäuser noch Volkshochschulen erfahren so viel Akzeptanz. Aus diesem Grund ist der Kindergarten optimal als Zentrum für junge Familien geeignet. Elterntreff-

punkte, wie Sitzecken und ein Elterncafé, sollten zum Erfahrungsaustausch einladen.
Becker-Textor (1994) beschreibt, wie dem Kindergarten der Zukunft eine zentrale Bedeutung als Kommunikations-, Informations- und Begegnungszentrum für Familien zukommen kann. Sie plädiert für eine Öffnung des Kindergartens zu einem Ort der Begegnung, für die Erweiterung der Sichtweise von der Familie hin auf Nachbarschaft und Gemeinwesen und fordert eine kind- und familienorientierte Pädagogik. Ein wesentlicher Bereich der Elternarbeit ist die gemeinsame Suche nach Veranstaltungsformen und Angeboten, die für Familien und für den Kindergarten gleichermaßen interessant und bereichernd sind. Möglichkeiten für eine intensive Zusammenarbeit sind z. B. die gemeinsame Organisation eines Bücher- und Spielzeugverleihs, einer Secondhandecke für Baby- und Kinderbekleidung, eines Vermittlungsdienstes für Babysitter/innen, einer Spielgruppe für Kinder, die im nächsten Jahr den Kindergarten besuchen werden, eines Deutschkurses für fremdsprachige Eltern etc.

- Vermittlung psychosozialer Dienste

Der Kindergarten sollte Informationen, Impulse und Anregungen zur Nutzung von sozialen Diensten vermitteln. Auf Grund der meist guten Vertrauensbasis zwischen den Eltern und der Kindergartenpädagogin kann der Kindergarten einen wesentlichen Beitrag zur Prävention leisten.
Um die Elternarbeit intensiver gestalten zu können, ist ein umfassendes Wissen der Kindergartenpädagogin über ortsansässige und andere zugängliche Hilfs- und Beratungsangebote notwendig. Dazu sind entsprechende Fortbildungsmöglichkeiten Voraussetzung.
Informationen von Seiten der Kindergartenpädagogin können Ängste und Unsicherheiten der Eltern reduzieren und dem negativen Image, das vielen sozialen Diensten anhaftet, entgegenwirken. Besonders günstig ist es, wenn die Kindergartenpädagogin von sich aus Kontakt zu psychosozialen Diensten aufnimmt, um den Eltern dann im konkreten Fall die Unterstützungsmaßnahmen beschreiben und eventuell Ansprechpartner/innen nennen zu können (Textor, 1992a).
Auf psychosoziale Dienste sollte nicht nur im Gespräch, sondern auch indirekt in Form von Aushängen, wie Listen mit Anschriften und Telefonnummern, Broschüren, Informationsblättern und aktuellen Zeitungsartikeln, verwiesen werden.

- Unterstützung privater Betreuungsnetzwerke

Der Mangel an öffentlichen Betreuungsangeboten für Kleinkinder oder die Unzufriedenheit mit deren pädagogischem Konzept hat die Entstehung privat organisierter Betreuungsarrangements zur Folge. Zu diesen Selbsthilfeformen zählen in erster Linie die Betreuung durch nahe Verwandte, selbst verwaltete Kindergruppen und Nachbarschaftshilfe. Tagesmütter, Kinderclubs, Stadtteilzentren und Mütterrunden können mit dem Kindergarten kooperieren. Viele Eltern schätzen die spezielle Qualität dieser informellen Betreuungsnetze.
Zimmer (1991a) schlägt ein Modell vor, in dem formelle und informelle Betreuungsformen verbunden werden, sich gegenseitig ergänzen und bereichern. Er entwirft originelle Perspektiven, die das zerbrechliche Netz selbst organisierter Kinderbetreuung unterstützen. Seine Vorschläge gehen davon aus, dass eine noch stärkere Institutionalisierung der Kinderbetreuung genauso abzulehnen ist wie die alleinige Belastung von Müttern. Er fordert die Etablierung öffentlich gestützter Selbsthilfe, die die Arbeit im Kindergarten ergänzt und erweitert. Der Kindergartenpädagogin kommt dabei die Funktion zu, die bisher privaten Betreuungsnetze zu stärken und zu erweitern, für pädagogische Qualität zu sorgen sowie organisatorische Abläufe und die Vergabe der finanziellen Mittel zu koordinieren.

Die Aufgaben des Kindergartens bei der Unterstützung privater Betreuungsnetze könnten darin bestehen,

- die Gründung informeller Betreuungsformen zu unterstützen,
- als Anlaufstelle die Vermittlung zu verschiedenen Betreuungsgruppen zu leisten,
- den Zugang zu öffentlichen Förderungen zu ermöglichen,
- die organisatorischen Abläufe zu koordinieren,
- die pädagogische Qualität durch Erfahrungsaustausch, gelegentliche Mitarbeit und Hinweise auf Fortbildungsmöglichkeiten zu sichern und
- als Ansprechpartner bei Fragen und Problemen zu fungieren.

Neben der nachbarschaftsstiftenden und Familien entlastenden Funktion der öffentlich gestützten Selbsthilfe sind auch positive Effekte für die Kinder zu erhoffen (Zimmer, 1991). Diese bestehen im Aufbau von Freundschaften, im Kontakt zu Kindern anderer Altersgruppen und in der Betreuung in einer familienähnlichen Atmosphäre.

Empfehlungen zur Qualitätssicherung und Qualitätsoptimierung

Gespräche über Kinder, die eigene Lebenssituation sowie Informationen über altersgemäße Erziehung stellen Angebote zur Unterstützung von Familien dar und tragen zur Qualitätssicherung bei. In ihrer Rolle als pädagogische Expertin kann die Kindergartenpädagogin Familien durch die Vermittlung von psychosozialen Unterstützungsdiensten entlasten. Um diese Funktionen erfüllen zu können, sind entsprechende Rahmenbedingungen in personeller Hinsicht erforderlich, wie die Freistellung der Leiterin, mehr kinderdienstfreie Zeit oder zusätzliches Personal.
Eine Qualitätsoptimierung besteht in der Öffnung des Kindergartens für gemeinsame Aktivitäten von Eltern und Kindergartenpädagog/innen und als Kommunikations-, Informations- und Begegnungszentrum von Familien. Die Unterstützung von Selbsthilfeformen in der Kinderbetreuung und die Sicherung von deren pädagogischer Qualität könnte eine weitere Funktion des Kindergartens der Zukunft sein.

5.12.3 Vernetzung des Kindergartens mit der Gemeinde

<u>Mindeststandard</u>

Beteiligung des Kindergartens am Gemeindeleben; Mitgestaltung von Aktivitäten des lokalen Umfelds

<u>Qualitätsoptimierung</u>

Verbindung mit anderen Institutionen der Gemeinde; Kindergarten als Freizeit- und Bildungsangebot für Familien und Gemeindemitglieder

Die Einbeziehung des Gemeindelebens in die Kindergartenarbeit ist im Grunde kein neuer pädagogischer Ansatz. Im Bildungsplan für den Kindergarten (Niederle, Michelic & Lenzeder, 1987) werden im Zusammenhang mit dem Bildungsbereich „Umweltbewältigung" die Bildungs- und Erziehungsziele „Kennenlernen der näheren und weiteren Umgebung des Kindergartens" sowie „Kennenlernen öffentlicher Einrichtungen" genannt. In der Praxis bedeutet dies vor allem, Ereignisse außerhalb des Kindergartens in die pädagogische Arbeit im Kindergarten einzubeziehen, wenn sie zu den aktuellen Inhalten der Bildungs- und Erziehungsarbeit passen.
Bei der gemeindeorientierten Öffnung des Kindergartens geht es darum, die Kindergartenarbeit stärker an den aktuellen Geschehnissen der Gemeinde – sei es im kommuna-

len oder kirchlichen Bereich – auszurichten und das Gemeindeleben aktiv mitzugestalten. Eltern, Großeltern, Geschwister und Nachbar/innen erhalten die Möglichkeit, den Kindergarten zu besuchen und an verschiedenen Aktivitäten teilzuhaben. Umgekehrt können die Kindergartenkinder Veranstaltungen der Gemeinde kennen lernen und mitgestalten.

Der gemeindeorientierte Kindergarten steht mit anderen Institutionen und Einrichtungen der Gemeinde, wie etwa mit Pensionistenheimen, Pfarrzentren, Schulen oder Sportvereinen, auch in örtlicher Verbindung, sodass ein gegenseitiger lebendiger Austausch möglich wird. Die Kinderbetreuungseinrichtung wird damit zum Freizeit- und Bildungszentrum für Familien und andere Gemeindemitglieder.

Hopf (1988) nennt folgende Vorteile der gemeindeorientierten Arbeit:

- Die Kluft zwischen dem Kindergarten und der Lebenswelt der Kinder wird verringert, Spiel- und Lernorte für Kinder und Erwachsene werden im Sinne eines ganzheitlichen Bildungskonzeptes vernetzt. Auch Erwachsene werden zu mehr sozialem Engagement angeregt.
- Verschiedene Generationen und Kulturen werden zusammengeführt.
- Die Isolation von Sozial-, Bildungs- und Erziehungsinstitutionen wird aufgebrochen.
- Die gemeindeorientierte Arbeit verhilft dem Kindergarten zu einem attraktiveren Profil.

Empfehlungen von Expert/innen

Für das Kinderbetreuungsnetzwerk der Europäischen Kommission besteht Qualität unter anderem darin, dass der Kindergarten Teil der örtlichen Gemeinschaft ist und die Interessen und Prioritäten der Gemeinde in seinen täglichen Aktivitäten widerspiegelt. Für die Qualität einer Kinderbetreuungseinrichtung ist es weiters von Bedeutung,

- dass die Kinder eine Einrichtung im Ort besuchen bzw. die Mitarbeiter/innen im Ort wohnen,
- dass auch Ortsbewohner/innen, die nicht zum Elternkreis gehören, die Möglichkeit haben, die Einrichtung zu besuchen,
- dass es im Kindergarten auch Veranstaltungen für die Gemeinde gibt, an denen die Kinder teilnehmen können. (Balageur, Mestres & Penn, 1992)

Zimmer (1991a) bezeichnet die Frage der Kinderbetreuung als eine öffentliche Angelegenheit und fordert Eltern und Nachbar/innen auf, „sich auf eine lokale Politik des Widerstandes gegen kinderfeindliche Verkehrsverhältnisse und kinderfeindlichen Wohnungsbau, gegen die Vernichtung von Spielräumen und die Vergiftung von Luft, Wasser und Boden einzulassen" (S. 3). Weiters sollten sich die Kindergartenpädagog/innen als Expert/innen des „Netzwerkknüpfens" innerhalb der Gemeinde erweisen und an der Verwirklichung von unkonventionellen und nachbarschaftsstiftenden Projekten mitarbeiten. Die Erschließung neuer Aufgabenbereiche bietet die Chance, der schleichenden Abwertung der pädagogischen Berufe entgegenzuwirken und berufliche Aufstiegsmöglichkeiten zu schaffen. (Zimmer, 1991a)

Empfehlungen zur Qualitätssicherung und Qualitätsoptimierung

Zur Qualitätssicherung ist die gemeindeorientierte Öffnung des Kindergartens durch Beteiligung am Gemeindeleben und Vernetzung mit dem lokalen Umfeld zu empfehlen. Günstige personelle Voraussetzungen sind dazu erforderlich.

Ein lebendiger Austausch mit anderen Institutionen und die Gestaltung des Kindergartens als Freizeit- und Bildungszentrum für Familien und Gemeindemitglieder stellen eine Qualitätsoptimierung dar.

6 Zusammenfassung und Zukunftsperspektiven

In einer Zeit, in der aus gesellschaftspolitischen Gründen der quantitative Ausbau der österreichischen Kindergärten gefordert wird, ist es besonders wichtig, die Qualität der Bildung, Erziehung und Betreuung zu sichern.
Da die Anliegen der Kleinkinder in unserer hoch zivilisierten Welt nicht genügend Beachtung und Befriedigung finden, will dieses Buch dazu beitragen, die Perspektive der Kinder stärker zu berücksichtigen: Qualität bezieht sich nicht nur auf die Ansprüche der Erwachsenen, sondern muss vor allem von den Bedürfnissen der Kinder ausgehen.

Qualität als internationales Forschungsanliegen

Die Erstellung von Qualitätskriterien für die außerhäusliche Kinderbetreuung ist ein internationales Anliegen, das auch für Österreich von Bedeutung ist.
In Europa versuchen derzeit Psycholog/innen und Kleinkindpädagog/innen eine Professionalisierung der pädagogischen Arbeit in Kinderbetreuungseinrichtungen durch Qualitätsdefinition und Qualitätssicherung zu erreichen. Um eine zufriedenstellende Qualität zu gewährleisten, ist ein fortlaufender Entwicklungsprozess der Planung und Verwaltung sowie der Ausbildung und Beratung notwendig.
Mindeststandards, wie sie in diesem Buch erarbeitet wurden, dienen der Qualitätssicherung und sind als Orientierungshilfe für die pädagogische Praxis gedacht. Sie bieten eine Argumentationshilfe in der politischen Auseinandersetzung um finanzielle Einsparungen im Erziehungs- und Bildungsbereich. Die Empfehlungen zur Qualitätsoptimierung dienen der Anhebung der Qualität, um gesellschaftlichen Veränderungen, neuen wissenschaftlichen Erkenntnissen und internationalen Standards Rechnung zu tragen.
Bei der Erstellung von Qualitätsstandards für den österreichischen Kindergarten werden nicht nur Strukturmerkmale, sondern auch die Qualität des pädagogischen Geschehens berücksichtigt. Diese beiden Qualitätsaspekte sind untrennbar miteinander verwoben und weisen – wie internationale Forschungsergebnisse zeigen – Zusammenhänge mit der Persönlichkeitsentwicklung von Kindern auf. Aus diesem Grund ist die Qualitätssicherung und -optimierung für eine verantwortungsvolle Kindergartenpädagogik unerlässlich.
Die Festlegung von Qualitätsstandards gibt Kindergartenpädagog/innen die Möglichkeit, ihre strukturellen Rahmenbedingungen und ihre pädagogische Arbeit mit Unterstützung durch Expert/innen zu überprüfen und mögliche Verbesserungen bzw. Rationalisierungsmaßnahmen vorzunehmen.
Aus ökonomischer Perspektive gesehen bedeuten alle vorgeschlagenen strukturellen Verbesserungen langfristig eine Verringerung von Kosten im heilpädagogischen, im klinisch-psychologischen und im psychotherapeutischen Bereich für Kinder und Jugendliche sowie allenfalls auch im Erwachsenenalter..

Die österreichische Kindergartenpädagogik

Österreich weist auf Grund der fruchtbaren Zusammenarbeit von Wissenschaft und Praxis eine lange Tradition in der Etablierung einer eigenständigen Kindergartenpädagogik auf.

Grundpfeiler sind die Entwicklung des Raumteilverfahrens und einer eigenen Kindergartenarchitektur im Sinne einer gebauten Pädagogik, die Konzeption eines Bildungsplans und einer Kindergartendidaktik sowie die Verwirklichung einer Spiel- und Buchkultur. Ein Tagesablauf mit wechselnden Phasen, die auf die Bedürfnisse der Kinder abgestimmt sind, stellt ebenfalls einen gesicherten Bestandteil der österreichischen Kindergartenpädagogik dar.
Gesellschaftliche Veränderungen und ihre Auswirkungen auf die Entwicklung und Sozialisation von Kindern haben in den letzten Jahren die Diskussion um die Weiterentwicklung der Kindergartenpädagogik neu belebt.

Gesellschaftliche Veränderungen und Zukunft des Kindergartens

Da Kinderbetreuungseinrichtungen durch den tief greifenden Wandel von Familie und Kindheit immer mehr zu wichtigen Sozialisationsorten für Kinder werden, ist eine Qualitätsdiskussion von großer Bedeutung.
Die Institution Kindergarten steht zur Zeit vor Herausforderungen, die eine Neuorientierung in struktureller, organisatorischer und pädagogischer Hinsicht erfordern.
Aus den gesellschaftlichen Veränderungen ergeben sich zwei Perspektiven für die institutionelle Kinderbetreuung:

- die Sicherung und Optimierung der Sozialisationsqualität sowie
- Öffnung und Neuorientierung des Kindergartens

Sicherung und Optimierung der Sozialisationsqualität im Kindergarten

Unter den derzeitigen Rahmenbedingungen wirkt sich die hohe Kinderanzahl pro Gruppe in österreichischen Kindergärten besonders belastend auf die Erziehungs- und Bildungsarbeit der Kindergartenpädagog/innen aus. Ein internationaler Vergleich zeigt, dass in den Ländern der Europäischen Union die Gruppengrößen häufig unter dem österreichischen Durchschnitt liegen. Zur Qualitätssicherung sind in Österreich gesetzliche Maßnahmen zur Reduktion der maximalen Gruppengröße auf 20 Kinder notwendig. Gruppen mit höchstens 15 Kindern werden von Expert/innen als Qualitätsoptimierung empfohlen.
In diesem Zusammenhang fordern Expert/innen ein Betreuungsverhältnis von 8 bis 10 Kindern pro Kindergartenpädagogin. Für jüngere Kinder, für Kinder mit besonderen Bedürfnissen und für Kinder mit langen Aufenthaltszeiten ist dieser Schlüssel noch zu verbessern. Unter diesem Gesichtspunkt ist die Erzieher-Kind-Relation in österreichischen Kindergärten nur teilweise als befriedigend zu bezeichnen, während in anderen EU-Ländern bereits deutlich günstigere Betreuungsverhältnisse verwirklicht wurden.
Da die Lebenswelt der Kinder heute durch bewegungsfeindliche Faktoren, wie mangelnde Spielflächen, Gefahren im Straßenverkehr und Medienkonsum, bestimmt ist, kommt dem Kindergarten hier eine kompensatorische Aufgabe zu. Die Innen- und Außengestaltung österreichischer Kindergärten muss zur Qualitätsverbesserung großzügigere Aktivitätsbereiche, mehr Freiflächen und mehr Bewegungsmöglichkeiten umfassen, um dem Bewegungsdrang der Kinder entgegenzukommen und Gesundheitsschäden sowie Verhaltensauffälligkeiten vorzubeugen.
Weiters ist die Einrichtung von Rückzugsmöglichkeiten und gemütlich gestalteten Ruhe- und Essräumen für die Kinder und das Kindergartenpersonal dringend notwendig. Auch beim Essen und Ruhen sollte den Kindern mehr Recht auf Selbstbestimmung eingeräumt werden.
Seit den Sechzigerjahren hat in den Wertvorstellungen unserer Gesellschaft ein tief greifender Wandel von den Werten der Pflichterfüllung und des Gehorsams zu den Werten der Selbstbestimmung und Selbstverwirklichung stattgefunden. Auch die Kindergarten-

pädagog/innen wurden von diesem Einstellungswandel erfasst, sehen sich aber nicht imstande, die neuen Werte in ihrer täglichen Arbeit zu verwirklichen. Gründe dafür sind wiederum die unzureichenden Rahmenbedingungen, wie zu große Gruppengrößen und ungünstige Betreuungsrelationen, sowie ein Mangel an methodisch-didaktischen Konzepten. Die Erstellung eines zeitgemäßen Bildungskonzeptes durch das Charlotte Bühler-Institut, das die gesellschaftlichen Entwicklungen und neue wissenschaftliche Erkenntnisse einbezieht, ist als Antwort darauf zu verstehen.

Obwohl in vielen österreichischen Kindergärten die Montessori-Pädagogik in die Bildungsarbeit einfließt, sollten auch Impulse von anderen alternativen pädagogischen Konzepten berücksichtigt werden. Insbesondere Aspekte wie Selbstbestimmung von Kindern, nichtdirektives, wertschätzendes Verhalten der Kindergartenpädagogin und eine verstärkte Reflexion der pädagogischen Arbeit sollten als Bereicherung in die Erziehungsarbeit integriert werden. Dies würde dazu beitragen, dass auch auf Kinder mit besonderen Bedürfnissen im Kindergartenalltag individueller eingegangen werden kann.

Hinsichtlich der Betreuung behinderter Kinder gibt es in Österreich ein Netz von Integrationsmöglichkeiten, das für einen Großteil der betroffenen Kinder den Besuch eines allgemeinen Kindergartens ermöglicht. Auch hier müssten wieder die Erzieher-Kind-Relation, die Materialausstattung, die Aus- und Fortbildung sowie die interdisziplinäre Zusammenarbeit verbessert werden. Dies gilt auch hinsichtlich der interkulturellen Erziehung, für die Modelle der methodisch-didaktisch überlegten Einbeziehung von Elementen aus anderen Kulturen und eine ausreichende Ausstattung mit multikulturellen Spiel- und Lernmaterialien notwendig sind.

Da die Qualität der pädagogischen Arbeit eng mit der Berufszufriedenheit der Kindergartenpädagog/innen zusammenhängt, müssen Verbesserungen auch bei den Arbeitsbedingungen ansetzen. Dazu gehören außer der Reduktion der Gruppengröße und der Aufstockung des Personals die Verlängerung der Vorbereitungszeit und die Anhebung der Bezahlung.

Jede fünfte österreichische Kindergartenpädagogin ist so frustriert, dass sie dem Kindergarten weder eine Bildungs- noch eine Betreuungsfunktion zuschreibt. Diese Einstellung weist deutlich auf ein Burnoutsyndrom hin, das in sozialpädagogischen Berufen häufig als Zeichen der Erschöpfung auftritt. Ein berufsbegleitendes Angebot an Supervision und Reflexion stellt aus diesem Grund einen Mindeststandard zur Qualitätssicherung der pädagogischen Arbeit dar.

Die Tatsache, dass die Erziehung von Kleinkindern keinen angemessenen Stellenwert in der Gesellschaft hat und vorwiegend von Frauen geleistet wird, vermindert das Ansehen des Berufsbildes. Eine Anhebung des Berufsimages der Kindergartenpädagog/innen, z. B. durch verstärkte Öffentlichkeitsarbeit, ist daher unbedingt erforderlich.

Ein intensiver Austausch zwischen den beiden Lebenswelten Elternhaus und Kindergarten gewinnt heute immer mehr an Bedeutung. Dies gilt besonders für Kinder, die einen Großteil des Tages in einer Betreuungseinrichtung verbringen. Im österreichischen Kindergarten sind noch nicht alle Möglichkeiten der Elternarbeit ausgeschöpft: Vor allem die aktive Teilnahme der Eltern am Kindergartenleben und ihre Mitarbeit in der Gruppe würden zu einer besseren Vernetzung von Familie und institutioneller Betreuung beitragen. Voraussetzungen dafür sind eine Ausweitung der Vorbereitungszeit für die Elternarbeit und eine Ausbildung der Kindergartenpädagog/innen in Erwachsenenbildung.

Öffnung und Neuorientierung des Kindergartens

Die Lebenswelt des Kindes ist heute durch mangelnde Bewegungsfreiheit, zeitliche Verplanung des Alltags und Isolierung von der

Erwachsenenwelt charakterisiert. Der Kindergarten wird immer stärker zum Ersatz für die fehlenden kindlichen Erfahrungen in Familie und Umwelt; um keine abgeschottete Kinderwelt zu werden, muss sich der Kindergarten aus diesem Grund nach innen und nach außen öffnen.

Kinder brauchen heute die Erweiterung ihrer sozialen Erfahrungsräume durch Kontaktaufnahme mit anderen Kindern innerhalb und außerhalb des Kindergartens. Statt einer ständigen Beaufsichtigung durch Erwachsene sollten auch entpädagogisierte Freiräume geschaffen werden: Dazu gehören eine ausreichende Freispielzeit, in der die Kinder autonom über ihre Aktivitäten entscheiden können, nicht direkt einsehbare Spielbereiche und eine Zurücknahme der lenkenden und direktiven Maßnahmen der Kindergartenpädagogin.

Durch die Zunahme von Teilfamilien und die vermehrte mütterliche Berufstätigkeit suchen immer mehr Familien psychosoziale Unterstützung. Der Kindergarten könnte eine erste Anlaufstelle bei Familienproblemen sein und Informationen über professionelle Beratungsdienste weitergeben. Damit kann er einen wesentlichen Beitrag zur Prävention leisten.

Der Kindergarten als Familienzentrum hat auch im Kultur- und Freizeitbereich eine wichtige Funktion. Darüber hinaus kann die Öffnung zur Gemeinde eine Vernetzung und Kooperation mit anderen Institutionen, wie etwa mit Schulen, Pensionistenheimen und Pfarrzentren, bedeuten. Durch solche Kontakte werden die Anliegen der Kinder wieder stärker ins Bewusstsein der Öffentlichkeit gebracht. Für die Kinder bedeutet die Öffnung des Kindergartens eine Erweiterung ihres Erfahrungshorizonts, für die Kindergartenpädagog/innen könnte diese Neuorientierung eine Anhebung des Berufsimages mit sich bringen.

Solche Visionen von zukünftigen Entwicklungen könnten dazu beitragen, die Kluft zwischen Kinderwelt und Erwachsenenwelt zu verringern.

7 Literatur

Amend, M., Haberkorn, R., Hagemann, U. & Seehausen, H. (1992). Lebensraum Kindergarten. Zur Gestaltung des pädagogischen Alltags in Ganztagseinrichtungen. Eschborn: Klotz.

Apfelthaler, G. (1993). Kinderbetreuung in Österreich. Kindergärten, Kinderkrippen, Tagesmütter. Wien: Bundesministerium für Umwelt, Jugend und Familie.

Arbeitsgruppe Vorschulerziehung (1980/81). Curriculum Soziales Lernen. 10 Textteile und 10 Bildteile. München: Kösel.

Arnett, J. (1989). Caregivers in daycare centers; does training matter? Journal of Applied Developmental Psychology, 10, 541–552.

Axline, V. M. (1990). Kinder-Spieltherapie im nichtdirektiven Verfahren. München: Ernst Reinhardt.

Balageur, I., Mestres, J. & Penn, H. (1992). Die Frage der Qualität in Kinderbetreuungseinrichtungen. Ein Diskussionspapier. Kinderbetreuungsnetzwerk der Europäischen Kommission. Brüssel: Kommission der Europäischen Gemeinschaften.

Bayr-Klimpfinger, S. (1957). Über Konzentrationsstörungen. Bericht des 3. Internationalen Kongresses für Heilpädagogik.

Becker-Textor, I. (1988). Kreativität im Kindergarten. Anleitung zur kindgemäßen Intelligenzförderung im Kindergarten. Freiburg: Herder.

Becker-Textor, I. (1993). Unser Kind soll in den Kindergarten. Freiburg: Herder.

Becker-Textor, I. (1994). Kindergarten 2010. Traum – Vision – Realität. Freiburg: Herder.

Belabed, E. (1987). Kinderbetreuung in Oberösterreich. Probleme der Betreuung von Kindern berufstätiger Eltern. Linz: Institut für Sozial- und Wirtschaftswissenschaften der Kammer für Arbeiter und Angestellte in Oberösterreich.

Berger, M. (1986). Der Übergang von der Familie zum Kindergarten. Anregungen zur Gestaltung der Aufnahme in den Kindergarten. München: Ernst Reinhardt.

Bichsel, G., Wolf, A. & Haberkorn, R. (1994). Eine Projekt-Idee verbreitet sich. Berichte aus zwei Multiplikatorenkreisen. In Deutsches Jugendinstitut (Hrsg.), Orte für Kinder. Auf der Suche nach neuen Wegen in der Kinderbetreuung (S. 275–290). München: DJI.

Bodingbauer, E. (1995). Handpuppen- und Figurenspiele. In Ch. Niederle (Hrsg.), Methoden des Kindergartens 1 (S. 153–161). Linz: Unsere Kinder.

Bowlby, J. (1951). Maternal Care and Mental Health. Genf: WHO.

Braun, G. (1992). Zum Ausmaß sexuellen Missbrauchs an Mädchen und Jungen. Vergleichende Untersuchungen. In AJS-Forum 2/92 und Sozialmagazin 5/92 (zitiert nach Braun, 1995).

Braun, G. (1995). Sexueller Missbrauch von Kindern. In Ch. Niederle (Hrsg.), Methoden des Kindergartens 3 (S. 34–36). Linz: Unsere Kinder.

Bronfenbrenner, U. (1974). Wie wirksam ist kompensatorische Erziehung? Stuttgart: Klett.

Bronneberg, G. (1990). Analyse der Situation berufstätiger Kindergärtnerinnen im Burgenland. Berufsgruppe Burgenländischer Kindergärtnerinnen.

Broström, St., Hännikäinen, M., de Jong, M., Rubinstein Reich, L. & Thyssen, S. (1995).

Being Subject as an Element of Quality in Day Care centres. Paper presented at the 5th European Conference on the Quality of Early Childhood Education, Paris, France, 7, 8, 9 sept. 1995.

Bruner, J. (1995). What we have learned about early learning? Vortrag auf der 5th European Conference on the Quality of Early Childhood Education. Paris, France, 7, 8, 9 sept. 1995.

Bundeskanzleramt (1994). Entwurf einer Vereinbarung gemäß Art. 15a B-VG über gemeinsame Maßnahmen des Bundes und der Länder für den Ausbau der Kinderbetreuungseinrichtungen.

Burtscher, I. (1994). Vom Familienkleinkind zum Kindergartengruppenkind. Kleinkindern im Spannungsfeld zwischen Familie und Kindergarten Lebenshilfen geben. Eine frauliche Spurensuche. Unveröffentlichte Diplomarbeit, Leopold-Franzens-Universität, Innsbruck.

Caesar, B. (1979). Der Beitrag der ökologischen Psychologie Barkers zur Erforschung von sozialisatorischen Umwelten: Eine methodologisch orientierte Betrachtung. In H. Walter & R. Oerter (Hrsg.), Ökologie und Entwicklung (S. 146–156). Donauwörth: Auer (zitiert nach Nickel, 1985).

Calder, P. (1995). Using the Early Childhood Environment Rasting Scale as a Measure to make cross-national Evaluations of Quality: Advantages and Limitations. Paper presented at the 5th European Conference on the Quality of Early Childhood Education, Paris, France, 7, 8, 9 sept. 1995.

Charlotte Bühler-Institut (1994). Öffnungszeiten und Aufenthaltsdauer im Kindergarten – Erforschung von entwicklungsfördernden bzw. entwicklungshemmenden Rahmenbedingungen. Wien: Charlotte Bühler-Institut.

Charlotte Bühler-Institut (1995). Bildungsziele und Funktionen des Kindergartens aus der Sicht der Kindergärtnerinnen. Wien: Charlotte Bühler-Institut.

Clarke-Stewart, A. (1982). Daycare. Cambridge, Mass.: Harvard University Press.

Clarke-Stewart, A. (1991). Day Care in the USA. In P. Moss & E. Melhuish (Ed.), Current issues in Day Care for Young Children. London: HMSO.

Colberg-Schrader, H. & von Derschau, D. (1991). Sozialisationsfeld Kindergarten. In K. Hurrelmann & D. Ulich (Hrsg.), Neues Handbuch der Sozialisationsforschung (S. 335–353). Weinheim: Beltz.

Colberg-Schrader, H. (1993). Institutionen für Kinder. In Deutsches Jugendinstitut (Hrsg.), Was für Kinder (S. 346–353). München: Kösel.

Colberg-Schrader, H. (1996). Notprogramme reichen nicht. Rechtsanspruch auf einen Kindergartenplatz – auch Anspruch auf Qualität für alle? Welt des Kindes 1/96, 7–11.

Colberg-Schrader, H., Krug, M. & Pelzer, S. (1991). Soziales Lernen im Kindergarten. Ein Praxisbuch des DJI. München: Kösel.

Denk, G. & Schattovits, H. (1995). Teilzeitbetreuung von Kindern in Österreich. Eine Bestandsaufnahme zur Orientierung über Formen, Kosten und Finanzierung. Wien: Österreichisches Institut für Familienforschung.

Denk, M. (1995). Die stufenweise Eingewöhnung in den Kindergarten. Unsere Kinder, 50, 66–68.

Der vergessene Beruf. Die Situation der Fachkräfte in den Tageseinrichtungen für Kinder (1990). Kindergarten heute, 4, 1–20.

Diemert, K.-P. (1996). Symposium „Bildungsziele und Funktionen des Kindergartens. Eine Studie des Charlotte Bühler-Instituts und deren Folgerungen für die Konzeption der Bildungsarbeit an Bildungsanstalten für Kindergartenpädagogik“, 22.1.1996, persönliche Mitteilung.

Dollase, R. (1979). Sozial-emotionale Erziehung in Kindergarten und Vorklasse. Hannover: Schroedel.

Dörfler, M. (1994). Der offene Kindergarten.

Ideen zur Öffnung aus Theorie und Praxis. In Deutsches Jugendinstitut (Hrsg.), Orte für Kinder. Auf der Suche nach neuen Wegen in der Kinderbetreuung (S. 105–128). München: DJI.

Elkind, D. (1987). Miseducation. Preschoolers at Risk. New York: Knopf. (Deutsch: Wenn Eltern zu viel fordern. Die Rettung der Kindheit vor leistungsorientierter Früherziehung. Hamburg: Hoffmann und Campe 1989).

Eppel, H. (1974). Förderung von Intelligenz und sprachlichem Ausdruck bei Vorschulkindern. Untersuchungen zum Material von Schüttler-Janikulla. Zeitschrift für Entwicklungspsychologie und Pädagogische Psychologie, 6, 109–123 (zitiert nach Nickel, 1985).

Europäische Kommission (1995). Die Vorschulerziehung in der Europäischen Union. Ein Problemaufriss. Luxemburg: Amt für Veröffentlichungen der Europäischen Gemeinschaften.

Fachberatungsstelle für Allgemeine Kindergärten und Horte (1994). Bildungsmittel (Spiel-, Arbeits- und Verbrauchsmaterial). Graz: Amt der steirischen Landesregierung.

Fachberatungsstelle für Allgemeine Kindergärten und Horte (1995). Ausstattung der Räume drinnen und draußen. Graz: Amt der steirischen Landesregierung.

Faßmann, H., Aufhauser, E. & Münz, R. (1988). Kindergärten in Österreich. Zur Situation der vorschulischen Kinderbetreuung. Eine statistische Analyse. Wien: Bundesministerium für Umwelt, Jugend und Familie.

Feiner, W., Niederle, Ch. & Michelic, E. (1985). Kinder erleben ihre Umwelt. Modelle und Methoden zur Umwelterziehung im Vorschulalter. Wien: Österreichischer Bundesverlag.

Fend, H. (1988). Sozialgeschichte des Aufwachsens. Frankfurt a. M.: Suhrkamp.

Feuerstein, G. (1993). Raum und Wandgestaltung. In Ch. Niederle (Hrsg.), Methoden des Kindergartens 1 (S. 23–32). Linz: Unsere Kinder.

Findl, J., Laburda, A. & Münz, R. (1985). Frauenalltag und familiäre Arbeitsteilung. In R. Münz (Hrsg.), Leben mit Kindern. Wunsch und Wirklichkeit (S. 129–158). Wien: Deuticke.

Fischer, H. (1993). Der Kindergarten – eine Serviceeinrichtung? Kindergarten- und Hortjournal, 14, 3, 10–11.

Fitzka-Puchberger, R. (1991). Kindergruppen als Teil der „neuen sozialen Bewegungen“? In M. Fischer-Kowalski, R. Fitzka-Puchberger & J. Mende (Hrsg.), Kindergruppenkinder. Selbst organisierte Alternativen zum Kindergarten (S. 154–160). Wien: Verlag für Gesellschaftskritik.

Franta, M. (1995). Die Kindergärtnerin – ein Berufsbild in der Krise? In G. Knapp (Hrsg.), Kindergarten und Familie als Lebens- und Erfahrungsraum. Politik für kindgerechte Strukturen (S. 298–305). Wien: Böhlau.

Freud, A. (1971). Psychoanalyse für Pädagogen. Eine Einführung. Bern: Hans Huber.

Freud, S. (1969). Vorlesungen zur Einführung in die Psychoanalyse und Neue Folge. Studienausgabe Band I. Frankfurt am Main: Fischer.

Freund, J. (1990). Lern- und Lehrformen in der Grundschule. In K. Satzke & W. Wolf (Hrsg.), Kommentar zum Lehrplan der Volksschule (S. 125–141). Wien: Österreichischer Bundesverlag.

Fried, L. (1991). Kindergarten- und Vorschulpädagogik. In L. Roth (Hrsg.), Pädagogik. Handbuch für Studium und Praxis (S. 601–611). München: Ehrenwirt.

Fthenakis, W. E. (1992). Entwicklung in der Frühpädagogik. Von einer institutionellen zu einer systemorientierten Betrachtung der Elementarerziehung. WWD, 53, 19–21.

Fuchs, D. (1992). Möglichkeiten und Grenzen von Kinderbetreuungseinrichtungen. Traditionelle und andere Formen. Unsere Jugend, 44, 279–283.

Gauster, Ch. (1995). Platz für Schönes und Interessantes. In Ch. Niederle (Hrsg.), Methoden des Kindergartens 1 (S. 201–206). Linz: Unsere Kinder.

Gerzer-Sass, A. (1995). Private und öffentliche Ressourcen neu gemischt – Entstandardisierung heißt nicht Qualitätsverlust. In Deutsches Jugendinstitut (Hrsg.), Orte für Kinder. Auf der Suche nach neuen Wegen in der Kinderbetreuung (S. 235–254). München: Deutsches Jugendinstitut.

Gräsel, E.-M. (1995). Der Bewegungsraum. In Ch. Niederle (Hrsg.), Methoden des Kindergartens 2 (S. 178–179). Linz: Unsere Kinder.

Gratz, B. (1995). Formen gemeinsamer Betreuung behinderter und nicht behinderter Kinder. In Ch. Niederle (Hrsg.), Methoden des Kindergartens 3 (S. 88–89). Linz: Unsere Kinder.

Groh, M. (1995). Entwicklung eines Raumkonzeptes. In Ch. Niederle (Hrsg.), Methoden des Kindergartens 1 (S. 7–13). Linz: Unsere Kinder.

Gründel, S. (1995). Das Modell altersgemischte Kindergruppe. Eine besondere Form der Kindertagesbetreuung. Unsere Kinder, 50, 14–15.

Gstettner, P. (1991). Vorurteilsabbau durch soziales Lernen im Vorschulalter. In Zentrum für Kindergartenpädagogik beim Amt der Salzburger Landesregierung (Hrsg.), Interkulturelle Erziehung im Kindergarten (S. 16–30). Salzburg: Amt der Salzburger Landesregierung.

Haberkorn, R. (1994). Altersgemischte Gruppen. Eine Organisationsform mit vielen Chancen und der Aufforderung zu neuen Antworten. In Deutsches Jugendinstitut (Hrsg.), Orte für Kinder. Auf der Suche nach neuen Wegen in der Kinderbetreuung (S. 129–148). München: DJI.

Haefele, B. & Wolf-Filsinger, M. (1994). Aller Kindergarten-Anfang ist schwer. Hilfen für Eltern und Erzieher. München: Don Bosco.

Halm, G. & Kronemeyer, A. (1995). Aspekte der Waldorfpädagogik. In Ch. Niederle (Hrsg.), Methoden des Kindergartens 2 (S. 48–51). Linz: Unsere Kinder.

Harms, Th. (1991). The Assessment of Quality in Child Care Settings. University of North Carolina at Chapel Hill: Unveröffentlichtes Manuskript.

Harms, Th. & Clifford, R. (1980). Early Childhood Environment Rating Scale. New York: Teacher College Press.

Hartmann, W. (1995a). Die Bedeutung des Spiels für die Entwicklung des Kindes. In Ch. Niederle (Hrsg.), Methoden des Kindergartens 1 (S. 110–116). Linz: Unsere Kinder.

Hartmann, W. (1995b). Bilderbuch und Kinderbibliothek. In Ch. Niederle (Hrsg.), Methoden des Kindergartens 1 (S. 191–198). Linz: Unsere Kinder.

Hartmann, W., Stoll, M., Chisté, N. & Hajszan, M. (2000). Bildungsqualität im Kindergarten. Transaktionale Prozesse, Methoden, Modelle. Wien: öbv & hpt.

Hartmann, W. & Stern, I. (1995). Konstruktionsspiele. In Ch. Niederle (Hrsg.), Methoden des Kindergartens 1 (S. 171–177). Linz: Unsere Kinder.

Hassenstein, B. & Hassenstein, H. (1990). Was Kindern zusteht. München: Piper.

Haumer, M. (1995). Bildungsmittel im Kindergarten. In Ch. Niederle (Hrsg.), Methoden des Kindergartens 1 (S. 102–108). Linz: Unsere Kinder.

Haumer, M., Jahn, H. & Kasper, I. (1995). Zeichnen und Malen. In Ch. Niederle (Hrsg.), Methoden des Kindergartens 1 (S. 179–189). Linz: Unsere Kinder.

Hayes, Ch., Palmer, J. & Zaslow, M. (Hrsg.) (1990). Who Cares for America's Children? Child Care Policies for the 1990s. Washington, DC: National Academy Press.

Heckhausen, H. (1971). Förderung der Lernmotivierung und der intellektuellen Tüchtigkeiten. In H. Roth (Hrsg.), Begabung und Lernen. Deutscher Bildungsrat: Gutachten und Studien der Bildungskommission (Band 4) (S. 193–228). Stuttgart: Klett.

Heimann, P. (1962). Didaktik als Theorie und Lehre. Die Deutsche Schule, Heft 9 (zitiert nach Niederle, 1995c).

Hermann, G., Riedel, H., Schock, R. & Sommer, B. (1985). Das Auge schläft, bis es der Geist mit einer Frage weckt. Krippen und Kindergärten in Reggio Emilia. Berlin: Fortbildungsinstitut für pädagogische Praxis.

Herzberg, I. (1994). Kinder brauchen Kinder. Unsere Kinder, 49, 15.

Hilgendorf, E. (1993). Das begabte Kind. In Deutsches Jugendinstitut (Hrsg.), Was für Kinder (S. 346–353). München: Kösel.

Holler, L. & Niederle, Ch. (1995). Kleine-Welt-Spiele. In Ch. Niederle (Hrsg.), Methoden des Kindergartens 1 (S. 137–144). Linz: Unsere Kinder.

Holley, H. (1991). Familien heute – Herausforderungen an den Kindergarten. Unsere Kinder, 46, 49–51.

Holley, H. (1992). Das Kind in der Gesellschaft der Gegenwart. In Amt der O.Ö. Landesregierung (Hrsg.), Der Kindergarten. Grundlagen – Angebote – Informationen (S. 9–13). Linz: Amt der O.Ö. Landesregierung.

Hopf, A. (1988). Die Öffnung des Kindergartens zur Gemeinde und zum Stadtteil hin. WWD, 40, 23–25.

Hössl, A. (1993). Bei gemeinsamer Erziehung gewinnen alle: nichtbehinderte und behinderte Kinder. In Deutsches Jugendinstitut (Hrsg.), Was für Kinder (S. 366–370). München: Kösel.

Howe, J.A. (1990). The Origins of Exceptional Abilities. Oxford (zitiert nach Hilgendorf, 1993).

Howes, C., Phillips, D. & Whitebook, M. (1992). Thresholds of Quality: Implications for the Social Development of Children in Center-based Day Care. Child Development, 63, 449–460.

Hundertmarck, G. (1988). Die Gruppe im Kindergarten. In H. Mörsberger, E. Moskal & E. Pflug (Hrsg.), Der Kindergarten. Handbuch für die Praxis in drei Bänden. Band 2: Das Kind im Kindergarten (S.127–140). Freiburg: Herder.

Hurrelmann, K. (1994). Lebensphase Jugend. Eine Einführung in die sozialwissenschaftliche Jugendforschung. Weinheim: Beltz.

IMAS-Institut (1995). Knick in den Wertvorstellungen. IMAS-Report Nr. 5, März 1995. Linz: IMAS-Institut.

Interessengemeinschaft der Erhalter kirchlicher Kindertagesheime in der Erzdiözese Wien (1995). Ruhephase – Entspannung oder Spannung. Protokoll der Leiterinnensitzung 1995. Unveröffentlichtes Manuskript.

Ipsmiller-Demetriou, Ph., Fischer-Kowalski, M., Fitzka-Puchberger, R., Hellwig, G. & Weber, W. (1987). Selbst verwaltete Kinderbetreuung in Österreich. Wien: Forschungsbericht des Dachverbandes der Wiener Kindergruppen.

Jakubeit, G. (1996). Teams müssen „gewartet" werden. Qualität durch Personalentwicklung. Welt des Kindes 1/96, 16–19.

Janos, P.M. & Robinson, N.M. (1985). Psychosocial development in intellectually gifted children. In F.D. Horowitz & M. O'Brian (Ed.), The gifted and talented. Developmental perspectives (S. 149–195). Washington, DC: APA (zitiert nach Stapf & Stapf, 1988).

Katz, L. (1993). Multiple Perspectives on the Quality of Early Childhood Programes. European Early Childhood Education Research Journal, 1, 2, 5–9.

Kärntner Kindergartengesetz, LGBl. Nr. 86/1992 i.d.F. LGBl. Nr. 6/1995.

Keppelmüller, J. (1994). Die Berufszufriedenheit der Kindergärtnerinnen als Produkt der Wechselwirkung zwischen Berufseinstellungen und organisatorischen Bedingungen. Eine vergleichende Studie zwischen öffentlichen und kirchlichen Kindergärten in Oberösterreich. Unveröffentlichte Dissertation, Johannes-Kepler-Universität, Linz.

Kettner-Grosbüsch, A. (1992). Veränderte Familien brauchen neue Kindertagesstätten. Familie im Wandel. WWD, 53, 4–6.

Kinderbetreuungsnetzwerk der Europäischen Kommission (1990). Qualität der Kinderbetreuung. Brüssel: Kommission der Europäischen Gemeinschaften.

Klages, H. (1988). Wertedynamik. Über die

Wandelbarkeit des Selbstverständlichen. Zürich: Edition Interfrom.

Klages, H. (1993). Traditionsbruch als Herausforderung. Perspektiven der Wertewandelsgesellschaft. Frankfurt: Campus.

Kloimwieder, K. (1992). Das dialogische Prinzip im pädagogischen Praxisvollzug als Voraussetzung für die Entwicklung von Beziehungsfähigkeit im Kindertagesheim. Unveröffentlichte Diplomarbeit, Universität Wien.

Kounin, J. S. (1976). Techniken der Klassenführung. Stuttgart: Klett.

Krennmayr, M. (1995). Integration behinderter Kinder im Kindergarten. In Ch. Niederle (Hrsg.), Methoden des Kindergartens 3 (S. 87–88). Linz: Unsere Kinder.

Krenz, A. (1991). Der „situations-orientierte Ansatz" im Kindergarten. Grundlagen und Praxis. Freiburg: Herder.

Krenz, A. (1993). Unzufriedenheit und neue Belastungen von Erzieherinnen in schleswigholsteinischen Kindergärten. Unsere Jugend, 45, 200–209.

Krone, W. (1988). Zur Erziehung des Erziehers. Behaviorismus – Psychoanalyse – Humanistische Psychologie. Eine Untersuchung zur Erziehung des Erziehers und zum Verhältnis von Beziehung und Erziehung mit Blick auf pädagogische Gedanken Carl Rogers' und Martin Bubers. Europäische Hochschulschriften XI, Bd. 354. Frankfurt am Main: Peter Lang-Verlag.

Krückl, E. (1995). Gleitende Jausenzeit. In Ch. Niederle (Hrsg.), Methoden des Kindergartens 2 (S. 72–74). Linz: Unsere Kinder.

Kuhn, K. & Kuhn, R. (1988). Der Kindergarten als Lebensraum. In H. Mörsberger, E. Moskal & E. Pflug (Hrsg.), Der Kindergarten. Handbuch für die Praxis in drei Bänden. Band 1: Der Kindergarten in der Gesellschaft (S. 38–168). Freiburg: Herder.

Landesgesetzblatt für das Burgenland, 1990, 7. Stück.

Landesgesetzblatt für Wien, Jahrgang 2003, 29. Stück, 29. Verordnung: Wiener Kindestagesheimwesen.

Landesgesetzblatt für Tirol, 1991, 19. Stück.

Langsted, O. (1994). Looking at Quality from the Child's Perspective. In P. Moss & A. Pence (Ed.), Valuing Quality in Early Childhood Services. New approaches to defining quality (S. 28–42). London: Paul Chapman.

Lauenstein, R. (1986). Anmerkungen zur „Hochbegabtenförderung". Unsere Jugend, 38, S. 145–149.

Lehrplan der Bildungsanstalt für Kindergartenpädagogik 2004.

Lenzeder, F. (1990). Typisch Mädchen – typisch Buben. Kindergartenerziehung und Geschlechtsrollenbilder. Unsere Kinder, 45, 25–29.

Lenzeder, F. (1995). Wertpluralismus in der Kindergartenerziehung. In Ch. Niederle (Hrsg.), Methoden des Kindergartens 3 (S. 165–172). Linz: Unsere Kinder.

Luger, I. (1993). Stimulierende Komponenten der Raumgestaltung. In Ch. Niederle (Hrsg.), Methoden des Kindergartens 1 (S. 38–42). Linz: Unsere Kinder.

McCartney, K. (1984). Effects of Quality of Day Care Environment on Children's Language Development. Developmental Psychology, 20, 244–260.

Menz, M. (1995). Deutsch für ausländische Kinder im Kindergarten. In Ch. Niederle (Hrsg.), Methoden des Kindergartens 3 (S. 92–95). Linz: Unsere Kinder.

Michelic, E. (1995). Bauen. In Ch. Niederle (Hrsg.), Methoden des Kindergartens 1 (S. 163–170). Linz: Unsere Kinder.

Montessori, M. (1928). Mein Handbuch. Grundsätze und Anwendungen meiner neuen Methoden der Selbsterziehung der Kinder. Stuttgart.

Montessori, M. (1991). Kinder sind anders. Stuttgart: Klett-Cotta.

Moss, P. (1995). Defining Objectives in Early Childhood Services. Paper presented at the 5th European Conference on the Quality of Early Childhood Education, Paris, September, 7–9, 1995.

Nauck, B. (1989). Familien- und sozialpolitische Aspekte der Nachfrage vorschulischer Betreuung. Zeitschrift für Familienforschung, 1, 36–60.

Neubauer, E. Ch. (1980). Erziehungsstrategien von Kindergärtnerinnen zur Bewältigung sozialer Konflikte bei Vorschulkindern. Psychologie in Erziehung und Unterricht, 27, 257–266.

Neyer, G. (1991). Wer betreut die Kinder? In Dr. Karl Renner-Institut (Hrsg.), Kinderbetreuung in Österreich (S. 8–34). Enquete 6. September 1991.

Neyer, G. (1993). Institutionelle Kinderbetreuung in Österreich. Demografische Informationen 1992/93, 16–28.

Nickel, H. (1969). Die Bedeutung planmäßiger Übung für die Entwicklung einer differenzierenden visuellen Vorstellungsfähigkeit im Vorschulalter. Zeitschrift für Entwicklungspsychologie und Pädagogische Psychologie, 1, 103–118 (zitiert nach Nickel, 1985).

Nickel, H. & Ungelenk, B. (1980) (Hrsg.). Untersuchungen zum Erzieher- und Elternverhalten und zum Sozialverhalten von Kindern aus Eltern-Initiativ-Gruppen und Kindergärten. Universität Düsseldorf: Forschungsbericht.

Niederle, Ch. (1991). Lebensnahes Lernen. Situationsorientierte Gestaltung der Bildungsarbeit. Unsere Kinder, 43, 97–102.

Niederle, Ch. (1994). Bildungseinrichtung oder Bewahranstalt? Zur aktuellen Diskussion um die Kinderbetreuung in Österreich. Unsere Kinder, 49, 73–76.

Niederle, Ch. (1995a). Didaktische Prinzipien der Kindergartenarbeit. In Ch. Niederle (Hrsg.), Methoden des Kindergartens 2 (S. 14–28). Linz: Unsere Kinder.

Niederle, Ch. (1995b). Frühkindliche Lernformen. In Ch. Niederle (Hrsg.), Methoden des Kindergartens 2 (S. 29–40). Linz: Unsere Kinder.

Niederle, Ch. (1995c). Kindergartendidaktik. In Ch. Niederle (Hrsg.), Methoden des Kindergartens 2 (S. 7–10). Linz: Unsere Kinder.

Niederle, Ch. (1995d). Montessori-Boom? In Ch. Niederle (Hrsg.), Methoden des Kindergartens 2 (S. 46–47). Linz: Unsere Kinder.

Niederle, Ch. (1995e). Offene Räume und innovative Spiele. In Ch. Niederle (Hrsg.), Methoden des Kindergartens 1 (S. 46–47). Linz: Unsere Kinder.

Niederle, Ch. (1995f). Umweltoffene Gestaltung der Bildungsarbeit. In Ch. Niederle (Hrsg.), Methoden des Kindergartens 2 (S. 53–59). Linz: Unsere Kinder.

Niederle, Ch., Michelic, E. & Lenzeder, F. (1975). Bildung und Erziehung im Kindergarten. Wien: Westermann.

Niederle, Ch., Michelic, E. & Lenzeder, F. (1987). Bildung und Erziehung im Kindergarten (Neubearbeitung). Wien: Westermann.

Niegl, A. (1980). Das Kindergartenwesen in Österreich. In E. Zwink (Hrsg.), Vorrang für unsere Kinder. Kindergartenenquete der Salzburger Landesregierung am 28. Juni 1980 (Schriftenreihe des Landespressebüros) (S. 13–18). Salzburg: Amt der Salzburger Landesregierung.

Norden, G. & Schulz, W. (1990). Scheidung, Scheidungsfolgen und Wiederverheiratung. In R. Gisser, L. Reiter, H. Schattovits & L. Wilk (Hrsg.), Lebenswelt Familie (S. 517–532). Wien: Institut für Ehe und Familie.

NÖ Kindergartengesetz 1996, LGBl. 5060-2.

Nykrin, R. (1995). Elementare Musikerziehung. In Ch. Niederle (Hrsg.), Methoden des Kindergartens 2 (S. 123–129). Linz: Unsere Kinder.

Oberholzer, A. & Lässer, L. (1995). Gartenparadies für Kinder. In Ch. Niederle (Hrsg.), Methoden des Kindergartens 2 (S. 199–203). Linz: Unsere Kinder.

Oberhuemer, P. (1985). Warum Zusammenarbeit zwischen Kindergarten und Grundschule? In Staatsinstitut für Frühpädagogik München (Hrsg.), Vom Kindergarten zur Schule (S. 14–20). Freiburg: Herder.

Oberhuemer, P. (1995). Kindergarten und Schule als Kooperationspartner. In Ch.

Niederle (Hrsg.), Methoden des Kindergartens 3 (S. 99–101). Linz: Unsere Kinder.

OÖ. Kindergarten- und Hortgesetz, LGBl. Nr. 1/1973 i.d.F. der Novelle LGBl. Nr. 51/2001.

Oerter, R. (1995). Kultur, Ökologie und Entwicklung. In R. Oerter & L. Montada (Hrsg.). Entwicklungspsychologie. München, Weinheim: Psychologie-Verl.-Union.

Österreichischer Dachverband der Berufsgruppen der Kindergarten- und Hortpädagoginnen (1994). Nicht ohne uns. Kinder gehen uns alle an! Presseinformation 26.1.1994.

Österreichisches Normungsinstitut. EN 71 Teil 1. Sicherheit von Spielzeug – Mechanische und physikalische Eigenschaften.

Österreichisches Normungsinstitut. EN 71 Teil 2. Sicherheit von Spielzeug – Entflammbarkeit.

Österreichisches Normungsinstitut. EN 71 Teil 3. Sicherheit von Spielzeug – Migration bestimmter Elemente.

Österreichisches Normungsinstitut. EN 71 Teil 4. Sicherheit von Spielzeug – Experimentierkästen für chemische und ähnliche Versuche.

Österreichisches Normungsinstitut. EN 71 Teil 5. Sicherheit von Spielzeug – chemisches Spielzeug (Sets), ausgenommen Experimentierkästen.

Österreichisches Normungsinstitut. EN 71 Teil 6. Sicherheit von Spielzeug – grafisches Symbol zur Kennzeichnung mit einem altersgruppenbezogenen Warnhinweis.

Österreichisches Normungsinstitut. S 1555. Prüfung von Spielzeug auf Speichel-, Schweiß- und Reibechtheit.

Österreichisches Statistisches Zentralamt (1993). Mikrozensus 1993: Jahresergebnisse, Beiträge zur Österreichischen Statistik. Wien.

Österreichisches Statistisches Zentralamt (1995). Die Kindergärten (Kindertagesheime). Berichtsjahr 1994/95. Heft 1.177. Wien: ÖStZ.

Ötter, U. (1994). Mein Traumberuf: Erzieherin? Ein „normaler“ Arbeitstag im Kindergarten im November 1993. WWD, 57, 9–11.

Pascal, Ch. & Bertram, A. D. (1993). The Education of Young Children and Their Teachers in Europe. European Early Childhood Education Research Journal, 1, 2, 27–38.

Pazmann, E. (1991). Das Kindergartenjahr aus tiefenpsychologischer Sicht. In Amt für Jugend und Familie der Stadt Wien (Hrsg.), 10 Jahre Anna-Freud-Kindergarten. Rede anlässlich der Enquete des Amtes für Jugend und Familie (S. 61–73). Jugend und Volk.

Penn, H. (1994). Working in Conflict. Developing a Dynamic Model of Quality. In P. Moss & A. Pence (Ed.), Valuing Quality in Early Childhood Services. New approaches to definig quality (S. 10–27). London: Paul Chapman.

Petermair, H. (1993). Baustelle Kindergarten. Unsere Kinder, 48, 80–82.

Petrik, E. (1992). Rechte des Kindes. Unsere Kinder, 47, 49–51.

Phillips, D. A. (1988). Quality in Child Care: Definitions at the A.L. Mailman Family Foundation, Inc. Paper presented at symposium on dimensions of quality in programs for children. White Plains, NY, June 1988 (zitiert nach Hayes, Palmer & Zaslow, 1990).

Phillips, D., McCartney, K. & Scarr, S. (1987). Child-Care Quality and Children's Social Development. Developmental Psychology, 23, 537–543.

Pöckl, A. (1995). Buskinder. In Ch. Niederle (Hrsg.), Methoden des Kindergartens 1 (S. 70–71). Linz: Unsere Kinder.

Pöckl, A. & Hartmann, W. (1995). Wohn- und Familienspiele. In Ch. Niederle (Hrsg.), Methoden des Kindergartens 1 (S. 119–128). Linz: Unsere Kinder.

Pöckl, A. & Soukup, E. (1995). Gestaltung des Nachmittags. In Ch. Niederle (Hrsg.), Methoden des Kindergartens 2 (S. 53–59). Linz: Unsere Kinder.

Politt, B. (o.J.). Hoch Begabte brauchen be-

sondere pädagogische Betreuung. Unveröffentlichtes Manuskript.
Preissing, Ch., Preuss-Lausitz, U. & Zeiher, H. (1990). Veränderte Kindheitsbedingungen: Neue Freiheiten, neue Zumutungen, neue Chancen? In U. Preuss-Lausitz, T. Rülcker & H. Zeiher (Hrsg.), Selbständigkeit für Kinder – die große Freiheit? Kindheit zwischen pädagogischen Zugeständnissen und gesellschaftlichen Zumutungen (S. 10–19). Weinheim: Beltz.
Prenzel, W. & Strümpel, B. (1990). Männlicher Rollenwandel zwischen Partnerschaft und Beruf. Zeitschrift für Arbeits- und Organisationspsychologie, 34 (N.F.8), 1, 37–45.
Raffelsberger, Ch. (1995a). Gedanken zur interkulturellen Erziehung. In Ch. Niederle (Hrsg.), Methoden des Kindergartens 3 (S. 90–91). Linz: Unsere Kinder.
Raffelsberger, Ch. (1995b). Interkulturelle Erziehung im Kindergarten. In G. Knapp (Hrsg.), Kindergarten und Familie als Lebens- und Erfahrungsraum. Politik für kindgerechte Strukturen (S. 234–241). Wien: Böhlau.
Ramstorfer, I. (1992). Bedürfnisse des Kleinkindes. In Amt der O.Ö. Landesregierung (Hrsg.), Der Kindergarten. Grundlagen – Angebote – Informationen (S. 14–17). Linz: Amt der O.Ö. Landesregierung.
Ramstorfer, I. (1995). Zur psychologischen Bedeutung des Essens. In Ch. Niederle (Hrsg.), Methoden des Kindergartens 1 (S. 75–77). Linz: Unsere Kinder.
Raos, J. (Hrsg.) (1991). Kinderbetreuung in Salzburg. Fakten, Hindergründe, Tendenzen. Salzburg: Amt der Salzburger Landesregierung.
Rautenstrauch, Th. (1988). Der Kindergarten – ein „Lebensraum" für das kleine Kind. Wirklichkeit und pädagogischer Anspruch. WWD, 40, 20–22.
Riedl, J. (1988). Hochbegabtenförderung im Kindergarten? Unsere Kinder, 43, 102–105.
Röchner, M. (1985). Erziehungseinstellungen, Erziehungsverhalten und curriculare Konzepte von Erzieherinnen in Kindergärten. In H. Nickel (Hrsg.), Sozialisation im Vorschulalter. Trends und Ergebnisse institutioneller Erziehung (S. 109–121). Weinheim: VCH.
Rollett, B. & Polster, R. (1985). Dimension der Kind-Erzieher-Beziehung bei 1- bis 3-jährigen und ihre Bedeutung für den Aufbau der Gruppenfähigkeit bei Kleinkindern. In Jugendamt der Stadt Wien (Hrsg.), Familien ergänzende Betreuung für 1- bis 3-jährige Kinder (S. 38–50). Wien: Jugend und Volk.
Rollett, B. (1994). Frühförderung vielfältiger Begabungen: Kleinstkind- und Kindesalter. In F. Oswald, K. Klement & L. Boyer (Hrsg.), Begabungen entdecken – Begabte fördern (S. 143–157). Wien: Jugend & Volk.
Rombach, H. (1977). Wörterbuch der Pädagogik, Band 2. Freiburg: Herder.
Roßbach, H.-G. (1993). Analyse von Messinstrumenten zur Erfassung von Qualitätsmerkmalen frühkindlicher Betreuungs- und Erziehungsumwelten. Münster: Sozialwissenschaftliche Forschungsdokumentationen.
Roßbach, H.-G., Schuster, K.-M. & Tietze, W. (1995). Erfassung pädagogischer Qualität in Kindergärten. Referat 12. Tagung Entwicklungspsychologie vom 25.–29. September 1995. Leipzig: Universität Leipzig.
Rumpf, H. (1993). Kinder gehören nicht in Kinderparadiese. In Deutsches Jugendinstitut (Hrsg.), Was für Kinder (S. 508–512). München: Kösel.
Rumpl, M. (1995). Ein multifunktionaler Bereich im Gruppenraum. In Ch. Niederle (Hrsg.), Methoden des Kindergartens 1 (S. 40). Linz: Unsere Kinder.
Ruopp, R., Travers, J., Glantz, F. & Coelen, C. (1979). Children at the Center. Final Report of the National Day Care Study. Cambridge, MA: Abt Associates.
Sagi, A. (1988). Verhaltensauffällige Kinder im Kindergarten. In H. Mörsberger, E. Moskal & E. Pflug (Hrsg.), Der Kindergarten. Handbuch für die Praxis in drei Bänden. Band 2:

Das Kind im Kindergarten (S. 236–255). Freiburg: Herder.

Salzburger Kinderbetreuungsgesetz, LGBl. Nr. 47/2002.

Scarr, S. (1990). Wenn Mütter arbeiten. Wie Beruf und Kinder sich verbinden lassen. München: Beck.

Scheipl, J. (1995). Kindergarten und Familie: Gesellschaftliche Aufgaben und Bedingungen. In G. Knapp (Hrsg.), Kindergarten und Familie als Lebens- und Erfahrungsraum. Politik für kindgerechte Strukturen (S. 120–134). Wien: Böhlau.

Schlaghecken, H. (1992). Das Recht auf Fortbildung I und II. In D. Engelhard, D. Höltershinken, K. Neumann, Th. Sprey-Wessing & W. Tietze (Hrsg.), Handbuch der Elementarerziehung. Pädagogische Hilfen zur Arbeit in Tageseinrichtungen für Kinder (5.9, 5.10). Selze-Velber: Kallmeyer.

Schmaus, M. & Schörl, M. (1964). Die sozialpädagogische Arbeit der Kindergärtnerin. München: Kösel.

Schmidt-Denter, U. (1982). Prinzipien für die Bewältigung neuer Lebensumwelten. In H. Janig, E. Löschenkohl, J. Schopfnegger & G. Süßenbacher (Hrsg.), Umweltpsychologie. Bewältigung neuer und veränderter Umwelten (S. 38–44). Wien: Literas.

Schmidt-Denter, U. (1985). Kontaktinitiativen von Vorschulkindern und ihre soziale Bedeutung. In H. Nickel (Hrsg.), Sozialisation im Vorschulalter. Trends und Ergebnisse institutioneller Erziehung (S. 57–68). Weinheim: VCH.

Siebenmorgen, E. (1988). Kinder in der besonderen Belastung der Ganztagsbetreuung. In H. Mörsberger, E. Moskal & E. Pflug (Hrsg.), Der Kindergarten. Handbuch für die Praxis in drei Bänden. Band 2: Das Kind im Kindergarten (S. 286–303). Freiburg: Herder.

Siegmund, U. & Fisch, R. (1985). Die Bedeutung von Persönlichkeits- und Situationsvariablen für ein einstellungskonsistentes Erzieherverhalten. In H. Nickel (Hrsg.), Sozialisation im Vorschulalter. Trends und Ergebnisse institutioneller Erziehung (S. 141–150). Weinheim: VCH.

Slavetinsky, G. (1995a). Gebaute Pädagogik. In Ch. Niederle (Hrsg.), Methoden des Kindergartens 1 (S. 14–17). Linz: Unsere Kinder.

Slavetinsky, G. (1995b). Tischkultur im Kindergarten. In Ch. Niederle (Hrsg.), Methoden des Kindergartens 1 (S. 78). Linz: Unsere Kinder.

Soukup, E. (1992). Der Kindergarten – ein Haus für Kinder. In Amt der O.Ö. Landesregierung (Hrsg.), Der Kindergarten. Grundlagen – Angebote – Informationen (S. 19–22). Linz: Amt der O.Ö. Landesregierung.

Soukup, E. (1995a). Elternmitwirkung im Kindergarten. In Ch. Niederle (Hrsg.), Methoden des Kindergartens 3 (S. 149–151). Linz: Unsere Kinder.

Soukup, E. (1995b). Der Ganztagskindergarten. In Ch. Niederle (Hrsg.), Methoden des Kindergartens 1 (S. 66–69). Linz: Unsere Kinder.

Soukup, E. (1995c). Die Kindergartenräume und ihre Gestaltung. In Ch. Niederle (Hrsg.), Methoden des Kindergartens 1 (S. 21–28). Linz: Unsere Kinder.

Soukup, E. (1995d). Sozialformen. In Ch. Niederle (Hrsg.), Methoden des Kindergartens 1 (S. 87–94). Linz: Unsere Kinder.

Soukup, E. (1995e). Tagesablauf im Kindergarten. In Ch. Niederle (Hrsg.), Methoden des Kindergartens 1 (S. 59–62). Linz: Unsere Kinder.

Soukup, E. (1995f). Verkleidungsspiele. In Ch. Niederle (Hrsg.), Methoden des Kindergartens 1 (S. 145–152). Linz: Unsere Kinder.

Soukup, E. & Strausky, M. (1995). Umweltspiele. In Ch. Niederle (Hrsg.), Methoden des Kindergartens 1 (S. 129–136). Linz: Unsere Kinder.

Spitz, R. (1945). Hospitalism: An Inquiry into the Genesis of Psychiatric Conditions in Early Childhood. The Psychoanalytic Study of the Child 1.

Spitz, R. (1946). Hospitalism: A Follow-Up Report. The Psychoanalytic Study of the Child 1.

Sprey-Wessing, Th. (1987). Kindergarten – wohin? Zwischen Ende der Reformphase und neuer Herausforderung. Unsere Jugend, 39, 491–502.

Sprey-Wessing, Th. (1992). Architektur als Einladung I. Ist der Eingangsbereich ein Identifikationsangebot für Kinder und Eltern? In D. Engelhard, D. Höltershinken, K. Neumann, Th. Sprey-Wessing & W. Tietze (Hrsg.), Handbuch der Elementarerziehung. Pädagogische Hilfen zur Arbeit in Tageseinrichtungen für Kinder (2.23). Selze-Velber: Kallmeyer.

Stadlbauer, U. (1995). Regenmäntel und Gummistiefel. In Ch. Niederle (Hrsg.), Methoden des Kindergartens 1 (S. 63). Linz: Unsere Kinder.

Stapf, A. & Stapf, K. H. (1988). Kindliche Hochbegabung in entwicklungspsychologischer Sicht. Psychologie in Erziehung und Unterricht, 35, 1–17.

Stapf, A. (1992). Begabungsentwicklung und Identifikation hoch begabter Vorschulkinder. In K. K. Urban (Hrsg.), Begabungen entwickeln, erkennen und fördern (S. 109–125). Hannover: Universität Hannover.

Steiermärkisches Kinderbetreuungsgesetz LGBl. Nr. 22/2000 i.d.F. LGBl. Nr. 80/2003.

Steiermärkisches Kinderbetreuungsförderungsgesetz LGBl. Nr. 23/2000 i.d.F. LGBl. Nr. 35/2002.

Steinhöfel, W. & Mescheder, S. (1992). Begabungsförderung auf der Grundlage einer wissenschaftlich fundierten pädagogischen Prozessgestaltung. In K. K. Urban (Hrsg.), Begabungen entwickeln, erkennen und fördern (S. 46–53). Hannover: Universität Hannover.

Steyrl, I., Kreuzer, M. & Michelic, E. (1995). Hauswirtschaftliche Tätigkeiten. In Ch. Niederle (Hrsg.), Methoden des Kindergartens 1 (S. 207–213). Linz: Unsere Kinder.

Strick, R. & Schubert, E. (1995). Spielzeugfreier Kindergarten. Bericht über ein Projekt zur Suchtprävention bei Vorschulkindern. Unsere Kinder, 50, 34–39.

Sylva, K., Roy, C. & Painter, M. (1980). Child Watching at Play Groups and Nursery Schools. London: Grant McIntyre.

Tausch, R. & Tausch, A.-M. (1991). Erziehungspsychologie (10. Auflage). Göttingen: Hogrefe.

Textor, M. R. (1988). Familienerziehung heute. Implikationen für die Kindergartenarbeit. WWD, 40, 1–3.

Textor, M. R. (1992a). Forschungsergebnisse. In Staatsinstitut für Frühpädagogik und Familienforschung (Hrsg.), Familien unterstützende Maßnahmen im Kontext des Kindergartens (S. 57–79). München: Bayrisches Staatsministerium für Arbeit, Familie und Sozialordnung.

Textor, M. R. (1992b). Kind, Familie, Kindergarten. München: Don Bosco.

Tietze, W. (1994). Sparen hat Grenzen: Wie gut sind unsere Kindergärten? Welt des Kindes 6/94, 27–31.

Tietze, W., Roßbach, H.-G. & Schuster, K.-M. (1993a). Bewertungsanleitung zur Einschätzung der Ausstattung und der pädagogischen Arbeit in Kindereinrichtungen. Forschungsversion der ECERS. Westfälische Wilhelms-Universität, Münster: Unveröffentlichtes Manuskript.

Tietze, W., Roßbach, H.-G. & Schuster, K.-M. (1993b). Leitfaden für den Beobachter und Trainingsmaterial zur Einschätzung der Ausstattung und der pädagogischen Arbeit anhand der ECERS. Westfälische Wilhelms-Universität, Münster: Unveröffentlichtes Manuskript.

Tietze, W., Schuster, K.-M., Grenner, K. & Roßbach, H.-G. (2001). Kindergarten-Skala. Revidierte Fassung (KES-R). Neuwied, Berlin: Luchterhand.

Trummer, E. (1995). Der Kindergarteneintritt. In Ch. Niederle (Hrsg.), Methoden des Kindergartens 1 (S. 96–99). Linz: Unsere Kinder.

Tschinkel, I. (Hrsg.) (1973). Basale Begabungsförderung im Kindergarten. Wien: Jugend und Volk.

Ufermann, K. (1991). Kinder wollen zusammen leben. Betreuung und Bildung – ein Gegensatz? In Welt des Kindes 3/91, 28–31.

Ungelenk, B., Wollschläger, P., Schmidt-Denter, U. & Nickel, H. (1978). Konzeption und Erprobung eines Verfahrens zur Verbesserung der erzieherischen Handlungskompetenz im Vorschulbereich (Erzieherinnentraining). Psychologie in Erziehung und Unterricht 25, 243–249.

Urban, K. K. (1992). Besondere Begabung – Förderung in der BRD, Begriffsentwicklung und konzeptuelle Grundlegung. In K. K. Urban (Hrsg.), Begabungen entwickeln, erkennen und fördern (S. 13–21). Hannover: Universität Hannover.

von Derschau, D. (1993). Kinder erziehen. Für ein erweitertes Berufsverständnis. In Deutsches Jugendinstitut (Hrsg.), Was für Kinder. Aufwachsen in Deutschland. Ein Handbuch. (S. 356–360). München: Kösel.

Vorarlberger Gesetz über das Kindergartenwesen, LGBl. Nr. 49/1991, 22/1993, 58/2001, 49/2002.

Walter, Ch. (1993). Zusammenhang zwischen Raumstruktur und Sozialverhalten. In Ch. Niederle (Hrsg.), Methoden des Kindergartens 1 (S. 33–37). Linz: Unsere Kinder.

Webb, J. T., Meckstroth, E. A. & Tolan, S. S. (1985). Hoch begabte Kinder, ihre Eltern, ihre Lehrer. Bern: Huber.

White, B. (1985). Competence and giftedness. In J. Freeman (Ed.), The psychology of gifted children (S. 59–73). New York: Wiley & Sons (zitiert nach Stapf & Stapf, 1988).

Whitebook, M., Howes, C. & Phillips, D. A. (1989). Who Cares? Child Care Teachers and the Quality of Care in America. Final Report: The National Child Care Staffing Study. Oakland, CA: Child Care Employee Project.

Wieger, M. (1990). Vorschulische Sozialisation und ihre Bedingungen in Wiener Kindergruppen und öffentlichen Kindergärten – ein Vergleich. Unveröffentlichte Diplomarbeit, Universität Wien.

Wild, R. (1990). Erziehung zum Sein. Erfahrungsbericht einer aktiven Schule. Heidelberg: Arbor.

Wilk, L. & Beham, M. (1990). Familie als kindliche Lebenswelt. In R. Gisser, L. Reiter, H. Schattovits & L. Wilk (Hrsg.), Lebenswelt Familie (S. 355–410). Wien: Institut für Ehe und Familie.

Wolf, B. (Hrsg.)(1987). Zuwendung und Anregung. Lernumweltforschung zur Sprachentwicklung im Elternhaus und Kindergarten. Weinheim: Beltz (zitiert nach Fried, 1991).

Wolf, B. (1995). Grundmerkmale ökologischer Perspektiven in der Entwicklungspsychologie. Psychologie in Erziehung und Unterricht, 42, 6-19.

Zeiher, H. (1995). Die Verinselung des Lebensraumes. In Ch. Niederle (Hrsg.), Methoden des Kindergartens 3 (S. 49–55). Linz: Unsere Kinder.

Zimmer, J. (1970). Wider die falsche Vorschulerziehung. Betrifft: Erziehung, 3, 9, 3.

Zimmer, J. (1991a). Aufbruch in die Zukunft. Klein & groß. Erziehung im Vorschulalter. 1/1991 und 2/1991, 2–6 und 2–4.

Zimmer, J. (1991b). Interkulturelle Erziehung in Kindergärten und Grundschulen. In Zentrum für Kindergartenpädagogik beim Amt der Salzburger Landesregierung (Hrsg.), Interkulturelle Erziehung im Kindergarten (S. 31–47). Salzburg: Amt der Salzburger Landesregierung.

Zimmer, R. (1992). Psychomotorik – ein Weg zur kindgemäßen Gesundheitserziehung. Unsere Kinder, 47, 76–78.

Zulehner, P.M. & Slama, A. (1994). Unterwegs zum neuen Mann? Wien: Bundesministerium für Umwelt, Jugend und Familie.

8 Checkliste zur Beurteilung der Qualität eines Kindergartens

Die folgende Checkliste ist eine Kurzfassung von Qualitätskriterien für den Kindergarten. **Für Eltern** stellen die Fragen, die diese Checkliste enthält, einen Leitfaden dar, sich mit der Qualität eines Kindergartenplatzes für ihr Kind auseinanderzusetzen. Die Hinweise auf die entsprechenden Kapitel im Buch geben Eltern die Möglichkeit, sich über die empfohlenen Qualitätsstandards zu informieren. Dabei ist sicherlich zu beachten, dass ein Kindergarten, der allen geforderten Qualitätsstandards genügt, kaum zu finden ist. Die Checkliste kann jedoch dazu beitragen, dass sich Eltern bewusst werden, welche Qualitätsstandards ihnen besonders wichtig sind.

Auch **für Kindergartenpädagog/innen, Leiterinnen und Inspektorinnen** ist die Checkliste geeignet. Anhand dieses Fragenkatalogs ist es möglich, die Rahmenbedingungen im Kindergarten sowie die pädagogische Arbeit hinsichtlich ihrer Qualität Punkt für Punkt selbst zu überprüfen. Diese Vorgangsweise ermöglicht eine detaillierte Analyse jener Qualitätsstandards, die im eigenen Kindergarten und in der eigenen Gruppe erfüllt sind bzw. einer Qualitätsverbesserung bedürfen. Weiters stellt die Checkliste eine Basis dar, die Qualität des eigenen Kindergartens öffentlichkeitswirksam zu präsentieren.

Strukturelle und organisatorische Bedingungen

Verfügbarkeit und Zugänglichkeit des Kindergartenplatzes	Welche Kindergärten gibt es in der Umgebung der Wohnung oder der Arbeitsplätze der Eltern? Wird ein Ganztags- oder ein Halbtagsplatz, mit oder ohne Mittagessen, benötigt? Wie hoch ist der Elternbeitrag?	➜ siehe Kapitel 5.1.1
Öffnungszeiten des Kindergartens	Wie lange ist der Kindergarten jeden Tag geöffnet? Lassen sich die Öffnungszeiten mit den Arbeitszeiten der Eltern vereinbaren?	5.1.2
Ferienregelung	Wie sind die Ferienzeiten geregelt? Ist der Kindergarten ganzjährig geöffnet, oder gibt es eine Urlaubssperre? Sind die Ferienzeiten des Kindergartens durch alternative Betreuungsangebote abgedeckt?	5.1.4
Gruppengröße und Gruppenzusammensetzung	Wie viele Kinder sind in der Gruppe? Sind die Kinder alle ungefähr gleich alt, oder ist die Gruppe altersgemischt?	5.1.5 5.7.1

Personal	Wie viele ausgebildete Kindergartenpädagog/innen stehen für die Gruppe zur Verfügung? Gibt es eine Kindergartenhelferin? Wie viele Stunden während der Öffnungszeiten steht eine Zweitkraft zur Verfügung?	5.1.6
Räume und Ausstattung		
Räume	Welche Spiel- und Lernbereiche sind im Gruppenraum vorhanden? Entsprechen die Möbel der Körpergröße, sind sie den verschiedenen Altersstufen der Kinder angepasst? Gibt es außer dem Gruppenraum zusätzliche Spiel- und Beschäftigungsbereiche? Dürfen die Kinder den gesamten Kindergartenbereich benützen?	➜ siehe Kapitel 3.5 5.2.1 5.2.2
Wohnkultur	Sind die Räume wohnlich und ästhetisch gestaltet, oder wirken sie kahl bzw. überladen? Werden auch von den Kindern selbst gestaltete Werke als Raumschmuck verwendet?	5.2.3
Entspannung und Rückzug der Kinder	Haben die Kinder die Möglichkeit, sich in gemütlich gestaltete Bereiche zurückzuziehen, um sich von der Gruppe zu erholen?	5.2.4
Bewegungsräume und Spielplätze im Freien	Stehen den Kindern ausreichende und gut ausgestattete Spiel- und Bewegungsmöglichkeiten im Haus und im Freien zur Verfügung?	5.2.5 5.2.6
Ausstattung mit Spiel- und Lernmaterialien	Ist die Ausstattung mit Spiel- und Lernmitteln sowie mit audiovisuellen Medien reichhaltig? Gibt es Spiel- und Lernmaterialien für spezielle Interessen und Begabungen?	3.6 3.7 5.3
Betreuung und Pflege der Kinder		
Sicherheit und Gesundheit	Werden die hygienischen, baulichen und ökologischen Vorschriften eingehalten? Sind die Kinder in potentiell gefährlichen Situationen genügend beaufsichtigt?	➜ siehe Kapitel 5.4.1
Begrüßung und Abschied	Erleichtern die Kindergartenpädagog/innen dem Kind das Abschiednehmen beim Bringen und beim Abholen?	5.4.2

Früh- und Spätzeiten	Wie werden die Früh- und Spätzeiten gestaltet? Werden die Kinder aus verschiedenen Gruppen in diesen Zeiten gemeinsam betreut (Sammelgruppe)?	5.4.3
Gestaltung der Mahlzeiten	Werden regelmäßige Zwischenmahlzeiten, wie Gabelfrühstück und Jause, angeboten? Erhalten die Kinder im Kindergarten ein Mittagessen? Ist das Essen gesund und schmackhaft zubereitet? Wird es in einer ansprechenden und appetitlichen Form serviert?	3.8.2 5.4.4
Ruhe- und Schlafpausen	Besteht die Möglichkeit, im Kindergarten nach dem Mittagessen zu schlafen oder sich auszuruhen? Müssen alle Kinder schlafen, oder werden individuelle Ruhe- und Schlafbedürfnisse berücksichtigt? Dürfen die Kinder ihr eigenes Kuscheltier und/oder Bettzeug mitbringen? Gibt es alternative Angebote für Kinder, die nicht schlafen können/wollen?	3.8.3 5.4.5
Körperpflege und Hygiene	Sind die sanitären Anlagen so ausgestattet, dass sie von den Kindern selbständig benutzt werden können? Werden die Kinder dazu angehalten, sich die Hände zu waschen und die Zähne zu putzen?	5.2.7 5.4.6

Kindergarten- und Schuleintritt

Kindergarteneintritt	Gibt es Möglichkeiten für einen sanften Kindergarteneinstieg, um Trennungs- und Eingewöhnungsschwierigkeiten zu mildern?	➜ siehe Kapitel 5.8.1
Übergang vom Kindergarten in die Schule	Wird der Übergang vom Kindergarten in die Schule durch Kennenlernen der zukünftigen Lehrperson, des zukünftigen Klassenzimmers und durch Zusammentreffen mit Schulkindern vorbereitet?	5.8.2

Bildung und Erziehung

		→ siehe Kapitel
Bildungs- und Erziehungskonzept	Welche Bildungs- und Erziehungsziele hält die Kindergartenpädagogin für wichtig? Ist der Tagesablauf streng eingeteilt, oder steht den Kindern auch individuelle Zeit für Spiel und spezielle Interessen zur Verfügung? Gibt es außerdem täglich bestimmte Bildungsangebote, wie Naturbegegnung, lebenspraktische Tätigkeiten, Musik, Erzählen, Spiel im Freien, Bewegung, Werken und Experimentieren … ?	3.1 3.4 3.8.1 5.5.1 5.5.2
Impulse von alternativen pädagogischen Konzepten	Werden alternative pädagogische Konzepte, wie Montessori- oder Waldorf-Pädagogik, in die Erziehungs- und Bildungsarbeit einbezogen?	5.6
Soziale Erfahrungen	Ist die Möglichkeit für die Kinder gegeben, nicht nur in der ganzen Gruppe, sondern einzeln, zu zweit und in kleinen Gruppen zu spielen und zu lernen? Bestehen Kontakte auch mit Kindern anderer Altersstufen und aus anderen Kindergartengruppen? Gibt es auch männliche Bezugspersonen, wie Kindergärtner, Helfer, Väter, Großväter …?	5.7.2 5.7.3 5.7.4
Interkulturelle Erziehung	Herrscht im Kindergarten eine Atmosphäre gegenseitiger Toleranz und Chancengleichheit für alle Kinder, unabhängig von Religion, Rasse und Geschlecht?	5.7.5
Integration von Kindern mit besonderen Bedürfnissen	Werden die besonderen Bedürfnisse einzelner Kinder, z. B. von chronisch kranken, körperlich beeinträchtigten und verhaltensauffälligen Kindern, berücksichtigt? Steht speziell ausgebildetes Personal zur Verfügung, das eine fachgerechte Beobachtung und Unterstützung der Kinder anbietet?	5.7.6
Integration Behinderter	Nimmt der Kindergarten auch behinderte Kinder auf? Welche Möglichkeiten der Integration werden angeboten? Erlauben die Gruppengröße, die Erzieher-Kind-Relation und die Ausstattung eine spezifische Förderung? Besteht eine Zusammenarbeit von pädagogischem und medizinischem Fachpersonal? Wird eine Elternberatung angeboten?	3.9.1 5.7.7

Hoch begabte Kinder	Stehen für hoch begabte Kinder spezielle Materialien zum Spielen und Forschen zur Verfügung?	5.5
Erziehungseinstellung	Hat die Kindergartenpädagogin eine liebevolle und warmherzige Beziehung zu den Kindern? Zeigt sie ihre Zuneigung durch Körperkontakt und sprachliche Zuwendung? Achtet sie die Kinder, und geht sie auf ihre Bedürfnisse ein? Ermutigt sie die Kinder, individuell und selbstbestimmt zu handeln?	5.9
Elternarbeit		
Zusammenarbeit mit den Eltern	Können Eltern aktiv am Kindergartenleben teilnehmen? Welche Möglichkeiten der Elternmitarbeit und Mitsprache gibt es? Tauscht die Kindergartenpädagogin mit den Eltern Erfahrungen über die Aktivitäten, Entwicklungsschritte, Probleme und Talente der Kinder aus?	→ siehe Kapitel 3.10 5.12.1
Kindergarten als „Familienzentrum“	Ist es Eltern im Kindergarten möglich, Gespräche über die eigene Lebenssituation zu führen und praktische Anregungen für die Erziehung zu erhalten? Bietet der Kindergarten den Eltern Informationen über psychosoziale Dienste an?	5.12.2
Vernetzung des Kindergartens mit der Gemeinde	Ist der Kindergarten in das Gemeindeleben integriert? Stellt er auch ein Freizeit- und Bildungszentrum für Familien und Gemeindemitglieder dar?	5.12.3